Moritz Pirol

Nach oben offen. Reflexe

ISBN 978-3-938647-03-5

MORITZ PIROL

NACH OBEN OFFEN. REFLEXE

Erster Band

Notizen von August 1952 bis Mai 1994

aus Worpswede, Göttingen, Österreich, Köln, Marl, Stuttgart, Berlin,
Hamburg, Holland, Pforzheim, Italiën, Schweden, Braunschweig,
Argentiniën, Brasiliën, Wiesbaden, Portugal,
Spaniën, Thailand, Venezuëla und Sylt

<ORPHEUS UND SÖHNE> VERLAG

Umschlag von Gnagflow Yllam

unter Verwendung

eines Motivs von Michelangelo Buonarroti
aus dem Deckengemälde der Sixtinischen Kapelle in Rom

und dreier Fotografien von Nohng Noh
aus dem südlichen und zentralen Thailand:

der Drachenhöhle *Tamm Naaga* im *Ao Pang Ngah*
mit ihren prähistorischen Wandmalereien und Grabstätten
aus dem 4. oder 5. Jahrtausend vor Christos,

des animistischen Fruchtbarkeitsaltars
im Eingang zur Felsenhöhle *Tamm Pra Naang*
mit den handgeschnitzten Phallosfetischen opfernder Fischer

und wilder Makaken im Bengalischen Feigenbaum
der Tempelruine *Saan Pra Kaan* aus dem 10. Jahrhundert
zu Ehren einer Hindugöttin, die auch ihr eigener Vater und Sohn ist,
in der neolithisch begründeten Stadt Lopp Burih.

Nach oben offen

ist die Magnituden- oder Richter-Skala,

die der US-amerikanische Seismologe Charles Francis Richter (1900 bis 1985, davon 43 Jahre lang Professor am *California Institute for Technology* in Pasadena)

gemeinsam mit seinem Kollegen Beno Gutenberg im Jahre 1935 zur Messung von Erdbeben entwickelte. Sie trat an die Stelle der veralteten Mercalli-Scala und basiert auf sogenannten Richter-Magnituden, die als meßbare Größen zur physikalischen Kennzeichnung der Stärke eines Erdbebens gelten.

Auf dieser Richter-Skala wurden Erdbeben bisher bis zu einer Stärke von 9,5 Richter-Magnituden gemessen.

Daß diese Meßlatte weiterhin ausdrücklich *"nach oben offen"* bleibt, deutet an, in wie unbegrenztem Maße sie Steigerungen dieser Naturkräfte noch für möglich hält.

Jegliche Bereitschaft zum Grenzenlosen muß in solchem Sinne nach oben offen sein.

Oder umgekehrt: was nach oben offen bleibt, hält alles für möglich, ist auf alles gefaßt.

"Ich werde also mit mir selbst sprechen
und nur zu meinem Vergnügen – in der Form dieses 'Tagebuchs',
gleichgültig was dabei herauskommt. Wovon ich sprechen werde?
Von allem, was mir auffällt
oder was mich nachdenklich macht.

Sollte ich aber einen Leser finden ... "

Fjodor Michailowitsch Dostojewskij, 52: *"Tagebuch eines Schriftstellers"*, 1873

"Ich führe Tagebuch, weil es mir ein Bedürfnis ist.
Das Gefühl, daß mir einer dabei über die Schulter blickt,
halte ich insofern für eine Bereicherung, als es
die Verantwortung erhöht."

Ernst Jünger, 89: *"Siebzig verweht" III*, 12. Juli 1984

"Wie es die Welt jetzt treibt,
muß man sich immer und immerfort sagen und wiederholen:
daß es tüchtige Menschen gegeben hat und geben wird,
und solchen muß man ein schriftlich gutes Wort gönnen,
aussprechen und auf dem Papier hinterlassen.
Das ist die Gemeinschaft der Heiligen, zu der wir uns bekennen."

Johann Wolfgang von Goethe, 81: Brief vom 18. Juni 1831 aus Weimar
an den Freund Carl Friedrich Zelter in Berlin

" ... Aber es bleibt daheim gern, wer in treuem
Busen Göttliches hält, und frei will ich, so
Lang ich darf, euch, all' ihr Sprachen des Himmels,
Deuten und singen."

Friedrich Hölderlin, 31: *"Unter den Alpen"*, 1801

Worpswede, im August 1952

1.
Worpswede empfing uns im Regen, aber unter der dichten grauën Wolkendecke mit unwahrscheinlich hellem Licht.

2.
Doch das Erwachen andern Morgens dann war paradiesisch. Ein starkes
Brausen und Rauschen draußen vor dem Fenster drang in meinen Schlaf,
und da ich mich umwandte, strahlte es zu mir herein, leuchtend und hell,
klar und morgendlich. Millionenfach brach sich das Licht am verschiedenen
Grün der Akaziën, festlich blitzte der Himmel durch das bewegte Blattwerk.

Nach dem Frühstück gingen wir zum ersten Mal durchs Dorf und den Weg
durch die Hamme-Wiesen. Dort wechselte verzauberndes Licht mit eilig-
flüchtigen Wolkenstreifen und gab dem grenzenlos weiten Lande jede Minute ein anderes Gesicht, den Wiesen, ohne Koppel und Zaun, jeden Augenblick ein anderes Grün. Der Schatten der Wolken huschte sichtbar über die
endlosen Grasflächen. Das Schwarz und das Weiß der Kühe war kräftiger
und klarer als irgendwo. Die weitesten Wiesenstreifen, wenn sie im Lichte
lagen, schienen am farbigsten, am grünsten zu mir herüber.

Die Hamme zog mit bewegten Wellen und weißen Segelbooten quer durchs
Land, mit ebenen Ufern, die sich kaum vom Wasserspiegel abhoben.

Und aufrecht mitten im reizvollen Wechsel der Beleuchtungen stand grün
die alte Mühle, ganz anders als die vom Vortag in Bremen, glaubhafter,
nützlich.

Wir wendeten uns und sahen den Weyerberg mit dem Kirchlein vor grauër
Wolkenwand, drohend im Ganzen, ruhen. Aber schon nach wenigen Schritten blendete wieder das überquellende Licht.

3.
Wir kamen über den Weyerberg, bewunderten die Sandkastenhäuschen der
erwachsenen Worpsweder. Hans Saebens' Haus, *Die Käseglocke*, die Aus-
stellungshäuser, das Kinderheim, das *Haus am Schluh*.

Dort aßen wir zu Mittag, sahen Martha Vogeler und verglichen nachmittags ihr gutes Gesicht mit dem Bildnis, das Heinrich Vogeler in jungen Jahren von dem schönen Mädchen gemalt hat.

Später besuchten wir den Friedhof, und während sich die Grillen in den Hagebuttensträuchern (berstend von roten Früchten) zu Tode zirpten, standen wir am Grabe Paula Modersohn-Beckers. Eine hohe verdunkelnde Hecke umfaßt ihre spärlich geschmückte Stätte mit dem Totenmal, das Lebensmal indem ist. Der selige Jubel ihres Tagebuches erklang in mir, und wie sie nicht wußte, wo sie bleiben sollte, wie sie Paris verkörpern wollte und Worpswede, wie sie den Menschen leben wollte und sich selbst – , wie sie die Welt umfassen wollte, wie oft umarmen! Nun lag sie da in großer Geduld ...

Bedrückt war der Gang durch den frühherbstlich-üppig geschmückten Friedhof, um das kleine Kirchlein – *"ex paludibus circumiectis"* – hinaus, wieder über den Weyerberg, von wo der Blick, über das weite, nachmittäglich unsagbar leuchtende Land und weit unten die Hammewiesen streifend, mein Gemüt von seiner hamletischen Drängnis befreite. Ein wolkenfreiër Himmel übergoß Menschen und Land mit Blau und Gold. Ja, *"Lichtschaft"*, *"Himmelschaft"*.

4.
Der neuë Tag war fast zu viel.

Am Vormittag war es die luftlos brütende Hitze. Andreas und Michael kamen mich Schlafmüden wecken, und nach dem Frühstück im Freiën zogen wir hinaus, schleppten uns über den Weyerberg und saßen dann, von der stechenden Sonne bedrängt, zwischen goldenen Hafergarben, die glanzlos auf glühenden Feldern trockneten. Der Horizont war durch Dunst und Hitze enger, aber wir sahen prächtige Eichenkronen in nahen Silhouetten vor dem gewaltig strahlenden Himmel stehen.

Müde und überladen wandte sich der erschöpfte Schauër nach Hause, dort zu ruhen und sich selbst zu besänftigen.

Als er nach dem Mittag in seinem neu bezogenen Pavillon las und schrieb, zog sich die überhitzte Luft zum Unwetter zusammen, das mit Blitzen und rauschendem Regen den Himmel erlöste. Denn die Sonne brach weiß und grell durch, mitten in die Regenschnüre, die unter ihrem Strahl sich in Perlenschnüre verwandelten, weil das Licht die dicken Tropfen schon auf dem Wege zur Erde traf.

Die Blätter des erfrischten Gebüschs schimmerten in neuëm Grün und Weiß, der Atem ging wieder beflügelter in den Zweigen der Eichen – und in der Menschenbrust auch. Das Land lag da, dampfend und fruchtlockend segensreich wie nach einer Schöpfung, neuën Pflügern der Hand und der Seele offen.

Der Abend führte uns, frisch und begierig nach neuër Schönheit, in die Hammewiesen, der untergehenden Sonne nach. Da ihr Rot nur noch weiße Helle im Westen wurde, standen wir auf der Brücke über dem Flusse, sahen schon den ersten Stern sein Spiegelbild im Wasser grüßen und wandten uns dann, den über dem schwarzen Dorfe aufziehenden Sternen entgegengehend. Undurchdringliche Dunkelheit duckte sich über den vielen Wiesen, aber jedes Fetzchen Papier am Wegrand, jede weiße Blume strahlte aufgespeichertes Licht ins Dunkel, das sie zu zentrischen Helligkeiten in nächtlichem Umkreise machte.

Über Worpswede lag dörflicher Friede. Vierzehn Turmuhrschläge schwangen blechern-harmonisch über die früchteschweren Kastaniënäste der riesigen Bäume. Und dann setzte der Sternschnuppenfall ein, wie ich ihn selten zählte, in Farben von Blau bis Gold, in allen Silber; kleine Punkte, schneller als Begreifen und Gedanke; lange Geschweifte, für die Dauër eines Wunsches.

So verklang der Tag, rot kam der halbe Mond über die Baumkronen, die Grillen sangen, ich kannte niemanden, der Feind war.

5.
Augusthimmel stehen nun über den Nächten.

Wenn das Hellblau des Himmels dunkel wird
Und die weißen Wolken noch einmal leuchten,
Wenn die fernen Städte zu flimmern beginnen,
Kommen die Sterne.

Der Blick holt sie blaß aus dem stahlblauen Himmel.
Der erste blinkt – und ist Zentrum der Welt;
Es wächst ihre Zahl, sie ergänzen die Bilder,
Und bald erkennst du den Großen Bären.
Die Venus steht lange im Süden.

Dann zuckt der erste. Die trauten Gestirne,
Die in alten Ellipsen die Erde umziehn,
Beginnen, in breiten und farbigen Bögen
Ihre Wanderung schneller zu tun.
Denn der Atem des Sommers, von den Grillen vertont,
Weht durch das All.

Und die ganze Nacht durch glänzen die Sternschnuppen.

Jede trifft
Ein empfangendes offenes Leben.

6.
Kein Tag soll vergessen werden.

Das Erwachen geschah im Regen, der die ganzen Morgenstunden warm und schwer ins große Land ging.

Wir wandten uns zu Netzels Ausstellung – auf der Suche nach Paula Modersohns Bildern. Wir fanden keine; an ihrer Statt vielfache Variationen der Worpsweder Landschaft, wieder und wieder, flimmernd, in allen Beleuchtungen dieses Landes, aber ohne Kraft und Ursprünglichkeit. Nur war da ein sehr anmutiger Mädchenkopf von Clara Westhoff. Und dann ein Ölgemälde von Otto Modersohn: das Gehöft eines Moorbauern. Hier waren nun kein Weyerberg im Hintergrund, keine Hammewiesen. Nur ganz groß, nah und vordergründig, die Gebäude des Hofes, bäuerliche Gestalten dazwischen und Tiere. Und über allem die bedrängende Feuchte, die Dunkelheit des Moores, wie es die Menschen beugt und zwingt. Der braune Ton des Torfs bestimmt jede Farbe. Aber ein Lichtschein kommt, nicht greifbar, nur leuchtend und drüberhin webend und als strahlte er vom goldenen Rahmen aus, von rechts über das Bild und verliert sich dann in der Dunkelheit. Das ist nun keine Landschaft, und doch weht aus diesem Bilde das ganze Land Worpswedes.

Abends war eine kleine Gesellschaft beisammen – in ihrem Mittelpunkte der Schriftsteller Gustav Schenk, ein Diktator der Gesellschaft. Aber ein liebenswerter Diktator, weil man ihm gerne folgt, auch bei seinen ausgelassensten und ungebändigtsten Späßen. Er tobt und schreit, reißt alle Gewohnheiten nieder und hält seine Zuschauër im Bann des Gelächters. Doch bald erweist sich, daß der stillere Mittelpunkt (der aber Strahlen aussendet) seine Frau ist: Charlotte. Zuhören, wie sie in seine Späße kleine Erzählungen streut, wie sie sich lustig macht über sich, ihre Armut, ihr Alter, über andere – wie sie von Herzen lacht oder plötzlich von ihren großen Söhnen erzählt! Wer ihr gefällt, dem sagt sie's: *"Du bist nett!"* Alle werden geduzt von dieser Mutter, dieser Künstlerin, dieser Frau. Aber sie trinkt und reißt Zoten, brüllt vor Lachen und qualmt. Sie haust in einer Hütte und schleift nächtens ihren trunkenen Mann mit behutsamer Gebärde dorthin. Der hat unterwegs jeden eingeladen: *"Du kommst morgen zu mir, du dummes Aas!"* – Und bei der nächsten Zusammenkunft erzählt Frau Charlotte dann unter berstendem Gelächter, wie sie morgens mit netten Lügen die Eingeladenen von der Tür des benommen Schlafenden gewiesen hat.

7.

Freitagnachmittag war Brombeersuche mit Michael in jenem Walde, der sich in leichtem Fall von der Lindenallee zum *Niedersachsenstein* abwärtssenkt. Ein schweigendes erfülltes Sammeln begann, und die schwarzen Blutbeeren häuften sich bald in den Gefäßen. Reich wie Kastaniën und Hekkenrosen trugen auch die dornigen Sträucher ihre Frucht. Aus dem Grase am Boden starrten schwarze Kugeln an den langen Trieben, und bis hoch hinauf ins lange Geranke erstreckte sich die dunkle Kette süßer Ernteërwartung. In großer Stille vollzog sich unsere Lese. Nur zuweilen riefen wir einander am Namen, um im dichten Gebüsch nicht auseinander zu kommen. Große Spinnen zogen in schwankendem Schritt über die Blätter.

Dem abschiednehmenden Tageslichte sahen wir vom Weyerberge nach, wie an der Scheide von Tag und Nacht stehend: vor uns die lichtüberflossene große Ebene mit vielfarbig strahlendem, fast ungewissem Horizont – wein-

rot, grün und gelb in fließenden Tönen. Hinter uns erleuchtete Gehöfte im
schon finsteren Tale, traulich blinkend. Vereinzelte Sterne begannen die sil-
berne Illumination der stahlblauen Kuppel über dem Land, und Bremens
Lichter grüßten blitzend herüber.

8.

Am Montag wandten wir vormittags den Schritt in die Worpsweder *"Große
Kunstschau"* des Kunsthändlers Martin Goldyga. Der Raum wurde den aus-
gestellten Bildern in schöner Weise gerecht, war an sich schon ein beglük-
kender Anblick. Durch den gläsernen Ring seiner Kuppel wirkte die Beleuchtung der Witterung auf die Bilder ein, so daß sie im wechselnden Lichte der Landschaft dem Blick zur mannigfaltig veränderten Schau standen.

Zuerst fanden wir wieder Worpsweder Landschaften, aber neben nur wenigen geschmacklosen Arbeiten die besten des hier geläufigen Genres, etwa
die eigenartigen Arbeiten von Udo Peters, in denen das Licht Worpswedes
außerordentlich lebendig und atmosphärisch echt wiedergegeben ist. Aber
es waren hier auch die ersehnten neuen, frischen Kräfte spürbar, besonders
in Henry Gardes Stilleben, Porträts und Bildern aus Italien. Da werden ganz
andere, meist weißliche Farben, anderer, für Worpswede revolutionärer Stil
erkennbar.

Dann traten wir in einen andern Raum, da gab es Bilder von Paula Modersohn-Becker in reicher Zahl. Es vergaß sich alles vorher Geschaute, wenn
uns die Augen der Porträts anblickten. Nachdem wir sie lange betrachtet
hatten, versuchte jeder, die ihm liebsten zu bezeichnen, aber es war schwer,
und schließlich wurden fast alle genannt. Das Kind auf dem Kissen, Der
Einfältige aus dem Moor, der auf die Blume schaut, Die Geschwister, Die
schwarze Frau mit den Mohnblumen, Der kleine Junge, wie er am Birken-
stamm kauert und wegblickt, Die alte Frau mit dem strengen Mund, Der alte Bauer, die unvergeßlichen Kinderporträts mit den dunklen Augen, ein
Selbstbildnis, und Rilke schließlich (der Mensch Rilke, nicht der Dichter).
All die Porträts aus der dumpfen Schwermut und dem wirklich einfachen
Leben, halb wissend und halb ja unwissend, fragend und forschend, und
doch die Antwort auf alles enthaltend, die Antwort der Einfachheit und der
nahezu göttlichen Einfalt.

Die ersten Anzeichen, daß der Tag sich neigt, nahm ich diesmal auf einsamem Wege über den Weyerberg wahr, und weiter hügelab und hügelauf, immer den Blick suchend zur weiten Ebene gerichtet. Denn die ja ist hier die eigenste Form des Landes, um derentwillen bin ich ja hier. Wie kleine, noch mithelfende Sonnen strahlten hier und dort und überall kleine rote Dächer mit unglaublicher Leuchtkraft aus grünem Busch. In heiterem Lichte nämlich endete dieser Tag. Von der Brüstung des *Niedersachsensteins* aus erkannte ich gar die grüne Farbe auf den Türmen des Bremer Doms, und wie sich darum die andern Wahrzeichen dieser wunderkühlen und -grauën Stadt des Nordens scharen. Durch grüne Wiese, gelbes Feld und rote Heide fand ich den Weg zu unserer Bank, von wo das Auge unvergleichlich über die Hamme und ihre Wiesen bis nach Osterholz und dann schier endlos weiter fliegt. Das ist der Blick, den ich später gewiß am schwersten entbehre, weil hier das Gold Worpswedes am goldensten um die Erscheinungen fließt. Ich legte mich auf meiner Bank, die Augen versuchten vergeblich, im wolkenlosen Übermir einen Punkt des Halts zu finden, oder richteten sich wieder und wieder ins Land unter mir links. Da sah ich auf einmal alles so, wie es surrealistische Gemälde zeigen mögen, in geheimnisentschleiërnden Formen auseinanderwachsen, Urstämme sich aus dem Formlosen erheben, Fluß des Lichts, des Lebens und der Erscheinungen verwoben und perspektivelos aus urchaotischer Leblosigkeit erstehen.

9.

Der Dienstag erwachte im grauën Strömen eines Regens, der nicht aufhören konnte und Menschen, Tier und Pflanze zeichnete. Kalt war der Regen und vereinsamte alles wie sonst nur der Nebel. Jeden schloß er in seinen eigensten Raum, und in erholsamer Schweigsamkeit brachte ich die Stunden zu über Büchern und Heften im Pavillon, später in Netzels sonderbarem Buchgeschäft, über das *"Mal-Utensilien"* geschrieben ist. Ich erstand schließlich Manfred Hausmanns Sappho-Übertragungen und Rilkes *"Cornet"* antiquarisch.

10.

Nachmittags gingen wir, gingen auf feuchten Wegen, zwischen nassen braunen Torfhaufen, unter hängenden Birken, von denen es rann. Hier war der

dumpfe Atem des Moors. Er lag über den Dingen wie der Sonnenschein an
helleren Tagen. Hier grasten Pferde den roten Klee, auf Wiesen, die sich an
Buschwerk und morastigem Walde schnell begrenzten. Schilfverwachsener
Graben neben dem Wege, Sumpfpflanzen mit lila Blüten darin, nieselnder
Regen sprengt mit dem Winde Menschen, Sumpf und Baum. Trauërnde Bir-
ken zittern neben dem selten begangenen Wege, geben dann endlich den
Blick frei auf die Wiesen der Hamme, schemenhaft-sichtlos, farblos und
hell. Der Tag ist ohne Horizont.

11.
Wenn Tauben fliegen, empfinde ich: Blau.

Ich weiß nicht, ob es vom Flügelschlag kommt
Im sausenden rauschenden Fluge.
Oder ob es vom Gurren kommt,
das vorher den ganzen Nachmittag
Vom überregneten Holze her
Herüber ins offene Fenster geschaut.
Aber wenn Tauben fliegen, empfinde ich Blau.

Zum Taubenflug muß es regnerisch sein
Und lauer Wind durchs Gehölz gehn,
Das ist die Stunde des blauen Flugs
Und des gurrenden Fragens und Sagens ...

Bald tropft es dann schwer durchs Akazienlaub.

12.
Freitag war der erste dazugewonnene Tag, und er verströmte sich in überrei-
cher Fülle.

Vormittags suchten wir Otto Meier auf, den Töpfer und Schöpfer von Vasen
und Krügen in stetig sich wandelnden Formen. Denn es ist die Besinnung
auf das immer erneute handwerkliche Formen, aus der seine Arbeit – und
letztlich sein Künstlertum erwächst.

Nachmittags suchten wir das Moor, von dem die Bücher schreiben. Zu Rade ging es zunächst durch leuchtende Felder und Wiesen, wie ich sie niemals genug erblicken kann. Dann bogen wir links von der großen Straße ab, in der Erwartung gefahrvollen Sumpfes, wie er vielfach bedichtet wird. Aber so entdeckten wir ihn nicht. Wohl war das Atmen feucht und drückend, und vielerlei Gräben durchzogen die Äcker. Braune Torfhaufen prägten mehr und mehr das Land, und die aufgebrochenen Flecken in den kräftigen Wiesen und die steilen Hänge der Gräben offenbarten Erde, schwarz, naß und locker, wie ich sie niemals noch sah. Dichter wurde der Pflanzenwuchs, wuchernder, grüner und fester. Vielschichtige Profile breiter Torfstiche boten sich in verschiedenen Tönungen warmen Brauns dem Auge dar. Drauf blühte endloses Heidekraut. Der Boden ward feuchter und ganz überwachsen.

Da wußten wir's plötzlich: hier war es, das Moor, so ist seine heutige Form. Der Morast mit Irrlicht und Weglosigkeit ist wohl kaum noch vorhanden. Und dennoch wird die ganze Landschaft vom Moore geprägt. Tropische Üppigkeit und Undurchdringlichkeit des Urwalds begegnen in den wuchernden und treibenden Gebüschen und Wäldern, die sich in wachsender Zahl und ungeheurer Dichte um die wenigen Straßen ziehen. Die Wiesen dazwischen sind verschilft und mit vieltönig lilablühenden Pflanzen bestanden, wie sie an Gräben und Teichen gedeihen. Auf sumpfigem Boden weiden die Rinder. Das Schilf steht hoch an der Straße. So ziehn wir durchs Moor.

Auf dem Heimweg geht es durch buschige Parklandschaft, aus der wir die grenzenlosen Hammewiesen aus anderer Richtung erblicken. Aber auch hier sind sie wie ohne Ende. Ganz hinten nur lockt uns das weiße Kirchlein Worpswedes, von der untergehenden Sonne bestrahlt, lockt uns und lockt uns, vom grünen Sandhügel des Weyerbergs aus, und wir folgen ihm eilig und froh, im Gefühl der Zugehörigkeit zu seinem Umkreis, denn heimatlich ist es, wo der Abschied schwer wird, das ist: wo das Land der Seele entspricht.

13.
Dann kam der letzte Tag, und er überzog Worpswede noch einmal mit dem hellsten Licht, das es gibt. Nach langen Wolkentagen war der Abschiedneh-

mende besonders empfänglich und froh. Zwei Gänge führten noch einmal hinaus: dahin, wo Worpswede am mächtigsten ist.

Und welche Erscheinungen sind es denn, die den Zauber dieses Landes bereiten?

Der Blick, den ich von der Bank unter der Eiche in die Hammewiesen hatte; das gefleckte Vieh weitab auf den Weiden; Holzstöße, flammend im Abendlicht; Torfhaufen, warm und braun; das tiefe Taubengespräch im Gehölz; der kleine Ausblick von der Marcusheide; die roten Dächer von Osterholz; der Schwung, mit dem sich die Äcker vom Weyerberge hinabziehen; Menschen, Hafergarben und Baumkronen, wie sie nur als Silhouetten erscheinen; das Licht, das abends über die Unterseite der Blätter spielt; die roten Föhrenstämme in Saebens' Garten; der Pilzgeruch überm Teufelsmoor; der Kiebitzschrei in den Hammewiesen; und das warme Regenwasser, wie es schwer von den Eichen in die Allee tropft oder, wie es sumpfig hier und da in den endlosen Wiesen schimmert.

Göttingen, 27. Januar 1954

14.
Die *"Nathan"*-Proben im *Deutschen Theater* sind mehr als ebensoviele Vorstellungen.

Ein Phänomen ist Siegfried Breuer als Nathan. Ganz ohne sichtbare Veränderung steigt er ins neuё Fach und ist ganz überragend. Nichts an ihm scheint anders zu sein als sonst, die Mienen nicht, keine Bewegung, keine sprachlichen Akzente; die stattliche, leicht gekrümmte Gestalt, das undurchsichtige Antlitz mit den herabhängenden Augenlidern, das glatte schwarze Haar, die verschleiёrte Stimme – alles so wie bisher beim bösen Kino-Verführer. Und doch hat er eine Kluft hinter sich gelassen. Er ist weise und sehr tief geworden.

Einige Sätze ergreifen völlig. *"Sultan, ich bin ein Jud'."* Da schwingt so viel Stolz mit, so viel Ergebenheit, so viel Leid und so viel leise Ironie: das ist wunderbar. Oder schon wenn er dem Saladin mit *"Ja"* oder *"Nein"* antwortet. Heiser und kurz gesprochen, ist jedes Wort höchst bedeutungsschwer. Oder: *"Wunderlich, höchst wunderlich. Ich bin auf Geld gefaßt, und er will*

– Wahrheit. – ?" – Wie sich "Geld" und "Wahrheit" zu zwei weltweit entfernten Gegensätzen gestalten, ist völlig überraschend.

Dabei geht Breuer scheinbar ohne jeden Übergang in den "magischen Raum". Er gibt sich im privaten Gespräch keineswegs anders als in der Rolle – und doch! Ist der Verzicht auf äußere Mittel der Maßstab für schauspielerische Qualität? Es scheint so ...

Anders der gebeugte alte Eugen Dumont. In ihm rumort es, wenn er in die Rolle steigt. Jede Anweisung des Regisseurs arbeitet in ihm – so intensiv, daß er beim Umbau vergißt, die Bühne zu verlassen. Die Souffleuse stört ihn. Jede Unterbrechung ist ihm zuwider. Läßt ihn das Gedächtnis im Stich, tröstet er sich rührend-nett: *"Ich bin ja noch jung!"* – *"Ein Springinsfeld!"*, lacht Hilpert.

Allgemein macht der Lessingsche Vers den Darstellern viel Mühe.

Die liebe Elisabeth Müller sieht sehr elend aus und hustet erschreckend. Umso mehr imponiert es, wie viel sie aus der übertrieben gezeichneten Recha zu machen weiß.

Heinz Hilpert ist ein ebenso bezaubernder Mensch wie kluger Regisseur. Sein Humor ist köstlich. In der Arbeit vollzieht sich alles mit bewundernswerter Selbstverständlichkeit. Er liest eine Szene, halb agierend, vor, läßt sie dann ein paarmal durchspielen, greift an einigen Stellen noch ein – und die Szene steht.

Manches freilich sehe ich, was er zu übersehen scheint – oder will er bloß nicht überstürzen und hebt sich solche Mängel für intime Aussprachen auf?

Zwischendurch erzählt er kleine Geschichten, von der Sandrock, hält Gesundheitspredigten, berichtet über den Krankheitsverlauf eines Bühnenarbeiters in der Josefstadt und hat plötzlich unbemerkt eine Lebensformel ausgesprochen: nicht der Vernunft zu frönen auf Kosten des Wohlgefühls. *"Nichts unterlassen, was man will."* Im nächsten Augenblick spricht er schon wieder von seinem Tabakhändler und dessen Sorten.

In der Regiearbeit ist es überraschend, ihn Dinge aussprechen zu hören, die man sonst nicht sagt, höchstens schreibt. Dinge des Herzens und der Seele finden in seinem Munde schönen Ausdruck, ohne daß sie pathetisch oder sentimental erscheinen.

Bestechend sind auch die große Ruhe und Großzügigkeit, mit denen er die Fehler oder Versager der Schauspieler übersieht. Nie ein ärgerliches Wort. Aber wenn er selbst sich vertut: *"Ick bin schon doof!"*

An seiner *"Nathan"*-Inszenierung würde ich die Besetzung des Sultans beanstanden. Er hat ihn mit einem Jüngling realisiert, der zudem noch jünger ist als die Sittah mit Marilene von Bethmann

Göttingen, 21. Februar 1954

15.
Eine neuë Erfahrung: es gibt das Gefühl der Zeitlosigkeit durch Ekstase. Stunden sind dann ein einziges großes dionysisches Gefühl.

Mir so geschehen bei den Proben zum Karnevals-Kabarett im Rhons.

Weißbriach in Kärnten, August 1958

16.
Victoria Benedictsson, 1850-1888: uneheliches Kind, das als Säugling von der Mutter zu fremden Leuten gegeben wird, bei denen es in ärmlichsten Verhältnissen als Aschenbrödel aufwächst. Um von dort zu entfliehen, heiratet sie sehr jung einen ungeliebten alten Mann, der mit ihr in die Einöde zieht, wo sie an vermutlich *Spinaler Kinderlähmung* erkrankt; jedenfalls geht sie seither Zeit ihres Lebens an Krücken.

Ohne jegliche literarische Bildung und Anleitung beginnt sie, Zeitungsromane zu imitieren, und hat Erfolg damit. Sie lernt Axel Lundegård kennen, der sie mit den Literaten Kopenhagens bekannt macht und mit ihr gemeinsam ein Drama schreibt.

Ihre Werke, die unter dem Pseudonym *Ernst Ahlgren* publiziert werden, bewegen sich zunächst um die Frauënemanzipation, für die die Benedictsson als Aschenbrödel und unglückliche, krüppelige Ehefrau begeistert eintritt. Sie wird aber an den Nora-Idealen irre und preist in ihrem bedeutendsten Werk, dem Roman *"Fru Marianne"*, die nähende, kochende, häuslich tätige Hausfrau und Mutter.

Dieses Bekenntnis zu einer anti-emanzipatorischen Fraulichkeit wird von Georg Brandes in einer Rezension auf das Schärfste kritisiert. Im Irrglauben, dieser Verriß stamme von Edvard Brandes, den die Autorin leidenschaftlich liebt, nimmt sie sich 38jährig das Leben. Denn im Augenblick ihrer künstlerischen und menschlichen Emanzipation zur liebenden Frau sieht sie sich vom Mann und Geliebten gerade im Hinblick auf dieses ihr Bekenntnis zur Frau wie also auch zum Manne zurückgestoßen.

17.

Esaias Tegnér, 1782-1846, Klassiker der schwedischen Literatur im Gefolge Schillers: wunderkindhafte Begabung, die bis zur Erlangung angestrebter akademischer Würden die ganze Kindheit und Jugend über in reiner Autodidaktik weltfremd und lebensflüchtig nichts anderes tut als zu lernen und zu lesen. Kein Strebertum, sondern fiebriges Interesse und Bedürfnis. Aus ländlichem Milieu kommend, ein spontanes Interesse für die Antike. Phänomenale Bildungsergebnisse durch absolut menschenscheuë Isolation und Konzentration nur auf das Studium.

Mit dessen ersten Abschlüssen in Gestalt von akademischen Graden und bürgerlichen Würden radikale charakterliche Peripetie. Tegnér wird ein schlagfertiger, überaus witziger, sehr unterhaltsamer und geselliger Mittelpunkt des geistigen und sozialen Lebens in Lund: lebensnah, vital, allen diesseitigen Problemen aufgeschlossen und allseits beliebt. Diese Peripetie bleibt richtunggebend für sein ganzes Leben.

Tegnérs Bruder war von Geburt an geistesgestört. Völlig idiotisch, verfügte er dennoch über ein phänomenales Gedächtnis und konnte ganze Gottesdienste in ihrem wörtlichen Verlauf wiedergeben, ohne jedoch ein Wort zu verstehen und in einen Sinnzusammenhang zu bringen. Er wird von seiner alten Mutter sorgfältig gepflegt und überwacht. 39jährig geht er statt über eine Brücke in den Fluß und ertrinkt.

Die Mutter siedelt als Endachtzigerin aus ihrer nordschwedisch ländlichen Einsamkeit zu ihrem Schwiegersohn nach Köln über, wo sie über 90jährig stirbt.

Köln, September 1958

18.
Die ersten Stunden zu Hause allein
nach gierig gemeinsamem Reisen
sind einsames langes Erwachen
aus mythenhaft übergroß-zuchtlosem
Beischlaf...

Der Tag steht im Zeichen
gerne gewährten Verdämmerns,
erinnerungsvollen Versäumens
und selig verschwimmender Schwäche ...
Wohlig und schlaff bist du nackt
und suchst nach verlorenen Kleidern –
doch die alten passen nicht mehr.

I

Der Tag ist durchrieselt von sinnlichen Reminiszenzen
aller Gattung und Art:
von schweren Gerüchen,
ockeren Farben,
geistreich sich stufenden, spielerisch lockenden Tönen,
und innerlich alle geeint
durch das nachklingend weiche Vernehmen
unendlich glatter,
sonnenhaft glühender
oder vielfach gelabter abendlich-kühler,
nachgiebig straffer,
in goldenen Zeilen jung und erwachend beflaumter
bronzener Haut
auf erwartungsvoll fragenden,
üppig und gleichzeitig sparsam sich bietenden
nervigen Körpern ...

Kurven- und endelos
schließen Alleeën gefleckter Platanen dich ein,

verweisen dich haushoch gen Himmel,
verschwimmen zuhauf
und zu Reihen sich schälender Knaben,
zu deren Füßen du liegst
und die heiß dich beschatten ...
Salz liegt auf Gliedern und Lippen ...

Millionen neuë Gesichter ziehen revuehaft vorüber:
zahnlose Kellner,
allergische Jungfern,
krüpplige Mädchen
und Kinder mit Mord in den Augen ...
Verhungerte Großmütter bauën sich Burgen aus Muscheln,
hysterische Pappis jonglieren mit läufigen Mädchen,
bärtig servieren Matronen ihr Kinn;
schwüle Friseure verzehren sich schwimmenden Auges
nach blonden Passanten,
Eismädchen zeigen humorlos und christlich geschützt
die strotzenden Brüste,
ein walisischer Lord tarnt Augen und Leib
mit Brille und Kleid vor Verrat ...

Aber die Nächte sind heiß ...
Sündige Stimmen brechen durch viele Etagen,
wiederholen sich ewig
und scheinen nur eines zu wissen ...
Prall überfüllte Kleider und Hosen wollen entfernt sein;
alles strebt nach dem Bett
und wälzt sich im Sand und im Wasser ...

Wollust und Tod sind verschwistert;
der Ertrinkende gibt sich noch hin ...

II

Wochenlanges Verströmen läßt sich zu Hause nicht bannen ...
Nichts mehr ist klar ...

Der Bezug auf den andern ist vollends chaotisch,
magisch und mystisch wie nie ...
Haß
und Gelüste nach Abbruch
verwässern im Blau des Mediterranen;
der Horizont ist plötzlich sehr weit ...
Sinnlose Wut
und der unbezähmbare Zwang zu zerstören
polen sich um zu neuérlich sehnendem Warten ...
Nur die Zeugung, die Lust und der Klang halten an;
die Vernichtung,
der Tod
und der harte Entschluß, die Liebe zu lösen,
liegen kraftlos herum in den Kammern schwachen Gedenkens
wie Tang auf goldiger Sandbank – :
Wind und Wasser vergraben das Plankton im Sande;
die Quallen verdunsten am Licht ...

Was du nicht konntest, wird möglich;
das vom Willen Zerstörte bricht auf;
der Gehaßte wird Ziel der Begierde –
und ein Opfer der Wahrheit du selbst:
denn die Linië der Schulter verbleibt;
der lichtgrauë Blick durch den Spiegel
ist nicht mehr zu leugnen;
der Ruf durch Paläste hallt fort ...

Und das Schweigen, das tödlich erschien,
erweist sich als stärker denn Streit
und ist stärker als alles Gelöbnis ...
Die Trennung ist letzter Beweis:
ewig entschwindet sein Kopf in endlosen Weiten,
unverwechselbar eins und einig mit sich,
entfremdet, entfernt und nimmer zu greifen,
dennoch gewußt und gelebt und besessen
von der regungslos haltenden Wache,
die,
unverwechselbar auch

und einig mit keinem als sich,
spähend am Ufer das Fremde erkennt
und, ein Leuchtturm, erwartet,
es verfolgt in Geduld und in Ruhe,
doch ihm vollends verschmilzt
im Augenblick erst,
da der unverwechselbar Eine
sich in den endlosen Weiten des Meeres
schwimmend verliert ...
Da erst gewinnt die Nähe im Abstand beständige Dauer;
der Abstand im Nahen wiegt nichts.
Die Trennung ist letzter Beweis ...

Das Meer und die Liebe sind in dir; du schwimmst ...
Die Wellen schlagen zusammen ...

So dämmerst du zuckend dahin ...

Köln, Oktober 1958

19.

Willy M., Schmierendirektor eines Privattheaters, liebt eine junge Schauspielerin seines Ensembles.

Von einem andern Ensemblemitglied bei seiner Frau und der Mutter seiner vier Kinder denunziert, wird er nach großem Eklat gezwungen, die Geliebte aus dem Ensemble zu entlassen.

Wochen-, monatelang tritt er nicht mehr auf;

überläßt sich am Steuer und in Lokalen willenlos den Tränen;

fährt, als er endlich wieder spielt, vor jeder Vorstellung für zehn Minuten zur Geliebten;

ist häufig geistesabwesend, auch auf der Bühne zeitweilig wie in Trance.

Striese als Romeo!

Köln, Herbst 1958

20.

Möglichkeit, ein modernes Theaterpublikum zu mobilisieren:

Positive Darstellung von Korruption und Bosheit. Gloriole um alles Negative. Sieg der Schurken ohne Kritik, naïv-sympathetisch, verherrlichend. Dadurch indirekte Provokation.

Aber der Autor ein Moralist.

21.

Früher schrieben die Dichter Theaterstücke, weil das Publikum ins Theater gehen wollte.

Heute geht das Publikum ins Theater, weil die Dichter Theaterstücke geschrieben haben.

22.

Vergnügen bildet mehr als Bildung Vergnügen macht.

23.

Kunst ist die sinnliche Darstellung der Abstraktion von der konkreten Sinnlichkeit.

24.

Resümee einer Besucherin in der Kölner Kandinskij-Ausstellung :

"Immer neue Einfälle!"

Köln, Winter 1958

25.

Aus einer (mittelalterlichen) Predigt des Menot Petit gegen Schauspieler:

"Cum sunt in ludo habent magnum honorem, sed ludo finito dicent: O ille qui ludebat Sanctum Martinum, c'est ung mauvais garçon."

Köln, Januar 1959

26.
Aus den *"Aufzeichnungen"* von Gerhart Hauptmann:

"Jedes Wort ist Proteus."

*

"Man muß unterscheiden: den Gedanken, welcher denkt, und den, der gedacht ist. Es ist ein Gedanke, daß gedachte Gedanken im Drama selten oder nie formuliert werden dürfen. Der denkende Gedanke soll laut werden."

*

"Wo du auch immer dem begegnest, was dramaturgische Schädlinge immer vermissen, immer suchen und niemals erkennen, wo es vorhanden ist, eben das, was sie auch mit dem Namen 'Handlung' bezeichnen – nimm, was du findest, wenn die dir 'Handlung' begegnen sollte, Axt, Knüppel oder den ersten besten Stein, der dir gerade zur Hand ist, und schlage sie tot!"

*

"Was man der Handlung gibt, nimmt man den Charakteren.

Je einfacher die Fabel, um so reicher der Charakter."

Marl / Köln, Januar / Februar 1959

27.
Verhältnis von Gegenstand und Bedeutung in der Geschichte des Dramas:

In der Antike waren die Drameninhalte bekannte Sagen und Mythen; Eurípides stellt Prologe mit Inhaltsangaben voran;

im (undramatischen) Mittelalter wurden die Inhalte der Epen nicht erfunden, sondern der bekannten Überlieferung entnommen; Erfindung des Stoffs (seit Anfang des 14. Jahrhunderts) ist Zeichen für Epigonentum;

im Mittelalter waren die Geistlichen Spiele *Darstellungen bekannter biblischer Stoffe;*

im Fastnachtsspiel des 14. und 15. Jahrhunderts wurde der Inhalt eines Spiels vom Herold angedeutet;

in der Renaissance (und im Barock) wurden die Drameninhalte noch im Prolog vorauserzählt;

aber in der Renaissance begannen Prolog, Chor und Epilog zu verschwinden: Alleinherrschaft des Dialoges, erstmalig (Szondi, Seiten 13 und 100);

doch bei Caspar von Lohenstein gibt es noch aktweise Inhaltsangaben, auch bei Hrotsvitha von Gandersheim;

Heinsius verlangt bekannte (mythische) Stoffe, deren Variation Furcht und Schrecken bewirkt;

im Jesuïtentheater wurden vorher Periochen (Synopsen) mit Inhaltsangaben verteilt;

im Spätbarock gab es vorausgehende scenae mutae *mit Inhaltsangaben (*"Hamlet", Mausefalle*);*

Tarquinio Galuzzi fordert bekannte Tragödiënstoffe zur freiën Bearbeitung;

im ganzen Barock wurden geschichtliche Inhalte in historischer Treuë und mit Emblemcharakter dargestellt: der Stoff war bekannt, das Emblem neu; hinzu kam eine Relativierung des Inhalts durch aktschließende Reihen – allegorische Funktionalisierung;

erst in den Moralitäten des 16. Jahrhunderts gab es erstmalig fingierte statt tradierte Themen und Stoffe;

aber Gottsched fordert für die Fabel des Dramas:
a) einen moralischen Lehrsatz, der wahr sein muß;
b) seine Einkleidung in eine Begebenheit, die falsch ist.
In seinem "Versuch einer kritischen Dichtkunst" *wird der antike Chor durch eine solistisch gesungene Kantate zur moralischen Betrachtung des dramatischen Geschehens ersetzt;*

in Lessings "Abhandlung über die Fabel" *wird die Handlung zum Zerebralphänomen (*"jeder innere Kampf von Leidenschaften, jede Folge von ver-

schiedenen Gedanken"*); *bezeichnender Weise setzt gerade Gerhart Hauptmann dieses Lessing-Zitat als Motto gerade über sein "Friedensfest";*

*auch Goethe rät zu vorgegebenen Stoffen ("Iphigenie") – Eckermann, 18.
September 1823;*

*bei Strindberg findet sich eine raffinierte innere Auflösung des konkreten In-
halts;*

*bei Brecht: Vorauserzählung oder titulierende Projektion der Inhalte; oder
interpunktierende Songs;*

*bei den Banalitätsdramatikern: Bagatellisierung des Inhalts oder Zerstö-
rung durch restlose Funktionalisierung.*

Gemeinsam: Stoff ist Vorwand und Beispiel für Überindividuëlles.

Veränderung: an Stelle bekannter Mythen jeweils gleichzeitige immanente
oder transzendente Zerstörung des individuëllen Stoffes.

Dissertationsthema: Verhältnis von Gegenstand und Bedeutung im (abendländischen) Drama.

Stuttgart, 7. April 1959

28.
Aristotéles betont, daß das Drama nicht für das Publikum geschrieben werde!

29.
Scaliger erkannte bereits vierhundert Jahre vor Sigmund Freud, daß Eros ein
Antrieb der Dichtung sein kann.

Köln, April 1959

30.
Rauschhafte Ekstase durch Zeitlosigkeit. Verlust des Gefühls für Zeitspan-
nen, Uhrzeit, Tageszeit, Jahreszeit. Ein Glück!

Aber Verlust des Ortsgefühls – : Katastrophe der Psyche! Paralyse! Auflösung aller Oriëntierungsmöglichkeit. Hilfeschrei. Bedürfnis nach Seßhaftigkeit und Ordinate! Wie erträgt es Karajan?

Berlin, 3. Mai 1959

31.
"Der Mann von morgen früh" von Brendan Behan im *Schiller-Theater*. Dargestellt wird die Hinrichtung eines Mannes, der im ganzen Stück überhaupt nicht in Erscheinung tritt.

Das Stück interessiert nicht.

Aus diesem Anlaß macht Gommy Kravina zurecht darauf aufmerksam, daß einen nur erschüttern könne, was man kennengelernt hat. Das Fremde bleibe fremd auch unter dem Schlag der Vernichtung. Daher sei es im Drama unerläßlich, die *personae* mittels ihres Geschickes und Wesens bekanntzumachen. Nur dann seïen wirklich Interesse, Verständnis und Betroffenheit erreichbar. Sie verweist negativ auch auf Reginald Rose's *"Die zwölf Geschworenen"*.

Dieses Argument ist zu beachten.

32.
Emrich: *"Die Phänomene aber bieten die Gewähr für die Existenz und Erfahrbarkeit des Allgemeinen."* (Kafka-Buch, Bonn 1958, Seite 79)

Berlin, Mai 1959

33.
Willi Schmidt verweist auf den unerhörten Reichtum des Theaters, das es sich leisten könne, seine Produkte nach geraumer Zeit fortzuwerfen. Hierin liegen eine Kraft, eine Fruchtbarkeit und ein Verschwendungsrecht, die der Natur gleich seïen. Wie diese gebäre das Theater nicht nur unausgesetzt, es vernichte auch permanent. Es zeuge und töte seine Produkte.

Diese Eigenschaft scheint einmalig zu sein. Insgesamt ist alles Produzieren der blindlings arbeitenden Menschheit auf Dauër gerichtet. Gar in der Kunst ist der Gedanke des Fortbestandes vorherrschend, teils gar der entscheidende Motor der Produktion (Unsterblichkeit durch das überlebende Werk).

Einzig das Theater gibt sich dieser Illusion einer Dauërhaftigkeit nicht hin. Es akzeptiert das allem Irdischen immanente Gesetz der Vergänglichkeit nicht nur, sondern es macht dieses Gesetz sogar zu seinem eigenen Signum und Prinzip. Damit strukturiert es sich nicht gegen die Natur wie alle andere menschliche Tätigkeit (zumal Kunst), sondern es wird dem Leben auch in dieser Hinsicht gleich.

Vielleicht ist es bei dergestalt potenzierter Vergänglichkeit seiner Einzelwerke insgesamt beständiger als die auf Dauër berechneten Produkte. Denn es ist niemals fertig und zeugt ununterbrochen fort, um nicht auszusterben. Von da her ist seine Unsterblichkeit gewährleistet. Es hat dem Leben ein Gesetz abgelauscht und ist insofern zumindest ebenso dauërhaft wie das Leben selbst, freilich auf Kosten der einzelnen Exemplare. Die unwiderruflich letzte Vorstellung eines Stückes dient so dem Fortbestand des Theaters.

Ich sterbe, damit die Menschheit lebt.

Berlin, 16. Mai 1959

34.
Bekenntnis eines fast kunstfeindlichen, amusisch nüchternen 27jährigen Juristen: ins Theater locken könne ihn keinerlei Thema oder Problemstellung an sich, in spezifischer reizvoller Darstellung aber jedes Thema.

Also: Bekenntnis auch des Sachlichkeits-Profis lediglich zur Form. Der Gegenstand ist Schall und Rauch. Die Form ist alles.

Berlin, 17. Mai 1959

35.
Dem Künstler ist die Darstellung wichtiger als die Lösung.

Hamburg, 11. Juni 1959

36.

Im Rahmen der scharfen Gegensätze von Ost und West ist auffällig, daß sich der Osten, der ein so präzis abgestecktes und programmatisch fixiertes Ziel hat, *publice* nicht zu seinen Ideologieën bekennt, sondern sie vielmehr hinter der Attrappe ausgerechnet westlicher Ideeën verbirgt.

Die abendländischen Traditionen und Werte, die der bolschewistische Osten mit allen inneren und äußeren Mitteln bekämpft, dienen ihm als aufgesetzte Parolen seiner Schlachten. Er predigt Freiheit, wo er sie unterdrückt. Er proklamiert den Frieden, wo er aufrüstet. Er etikettiert sich als Demokratie, wo er diktiert. Er feiërt die Menschenrechte, wo er sie mit Füßen tritt.

Warum bekennt er sich nicht zu seinen Methoden und Zielen? Warum ist er genötigt, sich der feindlichen Ideeën zu bedienen, um die eigenen zu praktizieren? Liegt hierin nicht ein Eingeständnis moralischer Schwäche und Unterlegenheit, eine Anerkennung des Gegners?

Hamburg, 28. Juni 1959

37.

Ausschnitt aus einem Bremer Publikumsdialog anläßlich einer Vorstellung von Max Frischs *"Biedermann und die Brandstifter"*:

"Gott, man kann das Moderne ja nicht ganz ausklammern!"

Hamburg, 30. Juni 1959

38.

Proben-Aperçus von Hans Lietzau:

Denken ist nicht darstellbar.

Diskrepanz zwischen Gesagtem und Gedachtem beachten!

Das Gesagte darf nicht zusätzlich ausgedrückt werden (Ich-Finger auf die eigene Brust et cetera), wohl aber das Gemeinte.

39.

"Denken ist nicht darstellbar". Das heißt: es ist nicht ausdrückbar, nicht manifestierbar, es ist das Interne schlechthin. Darstellbar sind nur die Folgen
und Niederschläge des Denkens, nicht das Denken selbst, das ein Zerebralphänomen bleibt und nicht versinnlicht werden kann. In dieser Unsinnlichkeit liegt gerade seine Wesenheit.

Zandvoort, 16. Juli 1959

40.

Bei den Fernsehproben in Hamburg hört man plötzlich ein regelmäßiges tiefes Atmen von unbestimmter Herkunft.

Lietzau unterbricht: *"Wer schnarcht denn da? Wenn es die Feuërwehr ist,
soll man sie aufwecken. Sie soll ihre Pflicht tun und Feuër löschen!!!"*

Das Atmen hört auf, die Probe geht weiter.

Vier oder fünf Stunden später endet die Probe. Da schießt aus einer Ecke
des Ateliërs ein wutschnaubender Feuërwehrmann auf Lietzau zu: *"Das
können Sie: einen ganzen Stand in den Dreck ziehen! Wenn Sie noch einmal
sowas sagen, laß ich mir meine Papiere geben!!"*

Welche Drohung!

Und: nicht seine Person – sein Stand war beleidigt worden!

Pforzheim, 23. August 1959

41.

Molières *"Geiziger"* ist heute in Thematik und geistiger Haltung aktuëller
und wichtiger denn je.

Freilich macht gerade diese seine Aktualität auch seine Harmlosigkeit deutlich. Denn das Motiv vom extremen Materialisten, der seinem Besitz zuliebe über Leichen geht und alle lebendig-humanen Lebenswerte mit Füßen
tritt, erweist sich heute als lawinenartig angewachsen im Vergleich zum 17.
Jahrhundert.

Es bedürfte einer neuën Gestaltung, die der mörderischen Gefährlichkeit gewinnsüchtiger Geschäftsleute gerecht wird. Ein Ansatz hierzu ist Dürrenmatts *"Besuch der alten Dame"*, wo jedoch durch die Kollektivität der Besitzgier die Abscheulichkeit ein wenig paralysiert wird. Vielleicht wäre sie am Einzelfall doch noch fürchterlicher auszudrücken.

Pforzheim, 6. September 1959

42.

Helmut Käutner hat eine moderne *"Hamlet"*-Version gedreht. Das Resultat: Shakespare's Fassung ist moderner.

Käutner hat mit einfallsreicher und minutiöser Detailarbeit die Einzelheiten der Story in unsere Zeit übertragen und darüber den Sinn und die Bedeutung dieser Geschichte nicht nur gleichfalls zu übertragen vergessen, sondern sie übersehen. Was übrig bleibt, ist reine Stofflichkeit, ist die Geschichte eines Privatdetektivs, der einem Mord in seiner Familië auf der Spur ist und ihn letztlich auch aufklärt.

Der bei Shakespeare monologisierende Hamlet jedoch ist fortgefallen. Und gerade er ist es doch, der uns heute interessieren kann, weil er den Typus des analysierenden Geistesmenschen darstellt, den seine Reflexionen nicht zum Leben kommen lassen, sondern gar zugrunde richten. Die Mordgeschichte ist Anlaß, bei Käutner Zweck. Damit führt Käutner nicht weiter, sondern zurück und landet beim präshakespearischen *"Bestraften Brudermord"* der englischen Komödianten.

Einmal mehr: der Film als Erbe des unkünstlerisch-spektakulär-melodramatischen Theaters. Das künstlerische Theater bleibt unberührt.

Pforzheim, 12. September 1959

43.

Nachtrag zu Käutners *"Hamlet"*.

Dieser Film besagt:

Sei nicht wahrheitssüchtig;
Sei nicht allzu streng mit Verbrechern;
Laß sie lieber laufen;
Drücke ein Auge zu;
Laß fünf gerade sein;
Verzichte auf Recht und Wahrheit;
Übersieh den Mörder;
Fungiere als Hehler!

Wer diese Ratschläge nicht beachtet (wie Hamlet), ist gemeingefährlich.
Wahnsinn, Gattenmord, Zuchthaus, Totschlag und Verzweiflung sind die
Folgen allzu großer Wahrheitsliebe.

Bravo, Herr Käutner! Ein wahrhaft zeitnaher Film!

Kritik und Publikum applaudieren diesem Freibrief für ihr Leisetreter-, Heh-
ler- und Kompromißlertum!

Pforzheim, 30. September 1959

44.
Hauptprobe *"Geiziger"*. Indirekter Sieg des Schauspieler-Theaters über das
Regie-Theater.

Die präziseste Regie ist verloren, wenn nicht Imponderabiliën vom Schauspieler dazugebracht werden. Schauspieler, die nichts tun als was der Regisseur fixiert hat, boykottieren die Aufführung.

Ergo Revision der bisherigen Theorie von der puren Materialität des Schauspielers in den Händen des Regisseurs. Wenn dieses "Material" nicht aktiv-
produktives Leben mitbringt, kann die beste Inszenierung nicht gelingen.

45.
Beständige Selbstermahnungen: im Theater nicht den äußeren Erfolg zu suchen. Allzu leicht gerät man in den Strudel von Lobgier und Applaussucht.

Es bedarf hochbewußter Rekonstruktionsvorgänge und Appelle an Urmotiv
und künstlerischen Ernst, um sich über die gerümpften Nasen und das höfli-

che Schweigen von Operettensoubretten, Chargenspielern, Maskenbildnern und Verwaltungsbeamten zu erheben und ohne innere Platzwunden über deren Einwände hinwegzuschreiten in Richtung auf die eigenen Ziele: die Versuche, das Vorgestellte und Gemeinte zum Ausdruck zu bringen.

Die Einsamkeit, die dieser Arbeit inhäriert, wird im Theater unentwegt durch Ensemblepräsenz und Publikum gefährdet. Dennoch ist sie am größten, wenn ein Monsterstück vor ausverkauftem Riesenhause gegeben wird. Da kann es geschehen, daß äußerer Sensationserfolg mit innerem Fehlschuß und äußerer Mißerfolg mit innerer Erfüllung zusammenfallen. Hier findet eine eminente Einsamkeit des Geistes und des künstlerischen Impetus statt.

Es ist wichtig, daß man sie aushält und nicht der äußeren Erfolgslust zum Opfer fällt. Wenn das geschieht, verliert man die Kontrolle über die eigene Arbeit wie auch über die Ziele und wird zum Spielball von tausend unmaßgeblichen Meinungen anonymer Mittelgewichtspersönlichkeiten.

Pforzheim, 14. Oktober 1959

46.

Jetzt scheint Berlin sich innerlich zu paralysieren. Der Widerstand nach aussen hat es allmählich innen ausgehöhlt. Es ist geistig unsolide geworden. Es ist flach und äußerlich. Der unentwegte Anspruch, das alte Gesicht zu wahren, hat in die Erstarrung leblosen Fassadendaseins geführt.

Der Anspruch innerer Notwendigkeit und Originalität ist einem erschreckenden Traditionalismus gewichen, der keine naïven Neuansätze mehr kennt. Das Theaterleben läuft auf genormten Schienen und in kanonischen Organisationsschablonen, in die sich einzufügen einziger Wunsch und Gedanke auch des Nachwuchses ist. Ziele sind nicht mehr künstlerischer oder geistiger Art; sie sind gesellschaftlich oriëntiert.

Eingang in die Hierarchie der Produzenten und Manager ist die *Blaue Blume* für die Künstler nun also nicht mehr nur des Westens, sondern auch Berlins. Der letzte Trost ist dahin.

47.

Probe zu *"Fast ein Poet"* mit den Darstellern des Majors und der Nora.

Auf die Bitte, die ausgefallene Souffleuse durch eine andere zu ersetzen, antwortet mir der Verwaltungsdirektor: *"Für nur zwei Personen brauchen Sie eine Souffleuse?"*

Und dann noch: *"Jetzt am Anfang der Proben ist die Souffleuse doch noch gar nicht erforderlich."*

(Der zweite Mann eines Theaters!!)

Pforzheim, 16. Oktober 1959

48.

Was Willi Schmidt einmal sagte, erfahre ich jetzt *in praxi*: es gibt keine Methode!

Jedes Stück, jede Besetzung bedingt ein anderes Vorgehen. Probeneinteilung, Rolleninterpretation, Probentempo, Relation von Arrangements und Stückprobe, Entscheidung über Durchlauf oder Unterbrechung – alles ist jeweils anders.

Die ersten Proben müssen die betreffend erforderliche Methode ergeben. Daher beginnen sie in absoluter Unsicherheit, die nicht nur stofflich, sondern eben auch methodisch begründet ist.

Trost: Schablone und Erstarrung sind unmöglich.

Pforzheim, 18. Oktober 1959

49.

Der künstlerische Beruf darf nicht die allgemeine künstlerische Entwicklung hemmen. Darauf ist aufmerksamst zu achten.

50.

Die Entscheidung zwischen naïver und bewußter Produktion ist äußerst schwierig zu treffen. Beide melden in der Theorie Ausschließlichkeitsansprüche an.

51.

Überraschender Beleg für längst entwickelte Theorieën: die absolute Gleichgültigkeit, mit der ich zur Premiëre des *"Geizigen"* ging! Ganz in anderen Gedanken verfangen! Daß ich hinging – ein Zeichen der Höflichkeit, der Konvention, des üblichen Zeremoniëlls! Keinerlei inneres Bedürfnis, das in den Augen anderer aufleuchten zu sehen, was ich da gemacht hatte.

Völlige Unabhängigkeit von Resonanz und Erfolg: ist es nun erreicht?

52.

Der Entschluß zu einer künstlerischen Produktion ist mit dem Kopfsprung in einen See vergleichbar, den man durchschwimmen muß, ohne daß man das Gegenufer kennt oder sieht; man weiß nur, daß dieser See bodenlos ist.

Die Angst, diesen Kopfsprung ins Unbekannte zu wagen, ist jeweils ungeheuër groß, weil es keine Umkehr gibt und ein Entrinnen nur am andern Ufer möglich ist.

Dennoch ist eine andere Angst größer: es ist die Furcht, in den falschen See zu springen. Keine Überlegung oder Erkundigung kann verraten, ob es nicht einen andern See gibt, der schneller, leichter und aussichtsreicher zu durchqueren ist.

Das zögernde Bedenken bei der Auswahl eines solchen Sees kann Lähmungen hervorrufen und jeglichen Wassersport verhindern.

53.

Die oben verwendete Vokabel "Wassersport" führt mich auf die Spur von Gottfried Benns stilistischen Pointen: im Bilde bleiben, das Bild aber plötzlich aus anderer, sachlicherer und damit ironisch-distanzierterer Perspektive verwenden! Dadurch entsteht ein parodistischer Umbruch, der den bisherigen Ernst relativiert. Vergleiche auch Heines Technik (*"Doktor, sind Sie des*

Teufels?"), die aber nicht so sehr mit rein verbal-stilistischen Mitteln arbeitet, wie Benn es tut.

Ähnliche Mittel natürlich auch bei Goethe und Thomas Mann.

Zerbrechen des Bildes als Mittel der Universalisierung und Relativierung. Dabei zugleich im Bilde bleiben – höchstes Vermögen!

Der Stilbruch als stilbildendes Mittel!

Schriftstellerischer Verfremdungseffekt!

Pforzheim, 26. Dezember 1959

54.
Während der Premiëre meiner Inszenierung von O'Neill's *"Fast ein Poet"* sitze ich desinteressiert in meinem Büro und lese ein anderes Stück. Hurroo!

Pforzheim, 2. Februar 1960

55.
Es ist wichtig, daß Liebe auf der Bühne als ein tiefernstes Phänomen dargestellt wird.

Ist es ein sinnlos gewordenes Erbe des 19. Jahrhunderts, daß sie in konventionellen Aufführungen als lächelnde Verzückung und krampfhafte Ziererei erscheint? Jeder Schauspieler offeriert sie zunächst mit einem unmotivierten Lächeln.

In Wahrheit gibt es kaum etwas Ernsteres als die Liebe. Sie ist der ernsteste Motor unseres Lebens, Auslöser für Tragödiën. Sie als eine fast stille und ernste Erscheinung zur Darstellung zu bringen, ist daher ebenso erforderlich wie wirkungskräftig.

Pforzheim, 14. Mai 1960

56.

Das klimatische Phänomen Föhn ist in seiner Bedeutung möglicher Weise
nicht hoch genug einzuschätzen. Es bedingt gewiß die dem Nordmenschen
zunächst so wesensfremde süddeutsche Mentalität und *ergo* die süddeutsche Kunst.

Die Gewalt des Föhns ist so unwiderstehlich, so umfassend und erdrückend,
daß ein Leben jenseits von dumpfer Schwermut, von gelähmter Traurigkeit,
von müder Hinnahme und unüberwindlicher Passivität gar nicht mehr denkbar ist. Welt und Leben sind absolut verschleiert, absolut geheimnis- und
rätselvoll, undurchdringlich und unklärbar. Einzig funktionierende Organe
des Menschen sind Haut und Sinne; der Intellekt ist lahm gelegt.

Die Auswirkungen auf Alltag und Kunst sind unumgänglich.

57.

Fuffis Existenz sabotiert meine künstlerische Produktivität, indem ich mir
durch seine rezeptive Potenz kein Ventil mehr zu schaffen brauche. Sein Niveau enthebt mich weitgehend der Notwendigkeit, mich verständlich zu machen, denn ich werde bereits diesseits aller (künstlerischen) Formulierungs-
versuche von ihm verstanden – : Kunst bedarf der Einsamkeit als Prämisse?

58.

Zwei alte Komödianten erinnern sich an die Spielzeit *"48/29 in Annaberg"*.

59.

Psychologisches Phänomen: man ahnt schon die Stufe B, muß aber die Stufe A erst zu Ende führen, ehe man das erahnte B *in praxi* erreicht.

Pforzheim, 29. Mai 1960

60.

Fuffi hat mich die Praxis der Gegenwärtigkeit gelehrt und sie auf Kosten
von Erinnerung und Nachklang, von Plan und Vorsorge zu meiner Domi-

nante gemacht. Das ist ihm zu danken, weil es leichter, voller und genüßlicher leben läßt (der Augenblick ist Trumpf!). Aber die Produktionslust hat darunter gelitten.

Der Genuß erfüllt sich im Augenblick, erübrigt alle Konservierungsversuche und verhindert Reminiszenzen. Früher produzierte ich aus mangelnder Gegenwärtigkeit.

61.

Im Kino, *"Friedemann Bach"*. Erste Großaufnahme von Gründgens. Neben mir dicker Ehemann zu dicker Ehefrau: *"Der ist homosexuëll. – Der Gründgens."* Pause. *"Traurig!"*

62.

In Meersburg. Aufschrift: *"Hier lebte und starb am 24. Mai 1848 Annette von Droste-Hülshoff"*.

Und auf dem Sockel ihres Denkmals: *"Der Fürstin der deutschen Dichterinnen von den Freunden ihrer Muse"*.

In der Barockkirche Weingarten ein Schild: *"Beichtstühle für Schwerhörige. Man wende sich an den Bruder Sakristan"*.

63.

Ist es denkbar, daß eine glückliche charakterliche Veranlagung die künstlerischen Impulse eines Menschen an ihrer Manifestation hindert?

Er lebt zu leicht und wird mit allem fertig, ohne es formulieren zu müssen.

Pforzheim, 14. Juni 1960

64.

Kein Problemstück mehr, kein Diskussionspersonal, keine psychologische Vorlesung und keine fabulierfreudige Märchenstunde mehr auf die Bühne lassen!

Rein formale, das heißt absolute Dramatik – ohne Einkleidung, ohne exemplarische Nutzanwendung und praktische Plausibilität! Reine Polaritäten, alogische Kontradiktionen, extreme Antinomieën, deren Verschränkungen, Umkehrungen, Durchdringungen, Synthesen. Nackte dialektische Strukturen, wilde, willkürliche Antithesen, geile Widerspruchslust, grenzen- und endelose Opposition! Die innere und äußere Weite des Kosmos als kosmisch-antichaotisch enthüllend! Preußisch-spartanische Gesetzmäßigkeit von Welt und Leben!

Das bedarf keiner Fabeln und Histörchen, das bedarf keiner Probleme und Ideeën. Das ist Idee selbst in farbigst schillernder Manifestation.

Sogar der potentiëlle äußere Umfang eines solchen Stückes ist dramatisch im Extrem: entweder unbegrenzt fortsetzbare Dialektik, endlos variabel, oder einmalige knappste Formel: *Ja - Nein!* Es gäbe nichts als die Variation dieser Grundidee. Das Variationenwerk als purste Artistik, von allem Inhaltsballast befreit, freie Form, makellos offenliegend. Spiel.

Realitätenfrage ist überholt, alle Sphären und Ebenen sind zugänglich und gleichberechtigt. Wirbel auch von Organischem, Anorganischem, Ideeëllem, Oneirischem, von Teilen und Ganzheiten, von Verben und Nomina, von Farben und Klängen. Die relativierende Proportion als Generalnenner der Totalität! Und provokant.

Ist das spielbar?

Freilich. Aber nicht mehr nur menschliche Darsteller tragen das Stück. Lichter, Farben, Töne, Gegenstände, Bühnenbewegungen spielen mit. Dialoge wechseln mit Musik, Tanz, Pantomime, stummer Tätigkeit. Sexualität, Religion, Moral und Geometrie als Keimzellen!

Ad laborem, collega!

65.
Historischer Beleg: Das humanistische und frühjesuïtische Drama hießen *"dialogus"* – die Wechselrede überwog die Handlung.

Pesaro, 15. Juli 1960

66.

Die Verurteilung des Menschen zu physischer Produktivität wäre weniger fatal, wenn sie durchgeführt und nicht auf halber Strecke liegen geblieben wäre.

Wenn ich, durch eine erbärmliche und recht teuflische Tücke, dazu verdammt bin, Autor körperlicher Geschöpfe zu sein, erhebe ich den Anspruch, als geistiges Wesen auch geistig an dieser Produktion beteiligt zu werden.

Eine Natur, die mich zum Produzenten meiner *species* macht, meine schöpferische Mitarbeit jedoch ausschaltet, ist armselig: sie ist fantasielos.

Oder fürchtet sie sich vor den Erfindungen meines Hirns? Was würde ich, wenn mein Geist bei dieser Zeugung nicht lahm gelegt würde, aus meinen Geschöpfen machen!

Die genauë Kenntnis ihrer Beschaffenheit, das Wissen um die zwei Beine, zwei Arme, zwei Augen, zwei Ohren, um einen Kopf, ein Genital und einen Anus meines Kindes, läßt mich aber lieber auf die gesamte Prozedur verzichten. Wenn alles von vornherein festliegt, ist mir die pygmalioneske Schöpferfreude, mehr: die künstlerische Neugier genommen. Die geringen Variationsmöglichkeiten wiegen dabei nichts auf, da sie einem Chromosomensatz, zwei Erbanlagen und allenfalls einem Horoskop und ähnlichen Zaubereiën anheimgegeben sind und sich dem Einfluß meines intellektuëllen Willens gleichfalls entziehen.

Dem Menschen die eigentliche Produktivität bei der Fortpflanzung zu entziehen, ihn aber andererseits als Mittel zu benutzen und sich dabei listig einer Betäubung zu bedienen – das ist gekonnt, freilich diabolisch!

Pesaro, 17. Juli 1960

67.

In Pesaro dirigieren superelegante weißgekleidete Bobbies den Verkehr mit graziösen Gesten.

Jeweils ein bis zwei Kollegen stehen an den Übergängen rings um den fuchtelnden Wachmann und erklären den *pedoni* dessen Signale. *"Warten"*, sagen sie, und die Leute verharren; *"jetzt!"*, und es geht los.

68.

Kilometer und Kilometer lang zieht sich über den Strand ein Spalier gebleichter Krabbenleichen, einer kunstvollen und aufmerksamen Drapierung gleich. Welch ein Massensterben wird hier bekundet.

Dem gründlichen Blick offenbart sich überdies, daß die toten Krabben auf Millionen leerer Muscheln und Muschelteilchen gebettet sind. Die Totenziffer wächst ins Unzählbare und längst ins Unverstehbare.

Wo sind die Seelen aller der Toten geblieben? Kann es ein Walhalla von solchen Ausmaßen geben?

69.

Ein mehrwöchiges Lagern an mediterranem Strande macht die Antike vertrauter, die sich hier oft als völlig gegenwärtig zu erkennen gibt.

Bisweilen ergeben sich Stunden wahrer griechischer Olympiade – lockersten Spiels, schwerelos und unambitioniert, von einem Corps schöner Körper. Die Nacktheit wird zur Selbstverständlichkeit; sie wird zur Erfordernis, der gar jegliches Badehabit eine Störung bewirkt; sie wird ins Ästhetische sublimiert, zumal die Schönheit der modernen Römer, gar der Jugend, überwältigend ist.

Hier wird das sexuëlle Flair, das in unseren Regionen jeder Enthüllung unvermeidlich zueigen ist, durch Spiel und heiteren Sport ins Ästhetische verwandelt, wahrhafter platonischer Eros hat statt.

Alles scheint ein großes Symposion von Stoïkern und Epikureërn zu sein.

Es wird offenbar, daß die Antike nicht weniger als jede andere Kultur aus ihrer Soziologie und Geographie, gar aus ihrer Meteorologie verstanden werden muß.

Aus dieser sublimierten Sexualität werden auch Schönheitskulte, Knabenliebe und jene anrüchig gewordenen Gräkismen organisch verständlich.

70.
Andererseits mag auch das von Gerhart Hauptmann aufgewiesene Fehlen der erotischen Elemente in der attischen Tragödie aus solchen Voraussetzungen abgeleitet werden.

Der tägliche Umgang mit schöner Nacktheit kompensiert die großstädtische Triebhaftigkeit in starkem Maße. Die naïve und spielerische Exhibition der Sexualität vermindert die Affizierbarkeit sowie den singulären Reiz des individuëllen Objekts, das auf eigenartig entschärfende und neutralisierende Weise vermasst wird. Wenn alle gleich aussehen, zumal gleich schön aussehen, erlischt der individuëlle erotische Besitzanspruch an auserwählte Gegenstände.

Auf diese Weise mag die Sexualität im Rahmen elementarer ontologischer Problemstellungen in der griechischen Tragödie zurückgestellt worden sein. Sie war gewichtloser, problemloser, selbstverständlicher.

Pesaro, 23. Juli 1960

71.
Adam Müller, späterer Ritter von Nitterdorf, machte Anfang des 19. Jahrhunderts in Berlin seinem Staatskanzler Karl August von Hardenberg den Vorschlag, außer einem Regierungsblatt auch selbst eine Oppositionszeitung herauszugeben, um Satz und Gegensatz nicht nur selbst in der Hand zu haben, sondern auch selbst formulieren zu müssen.

Pesaro, 28. Juli 1960

72.
Die Trennung von Fuffi ist übermäßig schwer, aber wahrscheinlich die einzige Lösungsmöglichkeit.

Die Kommunikation mit ihm hat mich länger als zwei Jahre in meinem Denken, in meinem Fühlen, in meinen Entschlüssen und künstlerischen Aspekten getragen und zeitweise mein gesamtes Weltbild bestimmt; in meiner Wurzellosigkeit war sie mir geistige und seelische Heimat, mit der ich auch bei größter räumlicher oder zeitlicher Entfernung gleichsam unlösbar verbunden war; – aber sie war immer gleichzeitig böser Bann.

Während sie mich festlegte, zerstörte sie mich; wo sie aufbaute, zersetzte sie auch; wo sie Grundlagen schuf, legte sie Sand- und Sumpfstellen ein; wo sie Kräfte entdeckte und förderte, untergrub sie andere. Das hielt sich zwei bis drei Jahre in schmerzhaftem Glück die Waage.

Nun die Lösung in Gestalt wortlosen Fortgangs ratsam scheint, ist alles wund. Seele und Geist bluten, da organisches Zubehör gewaltsam fortgerissen wird. Ich zerstöre meine Basis; ich springe in den leeren Raum, dem ich seinen archimedischen Punkt nahm; ich gehe in absolut fremdsprachiges Exil, wo es keine Kommunikationen gibt; ich übergebe mich der Askese, die meinen Lebensbedürfnissen verderblich ist.

Einsamkeit ist schwer; aber Einsamkeit bewußt an die Stelle besessener Gemeinsamkeit zu setzen, hat Züge qualvoller Selbstverstümmelung: sie stürzt Geist und Seele aus der Ordnung in die aussichtslose Anarchie von Gefühlen und Werten. Der Schmerz der Wurzellosigkeit hat wieder begonnen.

Aber er ist zugleich Befreiung. Er ist die Voraussetzung aller Beweglichkeit. Er ermöglicht Triebentwicklung, wo bisherige Wurzeln nicht folgten. Er kräftigt die Beinmuskulatur, weil der Boden unzuverlässiug schwankt. Ich werde der Befruchtung entbehren, aber die Jungfernzeugung, jener urmenschlich-onanistische, elementar künstlerische Wesenszug, wird zu Blüten führen, die wohlmöglich reiner, leuchtender und lebenskräftiger sind als die synthetischen Produkte kommunikativer Begattung.

Blind werde ich in die Anarchie geworfen, aber mein Gehör für eigene flüsternde Sprechversuche steigert sich immens. Ich weiß nicht, wo ich bin, wohl aber, wer ich bin. Mit der Oriëntierung schwindet die Irritation, mit der Synthese die Analyse (Paralyse), mit der Grundlage der Fließsand.

Das hält sich in glückhaftem Schmerz die Waage.

Vielleicht ist der Seitenwechsel innerhalb dieser Gleichung notwendiges Lebensgesetz. Geblutet wird stets.

73.
Ravenna. Diese Stadt bekundet erstmalig in unmittelbarem Zusammenhang den Übergang von der Antike zum Mittelalter.

Bedingt durch ihre exponierte Stellung in der frühen nachchristlichen Geschichte, die sie kurz nacheinander zur weströmischen, ostgotischen und byzantinisch-exarchatischen Kaiserstadt machte, ist sie in Architektur und Mosaïken deutliches Zeugnis organischer Entwicklung und Brücke zwischen vermeintlich so polaren Kulturen. Die beginnende Christianisierung des Antiken ist in *Sant' Apollinare in Classe*, in *San Vitale* und im Grabmal der Galla Placidia evident.

San Vitale ist ein Oktagon, dem die christliche Kirchenarchitektur noch fremd ist. Aber die Altarmosaïken zeigen zum Teil schon christliche Motive: den ravennatisch jung-bartlosen Christus mit Engeln, die ein Modell von *San Vitale* tragen, aber auch historische Motive in den beiden seitlichen Mosaïken: links den Kaiser Justinian mit zwei Bischöfen und der Hostië, mit seinen Feldherren Narses und Belisar und einigen Soldaten; rechts die Kaiserin Theodora mit ihrem Frauënstaat und dem Wein – alles in pseudorömischem, weitgehend bereits byzantinischem Mosaïkstil: stilisiert, symbolisch, perspektivelos, frontal, unrealistisch, vor goldenem Hintergrunde.

Sämtliche Mosaïke in spezifisch ravennatischer Technik, deren Wirkung nicht malerisch, sondern gobelinartig, samten ist, indem die Glasplatten nicht in glatter Fläche nebeneinander gesetzt, sondern mit Niveau- und Winkelunterschieden, zum Teil mit vorsätzlichen Zwischenräumen komponiert wurden. (Unnaïve, manieristische Technik?)

Überhaupt ist der Eindruck dieser Kunst durchaus spätzeitlich, reif, vergeistigt. Nichts von Anfang, nichts von Spontaneïtät ist spürbar.

Die Mosaïke bestehen zumeist aus farbigen Glasplatten, denen die Farbe bereits eingeschmolzen ist, so daß sie aus sich unzerstörbar und überdies abwaschbar sind. Ihre Dauërhaftigkeit ist auf diese Weise jeglicher Farbmalerei überlegen. Teilweise gibt es auch Gold-, beziehungsweise Silberplättchen, die dann jeweils zwischen zwei Glasplatten liegen.

San Vitale, die aus der ersten Hälfte des 6. Jahrhunderts stammt, hat einen monolythischen Altar aus durchsichtigem oriëntalischem Alabaster, hatte ursprünglich Alabasterfenster, die heute durch gefärbtes Glas ersetzt sind, ferner verschiedenfarbige Pfeiler, deren Marmorplatten griechischer Herkunft und durch Zersägen und Aufklappen symmetrisch angeordnet sind, sowie eine siebenseitige Empore für die Frauën. Die Deckenmalerei ist barock. Auch der heutige Fußboden ist unecht.

Wenige Meter hinter *San Vitale* liegt ein unscheinbar kleiner, äußerlich primitiver Backsteinbau, rotbraun wie alle Architektur dieser Landschaft: das Grabmal der Galla Placidia für sie selbst, ihren zweiten oströmisch feldherrlichen Gemahl (nach dem königlich gotischen Erstgemahl) und ihren kaiserlichen Sohn.

Der kleine kreuzförmige Kuppelbau stammt aus dem 5. Jahrhundert und enthält die ältesten und zugleich echtest erhaltenen Mosaïken der Welt. Die Kuppel zeigt Mosaïke von den Symbolen der vier Evangelisten, in den vier Kuppelbögen sind acht Apostel, über dem Portal (innen) eine Darstellung des *Guten Hirten*, alles in rein römischer Technik: realistisch, bewegt, perspektivisch, vor farbigen Hintergründen (blau), Gold fehlt so gut wie ganz.

Die gelben durchscheinenden Alabasterfenster sind den ursprünglichen nachgebildet.

Stärksten künstlerischen Eindruck vermittelt hier das Sternenmosaïk, an Schinkels Entwurf zur *"Zauberflöte"* gemahnend, aber 1400 Jahre älter, überdies reiner, zeitloser, unsentimentaler, unvergänglicher.

In dieser Kapelle schwingen sich Kunst und Geist zu den Grenzen der Ewigkeit auf. Das Sternenmosaïk in der Kuppel und der *Gute Hirte* über dem Portal sind überzeitlich in Thema, Form, Material, Technik und Stil. Ihr Alter drängt sich nicht auf, wie auch die Schlichtheit der Außengestalt dieses Grabmals kaum auf eine bestimmte Epoche schließen läßt.

Dies ist ein Zug der hiesigen Architektur, der allerorts auffällt: das Alter eines architektonischen Denkmals ist dem Uneingeweihten viel schwerer aufzufinden als beispielsweise auf deutschem oder französischem Territorium.

Material und Bauweise haben sich teilweise vom Mittelalter her erhalten, so daß die Identifikation mitunter schwerfällt.

So konnte etwa angesichts der überwältigend reinen *Rocca Constanza* in Pesaro, die dem 14. Jahrhundert entstammt, ebenso auf romanisches Mittelalter wie auf einen naïv-primitiven Bau des 19. Jahrhunderts geschlossen werden.

Auch die Basilika *Sant' Apollinare in Classe* außerhalb von Ravenna läßt in ihrer einfachen Klarheit nicht mit spontaner Sicherheit auf das 6. Jahrhundert, dem das Langhaus, und auf das 11. Jahrhundert schließen, dem der runde Turm entstammt. Die Klarheit dieser weiträumigen Basilika mit dem Umgang, die Marmorpfeiler-Kolonnaden, die Apsidialmosaïke (6. und 7. Jahrhundert) vermitteln wie die Grabkapelle der Galla Placidia die heitere Ruhe und Unerschütterlichkeit zeitloser Geistesform, die sich hier in Backsteinen, Marmor und farbigem Glase manifestiert hat.

Zudem bewegt hier das Bewußtsein historischer Vergangenheit, das ist: von der Vergänglichkeit des politischen Menschen. Classis war eine augusteïsche Großstadt mit einem Welthafen. Übrig geblieben ist lediglich die Basilika, die auf einer Düne steht; alles andere ist versunken. Weltgeschichte ist ohne jede andere Spur vergangen als die des künstlerisch geformten Geistes.

Gemeinplätze solcher Art müssen von Zeit zu Zeit lebendig erfahren werden, um Maßstäbe, Dimensionen und Perspektiven zu korrigieren. Ravenna ist hierbei eine besonders gute Schule, weil hier alles so alt ist wie unsere Zeitrechnung selbst. Ravenna stammt aus dem 1. Jahrhundert nach Christos.

Zeugnisse von der Kunst des ersten nachchristlichen Jahrhunderts finden sich auch in dem *San Vitale* fast angegliederten Nationalmuseum mit mehreren Kreuzgängen. Aber diese Torsi, diese Kapitellfragmente, Säulenreste, Ornamentteile und Reliëfstücke sprechen gar nicht an und verraten wenig: Beleg für die schon immer postulierte, da unumgänglich erachtete Gesamtheit des Kunstwerks, das nur in seiner Komplexität Wirkung, Sinn und Bedeutung hat. Jegliches Detail, aus dem Zusammenhang gerissen, hat allenfalls historisches, soziologisches oder materiales Interesse.

Ehe ein Platzregen den Besuch an Dantes Grabstätte verhindert, sehe ich Theoderichs, Dietrichs von Bern, Mausoleum aus dem 6. Jahrhundert. Der zweistöckige Bau gliedert sich in ein zehneckiges Untergeschoß, dessen Innenraum in Gestalt des griechischen Kreuzes der Wache zum Aufenthalt diente, und in ein rundes Obergeschoß, das den Sarkophag enthält. Der Bau, der überdies seinen realen Zweck überdauert hat, da die Gebeine Theoderichs verloren gegangen sind, wirkt weniger als Kunstwerk denn als architektonisches Monstrum. Aus istrischem Gestein ohne Mörtel gefügt, wird es von einem dreihundert Tonnen schweren Dach-Monolythen abgeschlossen, der in seiner jetzigen Gestalt aus Istriën schifflings herbeigeschafft und auf einer seinerzeit eigens erbauten ansteigenden Straße vom Hafen auf das Dach des Mausoleums transportiert worden ist. Diese "Sonderstraße" wurde anschließend wieder geschleift. Das war noch Straßenbaupolitik!

Seither ist das Mausoleum drei Meter abgesunken und senkt sich weiterhin jährlich um 0,7 Millimeter.

Rings die Landschaft atmet Geschichte, Literatur und Legende. Aber sie atmet vor allem erfüllte Gegenwart. Dantes und Byron's ravennatischer Pinienhain ist grün wie eh und je, den Rubikon fließt viel Wasser hinunter, und dazwischen liegen zahllose schlampige Bauernhöfe und überfüllte Autostraßen. (Gegengewicht zum Untergang von Classis.)

74.
Qualität gibt sich als ausschlaggebendes Kriterium aller künstlerischen Begegnung und Konfrontation zu erkennen.

Das Barock, etwa der Münchner Jesuïtenarchitektur, lag mir fern bis an den Rand völliger Verständnislosigkeit und Ablehnung. Aber als mir bei einer Autofahrt unverhofft die Klosterkirche von Weingarten in den Blick kam oder als ich die überwältigende Anlage der Stiftskirche von Melk in der Wachaulandschaft erlebte, konnte von irgend fremder Einstellung zum Barock keine Rede mehr sein. Die vollendete Schönheit dieser Bauten siegt jenseits aller epochalen Zugehörigkeit und Bedingtheit.

Es wird offenbar, daß nie der historische Zusammenhang, sondern immer die individuëlle Qualität ausschlaggebend ist.

Parallelerfahrungen: Schnitzlers *Weites Land*, Raimunds *Moisasurs Zauberfluch* (im Burgtheater) und vieles andre.

75.

Ist es möglich, daß das Ende einer großen Freundschaft und Liebe aus der
Bitte besteht, den einst gemeinsam frequentierten Friseur zu grüßen?

Pesaro, 31. Juli 1960

76.

Ich experimentiere erfolgreich, meine bisher lebenslänglich, meist naïv-
spontan praktizierte Unnahbarkeit mittels minimaler äußerer Veränderungen zur Nahbarkeit umzupolen. Geringfügigkeiten in der Kopfhaltung, der
Armbewegung, der Hüftspannung scheinen meine gleichsam angeborene
Immunität aufzuheben und mich der zutraulichen Anrede fremder Leute zugänglich zu machen. Ich komme kaum noch zur Ruhe.

Dabei kommt, als Verdacht, hinzu, daß sich meine innere Lösung von Fuffi
bereits dahingehend im Äußeren prägt, daß ich zum gefragten Objekt weiblichen Interesses werde, vor dem ich mich momentan nicht zu retten weiß.
Es steigert sich gar zu superlativischen Formulierungen über meine Körperlichkeit, die heute von einem häßlichen und männerwütigen bologneser
Mädchen *"greco"* und *"fragile"* genannt wurde, womit es *"mythologische
Götter"* und *"Merkur"* verband. (Felix Krull als Hermes bei Madame Houpf-
lé blitzte durch meine Gangliën.)

Pesaro, 4. August 1960

77.

Der Abschied von Fuffi in Pesaro (wie seinerzeit im Mai die Trennung von
Halatsch in Pforzheim) führte mir wieder die ebenso genial inszenierte wie
gespielte und mit kongenial komponierter Musik unterlegte Szene aus dem
"Christine"-Film der Garbo vor Augen und in die emotionelle Erinnerung.

Darin liegt in der Tat der anhaltende Schmerz des Abschieds: die zurückbleibenden Dinge sind signiert. Jeder Gegenstand, den der Davongegangene
in der Hand gehabt hat, jeder Weg, den er gegangen ist, jedes Haus, das er
kannte, sind für den Zurückbleibenden gleichsam infiziert, sie tragen die
Bekanntschaft weiterhin mit sich und lassen die Erinnerung nicht ruhen. Sie
verhindern unentwegt das Vernarben der Wunde.

Darum ging die Garbo in dem ärmlichen Gasthauszimmer ihrer Liebe umher und karessierte das schlichte Mobiliar.

Allein der Gedanke, daß solche Gegenstände im Gehirn des Fortgegangenen gegenwärtig fortleben, gereicht zu mystischen Unifikationsvorstellungen wie zu immenser Trauër, weil sie die Verwaisung sichtbar machen und sie, über unser inneres subjektives Gefühl hinausgehend, ins gleichsam Objektive transponieren.

78.

Auffällig ist in Italiën die naïv und ohne äußeren Zwang geübte Pflege der Geschlechtertrennung.

Sitzt du abends bei einem *aperitivo* und läßt das junge Volk passieren, oder fährst du durch kleine Ortschaften, wo sich die feiërabendliche Jugend trifft: die zwanglose Gruppierung nach Geschlechtern fällt immer auf.

Auch wo sich schließlich Gespräche zwischen Männern und Mädchen anknüpfen, bleibt es bei der Begegnung zweier Fronten. Die in unseren Landstrichen fortgeschrittene Nivellierung sexuëller Gesellschaftsunterschiede hat hier noch nicht stattgefunden. Der junge Mann trifft sich hier zunächst nur mit Geschlechtsgenossen, sie sind seine natürlichen Partner, die er in seiner Freizeit sucht und braucht. Das individuëlle Verhältnis zum weiblichen Partner entwickelt sich später aus seiner Ansiedlung im Männerkreise heraus.

Der Hang zum Gleichartigen ist hier noch nicht zu übersehen.

79.

Florenz, einer impressiven Begegnung von sieben Stunden unterworfen, war eine Enttäuschung.

Die Anhäufung historischer und kunstgeschichtlicher (nicht so sehr künstlerischer!) "Sehenswürdigkeiten" erweckt mehr den Eindruck einer üppigen Demonstration patriarchalischen Reichtums als die Vorstellung echten architektonischen Formwillens und Formulierungsbedürfnisses.

Florenz ist wie für Touristen gebaut: eine (zumal im Dom, im Campanile, in *Santa Croce*) überladene Revue von imposanten Kostbarkeiten, eine Schaustellung baulichen Gepränges, das in erster Linië dekorativ und repräsentativ zu sein hat. Florenz ist ein überdimensionales Schaufenster mit überaus attraktiven Auslagen, die aber auf ihre Nützlichkeit, ihre Bedeutung, ihre Solidität nicht allzu streng geprüft werden sollten.

Florenz hat viele Gemeinsamkeiten mit Paris. Es hat all den Pomp und die Darbietungsfülle, die die Paris-Gegner der französischen Metropole zum Vorwurf machen. Florenz hat aber keineswegs die Großzügigkeit, die Klarheit und die lächelnde Atmosphäre von Paris. Florenz ist schmutzig, es ist unliebenswürdig, es ist düster. Die farbige Lichte des Giotto-Campanile etwa ist fast erschreckend, weil sie sich so unvermittelt aus einer ihr wesensfremden Umgebung erhebt.

Die heutige Vermischung von spätmittelalterlichem und frührenaissancistischem Gepränge mit moderner Touristenindustrie erscheint als durchaus organische Amalgamierung und fügt sich zu einem *show business* großen Stils.

Freilich wäre es blasphemisch, die großen künstlerischen Einzelleistungen dieser Stadt übersehen zu wollen. Aber der Geist, der über der Gesamtarchitektur schwebt, hat Parallelen mit der manieristischen Überproduktion unserer heutigen Kulturfabrikation, die ja nichtsdestotrotz einen Gottfried Benn, einen Kafka, einen Picasso und einen James Joyce hervorgebracht hat.

80.
Überwältigend ist freilich, wie es die Kultur dieser Stadt vermag, noch viele Jahrhunderte nach ihrer Entstehung die Völker aller Erdteile zur Pilgerfahrt und zum Kniefall zu zwingen.

Hier dominieren die Geister Giottos, Ghibertis, Michelangelos, Dantes und Cellinis über den Mob aller Nationen, der ihnen in hingebungsvollem Snobismus seinen Mammon opfert und sie willig zu seinem Arkadiën macht, ohne sie freilich in Wahrheit zu erblicken. Das hat viel vom Triumph des hohen schelmischen Geistes über die "krude Realität", wie ihn etwa Thomas Mann mit Vorliebe behandelt. Hier rächen sich die Großen, indem sie den Pöbel zu schwitzenden, anstrengenden Strapazen und nahezu verschwende-

rischen Ausgaben nötigen. Und die Kleinen zahlen willig ihren Tribut und
sind obendrein stolz darauf, lassen sich rudelweise vor dem Panorama dieser
Stadt fotografieren, bezahlen auch hierfür und versenden zahllose Ansichtskarten in alle Welt: millionenfache Reproduktionen florentinischer Kunst-
werke, die hier demokratisch finanziert werden.

Größere Popularität und breiteren Erfolg kann niemand erreichen.

81.

Auf der Rückfahrt von Florenz sitzt im Omnibus eine alte amerikanische
Jungfer neben mir und plant bereits ihren Trip nach Venedig.

Die Jungfer (mit Fistelstimme): *You know Venice?*
Ich: *Yes, I do. I've been there two years ago.*
Die Jungfer (mit Fistelstimme): *You like it?*
Ich: *Yes, I do. I do like it more than Florence.*
Die Jungfer (mit Fistelstimme): *Oh, it's because Florence is just arts and
culture.*

82.

In den Korridoren der Uffiziën wird mir angesichts der antiken, pseudoanti-
ken und renaissancistischen Skulpturen bewußt, wie sehr jene früheren Jahrhunderte den männlichen Körper gegenüber dem weiblichen bevorzugen. In
unentwegt erfinderischen und beobachtungsfreudigen Variationen wird der
maskuline Akt in seiner Schönheit, seiner Kraft, seiner Durchgeistigung
oder wie auch immer zur Darstellung gebracht. Interesse und Lust am
Männlichen haben offensichtlich jahrhundertelang in allen profan-ästheti-
schen Gestaltungen des menschlichen Körpers überwogen. Dabei fällt nicht
zuletzt das Gefallen an der männlichen Anatomie ins Auge; gar die Genita-
liën erfahren Darstellungen von extrem naturalistischer Akribie mit feinsten
Differenzierungen.

Der weibliche Körper dagegen wird wenig beachtet, ehe er im mittelalterlichen Mariën- und Madonnenkult seine Gestaltung erfährt, die freilich in
gänzlichem Gegensatz zur Darstellung des Mannes steht. Der Mann erscheint als Realität, die Frau als Symbol; der Mann als Körper, die Frau als

Geist, später als Seele; der Mann als Schönheit, die Frau als Emblem; der
Mann als sinnlicher Reiz, die Frau als Gegenstand religiöser Anbetung; der
Mann ist profan, die Frau ist sakral. Sie bleibt es, selbst als sie aus ihrer byzantinischen Strenge erlöst und, etwa von Giotto, als Frau befreit wird.

Darstellung der Frau bedeutet jahrhundertelang Darstellung Marias. Aber
der Mann ist Mensch. Der Mensch ist Mann.

Seit jener von Giotto emanzipierten Weiblichkeit hat sich der Frauёnkult
mehr und mehr in den Vordergrund des gesellschaftlichen, künstlerischen
und erotischen Interesses gestellt. Heute gar im 20. Jahrhundert gibt es in
den modernen Galerieёn wie in den Kioskmagazinen und Filmen fast ausschließlich Darstellungen des weiblichen Körpers, dem der männliche seine
gesamte Interessantheit hat abtreten müssen.

83.
Der Vergleich von Florenz und Ravenna fällt hinsichtlich meiner Affiziertheit ganz zugunsten Ravennas aus, das ungleich seriöser, ehrlicher, unprätentiöser und schlichter auf mich wirkt als das effektvollere und dabei nicht
immer ganz solide Florenz.

Kennzeichnend scheint mir der folgende Unterschied zu sein.

Die ravennatischen Bauten sind äußerlich schlicht bis primitiv; die Dehors
galten nichts; alle künstlerische Konzentration richtete sich auf den Innenraum, den eigentlichen Sinn und Anlaß des ganzen Gebäudes; ihm kunstfertigst gerecht zu werden, war einziges Anliegen der ravennatischen Meister.

In Florenz hingegen herrschen die Außenseiten. *Santa Maria del fiore* und
das *Baptisterio* sind Sensationen für den Passanten; die Innenräume langweilen. Der Dom wurde im 15. Jahrhundert dem Gebrauche geweiht, seine
Außenseite wurde fünfhundert Jahre lang bis ins 19. Jahrhundert hinein fortwährend weitergebildet. *Santa Croce* gar erhielt noch im 19. Jahrhundert eine neuё Fassade zur *Piazza* hin, bunt und marmornen, während ihr Inneres
durch eine Anhäufung prominenter Grabstellen und Denkmäler interessant
gemacht werden mußte.

Mit einem Wort: Ravenna ist innerlich, Florenz ist äußerlich. Ravenna ist antik-frühmittelalterlich, Florenz ist Renaissance und verbrannte Savonarola.

84.
Auch dem Vergleich mit Wien hält Florenz nicht stand.

Ihnen gemeinsam ist die Überdosis an künstlerischer Architektur. Aber wenn in Wien Geist, Wesen und Bauwerke der Stadt unlösbare Einheit sind und dort nicht gesagt werden kann, ob der Geist die Architektur oder die Architektur den Geist ausgemacht habe, hat die Stadt Florenz in starkem Gegensatz kaum eine innere Beziehung zu ihrem architektonischen Museum. Der Geist dieser Stadt ist nicht der des Campanile, auch nicht der des *Palazzo Vecchio*, während Wien und Belvedere, Wien und die Hofburg, Wien und die Staatsoper ein und dasselbe sind.

(Vergleiche auch den Unterschied der beiden Silhouetten: vom *Piazzale di Michelangelo* sieht man ein graües Häusermeer mit drei überdimensionierten Repräsentativbauten ohne organische Proportion zur Umgebung; aber Wien ist eine Einheit, da gehört alles zusammen!)

85.
Florenz gereicht mir zur Prüfung und Bestätigung meines persönlichen Qualitäts- und Stilgefühls.

Von der Südseite anfahrend, bin ich beglückt über die schlichte Reinheit des Langhauses von *Santa Croce*. Vor der Frontalfassade sträubt sich alles in mir. Später bestätigt sich mir, daß das Haus spätes Mittelalter, die Fassade 19. Jahrhundert ist.

Ähnlich geht es mir angesichts von *Santa Maria del fiore*, die ich rings umwandere, indes sich alle Antennen und Seismographen auf Abwehr einstellen. In der Tat ist die Außenseite das Werk vieler Jahrhunderte, die Front gar aus dem 19.!

Diese Erfahrung beruhigt und erhebt angesichts meiner mangelnden Erfahrung und Bildung gegenüber diesen Architekturen, deren kunsthistorische

Kategorisierung ich mittels handwerklicher Kenntnisse nicht zu vollziehen vermag.

Meine spontane Reaktion erweist sich indes als kompetenter Kunstrichter.

Pesaro, 5. August 1960

86.

Eine Signorina aus Rom erzählt mir hier, wie sie in London aus Ahnungslosigkeit und Unkenntnis der dortigen Sprache in einen Spielerkreis gerät und sich da nicht anders zu helfen weiß als durch Mitspielen.

Ihr vollkommener Dilettantismus verursacht sensationelles Aufsehen im Kreise der Spieler, die von allen Tischen herbeiströmen, um dieses Monstrum zu bestaunen, das man für einen Falschspieler hält, dem man aber nicht auf die Schliche kommt.

Der krasse Kontrast wird nicht für möglich gehalten und schlägt in der Wirkung in sein Gegenteil um.

87.

Reizvoll als Situation ist auch eine andere Geschichte derselben Römerin.

Akute Blindarmreizung macht unverzügliche Operation erforderlich. Zur Verfügung steht aber nur ein soeben errichtetes Krankenhaus, dessen gesamter medizinischer Apparat bereits vorhanden ist, dessen Krankenzimmer aber noch nicht eingerichtet sind, so daß die Klinik noch nicht eröffnet ist.

Die Operation findet also statt: ein Arzt, ein Patient und eine Aushilfsschwester allein in einem leerstehenden Krankenhaus!

88.

Aufschlußreich, daß im Italiënischen das Wort *comediante* so viel wie Lügner bedeutet.

Il comediante sagt nicht die Wahrheit. *Comediante* genannt zu werden, im Deutschen fast eine Ehre und jedenfalls schmeichelhaft, wird hier als Beleidigung empfunden.

89.
Prognose zu Beginn der inszenatorischen Arbeit am *"Zerbrochnen Krug"*:

Dieses Stück ist so gut, es ist in seinen Motivationen und Folgerungen so präzis und lückenlos, in seinen Formulierungen und Dialogen so vollkommen, daß ein Ensemble guter und kluger Schauspieler hier ausnahmsweise ohne Regisseur auskommen müßte. Dieses Stück liegt auf der Hand. Man kann es "vom Blatt spielen". Zusätzlich klärende oder plastizierende Investitionen des Regisseurs scheinen nicht erforderlich. Selbst das Arrangement ergibt sich weitgehend von selbst.

Es bleibt abzuwarten, ob der Probenprozeß diesen Eindruck bestätigt.

(*Post scriptum*: Er hat ihn nicht bestätigt.)

90.
Die italiënische Sprache erweist sich bei intimerer Kenntnis als ungewöhnlich reich an Wertdifferenzierungen, die in Gestalt der zahlreichen Suffixe erfolgen.

Jeder Name, jeder Gegenstand kann durch eine Vielzahl verschiedenartiger Endungen mit Gefühlen, Bewertungen belastet, erweitert, verkleinert oder vergrößert werden.

Eine sprachliche Eigenart von besonderem Reiz, die dem italiënischen Bedürfnis formulierten Geständnisses, sprachlicher Gefühlsvermittlung entsprechen mag.

Es läßt auf starke literarische Anlage des Volkes schließen, zumal diese Suffixe fließend und dem Gebrauch wie der Erfindung des Einzelnen überlassen sind.

91.

Am Strand offenbart sich immer wieder der weite Radius des Erotisch-Sexuëllen, der mit den Fakten heterosexuëller Koppelung und Paarung keineswegs erschöpft ist. Vielmehr findet hier, halb oder ganz naïv und unterbewußt, körperlich Kohäsion zwischen fast allen Exemplaren statt, sobald sie sich nähern. Geschlechtszugehörigkeit und Alter, ja selbst Verwandtschaft spielen dabei keine Rolle. Knaben und Mädchen führen, meist ahnungslos, gewagte Spiele mit ihren nackten Körpern durch, Eltern selbst sind bei der Liebkosung ihrer nackten kleinen Kinder keineswegs so neutral, wie es offiziëll den Anschein hat.

Fast sieht es vielmehr so aus, daß Geschlechtsabgrenzung, Altersunterschied und Verwandtschaftstabu sämtlich rein gesellschaftliche Vorsichtsmaßnahmen und künstliche Prohibitionen sind.

In Wahrheit will Haut zu Haut und Genital zu Genital, ohne nach den *Dehors* zu fragen.

92.

Das Prinzip der Inkonsequenten, kokett praktizierte Pubertätserscheinung, macht seine Anhänger zu Repräsentanten der Konsequenz.

Der wahrhaft Inkonsequente kann derlei Programme nicht verkünden, weil er in jähem Wechsel konsequent und inkonsequent ist.

Inkonsequenz kann nicht prinzipiëll sein. Sie wäre dann konsequent.

93.

Aufbauënde Liebe übersieht. Sie ist wissentlich blind für Fehler, Schwächen und Liebeshindernisse, für Unterschiede, Trennungssymptome und Unvereinbarkeiten.

Der Abbau einer Liebe sammelt ebenjene bislang gern übersehenen Trennungsgründe.

Vielleicht ist dieser Aspektwechsel entscheidendes Kriterium. Denn die Trennungsgründe sind ja immer da. Nur ihre Einordnung in das Beziehungsgeflecht, ihr Einbezug, ihre Bewertung wechseln.

Dasselbe läßt sich umgekehrt von den positiv-kommunikationsfreundlichen Momenten anführen, die wohl auch immer vorhanden sind, aber wechselnd hoch bewertet und übersehen werden.

Sollten von diesem Prinzip aus Liebe und Ablehnung kontrollierbar und dirigierbar sein, indem der Sammeleifer entsprechend kultiviert oder vernachlässigt wird?

Pesaro, 8. August 1960

94.

Ein großer Reiz selbst im touristischen Italiën der Sommermonate ist die nahezu selbstverständliche Internationalität, die hier herrscht. Man spricht alle führenden europäischen Sprachen, trifft Vertreter aller Rassen und Religionen wie zu einem großen Fest, das Schönheit, Kultur und Geschichte veranstalten.

Mit diesem Völkergemisch ist organisch eine Großzügigkeit und Freiheit des Tuns und Lassens verbunden, die überdies von der romanischen *gentilezza* gefördert wird.

Hier ist wirklich gut sein. Es ist ein bißchen anarchisch, aber frei; ein bißchen formlos, aber universal; ein bißchen proletarisch-präzivilisatorisch, aber ganz und gar unbürgerlich; ein bißchen äußerlich, aber unsentimental. Hier ergreift die Masse wirklich ein Hauch von Weltbürgertum.

Wenn man dasselbe in kultivierter, geordneter, geistvoller Form erreichen oder erleben könnte, wären viele soziologisch-psychologischen Wunschträume erfüllt.

95.

Auf einer etwa tausend Meter hoch gelegenen *trattoria* an einer Paßstraße des Apennin, *Cavallino* genannt wie viele hier ihresgleichen, kommt eine ältere Amerikanerin aus *New York City* zu mir an den Tisch. Hindernislos springen wir ins Gespräch, das die Amerikanerin als enthusiasmierte Europareisende ausweist; monatelang ist sie hier unterwegs, um alles an Kultur und Landschaft aufzunehmen, was der alte Kontinent ihr bietet.

Diese Frau hat die für uns so bekömmlichen und nachgerade therapeutischen Wesenszüge der Amerikaner: sie ist nüchtern, vernünftig, schwungvoll, hellen Geistes, sehr frei in Ansichten und Benehmen, ganz ohne Komplexe und Verkrampfungen, lebenslustig im schönsten Sinne und ganz augenblicksverhaftet.

Nach dem Essen stehen wir gemeinsam an einem Abhang des Berges und sehen die zauberhafte Landschaft des Apennin in einer märchenhaft unwirklichen Abendstimmung versinken. Tief unter uns vereinzelte Gehöft- und Fahrzeuglichter, über uns ein erster einzelner Stern. Ohne die geringsten sentimentalen Zusätze sind wir beide überwältigt, und plötzlich entsteht zwischen uns, zwei gänzlich fremden und verschieden veranlagten Menschen, ein spontaner und sehr echter Kontakt, der uns fast unausgesetzt einander das Wort aus dem Munde nehmen läßt. Eine sehr verblüffende und beglückende Harmonie der Geister und Seelen herrscht plötzlich.

Als zwei Stunden später die Amerikanerin den gemeinsam benutzten Omnibus verläßt, hat sie bereits alles vergessen. Sie verabschiedet sich nicht einmal.

Das ist gut so. Nun ist es ohne Sentimentalität geblieben.

96.
Die Fahrt durch den nächtlichen Apennin mit seinen wahrlich silberblitzenden Gebirgsbächen und anschließend durch die mondübergossene Romagna ist von einem unglaublichen Zauber, für den wahrhaft nur Eichendorff zuständig zu sein scheint.

97.
Als Fremdenführer fungiert in Florenz ein asthmatischer russischer Immigrant, der als Kaiserlich-russischer Offizier im *Ersten Weltkrieg* gedient und sich anschließend in Heidelberg und Berlin kunsthistorischen und historischen Studien gewidmet hat.

Er geht an einem Stock, hat eine überstarke Speichelproduktion und eine zu lange Zunge, die sich bei ihm wie bei allen Vertretern dieses Fehlerchens mit ihrem Rücken an den Gaumen schmiegt, während sich die Spitze am

Unterkiefer nach innen einrollt. Auf diese Weise ist er mit seinem fließend beherrschten Petersburger Deutsch eine beredter *Guide*, der durch enorme Sachkenntnis zu brillieren und die ahnungslosen Touristen zu beeindrucken oder auch zu entmutigen weiß.

Mehr als in allen Jahreszahlen offenbart sich sein Wissen in der Unzulänglichkeit seiner Methode: ununterbrochen geht er von nicht vorhandenen Voraussetzungen aus, macht Gedankensprünge, die nur für den Fachmann nachvollziehbar und verständlich sind.

Er beherrscht seine Materië in jenem hohen Grade, der eine Mitteilung und Einführung kaum mehr ermöglicht. Er übersieht nicht mehr, wo sich Popularwissen und Fachkenntnisse trennen. Entsprechend ist seine Führung auch ungeordnet, weil seine Kenntnis von Florenz umfassend ist.

Mitunter reißt sein Redefluß ab, weil er rettungslos den Faden verliert oder weil er minutenlang nach einem ihm entfallenen, gänzlich peripheren Namen sucht oder weil seine Blicke plötzlich einem Passanten folgen und sich an den verlieren.

Er erweckt den Eindruck, einem bösen Laster zu frönen, das ihn ruiniert, oder einer unterirdischen Verschwörung anzugehören, die dem Untergang geweiht ist. Es hat etwas verzweifelt Todgezeichnetes an sich, wie es vielleicht nur Russen anhaften kann und das sich in den Momenten vollkommener Zerstreutheit ebenso stark zu erkennen gibt wie in seinen forcierten Späßen und Touristenkalauërn, die aber auch jene hemmungslos-ordinäre Lustigkeit des Russen aufklingen lassen.

Sein inneres Verhältnis zu seiner Materië ist servil. Es ist kritiklose Anerkennung einer hohen Instanz. Insofern bezeichnet er sich mit Recht als Dilettanten, als welchen er sich stolz vom kunsthistorischen Akademiker separiert. Er proklamiert die amateurhafte Intuition nicht nur als seine Domäne, sondern als einzigen und unumgänglichen Zugang zur Kunst.

Diese Einstellung mag russisch sein; sie erinnert an den Aristokratendiener, dessen innere Haltung bisweilen aristokratischer ist als die des Herrn. Bezeichnender Weise vergleicht er sich mit den Unteroffizieren der Armee, die deren eigentlichen Geist ausmachen und weitertragen. Überhaupt mag seine militärische Erziehung auch seine Kunstbetrachtung bestimmen.

Er ist der Typ des guten Untertanen im Geiste des 19. Jahrhunderts, das er preisend gegen das 20. Jahrhundert abhebt.

98.

In den *Uffiziën* werde ich angesichts einer naturalistisch-sinnlich gemalten Madonna von Giotto auf dessen revolutionäre Tat hingewiesen, die von seiner Zeit als ein Vergehen gegen Sitte, Anstand und Religion empfunden wurde. Bereits die Andeutung eines weiblichen Busens war anstößig in höchstem Grade.

Parallel lese ich von den Salonstürmen, die Kleist mit seinen Erzählungen und Dramen in Dresden und Berlin verursachte. *"Die Marquise von O.",* *"Das Erdbeben in Chili",* *"Die Verlobung von St. Domingo"* und *"Penthesilea"* wurden schon ihrem Stoff nach als äußerst obszön und unschicklich empfunden.

Heute sehen wir weder Giotto noch Kleist etwas Obszönes an. Aber vermutlich wird und muß es immer so sein. Die bestehenden gesellschaftlichen Gepflogenheiten müssen durchbrochen und vorangetrieben werden. Darin manifestiert sich der freïe Geist in jeder Epoche.

Aber immer wird er dafür verfolgt und gekreuzigt, später glorifiziert werden.

99.

Älteren Datums ist folgende Beobachtung:

Das 19. Jahrhundert war traditionalistisch. Es ließ nur die Variation des klassisch Bestehenden, das heißt das Epigonentum gelten und unterdrückte alles Originäre, Antitraditionelle. Es pries Grillparzer und Schubert, es übersah Büchner, Grabbe und Strindberg. Alles Neuë war ihm verdächtig.

Diese Haltung hat sich im 20. Jahrhundert radikal pervertiert. Heuër gilt nur das Allerneuëste, jeder auch noch so geringe Anklang selbst an den unmittelbaren Vorgänger, der gestern noch revolutionär war, ist verpönt und wird mit Verachtung, Spott und bösen Worten vergolten.

Auf diese Weise verhindert das 20. Jahrhundert die organische Ausbreitung, Weiterentwicklung und Reifung der Neuërungen, während das 19. Jahrhundert sich nicht genug tun konnte, in diesem Sinne Erworbenes auszubreiten.

Das 19. Jahrhundert förderte Epigonentum und Stagnation; das 20. Jahrhundert fördert Sensationalismus, Oberflächlichkeit und Manierismus.

Nynäshamn, 2. Juli 1961

100.

Die Schwierigkeit einer Entscheidung zwischen zwei Tischen oder Stühlen als jeweils möglichen Arbeitsplätzen zögert den Arbeitsbeginn mitunter um Stunden hinaus; sie verhindert ihn gar.

Aber die Lust, eine solche Beobachtung zu notieren, ist groß genug, um selbst auf dem Perron eines Hauptbahnhofs, in einem Warenhaus oder auf einem Meeresfelsen ein Stück Papier zu finden.

101.

Spontaneïtät und unverbildet-unbewußte Unmittelbarkeit wirken auf den naivitätsverlustigen Hamlet zwar äußerst attraktiv und sehnsuchtswert, provozieren ihn aber keineswegs zur Nachfolge oder gar inneren Imitation, sondern zu extrem konträrer Reaktion, das heißt, zu höchstmöglich gesteigerter Intentionalität und kontrollierter Reserve einerseits, zur Zerstörung der ihm gegenübertretenden Naïvität andererseits (Ophelia).

Wer würde schon in den betrauërten Garten Eden zurückkehren? Höchstens ein Reiseschriftsteller. Oder ein Organisator von Campingplätzen.

Stockholm, 22. Juli 1961

102.

Keine psychologischen Charaktere mehr schreiben, sondern lauter assoziationsfreudige, provokable Chamäleone, die in jeder Situation ein situationsgerechtes Gesicht aufziehen.

(Vielfacher Maskenwechsel? Aber wohl nicht als szenischer Effekt.)

Situationen-Dramaturgie.

Pforzheim, Dezember 1961 / Januar 1962

_103._
Stoff: Als Voraussetzung allen gesellschaftlichen Lebens die Lüge. Umkehrung der Wahrheitsmoral. (Kompliziert.) (→ _Rio de Janeiro._)

_104._
Stoff (Motiv): Geschlossene Ordnung eines Rituals. Inmitten ein Ritusfremder, der alles "falsch" macht. Relativierung der Normen.

_105._
Stoff: Utopie einer Wiedervereinigung von Ost- und Westdeutschland. Innerlich unmöglich und gar nicht gewollt.

_106._
Stoff: Ein Mensch mit besten Anlagen und Fähigkeiten, dem grundlos alles fehlschlägt.

Braunschweig, September 1962

_107._
Stoff: Neuë Voraussetzung – alle Figuren wollen nicht mehr das Gute, sondern ausnahmslos das Schlechte, sprechen nicht mehr die Wahrheit, sondern ausnahmslos Lügen.

_108._
Das Theater eines sozialisierten und wirtschaftlich erblühten Zeitalters ist unweigerlich zum Tode verurteilt.

Es unterliegt einerseits einem ebenso vielköpfigen wie höchst mediokren Interesse, ist andererseits aber dazu verurteilt, leicht verständlich zu sein. Damit ist es *de facto* beëndet.

Einzige – utopische – Rettungschance: Theater für kleine Zirkel einer neuen mäzenatischen Aristokratie. Ein zuschauërarmes exklusives Theater für höchste geistige Ansprüche, die zugleich in der Lage sein müssen, ihre Ansprüche zu finanzieren. Geheimtheater mit schwer erreichbarem Zutritt, der aber höchst erstrebenswert wird.

Das Theater als Gral, auf diese Weise mit neuëm Magnetismus geladen (Bayreuth?).

Braunschweig, 1. Januar 1963

109.
Eine der ersten und wesentlichsten Aufgaben bei einer Inszenierung ist der Versuch, einen sukzessiv fixierten Text simultan zu überblicken.

Schwer.

Braunschweig, 13. Januar 1963

110.
Motiv: Erste Amtshandlung eines neuën Bürgermeisters: an jedem Hause müssen mittels Tafeln sämtliche Toten annonciert werden, die je in diesem Hause gestorben sind.

Braunschweig, 16. März 1963

111.
Viele Schauspielerinnen sind Mütter. Aber nie ist eine Mutter Schauspielerin.

112.

Episodische Figur: jemand hat keine andere Funktion und Beschäftigung, als sich unentwegt ein Alibi zu beschaffen.

Braunschweig, 23. November 1963

113.

Motiv: es findet sich niemand mehr für die wichtigsten Positionen der Menschheit: keine Staatsmänner, keine Ärzte, keine Forscher, keine Richter, keine Regierungschefs (nach Kennedy's Ermordung!).

114.

Figur des Bürgermeisters: klassisch-idealistischer Held in der Moderne.

Braunschweig, 1. März 1964

115.

Thema: Absolute Schutzlosigkeit des Menschen (Fälle Timo Rinnelt, Cyrano, Klaus Kammer, Gründgens).

Ein vorzüglich funktionierender Polizeiapparat mit hochintelligenten und ausgekochten Beamten versagt auf ganzer Linië. Es hagelt Verbrechen aller Art. Sie häufen sich zu einem Hexensabbat menschlicher Kriminalität, sind alle perfekt durchgeführt und werden alle nicht aufgeklärt – trotz virtuoser Verfolgungspläne. Nicht ein einziger Mörder, Kindesentführer, Sexualverbrecher, Erpresser *et ceteri* wird erwischt. Die Fälle bleiben alle in Ewigkeit ungeklärt (vergleiche Cyranos Tod !). (Eventuëll Figur, die historische Parallelen sieht und die permanente Schutzlosigkeit des Menschen offenbart.)

Möglichst nicht realistisch zu behandeln.

Braunschweig, Juni 1964

116.

Gespräch mit Ronald Duncan in Kassel.

Seine scharfe Polemik gegen jegliche Popularität in der Kunst; gegen sozial-
kritische Kunst, gegen puren Realismus. Gleichzeitig sein Bekenntnis zu einer Realität, die auch in jeder Überhöhung gegenwärtig sein müsse.

Kunst und Leben als untrennbare Einheit verstanden.

Seine Absage an die (in England, dem Lande Shakespeare's, immer noch
übliche) Scheidung von Komödie und Tragödie.

Der Vers ist für Duncan Telegrammstil: die Möglichkeit kürzesten Aus-
drucks. Wenn es knappere Prosa gäbe, würde er sich ihrer bedienen. Aber
der Vers muß real bleiben, darf sich vor "unpoëtischen" Vokabeln (motor-
car) nicht scheuen.

Duncan, der Moralist, hat nie die Absicht *"to convince anybody"*. Er stellt
nur dar und bietet an.

Seine Klage über totale Isolation und Kontaktlosigkeit. Scharfe Angriffe auf
Agenten und Manager.

Krasse Absage an den Pöbel, der ihn überhaupt nicht interessiere. Die sozialen Belange des Pöbels zu vertreten, jegliche Politik überhaupt sei banal und
überliefere den Autor der Zeitbedingtheit. Ibsen und Shaw seiën ebendes-
halb *passés*.

Duncan wehrt sich energisch gegen Vorwürfe, die vermeintlich undramati-
sche Aktionslosigkeit etwa von *"Abælard und Heloïse"* betreffend. Aktion
sei nicht: auf der Bühne herumlaufen. Aktion sei nicht Bewegung und Bewegung noch lange keine Aktion. Die Aktionen finden immer sämtlich im
Gehirn statt, und wenn das nachvollzogen wird, bedürfe es keiner Bewegungen und äußeren Geschehnisse. (Sehr scharf!)

Fry und Eliot seien *totally disencouraged* dorch den sozialagitatorischen
Trend im derzeitigen England, der etwa Duncan nicht als *old-fashioned* be-
zeichne (*"So höflich sind sie nicht!"*), sondern als Kapitalisten.

117.
Antje Weisgerber verliert gleichzeitig Mann und Sohn und hat selbst schweren Autounfall.

Martin Helds einziger Sohn nimmt sich 17jährig das Leben.

Rolf Hennigers Frau stirbt (mysteriös?).

Klaus Kammer.

Horst Caspar.

Walter Henn.

Joana Maria Gorvins Mann wird geisteskrank.

Hannes Stelzers Frau verübt "grundlos" Selbstmord.

Dietrich Fischer-Dieskaus Frau stirbt im Wochenbett.

Gisela von Collande.

Die Kennedys.

Peter Anders.

Maria Cebotari / Gustav Dießl.

Joachim Gottschalk.

Ödön von Horváth (hierzu Ulrich Bechers Nachwort im Horváth-Paperback bei Rowohlt; weitere Beispiele).

(Cyrano).

Buenos Aires, 10. Juli 1964

118.
Newton's Gesetz von Kraft und Gegenkraft manifestiert sich künstlerisch im Drama.

Neuë Erfahrung und Möglichkeit: zur Kraft nicht die Gegenkraft, sondern die Parodie der Kraft gesellen. So entstünde ein dramatisches Gefälle (?), das zugleich introvertiert und monologisch bliebe.

119.
Erfahrung der eigenen psychisch-astrologischen Veranlagung in Gestalt

spiegelbildlicher Begegnung mit gleicher Veranlagung auf niedrigstem Niveau. (Die hiesige Frau Grünwald und ich – zwei prototypische Jungfrauën; dazu noch als drittes Extrem etwa Goethe!).

120.
Feiërtag der argentinischen Unabhängigkeitserklärung: linkisch-pompöse Militärparade mit dilettantischer Anfahrt des Staatspräsidenten Dr. Arturo Umberto Illia und mit höchst malerischem, würdevollem Appendix von Gaucho-Delegationen aus dem Landesinneren in originalen Trachten.

Militärs und Gauchos: totale Vermassung und königlicher Individualismus. Die buntgekleideten Gauchos zwischen Hochhäusern und im Großstadtverkehr (*Avenidas de Mayo y Nueve de Julio*) – : ein faszinierend siegreicher Anachronismus.

121.
Europa wird in Südamerika quantitativ lächerlich, qualitativ erhöht sich sein Wert zu einem unschätzbar köstlichen Arkadiën.

Inmitten der unermeßlichen Dimensionen und natürlichen Reichtümer dieses Kontinents, der zugleich in Schmutz, Improvisation und menschlicher Unzulänglichkeit stecken zu bleiben droht, wird die Bedeutung europäischer Kultur erstmalig in ihrem ganzen Umfang begreiflich. Indessen wird Europa optisch nahezu unsichtbar. Allein Argentiniën ist so groß wie das Territorium von Dänemark bis in die Sahara; von Afrika nach Amerika (Dakar – Recife) fliegt man vier Stunden über den Ozean, dann aber von Recife nach *Buenos Aires*, nur über einen Teil von Brasiliën, ganze sechs Stunden.

122.
Argentinische Folklore ist in Musik und Tanz erfindungsträge, zur Schwermut neigend, plump. Parallelen zur spanischen Formenliebe und Artistik fehlen fast völlig, dagegen überrascht die Verwandtschaft zum Tanz der Russen (Beinakrobatik) – macht sich hier landschaftliche Verwandtschaft bemerkbar?

Der Volkstanz ist choreografisch monoton, arbeitet mit symbolischen Requisiten (Taschentuch als Erotikon), fixierten Grundfiguren und improvisierten Details. Instrumentale Begleitung nur auf hohen Trommeln, auch beim Gesang – keine Saiteninstrumente. Vom Spanischen ist nur die (verstümmelte) Sprache entlehnt.

Der fantasielosen Folklore entspricht auch die kulinarische Einseitigkeit. Der Argentiniër ißt nur und immer sein gebratenes Fleisch, das er sich, eigentlich ohne Variationen, überall selbst herrichtet: auf Schiffen, auf der Straße, auf Arbeitsstellen wird ein Feuerchen entzündet, an dem er sich sein Fleisch grillt: *asado; bife*. Das ist alles.

123.

Man sollte eine Kunstsprache entwickeln, die sparsamst mit jeglichem Ornament umgeht, nach Möglichkeit keine Epitheta, keine Reime und Assonanzen, keine sinnlichen Qualitäten verwendet. Knapp, sachlich, konkret, wortarm, konzentriert, aber rhythmisch. Das Metrum ersetzt die überstrapazierten und schablonierten traditionellen Mittel, die radikal gemieden werden müssen. (Vor allem sind die Superlative, alle Übertreibungen, alle Extreme zu bekämpfen: die Worte "äußerst", "höchst", "immer", "alle" eliminieren! Möglichst exakte Sachtreue anstreben – unter Gefahr der Dürftigkeit und Schmucklosigkeit!)

Rio de Janeiro, 15. August 1964

124.

Buenos Aires erschien als Musterbeispiel jener fabelhaft funktionierenden modernen Großstadt, die nur auf Unfähigkeit und Unzulänglichkeiten basiert.

Wieso funktioniert sie so gut?

Immer wieder: wer ist ihr Bürgermeister? Man sagt: es gibt keinen einzigen Menschen, der ganz *Buenos Aires* kennt. Der Bürgermeister auch nicht? Wie wird es verwaltet, wenn keiner es kennt?

Totale Ungeistigkeit, totales Fehlen von Umgangsformen, totale Brutalität.

125.

Brasiliën, Rio, *São Paolo*, als Musterland für die Versagerkomödie.

Totale Amoral auf primitivst animalischer Basis. 64% Analphabeten, allerorts *Macumba*, in Rio nur zwölf Theater, erst seit 1962 Schulzwang.

Totaler Mangel an Gesetzgebung; Politik und Wirtschaft werden (schlecht!) improvisiert, Korruption ist Trumpf.

Beispiel Zoltan: Staatsangestellter, dessen monatliches Gehalt aber für Wohnungsmiete und Schulgeld nicht ganz reicht. Also geht er überhaupt nie zum Dienst, sondern ist privater Geschäftsmann, Makler. Sein Chef im Staatsdienst ist Angestellter im Privatgeschäft seines Untergebenen und folglich am Fortbestand dieses Arrangements interessiert.

Der Staat führt eine labyrinthische Bürokratie, für die 92% der staatlichen Einnahmen verbraucht werden, die aber nirgends fixiert und deren Forderungen gerecht zu werden vollkommen unmöglich ist. Auf diese Weise ist jeder Bürger zu belangen, was als Aufforderung zur Bestechung der Beamten gedacht ist.

Die Polizei verdient minimal, um auf Bestechungsgelder angewiesen zu sein und die Amoral dieser Gesellschaft zu sanktionieren.

126.

Einzige Gesprächsthemen der Brasilianer: Geld (= Gaunerei) und Sexualität (die weitgehend pervertiert ist).

Rio de Janeiro, August 1964

127.

Macumba: christliche Kitschaltäre mit heidnisch vergotteten Heiligen und Gladiolensträußen.

Weiße einfach Kleidung.

Schnapsflaschen, Cognacgläser, Lebensmittel und Gegenstände werden aufgestellt (für die Geister).

Ein weibliches Medium ruft die Geister herbei; sind es böse, liegt es am Boden; sind es gute, ist es imstande, Ratschläge zu erteilen: zu Krankheiten, Beruf, Feinden, Liebe, Schlangen. Das Medium raucht Zigarren und trinkt Schnaps, ohne sich zu betrinken, gegebenenfalls aus einer Flasche mit einer Schlange. Dazwischen kleidet das Medium sich fortwährend um (Zylinder, Federschmuck).

Auf Befehl des Mediums singen und tanzen alle Teilnehmer, bis sie in Trance verfallen. Zwischendurch Geschlechtsverkehr. Kleine Kinder anwesend.

Fixierte Räume und Plätze im Freïen.

In der Neujahrsnacht am ganzen Strande von Rio unter Teilnahme von "Laien", auch Reichen.

Auf Wunsch wird eine *Macumba* vor dem Hause eines Gegners abgehalten.

Auf Befehl der Geister zünden einzelne Bezeichnete am Strande abends Kerzen an und legen angegebene Gegenstände dazu (Kamm, Steine, Schmuck).

Zeugen einer *Open Air Macumba*: Glas- und Tonscherben, Wachsreste.

Wiesbaden, 10. Oktober 1964

128.
Telefonatserië anläßlich der *"Marat"*-Diskussion in Wiesbaden:

menschlicher Reichtum, gelöste Heiterkeit, Sicherheit und weitsichtige Großzügigkeit, mit Höflichkeit, Bescheidenheit und Humor gepaart bei Vertretern der Konfessionen: Oberkirchenrat Seyerle, Darmstadt; Dr. Biser, Heidelberg; Prälat Wolff, Wiesbaden;

menschliche Verarmung, Unhöflichkeit, frostige Distanz, totale Kontaktarmut und Unliebenswürdigkeit bei der wissenschaftlich intellektuellen Koryphäë Emrich.

Bezeichnend?

129.

Vor etwa sechzehn Jahren traf mich eine Vorstellung von Hebbels *"Maria Magdalena"* mitten ins Herz: Kunst im Umgang mit den Abscheulichkeiten der Menschenwelt. Ich begann einen Kampf zunächst gegen mich und meinen romantisch-infantilen Instinkt, der Kunst noch mit Schönheit verwechseln wollte. Ich gewann diesen Kampf gegen mich und versuchte hinfort, meine alten Argumente auch bei andern mit den üblichen Formulierungen zu widerlegen, daß *"auch das Häßliche dazugehöre"*, daß man sich vor dem Bösen nicht verschließen könne, daß die künstlerische Darstellung des Abscheulichen denunziere und Kritik provoziere und dergleichen mehr.

Inzwischen ist das Maß voll. Der Bogen ist überspannt. Die Darstellung von Häßlichkeit und Bosheit entsetzt weder, noch beeindruckt sie; sie langweilt.

Rückkehr zu jenem frühen *"Maria-Magdalena"*-Erlebnis, nach sechzehn Jahren, auf anderer Ebene, in zweiter Instanz.

130.

Bei *"Kabale und Liebe"* werden angesichts einer Neuïnszenierung wieder einmal bei mir und andern kritischen Beobachtern die Forderungen nach stilistischer Einheit laut.

Bei mir aber mit plötzlicher Skepsis: ist Stileinheit nicht eine ästhetische Haarspalterei, ähnlich früheren Farbdoktrinen? Ist nicht in Wahrheit jeder Stil mit jedem vereinbar, wenn er in sich stimmt, ähnlich wie (analog zur Natur) jede Farbe mit jeder vereinbar ist? Ich neige zur Bejahung dieser Frage.

Eine Inszenierung des *"Geizigen"* in der Bearbeitung Sternheims belehrt mich eines Besseren. Stilgemisch führt auf der Bühne zur Unverständlichkeit von Personen und Situationen.

Wiesbaden, 7. November 1964

131.

Drama: Amokläufer als positiver Held. Ermordet alle Korrupten, Unfähigen, Manager – in einer General-Katharsis.

132.

Der Amokläufer lädt die für schuldig Befundenen in seine (fensterlos-bunkerartige) Wohnung ein, bezichtigt und ermordet sie.

Variationen und Reaktionen:
Verteidigung
Panik
Eingeständnis
Erlöstheit
Diskussion *et cetera.*

Hinrichtungen gleich im Nebenzimmer.

Erst werden die Delinquenten eingeladen (teils nach Hauptdelikten, teils nach langer Beobachtung eventuëll durch Detektei), dann melden sie sich teils von selbst oder werden denunziert.

Beides wird akzeptiert.

Der Amokläufer ist ein älterer reifer Herr, gütig, nobel, glücklich verheiratet, kultiviert;

oder: rabiat, intellektuëll, dialektisch, moralisch-fanatisch;

oder: resigniert-trauërnd;

oder: schillerisch-pathetisch –

je nach Partner, chamäleonisch.

Ende:

a) komödienhaft – alle Scheusale sind ausgerottet;

b) Verzweiflung – über Riesenkundschaft mit Konkurrenz;

c) Verzweiflung – über Effektlosigkeit; Morde werden ignoriert.

Eventuëlle Einblenden: Szenen der völlig hilflosen Polizei (Timo Rinnelt, Cyrano *et ceteri*).

Stück ganz realistisch, wahrscheinlich.

Lagos, Juli 1966

133.
Zwischen 2500 und 2300 vor Christos Untergang der hochentwickelten sumerischen Städte.

Zwei Versuche, den Untergang zu verhindern:

König Lugalzaggisi in der Stadt Umma versucht, ein Weltreich aufzubauën und so den Untergang durch eine große gemeinsame politische Aufgabe aufzuhalten.

König Urukagina versucht es mit Reformen, die für seine Stadt Lagasch eine Rückkehr zu den ursprünglichen Einrichtungen der alten Sumerer bedeuten. Also Rückgriff auf kulturell und künstlerisch hochstehende Vorzeit. Gegen "universalistisches" Streben von Umma. Wiederherstellung alter Gesetze und Gläubigkeit gegen Sittenverfall seiner Zeit.

Also progressiver und konservativer Versuch, eine dekadente Spätzeit zu retten.

Beide scheitern.

Dramenstoff.

(Vergleiche Santo Mazzarino, *Das Ende der antiken Welt !*)

Es Torrent de s'Alga auf Formentera, 27. Juli 1973

134.
Heute nacht und auch schon *gestern nacht* erschien mir im Traum meine Mutter und teilte mir mit, sie sei ermordet worden. Ihr realer Tod (am 10. Oktober 1971) sei eine Ermordung gewesen.

Damit stand automatisch für mich auch ihre Mörderin fest.

135.

Ein Theater sollte sich täglich erneut bewußt machen, in welcher Stadt und in welchem Jahr es spielt.

Der Bezug auf die reale Gegenwart darf ebensowenig verloren gehen wie die Oriëntierung an den lokalen Gegebenheiten und speziëllen Erfordernissen der Bevölkerung, für die das Theater da ist. Die Bezeichnung *"Stadttheater"* oder *"Städtische Bühnen"* ist als pragmatischer Auftrag und verpflichtendes Programm zu verstehen, die aus der jeweiligen Gemeinde ihre Individualität beziehen.

Also: Theater für die ganz spezifische Bevölkerung einer ganz spezifischen Stadt, deren gegenwärtiges Leben es spiegelnd und reflektierend zu begleiten hat. Dabei muß es die Tradition der betreffenden Stadt genau kennen und respektieren, und es muß die Zukunft dieser Stadt mitgestalten helfen.

Das Theater hat dem Leben einer Gemeinde dienlich und behilflich zu sein. In exponiertem Maße ist es Ort der Gedankenfreiheit, der Gefühlsfreiheit. Es soll eine positive, konstruktive Instanz sein. Es soll dazu beitragen, die Lebensqualität zu steigern, die geistige und psychische Vitalität des Einzelnen sowie gesellschaftlicher Gruppen synthetisch zu aktivieren. Die vielzitierte "Veränderung" von Leben und Gesellschaft durch das Theater scheint mir ein fragwürdiger, weil unklarer und etwas unverbindlich-modischer Gemeinplatz zu sein. Sehr viel erstrebenswerter ist eine V e r b e s s e r u n g der Lebensbedingungen. Verbesserung ist konkreter, zielbewußter und konstruktiver als bloße Veränderung.

Verbesserung der Lebensmodalitäten kann erreicht werden durch die Erkenntnisse und Analysen, Ideeën und Bewußtseinssteigerungen des zeitgenössischen Schauspiels ebenso wie durch die sinnlich-ästhetischen Qualitäten etwa der klassischen Oper oder des Bühnentanzes. Denn Vergnüglichkeit, Heiterkeit, Unterhaltung als Form der Selbstbefreiung gehören zu den unabdingbaren Merkmalen eines verantwortungsbewußten Theaters gerade in unserer Zeit.

Die Rückbesinnung auf die unverwechselbar spezifischen Fähigkeiten der
Bühne, das couragierte und selbstbewußte Bekenntnis zum Mediumtypi-
schen des Theaters weisen auch der Sinnlichkeit des Bühnengeschehens einen wesentlichen Platz im heutigen (und morgigen) Theater an. Hiermit ist
aber durchaus nicht die inzwischen grassierende Ausstattungshybris gemeint, die – ein realitätsfremder und eitler Selbstzweck – zu verwerfen und
durch andere Attraktivitäten, zum Beispiel faszinierende Akteure, vitale
Konzeptionen, komplexe Spielpläne gewinnbringend auszustechen ist.

Auf eine Formel gebracht: Theater muß informativ und vergnüglich sein, re-
levant und reizvoll, konstruktiv und attraktiv, intelligent und liebenswert. Es
muß den Betrachter interessieren und ihm Spaß machen. (Und es gibt ebenso viele Arten Spaß, wie ein Theater Zuschauer haben sollte.)

Hamburg, Frühjahr 1974

136.
Das Theater muß alle paar Jahre erneut eine Selbstbestimmung vornehmen,
in theoretischer Analyse oder in praktisch-synthetischer Realisation auf der
Bühne. Diese Selbstbestimmung muß sich immer an der jeweiligen Realität,
an der politisch-gesellschaftlichen und individualpsychologischen Situation
seiner Zuschauer orientieren.

Zur Zeit scheint die Selbstbeauftragung, kritisch-bewußtseinserweiterndes
Theater zu machen, zwar nicht aufgehoben, aber auch nicht mehr Prioritäts-
recht zu besitzen. Instrument kritischer Analyse, Aufklärung und Bewußt-
seinserweiterung ist mit absolutem Vorrang der Journalismus, über dessen
Geschwindigkeit (und Windigkeit), Informiertheit und Reichweite das Theater nie und nimmer verfügen kann. Überhaupt wird der Verdacht wach, daß
der Journalismus seine eigenen Aufträge und Spezifika autoritär und terrori-
stisch auch anderen Medien zur Pflicht macht, er schließt von sich auf andere, ohne zu reflektieren, ob das andere Medium zu diesen Leistungen überhaupt in der Lage ist. (Die selbstkritische Eigenanalyse des Journalismus ist
in unserem Zeitalter potenzierten Kritisierens ohnedies mehr als überfällig.)

Man hat rückwirkend den Verdacht, daß das kritische, bewußtseinssteigern-
de Theater seine Aufgabe nur unzulänglich erfüllt und daß das gar nicht anders sein kann. Nichts gegen diese Aufgabenstellung – aber sie hat nur ihren

Wert, wenn sie erfüllt werden kann. Die Tendenzen zur Verwissenschaftlichung des Theaters (vergleiche Programmhefte, Seminare *et cetera*) sind ebenso ehrenwert wie ineffektiv. Sie haben als Grund und Folge, daß Leute Theater machen, die lieber wissenschaftlich tätig werden sollten. Was Wissenschaft wie Journalismus in ihren Glücksmomenten bewerkstelligen, hat das Theater, auch und gerade in seinen Sternstunden, noch nie vermocht: Fortschritt durch kritische Analyse.

Das mag zur Folgerung führen, daß das Theater gerade das Gegenteil ist: Ort synthetischer Inkorporationen. Eine historische Betrachtung wird ergeben, daß das Theater nur als Stätte synthetischer Produktionen erfolgreich, aufregend, populär, verbindlich und wichtig war. Als analytische Institution war es immer dürftig, langweilig, ohne Überzeugungskraft, unvital, abstossend, resonanzlos.

Diese Erkenntnis mag ein Zeitgenossentum, dessen Fetisch die Aufklärung ist, schmerzlich und ärgerlich berühren. Andererseits muß gerade ein solches Zeitgenossentum auch die Aufklärung willig entgegennehmen im Sinne einer kritischen Information. Nun muß ja nicht alles so sein, wie man es gern hätte oder wie man es sich so schön ausgedacht hat.

Vielleicht ist ein synthetisches Theater viel zeitgemäßer, weil naturgemäß effektiver als ein analytisches. Und vielleicht wird dem von Pragmatismus, Analytismus und Vergesellschaftung vergewaltigten Bürger ein Ort der Synthese zum lebensnotwendigen Äquivalent, um die Vitalbalance auszugleichen.

Der zweck- und gesellschaftsoriёntierte Alltag bedarf notwendig eines zweckfreiёn Ortes der Revitalisierung, des Lustgewinns, der Animation, der Ermutigung, der Aktivierung. Die auseinanderanalysierten und -diskutierten Elemente müssen irgendwo wieder zusammengefügt werden. Denn über die lebensgefährlich depressiven Folgen perfekter Erkenntnis muß nicht erst berichtet werden.

So werden zweifellos in einer Zeit gesteigerter Streß-Forderungen ganz andere Erwartungen an das Theater gestellt, als es von Kulturpolitikern, Publizisten, Modedirigenten und vielen Theaterleuten praktiziert wird. Hier wird auch für das derzeit mühsam hochgepäppelte unvitale Zeremoniell selbst-

zweckhafter ästhetischer Formalismen im Elfenbeinturm des Onan kein
Platz sein.

Überlebenschancen hat nur, was einer neurotisierten und frustrierten Groß-
stadtbevölkerung das Leben erleichtern, verbessern oder überhaupt noch er-
möglichen hilft. Aus der Reduzierung auf die Zerebralsphäre des Zuschau-
ers wird es in den zentralen Vitalbereich befreit, wo es, wenn es seiner Aufgabe und Möglichkeit bewußt ist, eine gesellschaftliche Funktion erhält, die
es nicht, wie das kritisch-analytisch akademisierte Theater, mit Wissenschaft, Journalismus und anderen begabteren Mediën unvorteilhaft teilen
muß.

Das Theater wird auch die Erfahrung vermitteln, daß unser rational verengt-
es und verarmtes Wirklichkeitsgefühl durch eine ebenso wahrheitsoriëntier-
te wie hilfreiche Korrektur im Sinne einer eminenten Erweiterung unserer
Realitätsvorstellung ... [abgebrochen]

137.
Kritik und Analyse am besten durch Begrifflichkeit, die nie Sache des Theaters war, wo Bilder und Figuren herrschen, die jeden Begriff in die Komplexität verwischen oder andernfalls schlecht und unüberzeugend sind ...

Hamburg, Herbst 1974

138.
Mitbestimmung oder nicht: darüber entscheidet der Rechtsträger im Augenblick der Delegation von Verantwortung. Mitbestimmung ohne Mitverantwortung ist eine Absurdität. Das heißt: nur wer die Verantwortung trägt,
kann bestimmen.

Im übrigen ist die mündige Mitbestimmung und -verantwortung ein Fern-
ziel, das durch Informationen, Durchlässigkeit und partiëlle Delegation von
Verantwortung anzustreben ist.

Das übereilte Institutionalisieren von Mitbestimmung führt im Theater zu
innerbetrieblicher Chaotik, unbeschränkt wucherndem Dilettantismus und

einem Qualitätsverlust, der die Mitbestimmung aufhebt und überflüssig macht.

139.
Das Subjektive der Kunst muß vor der Mitbestimmung geschützt werden.

Dito das Talent, die Initiative, die Intelligenz, die Idee, die Vision.

140.
Man kann nicht für mündig erklären, man muß mündig machen.

141.
"Ohne innere Ordnung keine Arbeit" (Friedrich Ebert) – auch keine Leistung, keine Effektivität, keine Vitalität.

142.
"Lebensfähig bleiben" (Friedrich Ebert).

143.
"Mitbeteiligung" (Gustav Heinemann) aller – statt der infantil-trotzigen Mitbestimmung.

144.
Wuppertal = historisches Spannungsfeld zwischen Christentum und Industrie, Religion und Geschäft, Kapitalismus und Sozialismus – so exponiert wie kaum eine andere deutsche Stadt.

Stadt der Sekten, Engels' und Eberts, der Lasker-Schüler und Paul Zechs.

145.

Die Effektivität des Theaters muß wiedergefunden werden. Sie liegt kaum in der kritischen Analyse.

Es Torrent de s'Alga auf Formentera, Juli 1978

146.

Jede Aktion oder Haltung hat zahllose Motive. Ob eins davon ausschlaggebend ist oder alle zusammen, weiß niemand, auch man selbst nicht.

147.

Unsterblichkeit würde dem Menschen nicht Glückseligkeit bescheren. Daher ist sie gar nicht wünschenswert.

Also ist der Tod akzeptabel (platonisch inspirierter Gedanke), beziehungsweise wünschenswert.

Es Torrent de s'Alga auf Formentera, 10. August 1978

148.

Um Konzentration und Introversion für anderes herbeizuführen, in der Hängematte das *"Symposion"* gelesen. Sehr wohl ein Jahrtausendwerk; aber, wie alles bei Platon, auf unangezweifelter Logik und auf Axiomen beruhend, die man, wie die Idee des Schönen, glauben muß, weil jenseits des Beweisbaren – was aber wieder ganz schön und sicher recht gut ist.

Es Torrent de s'Alga auf Formentera, 12 August 1978

149.

Playa de Illetas. Land- und Meerschaft noch ebenso überwältigend wie beim ersten Mal. Das Meer fast irreal, eine Vermischung von pittoresker Lieblichkeit und brutaler Ursprünglichkeit.

Also ging ich bis ganz hinauf zur Inselspitze und von dort die berühmte Furt durch das Meer zur Nachbarinsel *Es Palmador*. Das ist nun vollends ein

Traum, wenn man auf angenehmstem Sandboden mitten zwischen den Inseln und mitten zwischen zwei sehr unterschiedlichen Meeren in hellblauëm Wasser steht, das einem an den tiefsten Stellen bis zur Hüfte reicht, vor und hinter einem traumhafte Strände – man glaubt nicht, daß es hier sowas gibt.

Es Torrent de s'Alga auf Formentera, 13. August 1978

150.
Beim Stückeschreiben fällt mir auf, daß man Sätze oder Passagen, die gestrichen werden müßten, nur deshalb stehen läßt, damit Regisseur und Schauspieler sie lesen, bevor sie sie (hoffentlich!) streichen.

Man vertraut ihrer Lesekapazität nicht sehr und bezweifelt, daß sie aus einer verknappten Version und zwischen den Zeilen alles finden. Damit sie aber alles erfahren, was sie wissen müssen, ist man ausführlicher, als es künstlerisch erlaubt ist.

Da ich sicher nicht der erste Autor bin, der diese Erfahrung macht, erklärt sich auf diese Weise manche eigentlich unerklärliche Ausführlichkeit kluger Dramatiker. Sie schreiben nicht die letztgültige Fassung, sie schreiben eine vorläufige und bauën darauf, daß die Theaterleute dann die definitive herstellen.

Nur müssen die das dann auch wollen – und können.

Es Torrent de s'Alga auf Formentera, 14. August 1978

151.
Jean Renoir in seiner Autobiografie:

"Mir ging die leider flagrante Wahrheit auf, daß ich mit dem Filmgewerbe, wie es nun einmal ist, nichts zu tun hatte. Wenn man das erringen möchte, was man gemeinhin Erfolg im Leben nennt, darf man sich nicht allein in den Kampf stürzen. Man muß einer Gruppe angehören. Fluch dem Alleinstehenden!"

Es Torrent de s'Alga auf Formentera, August 1978

152.

Ist das ein Stoff fürs Theater, für das Fernsehen: diese Figur der Rita Verdera y Verdera, in ihrer Umwelt, als *loca, persona mala,* in der Begegnung mit der Kultur und Zivilisation der *extranjeros,* in die sie sich, 77jährig, verliebt?

Ein einsames Leben im symbolischen Schutz des miesen *sobrino* vor den Nachstellungen des Großmuttermörders, mit Schafen, Ziegen und Tauben, ärmstens. Aber kapriziös (*pollo no me gusta; la roja es el uno pescado que me gusta*), anspruchsvoll, intelligent, gewitzt, starke Neigung zu absurdem Humor, starke poëtische Ader (Tod des *primo*), sehr beeindruckbar (Carlas Mutter *encima de un árbol*), fantasievoll, neugierig, wißbegierig, lernfreudig (Lesen, *Castellano*), kombinationsbegabt, blitzschnell, graziös in Kopf und Körper, mit scharfer Zunge – dabei naïv, einfältig, Szene Friedenthal, Goethes italiënische Reise (*no mar?*), deutsche Rechtschreibung und Phonetik (ie – ei), ahnungslos, elementar ungebildet, im Stande intellektuëller Unschuld.

Todfeinschaft zu Antonia, längst verkrustet, flammt durch *extranjeros* neu auf: Florence, Karin, Eifersucht, Spannungen, Karins Unzuverlässigkeit bei einem Eiërkauf: eine Katastrophe mit deprimierenden Folgen. Die Abschiedsszene: Pathos, Grandezza, Spitzen, Tränen.

Dabei volle Vitalität, keine Spur von Senilität.

Solche Figur mit ihrem Hintergrund und in ihrem Kontrast zu dieser Zeit: interessiert das jemanden? Ihr (konservativ) abgerundetes moralisches Weltbild, unerschütterlich? Aber: von Deutschland bis Barcelona, wieviele Male überquert man da das Meer?

153.

Mückenjagd: man ermordet ein Tier und begegnet dabei seinem eigenen Blute, das man, solange es noch bei einem selbst war, nicht zu sehen bekam. Nun tritt es einem aus einer andern Leiche entgegen.

Es Torrent de s'Alga auf Formentera, 19. August 1978

154.

Ich kaufe in der *papelería* Ansichtskarten. Nach dem Bezahlen schauë ich mir noch einige Bücher in den Regalen an. Tritt ein spanisches junges Bürschchen an mich heran, fragt mich, ob ich noch Geld habe. *Porqué?* Ob ich in meinem Portemonnaie noch Geld hätte, und hält ein paar Tausender in der Hand. Ich begreife, schauë nach, in der Tat: Geld ist futsch, war beim Bezahlen rausgefallen. Er prüft meine Ehrlichkeit und fragt, wieviel es war, ich: *vier*, er zählt nach, es stimmt, ich war ehrlich, er auch, er gibt mir das Geld, geht seiner Wege, ich meiner.

Aber im Kopf: ich kenne den Burschen, irgendwoher, von früher: Wer ist er?

Am nächsten Tage plötzlich habe ich es: er war, als *Las Ranas* eröffnet wurde, dort als Kellner tätig. Und das heißt: es ist unser Einbrecher. Der Gin-, Schlafsack-, Metermaß-, Felle-Dieb. Und nun gibt er mir schon freiwillig Geld.

Spanisch *mejorar = sich bessern.*

Oder: Pointenbegabung.

Es Torrent de s'Alga auf Formentera, 22. August 1978

155.

Beim Rückweg aus *San Francisco* zeigt Rita mir die Mauër, die ihr Großvater noch schnell baute, bevor er starb: jene lange Schräge von der hohen Turrens-*Pineta* (nahe *Es Pep*) bis zu unserem Privatwege.

Wer die besonders propere Mauër vor Ritas Haus gebaut hat, weiß sie nicht; die stand schon genau so da, als sie geboren wurde – vor bald hundert Jahren also.

Es Torrent de s'Alga auf Formentera, 24. August 1978

156.

Siegfried läßt es sich nicht nehmen, eine herantreibende türgroße Sperrholzplatte aus dem Meer zu fischen, die wir dann zu zweit mit umständlichen Manövern an Land hieven.

Dieses Bergen von Treibgut ist wie eine Manie, nicht nur bei Siegfried, aber wohl nur bei Männern. Ob das Geborgene überhaupt verwendbar ist, wird gar nicht reflektiert, bleibt auch anschließend irrelevant. Es geht dabei nur um das Retten, das Bewahren vor der Vernichtung. Ein konservativer Urtrieb, ich verstehe ihn gut.

Es Torrent de s'Alga auf Formentera, 10. September 1978

157.
Was ist das für eine Tätigkeit, dieses Kunstmachen!

Wenn ich koche, weiß ich, es wird, besser oder schlechter, eine *tortilla española* oder eine *Ratatouille*. Wenn ich meine Pflanzen setze oder umtopfe oder gieße oder kupiere, weiß ich, sie werden, *más o menos*, so und so reagieren. Wenn ich mit Siegfried eine Mauër bauë, weiß ich im Voraus, sie wird, mit den und den Imponderabliliën, trotzdem gewiß dann und dann so und so aussehen und da sein. Nichts von alledem beim Kunstmachen. (Beim Theater wohl, aber genau dort ist es keine Kunst.)

Beim Kunstmachen weiß man gar nichts. Nicht nur das Wie (wie bei allem), sondern auch das Ob-überhaupt ist absolut ungewiß. Das gibt es sonst nirgends. Wenn ich etwas in Angriff nehme, bin ich sonst nur um die Qualität besorgt, hier um die Existenz.

Was ist das nun: auserwählte Besonderheit oder widernatürliche Perversion? Dieser totale Tanz auf dem Vulkan? Gut, gesund, organisch, natürlich, richtig ist das zweifellos nicht. Wahrscheinlich liegt hierin sein *appeal*. Höchst fragwürdig. Das Machen, die *création*, wird farcenhafter Krampf. Wer macht das freiwillig? Was sind das für Leute?

Es Torrent de s'Alga auf Formentera, 15. September 1978

158.
Die Mondnacht ist diesmal unruhig. Allerorts Hunde, nächtliche Spaziergänger, pausenlos springende Fische. Und Mücken: eine neuë Plage, wie

noch nie zuvor, ist ausgebrochen. Die hieran beteiligte Generation zeichnet sich dadurch aus, daß sie nur gemeinsam, in Wolken, auftritt. Keine individuéll und einsam sirrenden Einzelgänger, etwa gar taumelnd, sondern Schwadronen zielbewußter, behender, aktiver Aggressoren mit unstillbarem Blutdurst. Hella hat einmal in ihrem Bade gezählt und bei 50 ermüdet abgebrochen. *Autan* wird ab Einbruch der Dunkelheit mehrfach bemüht, die Nächte sind sehr gestört.

Es Torrent de s'Alga auf Formentera, 16. September 1978

159.
Mitten in die Lektüre von Volker Elis Pilgrims *"Frau Dr. Johnson"* platzt Rita Sacchi herein: Sylvaine habe heute, bei *"full moon"*, Geburtstag, feiére eine große Mondparty, *tout le monde* werde kommen, und die Rita sei losgeschickt, auch mich einzuladen. *Tante grazie.*

Später während meiner *comida* will ich den Aufgang des Vollmondes zugleich auch als Startsignal für die *fiesta Silvana* beobachten. Und was passiert: er kommt nicht. Die Zeit ist um, und er kommt nicht. Der Mond kommt nicht. Schließlich wird, bereits hoch über der *Mola*, ein konturenloser, verschatteter, quasi verrußter Schemen sichtbar. Aha, Wolken. Aha, Dunst. Aber es bleibt so, für Stunden. Alles andere, auch der Sternenhimmel, ist klar. Keine Wolken also, kein Dunst. *"Physikalisch"*, resümiert andern Tages ein wandernder Tourist.

Er hat Recht: es war eine *Totale Mondfinsternis.*

Ohnedies nicht allzu häufig, ist das natürlich just bei Vollmond, just zur Stunde seines Aufgehens, just zu Sylvaines Geburtstagsparty eine echt schabernäckige Gottesrarität.

Es Torrent de s'Alga auf Formentera, 19. September 1978

160.
Jeder vermutet im andern viel: Bedeutung, Gefährlichkeit, Bosheit, Verbrechen ... Schließlich sind alle harmloser Durchschnitt, dämonenlos.

161.
Absurdität zwischenmenschlichen Mißtrauëns. Jeder traut jedem nur das
Schlechteste zu, unterstellt immer üble Motive, glaubt dem andern nichts.

Kommunikations- und Kontakt-Sackgasse.

162.
Alle scheinen mies und verdächtig zu sein, entlarven sich aber als harmlos,
gutmütig, liebenswürdig, freundlich.

163.
Selbstvorwurf des Konversationstheaters: kein Realismus.

Ist denn aber *action* Realismus? Die übliche Theater-*action* wohl kaum, die
ist Formalismus, Künstlichkeit, Manier.

Wenn Theater Menschendarstellung ist: welche Situation ist realistischer als
die, in der Menschen zusammenhocken und sprechen? Das ist ihre Haupttä-
tigkeit, ihr Hauptmerkmal. So entlarven sie sich, so offenbaren sie sich, so
werden Entscheidungen getroffen, Veränderungen bewirkt.

Des einzelnen Menschen Leben findet unsichtbar, unzeigbar in seiner Psyche, seinem Gehirn statt. Das zwischenmenschliche Leben *realiter* im Gespräch.

164.
Als ich nachmittags in der Hängematte liege, kommt vom Hause her ein Kaninchen angehoppelt, hoppelt hin, hoppelt her, sieht mich nicht und ich rüh-
re mich nicht. "Wilde" Tiere in der "freiën" Natur haben für mich etwas ungemein Bewegendes, Rührendes, auch Urtümliches, beglückend Archaï-
sches, Erdaltertum, vor dem Sündenfall: wie es hier eigentlich ist.

Aber das hier ist heute nur ein Auftakt.

Es Torrent de s'Alga auf Formentera, 21. September 1978

165.

In der Bank löst meine Frage nach dem vage bevorstehenden Umstellen der
Uhr von Sommer- auf Winterzeit einen Hexenkessel von einander wider-
sprechenden Meinungen der Bankangestellten aus.

Schließlich tritt, wahrer *deus ex machina*, der Filialleiter direktorial aus dem
Nebenbüro und stellt mit präziser Sachkenntnis die Dinge klar und die Ordnung wieder her.

Es Torrent de s'Alga auf Formentera, 22. September 1978

166.

Dieser archaïsierende Kitsch von neulich wird mir heute heimgezahlt. Meine besonders gehätschelten und besonders geliebten Mimosen, in bester
Wachstumsphase und erste Resultate vorzeigend, sind über Nacht von wilden Kaninchen abgefressen worden: eine ganz, die andern zu entscheidenden Teilen. Mir blutet das Herz.

Aber wenn ich neulich bereit war, mir von Kaninchen das *"beglückend Ur-
tümliche"* und *"wie es hier eigentlich ist"* zeigen zu lassen, gehört der Hunger der ungefütterten Tiere am Ende der Trockenzeit zweifellos dazu, und
die Mimosen müssen halt auch, wie eh und je seit dem *"Erdaltertum"*, sehen, wie sie überleben.

Das tun sie auch. Denn just heute morgen hat der erste von den sechs vor
zwei Wochen in einen Blumentopf gesteckten Mimosensamen sein grünes
Köpfchen in diese von Kaninchen bedrohte Welt gestreckt. Stirb und werde,
Mimose.

Abends säe ich dann, vom Erfolgsgefühl des Sämanns beflügelt, zehn weitere Mimosen aus.

Für die lädierten, auch für den nunmehr gleichfalls gefährdeten Eukalyptus,
denke ich mir, gemeinsam mit Rita Verdera, Schutzmaßnahmen aus: Holz-
kisten, Fliegendraht. Denn mit einer Wiederkehr der hungernden Kaninchen
ist zu rechnen. Was mag ihnen noch alles schmecken? Alle Pflanzen kann
ich nicht einmauern.

167.

Fischer Pedro bietet mir unterwegs eine Riesen-Sirvia an. Er hat noch viel
von den Qualitäten ehrbarer, redlicher alter Sozis. Die hat bei uns ihr politischer Wohlstand auch restlos korrumpiert und ausgerottet. Johannes Rau ist
in Düsseldorf Ministerpräsident des größten und wichtigsten Bundeslandes
geworden. Ausverkauf an Persönlichkeiten und Potenzen: Ramsch, politischer Flohmarkt.

Es Torrent de s'Alga auf Formentera, 23. September 1978

168.

Nach fast schlafloser Nacht beginnt der Tag mit Fischkauf in *Es Turrens*,
mit Rita Verdera natürlich. Dort ist recht viel Betrieb. Ein altes sächsisches
Ehepaar kommt in einem butanfarbenen Gummiboot angepaddelt, lärmt und
ist schamlos zutraulich zu allen. Sie trägt Karstadts größte und billigste Ba-
deperücke und streut in ihre sächsische Suada als einziges spanisches Wort
in wahlloser Wiederholung *"mañana"* ein, von dem man ihr wohl gesagt
hat, es sei im Spanischen eine jokerhafte Allerweltsvokabel; er betätschelt
inzwischen alle Anwesenden, vor allem die Fischer, und mimt den Beliebten.

169.

In *San Francisco Javier* bekomme ich heute *Gummi Arabikum* (mit sehr frühen Kindheitsassoziationen), gute deutsche Pelikan-Füllertinte, für die Kü-
chenlampe einen Glüh-Strumpf, der hier Hemd heißt, und eine BILD-Zei-
tung, die von Peter Vogels Selbstmord berichtet.

Da steht man nun in *San Francisco Javier* und liest das.

Ich war ja mit großer Skepsis in diesen Sommer und Herbst gegangen, aber
der ganze Aufenthalt hat, vielleicht zum ersten Male, seit ich kein Kind
mehr bin, eine Art Lebensfreude oder Lebenslust in mir geweckt. Ich lebe
im Moment sehr gern. Ich glaube, so wie ich hier leben kann, ist es für mich
richtig, meiner Seele adäquat.

Aber auch so müßte es nicht ewig dauern. Platon argumentiert so: Unsterblichkeit würde dem Menschen nur ein endloses Leben, aber deswegen noch

keineswegs Glückseligkeit bescheren; also sei Unsterblichkeit gar nicht
wünschenswert; also sei der Tod wünschenswert. Nur die letzte Folgerung
leuchtet mir, in ihrer Logik, nicht ganz ein. Aber sicher macht dieser Gedan-
kengang den Tod akzeptabel, was schon viel heißen will. Ich bin seit einiger
Zeit durchaus dabei, mit dem Tode meinen Frieden zu machen, ihn anzunehmen, zu respektieren, vielleicht sogar wirklich gutzuheißen.

Aber momentan fühle ich erstmalig ein tiefes Einverständnis mit meinem
Leben – was die Naturnähe, die Einfachheit, die Wahrhaftigkeit, die Schönheit, aber auch was das Schreiben angeht (ich formuliere Tag und Nacht vor
mich hin, deutsch und spanisch).

Aber vielleicht hängt es auch mit der Abnabelung vom Theater zusammen:
sie mag eine Befreiung sein.

Es Torrent de s'Alga auf Formentera, 26. September 1978

170.
Am Schlaf der vergangenen Nacht war nur eins gut: ich träumte von meinen
abgefressenen Mimosen und wie sie sich plötzlich nach Art ihrer Familiën-
angehörigen im Urwalde des *Bentota River* auf *Sri Lanka* aus einer absolut
unsichtbaren Position, in die sie sich im Gefahrenmoment geflüchtet hatten,
wie *Phönix aus der Asche* erhoben und mühelos zu ihrer vorherigen Schönheit und Unversehrtheit regenerierten.

171.
Es herbstelt sehr. Die Farben sind weg, das Licht ist matt. Im Spülstein
stirbt eine Zikade. Die Pflanzen sind erschöpft. Selbst die Geraniën entwik-
keln mehr Blätter als Blüten. Täglich wird die Ernte abgestorbener Blätter
größer. Und die Margaritte, seit Wochen tapfer gegen das Welken ankämp-
fend, fängt nun definitiv an zu bräuneln. Weder Wasser noch Dünger richten momentan mehr viel aus.

Nur der Eukalyptus wächst immens. *Acinaciformis* hat überraschend eine
einsame anachronistische Blüte vorgeschickt, ob etwa schon April sei.

Andernorts kontrastieren jetzt die rostrot gewordenen Opuntiënfrüchte aufs Allerprägnanteste mit ihren immer noch hellgrünen Ohren, und mancher Feigenbaum entwickelt, schon ohne Blätter, aber noch voll von Früchten der zweiten Ernte, ganz bizarre grafische Reize.

Beherrschend aber stehen noch immer landauf, landab die geradezu klugen und wunderschönen Langfinger der Meerzwiebelblüten, nun schon über einen Monat lang und noch immer auf ihrem Höhepunkte, ganze Felder und Wälder voll von diesem diffizilen, sublimen Einzelgänger.

Es Torrent de s'Alga auf Formentera, 29. September 1979

172.

Der Mimosentraum fängt an, in Erfüllung zu gehen: jetzt haben alle vier Kaninchenopfer signalisiert, daß sie weiterleben werden, sogar die ganz und gar abgefressene zeigt einen winzigen grünen Punkt, das genügt. Diese Fähigkeit und Bereitschaft zu permanenter Regeneration werden von uns an den Pflanzen viel zu wenig beachtet, geschweige bewundert. Nachmachen.

173.

Nach *La Sabina* wegen des neuën Fahrplans, der kommen soll, aber keiner weiß, wann und wie, nicht einmal die Kapitäne der Schiffe.

174.

Nachmittags erscheint Ehepaar *dentista* aus Villingen oder Ehingen mit seinem sympathischen jungen Bäume-Nachbarn.

Er, *dentista*, ist, wie sich dabei erweist, ein heikler Mensch, zynisch, nörgelig, unbefriedigt und geltungsbedürftig – mit schlimmem linkem Getöse aus der Dose.

Was manche Menschen mit dem Munde machen, wenn sie geblendet sind, nämlich ihn sinnlos öffnen und bleckend in die Breite ziehen, als lachten sie, wobei die Augen aber natürlich nicht mitlachen, sondern eben nur geblendet sind: das macht dieser Mensch unentwegt und ohne jede Blendung in fast jedem Satze, den er spricht. Da er Sonnenbrille trug, sah ich die ernst

bleibenden Augen nicht und hielt es anfangs für Lachen, lachte also aus
Höflichkeit mit, bis er die Brille abnahm und ich die Deplaciertheit meiner
Reaktion auf diesen manischen Reflex der Unsicherheit an seinen total hu-
morlosen Augen ablas. Und seine Nasenflügel sind auch noch ziemlich
sinnlich.

Der Bäume-Künstler ein liebes, naïvliches, zartes langes Kind ohne Arg.
Angeblich Schüler vom Nägel-Uecker in Düsseldorf.

175.
Ihr Besuch endete mit einem gemeinsamen Gang nach *Es Turrens*, wo seit
gestern ein von Pedro gefangener Delphin liegt. Als wir hinkommen, hat jener neulich tätschelnde Sachse das gut zwei Meter lange Tier in seiner Gewalt und schneidet ihm mit seinem Taschenmesser den Kopf in Fetzen –
weil er sich die Zähne als Andenken herausoperieren will. *Dentista*, zyni-
scher Profi: *Den Oberkiefer kriegt der nie heraus!* Vicente Platé, Sohn von
Mariano Platé *on the rocks*, vertritt die Fischerschaft: Delphinfleisch sei in
Formentera noch nie gegessen oder irgend verwertet worden, solchen Fang
werfe man hier weg; dieses Exemplar sei gefräßig in Pedros Netz eingebro-
chen und dort erstickt, weil es sich in der Verstrickung solcher Gefangen-
schaft keine Luft holen konnte, das sei sehr selten, erst das zweite Mal. Aber
Delphine gebe es hier mehr als genug, auch unsere Bucht sei voll von ihnen.
Unbegreiflich. Und der alte Sachse säbelt und säbelt im Blut. Wahrscheinlich hatte sein Opfer mehr Gehirn in seinem inzwischen völlig zerhackten
Kopfe als dieser enthemmte senile Metzger in seinem Fischblutrausch. (Also: Gehirn schützt nicht!)

Währenddessen versank *el dentista* in seiner nicht eben minderen Gier nach
dem Delphin knietief im Modder des "Flußlaufs" von *Es Turrens*. Meinen
Schrecken überging seine Frau, eine praktizierende Lyrikerin, mit der Pro-
sazeile *"Sowas macht der immer"* und ließ ihn ohne jede Hilfe stecken.

176.
Diese Frau hatte mir jüngst erzählt, wie sprachbegabt, zielstrebig und fleis-
sig ihr Mann, *el dentista* eben, das spanische Idiom in kürzester Zeit so perfekt erlernt habe, daß er es nun fließend beherrsche.

Rita Verdera, die in diesem Hause verkehrt, nach den kastilianischen Sprachkenntnissen des Dentisten befragt, antwortete lapidar: *"Casi nada"*.

Diese Diskrepanz zu erforschen, hatte ich heute nun eigene Gelegenheit. In *Es Turrens* parlierte dieser Dentist in der Tat *fluently*, aber mit einem sehr starken und alles verrätselnden schwäbischen Akzent.

177.

Spätabends wieder eine Ameiseninvasion in der Küche. Sollten da auch spätsommerliche Ernährungsprobleme im Spiele sein wie bei Kaninchen und Pflanzen?

Nur die Kreuzspinnen sind vif wie selten und eigentlich rührend in ihrer Unermüdlichkeit, selbst nach mehrfacher Zerstörung ihres Gebäudes, die an einigen Durchgängen unvermeidlich war. Eine dieser Spinnen, der ich nicht umhin konnte, schon dreimal das Netz zu zerfetzen, erkennt mich offenbar, es ist nicht zu glauben, jedenfalls bekommt sie, schon wenn sie mich von Weitem nahen sieht, panische Anfälle; als ich dreimal nacheinander bei ihr vorbeigehen muß, baut sie ab und verschwindet, ist dieser Belastung nervlich nicht gewachsen.

Diese Tiere in ihrer Schreckreaktion, ihrer Selbstrettung, ihrer Situationsklärung und dann beim Wiederaufbau zu beobachten, ist ebenso interessant wie bewegend. Und wenn sie nicht diese erbfeindliche Häßlichkeit und Bosheit für uns hätten, wären sie eigentlich besonders attraktiv in ihrem gleichsam schwerelosen Ariël-Dasein, Kopf nach unten, inmitten eines quasi frei in der Luft hängenden und gegen Unbill sehr resistenten Kunstwerks: wovon wir Menschen seit Jahrtausenden nur träumen.

Es Torrent de s'Alga auf Formentera, 30. September 1978

178.

Weil ich morgen nach Ibiza muß, führe ich in *La Sabina* erneute Gespräche über die legendäre Fahrplanänderung ab 1. Oktober. Niemand ist sicher, niemand wagt eine dezidierte Auskunft, an vier Stellen nicht, auch die neu installierte Hafen-Institution *"Autoridades"* in schnieken weißen Uniformen nicht.

Der Billettabreißer der Fähre *"San Francisco"* schließlich sagt, morgen bleibe noch alles beim Alten; er aber habe mir, bitte, nichts darüber gesagt –
Franco-Erbe: Unordnung plus Angst.

179.

Nachmittags zu *dentistas,* wo zwei junge deutsche Provinzschauspielerinnen
à tout prix herausbekommen wollen, wer ich bin und ob es sich lohnt.
Schließlich machen sie in ihrer Not forciert zufällig Fotos, auf denen ich,
wie durch ein Versehen, auch mit drauf bin. Welchem Kenner mögen die
wohl zur Identifikation vorgelegt werden! (Und in welcher Gesellschaft
bloß habe ich den größten und wichtigsten Teil meines Lebens verplem-
pert.)

180.

El dentista mismo hatte sich bei meinem Eintreffen in seinem Zimmer eingeschlossen: vor den beiden Schauspielerinnen, was mich dann doch sehr
für ihn einnahm. Mehr noch, wie er später von der Schönheit der Quallen
spricht, die er von unten beschnorchelt hat und deren pulsierenden Lebens-
mechanismus er bewundert und vor der besonders leichten Zerstörbarkeit,
schon bei der zartesten Berührung, er zu schützen auffordert.

Ergänzung also seines Porträts: er ist recht intelligent, wohl von unten nach
oben (in jeglichem Sinne), beruflich total fehlentschieden, daher sehr frustriert: aus Mangel an Selbstverwirklichung und adäquaten Erfolgserlebnis-
sen.

Seine Frau schenkt mir zum Abschied Rizinus-Samen in (was sie nicht
weiß) absolut tödlicher Menge.

Es Torrent de s'Alga auf Formentera, 1. Oktober 1978

181.

Früh wach; früh auf. Der vorbildliche, quasi klassische Sonnenaufgang über
Mola und Fischerkahn verrät noch nichts von den heute an den Tag kom-
menden Instabilitäten und Veränderlichkeiten dieser Welt:

Wechsel des Monats; Wechsel der Uhrzeit (also der Jahreszeit, also des Tagesrhythmus); Wechsel des Wetters (analog zur Jahreszeit); Wechsel der Hausbewohnerschaft (also der Atmosphäre, des Lebensrhythmus, der Phonstärken); beileibe gar Wechsel des Fahrplans der Schiffe; und Mondwechsel obendrein.

Es Torrent de s'Alga auf Formentera, 2. Oktober 1978

182.
Der Herbst schneidet mit scharfen, spitzen Messern in den Sommer hinein. Das Barometer stürzt in einem Winkel von fast neunzig Grad von *Schön* auf *Regen* zu, das Thermometer stürzt auf dreizehn Grad in der *sala*. Es regnet heftig, es ist kalt, es ist naß, es stürmt von Norden.

Mein neuër Besuch sitzt (oder steht vor Kälte) bei geschlossenen *cristales* in der *sala* und bewundert höflich die Ruhe und das Meer auch in dieser ganz und gar nordseeartigen Farbe und Verfassung. Erst nachmittags riskieren wir einen kleinen *paseo*, er wird vorzeitig wegen Regens abgebrochen.

Abends, bei Einbruch der Dunkelheit, wird es im Hause so kalt, daß man sich gezwungen sieht, wieder durch die Nässe zu wandern.

An der Tankstelle traf ich heute Hans Werner Richter, *Gruppe 47* (vergleiche auch *Reflexe* 7, Nummer 147).

183.
Für die *"Bienen"* brauche ich Material über Spiritismus und medial begabte Menschen und schrieb dieserhalb vor einigen Tagen an Felix in Düsseldorf. Noch bevor mein Brief bei ihm sein konnte, brachte mir nun mein Vater ein Buch mit, das Felix ihm, von sich aus, für mich geschickt hatte: es handelt genau von dem, was ich brauche. Was sagt man dazu? Wohl vor allem, daß Felix medial begabt ist.

Es Torrent de s'Alga auf Formentera, 7. Oktober 1978

184.

Depressionsbegünstigend die Post: ein Rechtsanwalt will für seine angebliche Beratung bei möglichen Schadenersatz- und Unterlassungsansprüchen gegen einen Kulturdezernenten als Honorar ganze 824 DM haben, das Finanzamt 234 DM, weil es mir angeblich für 1975 zu viel zurückgezahlt habe.

Gegen beide gilt es, Protest einzulegen, das ist klar. Aber das alles kostet viel Zeit, und meine Zeit wird knapp, ich werde schon hysterisch.

Vielleicht wird das bald eine Grundsatzentscheidung sein müssen: ob ich mir für meine Schreibversuche die erforderliche Zeit lasse oder sie wegen Kleingeldes abbreche.

Es Torrent de s'Alga auf Formentera, 9. Oktober 1978

185.

Heute griff Katze Puh mich plötzlich an: zweimal hintereinander, ohne jeden erkennbaren Grund, aus heiterem Himmel, eben noch größte Harmonie, mit Krallen, Fauchen, Schlägen und Mord in den Augen. Die Wölfin des Narses, eben noch seine geliebte kleine Wölfin, hat sich offenbart und zerfleischt ihm die Wange (Giraudoux).

Ich war, ob der Plötzlichkeit, echt erschreckt, echt wütend, auch betroffen über diesen feindseligen Exzeß. ("Sind Katzen falsch?") Im folgenden strafte ich sie mit Nichtachtung, was ihre Irritation zum Äußersten trieb. Als ich ihr übliches Routine-Nachstiefeln und ihr pünktliches Fisch-Begehren übersah und überhörte, war sie zuerst regelrecht beleidigt, allmählich empört und dann wütend. Wir hatten Krach nach allen Regeln der Kunst. Schließlich nahm ich sie beiseite, hielt ihr eine ernste Rede, verzieh ihr mit Fisch und erlöste sie von dieser Spannung.

Als ich ebendiesen Text über Puhs Attacke in der "Blauen Grotte" zu Papier brachte, kam sie plötzlich weinend aus den Büschen, sprang mir auf den Schoß und hinderte mich an der weiteren Niederschrift, indem sie mir die Sicht versperrte, sich auf das Papier legte und schließlich meine schreibende Hand mit der Pfote mehrfach beiseiteschob. So offenbarte sie nunmehr, daß sie nichts von Petzen hält und sich (zurecht) genierte, daß andre das lesen könnten.

Es Torrent de s'Alga auf Formentera, 10. Oktober 1978

186.

In *Ca'n Patata* faszinieren mich wieder die leuchtend roten Früchte der Granatapfelbäume, mythologisches Obst, kein Zweifel, kleine Kronen tragend, was es sonst nicht gibt.

Das ist der Baum der Erkenntnis, das steht für mich fest. Er reizt und lockt mich wie Eva der Apfelbaum bei Hacks und in der Bibel. Eva pflückte eine Frucht und stürzte die Menschheit ins Unglück. Ich pflücke gleich zwei, vielleicht ist das etwas klüger und geschickter: gleich zwei zu nehmen, für jeden eine.

In der Bibel kommt diese Frucht noch öfter vor, und der *Trojanische Welt-Krieg* brach ihretwegen aus.

Es Torrent de s'Alga auf Formentera, 11. Oktober 1978

187.

Ich fahre die gastierende Generation nach Arenals, wir machen den Spaziergang an den großen Hotels vorbei und auf den roten Felsen über dem Meer bis zu jener hübschen kleinen Bucht, wo einstmals der gestrandete Wal lag, und noch ein Stückchen weiter bis zu den Häusern, die dahinter immer aus den Piniën lugen.

Eins von ihnen, das letzte, hat an seiner Fassade eine Sonnenuhr und statt Zahlen auf ihrem "Zifferblatte" neun Buchstaben, die den optimistischen Text ergeben: *Es ya tarde. Es sei schon spät.* Ein schöner Spruch für den Alltag, gar in den Feriën. Das ist Katholizismus, Christentum und entsprechend spielverderberisch.

Denn in der Tat ist es immer spät – wie mir auch liebend gern meine Gäste bestätigen, die nämlich ausnahmslos alle, auch und besonders die Hella, tags und nachts Uhren umgeschnallt haben und das sogar schön finden und sich *partout* nicht für einen halben Feriëntag davon trennen wollen. Das ist es genau – sich jederzeit bestätigen können: *es ya tarde*.

Da bin ich konträr. Ich schnalle immer alle Uhren ab, lange Zeit (die gar keine Zeit war) hatte ich hier überhaupt keine, und allenfalls würde ich sie tragen, wenn sie mir sagen könnten: *todavia es temprano*, und das können sie nicht.

Auf diesem Unterschiede, der teils mein Naturell, teils Lebenserfahrung ist, beruht die Entfremdung von meiner Familië.

Dort sagt man auch bei allem, was sich unsereins ihnen zuliebe ausdenkt, ihnen vorschlägt, anbietet, gibt oder macht: *"Das ist nicht nötig"*. Es ist auch wirklich nicht nötig, sie haben ganz recht. Aber mein Ausbruch aus diesem masochistischen Puritanismus in die Welt genau dessen, was eben nicht nötig ist, erweist sich als das tief Trennende und mein Leben vergleichsweise Prägende. Alles das, was nicht nötig ist, gibt meinem Leben Höhepunkte, Schönheiten, Freuden, Reize.

Freilich muß man da auch zum Risiko den Mut haben. Heute weiß ich: gerade das, was nicht nötig ist, ist nötig. (Im übrigen baut hierauf eigentlich auch jede humanistische Idee auf.)

Es Torrent de s'Alga auf Formentera, 20. Oktober 1978

188.
Heute nacht erschien mir im Traum Boy Gobert und teilte mir mit, er sei gerade an einem Herzinfarkt gestorben.

189.
Das Wetter schämt sich für die vergangenen Tage und zeigt noch einmal, wo wir eigentlich sind: blaugeleckter Himmel, blaugelecktes Meer, kein Windhauch, keine Welle, als hätten wir Anfang September. So sind auch die Farben, das Licht, die Temperatur.

Nur unsere Terrassen sind noch ein Schlachtfeld und erinnern an das vergangene Grauën. Allein 62 *caña*-Stöcke aus dem Verandadach liegen keineswegs nur auf den Terrassen, sondern rings ums Haus, auch auf der ent-

gegengesetzten Seite noch, auf dem Dache und in den Büschen. Einige
Stunden lang fege ich, räume ich, lese ich Blüten und *caña* auf.

Eine andere, lieblichere Erbschaft des großen Regens schießt jäh aus dem
Boden auf: zwei bislang nie gesehene Blumen – eine krokusartige, die, ohne Stengel und ohne Blatt, nur den hellvioletten Blütenkelch aus der Erde
steckt; und eine winzige zarte scheinbare Hybride aus Narzisse und Schneeglöckchen, absolut liliputanerhaft natürlich, die ebenso blattlos aus jeder Art
von Boden auftaucht.

Von diesen beiden, vor allem der Krokusartigen, gibt es binnen kürzestem
Tausende und Abertausende, eine fast angsterregende Epidemie, wie einen
Heuschreckenschwarm, nur sehr viel pittoresker, aber überall auf den Weg
gestreut, einen Blütenteppich, eine Sternenwiese, man geht überall nur auf
diesen Blumen, unmöglich, sie nicht zu treten, sie nicht zu überfahren, sie
sind überall, auch wo sonst gar nichts wächst, sogar aus Geröll und purem
Felsen stecken sie mühelos den anmutigen Kopf heraus, es ist ein Mirakel
und wunderschön, ein Frühlingseffekt zum Oktoberende.

Es Torrent de s'Alga auf Formentera, 22. Oktober 1978

190.
Zu den gestrigen Wetterherrlichkeiten hat heute morgen tatsächlich noch ein
milder Südwind den bisherigen Nördling abgelöst. Also, was wir hier im Juli/August einen Südwind nennen, ist dieser heutige Südwind natürlich nicht
mehr; daß er vermutlich aus Afrika kommt, müßte angesagt werden. Und er
kommt auch ganz woanders her, als wir im Juli/August hier den Süden und
Afrika anzunehmen pflegen, aber das ist jetzt mit allen Himmelsrichtungen
so, jede ist ganz woanders.

191.
Ich frühstücke heute mit zwei deutschen Zeitungen, die über den polnischen
Papst und die Aufwertung der D-Mark berichten. Dann lese ich den Stellenmarkt und komme mir vor wie auf dem falschen Planeten.

Wie dem zum Trotze mache ich hiernach eine Generalbilanz meiner Sämanns-Erfolge. Von sechzehn ausgesäten Mimosen sind nur zwei aufgegangen. Aber ein Saatbuch belehrt mich, daß das gar nicht so wenig sei, dieses Achtel, denn die Natur produziere ein solches Überangebot an Samen, daß die meisten unbedingt taube Nüsse sein müssen, damit dieser Stern nicht von seinen Pflanzen erstickt werde.

Also, ich gehe die ganze Sache noch einmal an, und das heutige Resultat sind dann 22 Konservenbüchsen (oder kleine Blumentöpfe), drei davon mit Rizinus-, elf mit Mimosen- und acht mit Granatapfelsamen. *Vamos a ver.*

192.

Als ich später auf der Terrasse in der Sonne liege, über Spiritismus lese und meine kleinen sonstigen Assoziationen für die *"Bienen"* notiere, hoppelt, aus der Bogenpinië kommend, unser Mümmelmann Löffel daher, geht aus, macht an allen Büschen Männchen, macht einen Spaziergang und ahnt nichts von mir.

Ich halte mich für den Besitzer dieses *terreno*s; Katze Puh glaubt, daß sie es ist, und dieser Mümmelmann hält natürlich sich für den einzig legitimen – und so fort. Er ist zu putzig. Hoffentlich erwischen ihn die Jäger nicht, es knallt jetzt oft, und allerorten trifft man Bauern mit umgehängten Flinten.

193.

Aber sehr viel mehr als dieser leise Hase stören mich beim Lesen die Fliegen, die nach dem Unwetter zu einer ganz schlimmen Landplage geworden sind, überall kopulieren sie, und überall liegen und schwimmen ihre Leichen, und sie summen sich dumm und dämlich und haben es wahnsinnig eilig und kitzeln ganz erbärmlich. Was das nun wieder soll. (Die Kreuzspinnen hingegen haben vom Unwetter mächtig eins auf ihr Kreuz bekommen!)

194.

Heute vor 49 Jahren heirateten meine Eltern.

195.

Es ist schon lange her, da bemühte ich mich mal verzweifelt, außerhalb der

Terrasse ein Levkojen-Beet anzulegen. Wässerungen, Düngungen, Blumen-
erde: alles vergeblich, sie kamen nicht. Viel später stellte ich fest, daß
Ameisen alle Levkojen-Samen auf die andere Seite des Hauses in ihren Bau
geschleppt hatten.

Pointe: heute ist dieser Ameisenbau plötzlich grün von lauter kleinen Lev-
kojen-Pflänzchen, die der große Regen zum Leben erweckt hat. So komme
ich, ohne alle Mühe, doch noch zu meinem Levkojen-Beet außerhalb der
Terrasse, lediglich auf der andern Seite des Hauses.

Aber im Ameisenbau herrscht große Aufregung. Klar: die vielen Wurzeln
plötzlich, mitten in der Wohnung.

(Nachtrag: Die Ameisen haben ihren Bau verlegt.)

Oder: *Die späte Rache der Levkojen.*

Es Torrent de s'Alga auf Formentera, 23. Oktober 1978

196.
Wieder so ein Traumtag. Man glaubt, bis Afrika zu sehen, und kein einziges
Fahrzeug auf dem geleckten Meere.

Aber schon während ich frühstücke, naht das Unheil in Gestalt des senilen
sächsischen Metzgerpaares im butanfarbenen Paddelboote. Sie überqueren
die Bucht, erspähen mich offensichtlich schon von weitem, und weil im
wohlbekannten *Es Turrens* heute weder Delphine rumliegen noch sonst was
los ist, beschließen sie aus greisenhafter Langeweile, dann eben in Gottes
Namen mich zu besuchen.

Ich türme zwar rechtzeitig, aber sie legen sich paddelnd vor dem Hause auf
die Lauër, belagern es lange, er pfeift, sie stößt jenes gellend jodelnde "Indianergeheul" aus.

Das Haus stellt sich natürlich sofort tot, igelt sich ein, spielt Mimose, und
ich selbst bin vom Erdboden verschwunden, löse mich auf. Aber vom Meer
aus sehen sie natürlich, wie total offen die "Filla" dasteht.

Endlich paddeln sie davon, das heißt, sie tun nur so; auf halbem Wege nach *Es Turrens* verharren sie, warten, kehren dann hartnäckig und penetrant zurück, belagern wieder, er pfeift, sie macht Indianergeheul.

Aber ich bin zäher.

197.
Am frühen Abend takle ich mich auf (Strümpfe! Schuhe!) und fahre zum Essen zu den Hessen.

Sie steckt heute mächtig zurück, hat wohl endlich kapiert, ist bemüht tolerant, sogar ihm gegenüber. So ohne Kinder und Sommerfrische sind sie viel kleiner, armseliger, hilfsbedürftiger und dadurch erträglicher, auch liebenswerter. Ihre Unsicherheiten, ihre Ängste werden nicht breitspurig überspielt, sondern zugegeben. Er zum Beispiel darf heute unkorrigiert die Möglichkeit von Ehe in Frage stellen, und sie weiß nicht alles besser, sondern tatsächlich manches auch gar nicht. Wie angenehm.

Aber merkwürdig ist, daß sie ein ganz anderes Formentera kennen als unsereins, aber "unseres", quasi als Idee, eigentlich suchen und wollen, bloß bisher nicht finden konnten, wohl weil sie sich selbst dabei im Wege standen.

Es Torrent de s'Alga auf Formentera, 25. Oktober 1978
198.
Morgens, nach oder gern auch schon vor dem Frühstück, mache ich nun immer noch im Bademantel und mit einer Tasse Kaffee in der Hand einen langsamen Rundgang über die ganze Latifundië und inspiziere die Sämereien, Pflanzungen und jene jähen Naturkinder, die jetzt bei mildem windstillem Sonnenwetter aus eigenem Antrieb aus einer Erde hervorschauën, die von den drei Regentagen vor einer Woche immer noch so feucht ist, daß ich nichts zu begießen brauche.

Alles mögliche kleine Grünzeug zeigt mir plötzlich, daß es hier wohnt, das heißt, daß ihm das Grundstück gehört, und die Meerzwiebeln, deren inzwischen nun doch endgültig abgeblühte Kerzen gerade dabei sind, aus gleichfalls auffallend dekorativen knackig-properen Kapsel-Säckchen ihren Samen überland zu streuën, offerieren bereits jetzt mit kleinen phallischen grünen Spitzen ihren Blätternachwuchs, den ich, auslappend erwachsen, nur vom April her kenne.

Ob nicht überhaupt doch schon April sei, kontrollieren inzwischen noch zwei weitere Blüten der *Acinaciformis* auf der Sickergrube, wo nun das mehrfach hingestorbene Schilf erste mikroskopisch winzige Möglichkeiten eines Überlebens in Aussicht stellen zu wollen zu überlegen scheint.

Und die beiden neuën Oleanderpflanzen, stelle ich fest, sind angewachsen, fühlen sich offenbar wohl und scheinen wirklich so gesund und stabil zu sein, wie ich es ihnen sogar in ihrer Austrocknung anzusehen geglaubt hatte. Die eine ahmt mit ihrer Gestalt bereits einem Kranich nach.

Aber auch lebensgefährliche Miseren entdecke ich auf solchem Rundgang (bei dem besagter Blütenteppich der Krokusartigen mich zu permanentem Storchengang und zu ganz zwecklosen Känguruh-Sprüngen zwingt und alles sehr erschwert). Einigen besonders erfolgreichen und stabilen Paradepflanzen sehe ich bei dieser Gelegenheit an, daß sie plötzlich schlapp machen, daß sie trotz einwandfreier Wahrung aller äußeren Formen nicht mehr weiterkönnen.

So werde ich also zum Pflanzenarzt und stelle zunächst in mühsamen und langwierigen Aktionen meine Diagnosen. Bei einem dieser Gewächse zum Beispiel entdecke ich, daß es in seinem robusten Wurzelwerk einen widerlichen vielfach verknoteten und verhaspelten Bindfaden versteckt hat, der den Würzelchen vermutlich die Lebenssäfte und die Ernährung abschnürt. Anderen wieder weise ich eine ganz raffinierte, eigentlich bis zur Unsichtbarkeit getarnte, aber umso stärkere Verraupung nach. Ob aber nun meine Theorieën richtig sind, wird die Zukunft erweisen. Aber man sieht, auch Pflanzen leben nicht eben leicht.

Etwas ganz besonders Heikles, Kompliziertes und unberechenbar Problematisches sind ja Samen. Das erlebe ich nicht nur bei meinen eigenen diesbezüglichen Versuchen, sondern das lese ich auch in einem Fachbuch: so zum Beispiel, daß viele Samen nicht aufgehen, weil sie eine Keimhemmung haben, die man erst umständlich abbauen muß.

199.

Der große Pflanzenrundgang, der heute besonders meine therapeutischen Maßnahmen überprüft, macht mir deutlich, wie die Jahreszeit, mir bislang unbewußt, eine Verlagerung der abendlichen Pflanzenpflege auf den Vormittag kategorisch vollzogen hat. Temperaturen und Lichtverhältnisse ergeben das so.

200.

Das ist übrigens eigentlich die einzige gravierende Wetterveränderung: viel kürzere Tage und viel schwächere Sonne. Sonst ist, seit dem Wintereinbruch vor einer Woche, makelloses Sommerwetter, auch nachts oft sternklarer Himmel.

201.

Arno Bergfelder, als wir neulich über die moralische und ideologische Korruption von Sozialdemokraten und Sozialisten sprachen, sagte mit der ihm eigenen Dauër-Trauër, er habe überhaupt noch nie auf dieser Erde einen Kommunisten gesehen, noch nie, auch im Ostblock nirgends, in Moskau nicht, in China nicht.

Ich: *Und die jungen Leute bei uns?*

Er: *Die denken auch alle nur an Karriëre, Macht, Opportunitäten, Positionen, Geld.*

Kommunismus eine Fiktion? Das klingt realistisch.

Es Torrent de s'Alga auf Formentera, 27. Oktober 1978

202.

Nachts werden Katze Puh und ich durch das hysterisch wütende Gekläff einer Hundemeute in allernächster Nähe wach. Plötzlich verstummt es, und ich widme Mümmel Löffelmann einen Nekorolog, der ihm meine Mimosen christlich verzeiht.

Aber als ich mich gegen elf nach einem frischen *swim* in der Sonne aufwärme, geht ebendieser heimliche *dueño* aus wie eh und je: Mümmel-Männchen hier, hoppel-hoppel, Löffel-Männchen dort, in größter Seelenruhe, alles gehört ihm, von Jagdhunden weiß er gar nichts.

203.
Sehr viel empfindlicher und nachtragender gebärden sich da in der Tat die Pflanzen. Was ich in meinem diesbezüglichen Katechismus unlängst las, erlebe ich heute: Schock, Zusammenbruch einer Pflanze.

Eine besonders robuste, gut entwickelte Levkoje, die sich mit einer Geranië wechselseitig ins Gehege gekommen war, wird zu ihrem eigenen Vorteil umgepflanzt. Meist spüren Pflanzen solche Vorteile schon im Voraus und nehmen unangenehme Operationen und Übergangsphasen erstaunlich intelligent in Kauf. Nicht so die heutige Levkoje. Schon wenige Minuten nach (besonders sorgsam) vollzogenem Manöver baut sie ab, klappt regelrecht zusammen, sieht nach einer Viertelstunde aus wie tot.

Dabei kann sie es gar nicht sein, sie ist wohlernährt, die Wurzel frisch gewaschen, die gewärmte Erde neu und feucht, direkt aus dem Walde, lauwarm gewässert, persönlich gehätschelt, alles. Keine brutal abgeschnittene Rosenblüte reagiert so überstürzt, so panisch. Ich bin überzeugt, daß sie sich wieder rekreïert, sie kann gar nicht anders, denn objektiv geht es ihr so gut wie noch nie in ihrem ganzen Leben. Eine psychische Schockreaktion, ein Kollaps, tatsächlich. Oder Hysterie.

204.
In diesem Zusammenhang teste ich heute die sprichwörtliche Empfindlichkeit der Mimosen und stelle fest, daß die hier von mir gehegte *species* genau so sensibel reagiert wie ihre subtropische Kusine am *Bentota River*, nur sehr viel langsamer.

Ich fasse eine junge Blattspitze an und brauche nur ein bißchen zu warten, um zu sehen, wie sie langsam-langsam alles einpackt und zumacht. (Als Mümmelmann sie neulich fraß, kann sie erst in seinem Magen damit fertig geworden sein.) Ich lasse los, gehe weg und kehre nach zehn Minuten wieder: sie hat wieder aufgemacht und ausgepackt.

Und unsereins soll immer hart im Nehmen sein, sich nichts anmerken lassen, alles durchstehen, alles einstecken, alles "bewältigen"! Warum eigentlich?

Ein Fetisch aus falsch verstandenem Darwinismus und zivilisationistischer Ideologie: nicht mimosenhaft sein! Doch: mimosenhaft sein! Das heißt: wenn sie uns Schaden zufügen, alles einpacken und weggehen. Dann überlebt man es sogar, mit Stumpf und Stiel aufgefressen zu werden.

Dieser Löffelmann, *à propos*, hoppelt heute nachmittag schnuppernd um die neugepflanzten Mimosen hinter dem Hause herum, der Schlingel! Aber ich glaube, die sind genügend verbarrikadiert. Auf die Beete der nahen Rizinus-Saat ausgerechnet hat er kleine Kaffeebohnen verteilt: Rizinus braucht der nicht!

205.
Abends spaziere ich. Die Landschaft ruht sich aus, hat ihr *descanso* und bietet keinerlei Sensationen.

Rita Verdera, die ich dabei ertappe, wie sie auf dem Felde lauthals mit ihren Tieren spricht, leugnet anschließend diesen *solitario*-Usus, sie sei das nicht gewesen, habe seit zwei Uhr nicht mehr ihr Haus verlassen, aber erzählt auf demselben Atem, wie sie vorhin das verlorengeglaubte und dann doch wiedergefundene Lämmchen überall gesucht habe.

Mir gefällt auch diese kleine bestiophile Schwindelei aus *gêne*.

Es Torrent de s'Alga auf Formentera, 28. Oktober 1978
206.
Beim Pflanzenrundgang heute morgen in goldenem Frühlicht erweist sich die gestern so schockierte Levkoje bereits als Rekonvaleszentin, wenn auch noch geschwächt, anfällig und mit Leidensmiene.

Und das seit sechs Wochen dahintrocknende Schilf hat sich eines Besseren besonnen und färbt jetzt wieder grün, was sie erst braun färbte, nachdem es zuvor grün gewesen war. *Bien, bien.*

207.

In Frisco beim Einkaufen ist *Maria la grande* gar nicht mehr weiche Madonna und dumpfes Muttertier wie vor ihrer Niederkunft, sondern ein militant gestiefelter Tartarengeneral, ein kurzentschlossener Hunnenfürst, barbarisch, anarchisch, erbarmungslos, aber im Gespräch mit einer Schwangeren, mit der sie über Entbindungen angelsächselt: für einen Steppenhäuptling ein etwas exotisches Parfum.

208.

Gegen Mittag wechseln Wind und Wetter, aber nur ins östlich Bewölktere, nicht etwa ins Winterliche, diesem jetzt permanenten Trauma.

Drei verschlagene Wildgänse hasten *"mit schrillem Schrei"* über unser Haus gen Süden.

209.

Katze Puh ertappe ich bei einem reichlich schrägen Duëtt mit neuëm Galan, dem sie bei meinem Anblick in aggressiver und sehr brutaler Verfolgungsjagd den Marsch bläst; der Verfolgte, Gekratzte, Gebissene schreit mordsjämmerlich, und mir scheint, die so Traktierten sind immer die Männer.

Noch ihre Fischmahlzeit in hermetisch abgesichertem Hause unterbricht Puh dann mehrfach, um Pestilenz in eine Welt zu fauchen, die es zuläßt, daß man sich noch vor kurzem so elegisch angesungen hat.

Es Torrent de s'Alga auf Formentera, 29. Oktober 1978

210.

Heute ist Sonntag und viel spanische Unruhe im Lande und auf See. Eine Oma geht angeln, ganze Familiën teilen sich ihre Probleme auf Spaziergängen mit, die *calamar*-Fischer multiplizieren sich, und Jäger mit Hunden und Steinen hetzen Kaninchen, auch unser Löffelmann entrinnt ihnen nur knapp. Katze Puh macht sich bäuchlings davon und bleibt sehr lange weg.

211.

Die heutige Zeitungslektüre macht mich grausen, gar die der Wochenendbeilagen: über Kulturzeitschriften, Subkulturen, geistige und moralische Situation Europas, des Westens, des Ostens, die Ziele der Jugend.

Aber ziemlich alle bekommen das Gruseln, auch die darüber schreiben sowie die, die wieder darüber schreiben. Allen graust voreinander. Eine sehr spätzeitliche Phase, für die zum Beispiel ich denkbar ungeeignet bin.

Man kann nur auf das "eherne Gesetz" von der Pendelbewegung und dem Umschlagen in Gegenteiliges bauën oder aber verzagen. In Bezug auf die gegenwärtige Situation ist beides Resignation.

Ich weiche also Wäsche ein, mache meinen Haushalt, hege meine Pflanzen und beobachte meinen kleinen Blasenkatarrh, von dem zum Beispiel das Schilf mächtig profitiert.

212.

Nachmittags, bei zunehmender Bewölkung, bringt Toni Simón mir "aus heiterem Himmel" einen Granatapfel: was sagt man dazu? Dieser alte Matrose. Mir verschlägt es die Sprache. Und einen riesigen, wie ich ihn noch nirgends sah, fast doppelt so groß wie meine andern. Wenn die im Paradies so groß waren oder wo möglich noch größer, hätte ich da vielleicht doch auch nur einen zu nehmen gewagt. Immerhin: Adam, mit dem ich hier manches gemein habe, bekam seinen Granatapfel von Eva, ich von Toni Simón.

Dieser läßt dann noch eine längere unverständliche Rede vom Stapel, die davon zu handeln scheint, daß er zum Singen und Tanzen heute eine andere Einstellung habe als früher und daß sein Sohn und dessen Generation gar nichts mehr davon wissen wollen; wenn die Alten weg sind, sei Schluß mit dem Singen und Tanzen. Endzeit auch hier. Er gehe jetzt schlafen, man könne an solchen Winterabenden heutzutage nichts Besseres tun.

Ich wohl: ich mache noch einen kleinen *paseo rural*, trotz immer herbstlicher werdendem Wetter. Das Meer ist grau, der Himmel ist grau, *Ca'n Parra* ist grau, die Mauërn sind grau, die Pflanzen sind grau, der Sonnenuntergang ist rosagrau. Ich treffe Rita Verdera, die mich in dieser Gräue und meinem grauën *jersey* gar nicht erkennt: ist vielleicht auch meine Seele grau?

Es Torrent de s'Alga auf Formentera, 30. Oktober 1978

213.
Wie schon so mancher Abend in letzter Zeit gehörte auch dieser wieder Nabokow.

Abgesehen davon, daß ich es dem Rowohlt Verlage nicht glauben kann, daß Uwe Friesel, dessen anämisches Deutsch ich aus seinen eigenen Produkten kenne, diese sensationell gute Übersetzung gemacht hat, ist diese Lektüre für mich ein sehr informatives und aktuëlles hohes Vergnügen.

Aktuëll und informativ empfinde ich Nabokows Lust und Fähigkeit, in einem abendländischen Sprachengemisch zu schreiben, das für mich zunächst ebenso amüsant wie philologisch attraktiv ist, zumal er die verwendeten Idiome auf wirklich beneidenswerte Weise in ihren ausschlaggebenden raffinierten und intimen *insider*-Nuancen beherrscht, was er dann alles durch *in extenso* ausgeführte fiktive Sprachen, Geheimsprachen, codifizierte Sprachen parodiert, hierdurch teils *ad absurdum* führt, teils aber auch humorigliebevoll auf die charakteristische Quintessenz unseres okzidentalen Sprechens hin reduziert und abstrahiert, dadurch natürlich aufhellend, sichtbar machend.

Das ist nicht nur für Philologen interessant. Was sprachlich stattfindet, wenn zum Beispiel unsereins sich mit Rita Sacchi unterhält, das ist auf primitiverer Ebene, das heißt, aus Not statt aus Kunst, ein ähnlicher und ebenso zeittypischer Vorgang: Einbuße jeglicher originären Sprache zugunsten eines synthetischen Idioms, das, wenn man es so virtuos beherrscht wie dieser Nabokow, eine enorme Ausdruckserweiterung und eigentlich erst das rechte verbale Äquivalent für unser übereinandergeschichtetes und längst übernationales Denken und Empfinden darstellt.

Mir schwebt seit meiner Studiënzeit vor, ein Stück zu schreiben, dessen Personen alle Sprachen durcheinander sprechen, aber bei der geistigen Unterentwicklung des Theaters ist sowas natürlich inzwischen in jedem billigen Touristen-Hotel leichter zu realisieren als auf einer hochsubventionierten Bühne voller klugscheißender Gewerkschaftler. Im Roman jedoch kann ein Geist wie Nabokow das mit spielerischer Leichtigkeit und brillanter Eleganz angehen.

Freilich wird auch dort die kompetente Rezeption eine Sekte ausmachen. Und das ist das zweite "Aktuëlle und Informative", mit dem Nabokow mich bezirzt. Er schreibt nicht für Idioten über Idioten, sondern für die Klügsten über die Klügsten – also für eine Sekte. Seine Protagonisten in *"Ada"* dürften wohl selbst die Kapazität säkularer Wunderkinder beträchtlich überschreiten. Aber eben überschreiten und dadurch über uns und über alle hinausverweisen, Oriëntierungspunkte, Provokationen, Idealvorstellungen markieren – statt, wie zum Beispiel Kroetz und Konsorten, darüber zu informieren, daß wirtschaftliche Unterentwicklung in Bayern zu armseligem Kretinismus führt. Meinetwegen soll man auch diese unanfechtbare Stimmigkeit zeigen und sagen, sehen und hören, aber nicht ausschließlich. Die überhaupt denkbar intelligentesten Menschen vorgeführt zu bekommen, ist interessanter, stimulierender, aufschlußreicher und wichtiger, vielleicht, im Sinne aller Kroetze, auch verändernder, jedenfalls eine letzte humanistische Zuckung.

Es Torrent de s'Alga auf Formentera, Herbst 1978

214.
Kein Mensch ist jetzt noch gegen Sozialismus. Nur sehen viele: er ist nicht so gut, wie er sein müßte, und wird es auch nie sein.

Nein, nein, die Aufbauphase zählt nicht, weil es ja nirgends besser, sondern überall schlechter wird – vergleiche die Leute, die ihn in allen Ländern machen: Verschlechterung.

Sozialismus wird die Grundübel Dummheit, Unfähigkeit, Machthunger und Korruption nicht abschaffen, wie er die Grundtugenden Güte, Intelligenz, Begabung, Bescheidenheit, charakterliche Integrität *et cetera* nicht fördert, sondern als unsozial(istisch) bekämpft.

Der Egalitarismus ist der Ruïn des Sozialismus.

215.

Brutalität der Natur offenbart sich an alten Lebewesen, die fallen gelassen und vernichtet werden – ohne Rücksicht auf ihre Psyche und ihre Verdienste. Hier wäre eine Chance für kompensierenden Humanismus, die Natur zu überwinden, zu verbessern *et cetera.*

Extremes Versagen des Humanismus.

216.

Ist es demokratisch, daß man in der Demokratie gezwungen wird, sich zur Demokratie zu bekennen?

Es ist ein Symptom der Demokratie, antidemokratische Äußerungen oder Haltungen nicht zu tolerieren. Also ist die Demokratie gar keine Demokratie.

Was soll die schöne Idee der Demokratie, wenn es gar keine Demokratie gibt? Ich habe viel von Demokratie gehört, aber noch nie einen Demokraten gesehen. (Ebenso kenne ich Kommunismus, aber keinen Kommunisten; Christentum, aber keinen Christen.)

Wenn eine Dummheit oder eine Zerstörung oder ein Verbrechen stattfindet, nur weil die Mehrheit das so beschlossen hat, verbieten mir Vernunft und Verantwortungsgefühl, Demokrat zu sein. Den Mehrheitsbeschluß als Schönheitsfehler der Demokratie zu verharmlosen, hieße, den Absolutismus als Schönheitsfehler des Monarchismus sanktionieren. Wenn eine so elementare Schwäche wie der Mehrheitsbeschluß nicht zum Zusammenbruch jeglicher Demokratie führt, gibt es keine einzige Staatsform, die nicht genausogut praktiziert werden könnte. Schlimmer sind die Schwächen der andern auch nicht.

Wenn einige Demokratieën den Krebsschaden des Mehrheitsbeschlusses
schon einige Zeit überleben, so nur, weil einzelne undemokratisch handeln-
de Persönlichkeiten sie heimlich unterwandern oder überholen und, ohne
viel Aufhebens, anders entscheiden und praktizieren, als es die Mehrheit da
beschlossen hat. Das heißt, daß Demokratie nur dort stattfinden kann, wo illegal verhindert wird, daß sie stattfindet. Wenn verantwortungslose Politiker
wirklich Demokratie verwirklichen würden, käme die Demokratie unweigerlich zum Einsturz.

Das beweist, daß Demokratie eine hübsche Fiktion ist, für die zu kämpfen
ein schlimmer, folgenreicher Irrtum sein muß, wenn sie ernst genommen
wird. Nun wird sie aber in der Praxis immer nur von den Opponierenden,
nie von den Mächtigen ernst genommen. Nur so werden Katastrophen verhindert. Die Mächtigen einer Demokratie müssen also resolute Anti-Demo-
kraten sein. Sie müssen es sein; sagen aber dürfen sie es nicht. Das ist wieder das Undemokratische an der Demokratie. Wenn sie es, mit demokratischem Recht, auch sagen würden, würden sie von der vermeintlichen Demokratie als Undemokraten auf eine Weise eliminiert werden, die sicher
nicht sehr demokratisch wäre.

Und wie kommt es zu diesem ganzen Mißstand mit der schönen und verführerischen Idee der Demokratie? Weil eine gedankliche Prämisse fehlerhaft
ist. Das ist die Idee der Egalität. Innerhalb der Geschichte des Humanismus
ist sie vielleicht eine der liebenswürdigsten, bestgemeinten, auch kühnsten,
extremsten Ideeën. Aber sie befindet sich in krassem Gegensatz zur Natur,
in der es nirgends Egalität gibt. Es kann sie nicht geben, weil die Natur die
Individuation als zentrales Prinzip erfunden hat. Und eine naturkonträre
Idee kann nicht funktionieren, eben weil sie gar nicht stimmt, weil sie mit
keinerlei Wahrheit im Sinne einer Realität übereinstimmt.

Mit ungedeckter Münze läßt sich nicht lange bezahlen. Weil der Mensch bei
seinen Versuchen, die Begrenzungen und Behinderungen durch die Natur zu
überwinden, sich noch nicht so weit emanzipiert hat, daß eine sei es optimale Idee, sobald sie den Bereich der Naturgesetze verläßt, im politischen Bereich realisierbar ist.

217.

Gesetzt den Fall, Hitler hätte eine Volksabstimmung über die Judenvernichtung durchgeführt und eine sei es knappe Mehrheit bekommen. Wäre die Judenvernichtung damit sanktioniert worden? In demokratischem Sinne ja.
Dies ist der Punkt, wo man sich gegen die Demokratie entscheiden muß. Sie ist lebensgefährlich, ein Spiel mit dem Feuer.

Aber wofür soll man sich entscheiden?

218.

Der einzelne Mächtige ist der Gefahr der Fehlentscheidung und des Irrtums ausgesetzt.

Ist die Mehrheit ein Präventiv, ein Korrektiv, ein Regulativ hierfür, oder multipliziert sie die Chance der Fehlerquellen und des menschlichen Versagens? Viele Augen sehen zwar mehr als eins, aber der Prozentsatz an Blinden, Einäugigen und Kurzsichtigen ist gleichfalls wesentlich höher. *Ergo* sehen sie *in summa* weniger.

219.

Nur wer Anwalt und Gericht bezahlen kann, kann gegen erlittenes Unrecht aufbegehren. Aber diese Kosten sind für die meisten zu hoch.

Ein Rechtsstaat müßte dafür sorgen, daß jeder Bürger sein Recht gratis bekommt. Wenn ich mir mein Recht kaufen muß, ist das kein Rechtsstaat.

220.
Motiv:

Man begeht leicht den Fehler, Wohl und Wehe seiner ganzen Existenz der Umgebung auszuliefern. Man bietet sich ihr mit Wesen und Werken an und überläßt ihr das Urteil, ob sie einen akzeptiert, gelten läßt, genehmigt.

Und das kommt ihr gar nicht zu.

Die Umgebung ist keine letzte Instanz, die über den Sinn unseres Daseins entscheidet. Es ist unser eigener Fehler, wenn wir ihr das zugestehen. Ich bin nicht auf diese Welt gekommen, um der Umgebung zu gefallen. Und gefalle ich ihr nicht, sei mein Leben etwa verfehlt.

Ich bin, wie ich bin, und bin da, und darauf hat sie sich einzustellen, realistisch. Und das tut sie auch, wenn man sie nicht groß bittet und fragt. (Mit Bitten und Fragen sind innere Vorgänge, eine Haltung gemeint.)

221.
Motiv:

Eine tolle Pflanze auf ein Grab pflanzen, die ihre Wurzel durch die Leiche schlagen muß, die so im Baum weiterlebt, sichtbar.

222.
Motiv:

Ein prominenter Todesfall. Zahllose Todesanzeigen werden verschickt. Aber ein längerer Poststreik verhindert die Versendung. Nach dem Streik wird die angehäufte Post weggeworfen.

So hat niemand etwas von diesem Todesfall erfahren. Niemand kondoliert.

Hamburg, 21. Januar 1980

223.
Das derzeitige Theater (und seine Presse) kultivieren und verehren alles Pubertäre.

Nachdem das Pubertäre und dessen Impulse, Spannungen, Sensibilitäten lange zu Unrecht verachtet wurden, ist das ein Verdienst.

Nur erfolgt das zur Zeit auf Kosten jeglicher Möglichkeit für Erwachsene, auf dem Theater und mit dem Theater weise zu werden. Zum Reifen, zum Weisewerden ist auf dem derzeitigen Theater (und in seiner Presse) kein Platz.

Das kann, wenn es länger so bleibt, zu einem katastrophischen Bumerang-Effekt führen.

Es Torrent de s'Alga auf Formentera, 3. Juli 1985

224.

Heute nacht auf Bitten Pina Bauschs noch einmal in Wuppertal zu Besuch.

Aber mit ihren Tänzern dann am (Formentera-) Strande. Die Tänzer hatten
Wohnungsprobleme, einige Männer flogen täglich zum Wohnen nach Berlin. Etliche wollten bei mir übernachten. Aber wegen meiner Eltern und deren sehr kleiner Wohnung war das ausgeschlossen.

Später vor dem Opernhause eine politische Diskussion in Formation wie für
ein Klassen- oder Regierungsfoto. Nach einem kurzen aggressiven Schluß-
wort ging ich weg und wollte abreisen.

Aber die wenigen Züge, die den Wuppertaler Bahnhof pro Tag passieren,
waren heute alle schon weg.

Gefangen.

Wollte wenigstens essen gehen. Der Bahnhofsvorsteher des toten Bahnhofs
führte eine miserable Restauration zu astronomischen Preisen. Er selbst ko-
stümierte sich für diverse Neben-Jobs wie Kutschenfahrten und Ähnliches.

Ein anderes Restaurant entpuppte sich als Mittagstisch speziëll für Rentner,
die alle Tische vorbestellt hatten. Also ging ich mit meiner Eskorte von
Tänzern wieder weg, wurde aber zurückgerufen und an einen freiën Tisch
gesetzt, wo sich bald eine Gruppe vulgärer Komiker zu uns gesellte, die pro-
minente Nazis spielten. Ich ging ...

Ich wußte nicht, was ich machen sollte. Es gab keine Kinos ... (Da wurde
ich geweckt.)

Es Torrent de s'Alga auf Formentera, 5. Juli 1985

225.

Heute nacht war *"Mutschmanns Reise"* bis auf einen Anfangskomplex abge-
dreht, der noch in Formentera am Strande aufgenommen werden mußte. Das
ganze Team muße dazu eigens mit der letztmöglichen Fähre von Hamburg
nach Formentera übersetzen.

Auch ich mußte diese Fähre benutzen, wurde aber vorher in ein Labyrinth diverser Hotel-, Pensions- und Garagenregelungen verstrickt: Rechnungen, Gepäckangelegenheiten *et cetera*. Die Hotelverwaltungen waren in absolut kafkaëskem Zustande, auch die Hotelgebäude. Einzig in einer kleineren Pension sprach mich ein blonder Ephebe mit polnischem Akzent wie ein Mensch an.

Die Abfahrtszeit der Fähre war inzwischen längst verstrichen. Zuerst Panik, dann Auflehnung auf Grund meiner zentralen Position bei den Dreharbeiten.

Auf diese Weise war ich plötzlich in Formentera. Während sich die Vorbereitungen für die Dreharbeiten hinzogen, beschäftigte ich mich mit dem Drehbuch und stellte fest, daß ich rechtschaffen unvorbereitet war. Ich hatte noch nicht einmal geklärt, was überhaupt gedreht werden sollte. Auf einer (inzwischen nächtlich dunklen) Straße Formenteras setzte ich mich in ein parkendes Auto, um das Drehbuch zu studieren. Kleinere Geplänkel mit anderen Insassen dieses Autos und mit anderen Fahrzeugen.

Mir wurde klar, daß die ganze Nacht am Strande gedreht werden mußte. Es wurde kalt und feucht. Ich war viel zu leicht angezogen und hätte mir eigentlich Kleidung gegen Wind und Wetter kaufen müssen – aber hier?

Die Drehvorbereitungen verzettelten sich.

Eigentlich kannte ich auch kaum jemanden, dieser Traum hatte keine Protagonisten. Nur der blonde Ephebe tauchte auch hier wieder auf und war etwas zwielichtig in seiner generellen Beschäftigungslosigkeit.

Es Torrent de s'Alga auf Formentera, 6. Juli 1985

226.
Heute nacht im Hamburger Thalia Theater. Meine Inszenierung von *"Biedermann und die Brandstifter"* mit Günther Flesch hatte im Laufe der Vorstellungssequenz irgendwelche Schwierigkeiten, und ich ging hin, um mit den Schauspielern darüber zu sprechen.

Das fand in den labyrinthisch endlos verschachtelten und verwinkelten unübersichtlichen Kajütenräumen eines Schiffes, also unter Deck statt, was die Verständigung schon fast unmöglich machte, weil man nicht alle Beteiligten

in einem Raum versammeln konnte, sondern es herrschte ein Kommen und
Gehen, ein Fluten von Raum zu Raum ...

Aber das Gespräch scheiterte vollends erst an der extremen Verwahrlosung
und Disziplinlosigkeit der Schauspieler, die an einer Erörterung, gar Lösung
der Probleme gänzlich uninteressiert waren, sich unentwegt lauthals über
Privatangelegenheiten unterhielten, überhaupt nicht zuhörten *et cetera*. Eine
aussichtslose Situation ...

Zwischendurch im authentischen Vorraum zum Betriebsbüro des Thalia
Theaters, wo der angereiste und stark gealterte Schauspieler Erich Schleyer
gerade Premiёrenkarten bekam. Er ignorierte mich. Ich: *"Der Herr Schleyer
kennt mich wohl nicht mehr?"* - Er (fremden Blickes): *"Nein."*

Es Torrent de s'Alga auf Formentera, 8. Juli 1985

227.
Heute nacht wurden irgendwelche Filmfirmen oder -imperiёn in meinem
Umkreis und unter besonderer Beteiligung von Markus Trebitsch aus dem
Boden gestampft. Ich peripher.

Es Torrent de s'Alga auf Formentera, 9. Juli 1985

228.
Heute nacht wurde ich in unserer Wohnung in der Wuppertaler *Von-der-
Tann-Straße* vom Gefühl beunruhigt, jemand sei im nächtlichen Treppen-
hause. Ich verließ die Wohnung und realisierte nachträglich, daß beim Öffnen der Tür jemand hineingehuscht war.

Ich kehrte also zurück in die (dunkel bleibende) Diele und fand Karin in einem heftigen, aber lautlosen Ringkampf mit einer fremden Person, die sich
dann als die geisteskranke Vera Borek entpuppte und von Karin ihrer Stimme beraubt werden wollte.

Wir sperrten sie ein und waren dann ratlos, wie wir darüberhinaus mit ihr
verfahren sollten ...

Später die Studiobühne eines großen Theaters. Ich machte eine Inszenierung mit einem eidechsenhaften Gnom, der sich als faul und ungelehrig erwies, und unter merkwürdigen räumlichen Umständen: im vordersten Bereich der Bühne war links eine nicht zu beseitigende vertikale Mauër, an die ich dicht mit dem Gesicht einen blinden Geiger placierte, da einzig ihm dieser Mauerplatz zuzumuten war ...

(Ausführlicher geträumt, aber im Übrigen nicht mehr erinnert!)

Es Torrent de s'Alga auf Formentera, 15. Juli 1985

229.
Heute nacht hatte Kadir Probleme und Sorgen, und ich fuhr mit ihm nach Formentera, wo unser Haus aber schon verkauft war. Im Hause fanden wir Kadirs ganze Familië (samt deutschem Anhang) vor.

Ich unterhielt mich mit der Familië auf der Terrasse. Plötzlich war Kadir verschwunden. Ich suchte ihn im ganzen Hause und fand ihn im Gästezimmer, auf dem Bauche liegend, die Hände auf dem Rücken gefesselt. Ich befreite ihn und ging wieder hinaus.

Hinter einer Tür, in einer Nische, lauërten mir drei Männer aus Kadirs Clan auf. Einer von ihnen, ein Deutscher, schien Inge Meysel zu sein. Sie lauërten mir auf, um auch mich zu fesseln. Aber ich war schneller als sie und verwickelte sie in ein liebenswürdiges Gespräch, das sie entwaffnete ...

Plötzlich saß dann Jens Ostendorf präsidial an der *Tête* des langen Terrassentisches ...

Es Torrent de s'Alga auf Formentera, 16. Juli 1985

230.
Heute nacht bei den Proben zur *Heino-Gaze-Revue*. Jemand (Norbert Schultze?) beanstandete die musikalische Qualität.

(Keine genauëre Erinnerung.)

Es Torrent de s'Alga auf Formentera, 23. Juli 1985

231.
Heute nacht haben meine Mutter, mein Kind, ich selbst und noch andere Familiënmitglieder die Aufforderung zu einer gesetzlichen Gesundheitsuntersuchung erhalten: wer sich dabei als vollkommen gesund erweise, werde hingerichtet.

Ich bemühte mich sofort um Rechtsbeistand. In der Privatwohnung meiner Anwältin Dr. Gisela Wild wurde ich telefonisch abgewimmelt, in der Praxis erreichte ich nach Überwindung von Schwierigkeiten den Compagnon Leopold Lindtberg, der mit mir zu einer andern Instanz (Trinkhalle?, Schneiderwerkstatt?) ging.

Nach längerem Hin und Her bekam ich für jedes erwähnte Familiënmitglied einen länglichen verschweißten Plastikbehälter mit einem flüssig-geligen Inhalt: aus einer Drossel und sonstigen Zutaten war eine Mixtur von Krankheitserregern zusammengebraut, die einen vor einer Gesunderklärung mit Todesfolge bewahren sollte. Unklarheiten über den Anwendungsmodus.

Nach komplizierten Recherchen (Lindtberg war nicht mehr zu sprechen) erfuhr ich: der Plastikbehälter mußte nur geschlossen in die Nähe von Nahrungsmitteln gehalten oder gelegt werden, um zu wirken ...

(Unvollständig erinnert. Hiernach einen Theater-Traum überhaupt nicht erinnert.)

Es Torrent de s'Alga auf Formentera, 28. Juli 1985

232.
Heute nacht war ich im Krankenhaus.

Zentrale Bedeutung einer bestimmten Krankenschwester, die auf einer Art Hebebühne direkt durch die Etagen fuhr. Es genügte, an sie zu denken, und sie kam. Man wurde sie auch los, indem man sich das wortlos wünschte. Ebenso kamen die Ärzte nicht rituëll, sondern je nach (unausgesprochenem) Bedürfnis des Patiënten ...

Langer, mehrteiliger Traum.

Es Torrent de s'Alga auf Formentera, 30. Juli 1985

233.

Heute nacht in der Zeitung unverhofft eine halbseitige Todesanzeige: Ida Ehre, *"im 84. Lebensjahr"* ...

Es Torrent de s'Alga auf Formentera, 6. August 1985

234.

Heute nacht erschien auf unserer Terrasse in Formentera der Neffe oder *sobrino* von Rita Verdera Verdera: in Badehosen und sehr aufgekratzt.

Aber da preschten zwei alte Frauën aus den Büschen, die eine glatzköpfig. Sie hatten große Steine in den Händen und stürzten sich auf den Sobrino. Der flüchtete, aber sie holten ihn ein und brachten ihn zu Fall. Er lag auf dem Boden, und die beiden Frauën bearbeiteten ihn mit ihren Steinen – besonders seinen Kopf.

Er lag reglos auf dem Bauch und wehrte sich nicht ... Selbstjustiz.

Hamburg, 8. Oktober 1985

235.

Heute nacht ein Gespräch an diversen Orten mit Jürgen Flimm. Karin Bock, früher meine, jetzt seine Sekretärin, brachte Kaffee herein und *"erkannte mich"* zunächst nicht. Ich sprach sie an und stellte zurecht.

(Sehr ausführlicher Traum, nicht rekonstruïerbar).

Hamburg, 31. März 1986

236.

Heute nacht wurde ich in einem Auto in die Entführung des Erben eines Großindustriëllen verwickelt.

Durch mich wurde das *kidnapp*ing vereitelt.

Der Erbe selbst verliebte sich in mich und begann eine Beziehung mit mir.

Der Konzern integrierte mich und mäzenierte mich: TV-Auftrag mit schriftlichem, aber zu niedrigem Gagenangebot von Helmut Kohl persönlich.

Ein Oberindianer des Konzerns fragte mich, ob ich Mitglied der CDU oder CSU sei.

Luxusyacht. Ich wurde sowohl hofiert als auch geringgeschätzt.

Sehr detaillierter, "langer" Traum in großem, geschlossenem Komplex und mit "runder Story".

Flug Kopenhagen – Bangkok, 31. Oktober 1988

237.
Neuë und angenehme Erfahrung: eine große Reise nicht morgens, sondern abends antreten. Das schenkt einen ruhigen Vorbereitungstag und erspart einem das kopflose Hetzen eines frühen Aufstehens.

Leider verhindert es nicht Vergeßlichkeiten. Also muß ich mir schon im Hamburger Flughafen eine überteuërte Sonnenbrille, im Kopenhagener Flughafen zwei überteuërte Badehosen kaufen.

238.
Jede Vorfreude ist die Garantie für eine Enttäuschung: so auch meine Hoffnung auf ein ersehntes Ausschlafen auf dem langen Nachtfluge, wie ich es vor Jahr und Tag in Abrahams Schoß zwischen Frankfurt und Nairobi so genußvoll erlebte, daß ich mich noch jetzt zu leichtsinnigen Analogieschlüssen auf die heutige Strecke verleiten ließ.

Daß es hierzu nicht kam, lag nun auch an den desillusionierenden Stewardessen der *"Scandinavian Airlines"*: drallen dänischen Hausfrauen um die Fünfzig, aber durchaus nicht mütterlich, was einen behüteten Schlaf ja beflügelt hätte, sondern nur laut, schwatzhaft, unkonzentriert und unsensibel, überdies im Irrglauben befangen, daß Dänisch eine Weltsprache sei, die jeder versteht.

Dieser Mißstand wird allerdings durch den *Service* einer neuën Technik kompensiert, der mich total bezirzt: ein Computerbild zeigt den jeweils augenblicklichen Standort unseres Flugzeuges auf entsprechender Landkarte an. Das ist betörend und gaukelt einem den Aufenthalt auf einem archimedischen Punkte vor, von dem aus man sich auf den Kopf sehen kann. Der Gedanke taucht auf, ob man so gegebenenfalls auch den Absturz der Maschine beobachten könnte ...

Jedenfalls wird mir schon bald nach dem Abflug von Kopenhagen auf diese Weise bewußt, daß ich keineswegs über den Nordpol fliegen werde, wie es mir das Reisebüro verheißen hatte – dafür aber über das Baltikum.

Und so überquere ich denn einige Minuten lang in "Windeseile" jene Gegend, wo ich vor mehr als einem halben Jahrhundert gezeugt, geboren und entscheidend geprägt wurde und die ich seither nicht wiedergesehen habe, was wohl eine Widernatürlichkeit und psychische Vergewaltigung beïnhaltet: den Entzug von Verwurzelung.

Kaum verschwindet diese beeindruckende Auskunft aus dem Computerbild, da tauchen Ortsnamen auf, die ich noch aus den Wehrmachtsberichten und Sondermeldungen des *Zweiten Weltkrieges* kenne: Smolensk zum Beispiel. Wir überfliegen demnach klassische Kriegsgebiete des sogenannten Rußlandfeldzugs. Komfortabel, gesättigt und wohlig müde räkelt man sich also in den Fauteuils der angenehm temperierten *"Scandinavian Airlines"*, und wohl keiner der deutschen Mitreisenden realisiert überhaupt, daß hier genau unter uns unsere Väter, Großväter und Brüder einmal inbrünstig geglaubt, geschossen und gelitten haben, daß sie zehn Kilometer unter uns in Dreck und Schnee verblutet und elendiglich krepiert sind. Gemütlich rasen wir jetzt drüber hin und den diversen Freuden asiatischer Genüsse entgegen. Wenn das nicht pervers ist ...

Oder hängt das Eine gar ursächlich mit dem Andern zusammen: ist unser luxuriöser Tourismus nur möglich, weil jene sich hier geopfert haben? Es wird immer perverser ...

In mir wogt ein emotionaler Cocktail aus Horror, Trauër, Wut, Fatalismus und dominierenden Schuldgefühlen.

Aber auch ohne diese Kriegserinnerungen, zu denen mich nur die Zugehörigkeit zu meiner Generation befähigt, ist es beeindruckend, so friedlich und selbstverständlich den *Eisernen Vorhang* und die ganze Sowjetunion zu überfliegen, *"als sei's ein Stück von mir"*: *tempora mutantur* – und das schüttet denn doch auch noch eine Prise Glückseligkeit in mein Gefühlsgemenge.

Als wir dann südöstlich von Moskau sind, die legendären Kriegsschauplätze also verlassen haben, muß der erschütternde Computer-Atlas der Kinoleinwand und einer amerikanischen Filmschnulze weichen – recht so: weg mit der Realität!

Und ab in die Träume!

Bangkok, 1. November 1988

239.
Morgens um zehn landen wir in Bangkok – aber es ist vier Uhr nachmittags. Sechs Stunden fehlen – wo sind sie geblieben? Verschenkt – an wen?

Aber kein Zweifel: der Tag, der gerade beginnt, beginnt gerade zu enden. Eine abermalige Perversion ... Doch diese vermeintlichen Perversionen sind wahrhaftiger als die vermeintlichen Normalitäten ...

Schon die Zimmervermittlung am Flughafen bescheißt mich. So gerate ich in das viel zu teure *Silom Plaza Hotel*. Aber die *Deutsche Mark* steht hier so hoch im Kurs, daß Geld im Überflusse da ist. Und die Gegend rings ums Hotel, der Stadtteil *Silom*, ist attraktiv.

Also versuche ich, ihn unverzüglich zu erkunden – natürlich zu Fuß. Aber das erweist sich allzu schnell als völlig unmöglich. Die Entfernungen sind gigantisch, die Temperatur unbarmherzig und der Smog so atemberaubend wie noch nie erlebt. Vollends in einem winzigen Laden, Mischung aus Apotheke, Drogerie und Kräuterladen, verschlägt es mir gänzlich den Atem vor lauter Chemie und Muff und Staub und Sauerstoffmangel.

Der Autoverkehr ist höllisch; absolut überdosiert und chaotisch, anscheinend ohne jede Regulierung, totale Improvisation *à la bonheur*. Als Fußgänger, der die Spielregeln nicht kennt, ist man verloren; gar die Überquerung einer Straße ist vollkommen unmöglich, Zebrastreifen gibt es gar nicht und Ampeln kaum. So stehe ich denn rat- und hilflos an einer Straßenecke und ärgere mich, daß der schick uniformierte und dekorative Polizist neben mir nicht die geringsten Anstalten trifft, mir hinüberzuhelfen; er nimmt mich gar nicht zur Kenntnis. Aber die Wahrheit ist: ohne hinzuschauën, durchschaut er meine Situation, faßt mich unverhofft ganz ungemein zart und behutsam am Unterarm und schiebt mich sanft in den Verkehr hinein und über die Straße – alles ohne mich überhaupt anzusehen ... Das betört.

Und was den Verkehr betrifft: des Rätsels Lösung ist, daß man einfach losgeht, mitten zwischen die fahrenden Autos, die reagieren dann schon und lassen einen irgendwie durch ...

Aber das lerne ich noch nicht an diesem ersten Abend. So entscheide ich mich denn vorläufig für die Tuk-Tuks, die es quasi zu Millionen gibt: das sind die motorisierten Nachkommen der klassischen asiatischen Rikschas, umgebaute Motorroller mit Sonnendach und halbwüchsigem Fahrer – die kommen schneller und geschickter durch den Wahnsinnsverkehr als ein veritables Taxi, und es kostet fast nichts. Nur daß die Jungs überhaupt kein Englisch verstehen; am besten, man hat sein Fahrziel in Thai-Schrift auf einem Zettel stehen – obwohl das Lesen auch in der eigenen Sprache und Schrift nicht ihrer aller Stärke ist. Aber sie fahren wie begnadete kleine Dämonen. Unsereins kann da nur die Augen schließen ... Ich lese von einer Umfrage, was eigentlich Erfolg sei; darauf habe so ein Tuk-Tuk-Fahrer geantwortet: *"Wenn ich abends noch lebe"*. Das zeigt die Gefährlichkeit ihres Gewerbes; es zeigt aber auch eine darüber hinaus weisende Lebenseinstellung, eine Philosophie, die landestypisch sein mag.

Nach einem chinesischen Abendessen, das mich von einer Ratlosigkeit in die andere stürzt, weil es sich vom europäischen *Chinese Dish* in Offerte und Form so gravierend unterscheidet, besteige ich abermals solch ein Tuk-Tuk. Zwar ist es nicht mehr früh, aber für mich ist der Tag ja noch recht jung: also besinne ich mich auf jenen *Rome Club*, der mir als flotte Bar und Diskothek empfohlen wurde und mich natürlich an den *Club of Rome* denken läßt. Aber schon mein halbwüchsiger Tuk-Tuk-Fahrer fragt mich grinsend, ob ich dann nicht lieber ihn nehmen wolle. Das halte ich noch für eine penetrante Anmache. Aber *voilà*: der *Rome Club* erweist sich in der Tat als weder Bar noch Diskothek und schon gar nicht als *Club of Rome*, sondern als planes Knabenbordell. Die Jungs stehen tanzend in einer Reihe und können herausgepickt werden. Ich bin der einzige Gast, der Geschäftsführer so-

fort an meiner Seite, und alle Augen brennen auf mir. Es gibt nur noch
Flucht: nach vorne oder nach draußen. Nach schneller Bewältigung meiner
abendländischen Skrupel und Verklemmungen entscheide ich mich für Er-
steres. Ich wähle mir den männlichsten von den meist sehr mädchenhaften
Burschen aus. Er nennt sich Boy, ausgerechnet, ist siebzehn Jahre alt, sehr
schön und studiert nichts Geringeres als *"History of Culture of Humanity"*,
um – Steward zu werden ...

Als ich dann den *Rome Club* verlasse, wartet im Hof der Tuk-Tuk-Fahrer,
der mich hergebracht hatte, um mich nun wieder zurückzufahren, nicht ohne
sich abermals selbst anzubieten. Die Not muß groß sein.

Suraat Tanih, 2 November 1988

240.
Ich lerne, was *Asian breakfast* oder *Thai breakfast* ist: Reissuppe mit Einla-
ge nach Wunsch; *kao tomm kung* zum Beispiel ist Reissuppe mit Krabben.
Die werde ich nun vier Wochen lang jeden Morgen essen.

Mein Weiterflug nach *Suraat Tanih* wird um einen halben Tag verschoben,
so daß ich noch einen Vormittag "frei" habe. Mit einem Tuk-Tuk fahre ich,
quasi geschlossenen Auges, durch hunderttausend europäisch gefährliche
Situationen sicher und schnell zum berühmten Kloster *Watt Poh*. Dessen
goldener Pomp bleibt unzugänglich und eher abstoßend, ist nicht einmal interessant. Aber auf dem Klostergelände wird klassische, traditionelle Thai-
Massage angeboten, in zwei großen offenen Hallen, in denen Pritsche neben
Pritsche steht. Gleich neben mir wird ein buddhistischer Mönch in all seinem Orange geknetet. Diese Massage geht gleichsam in lethargischer Zeitlupe vor sich, ist ebenso sanft wie unsanft und greift tief. Sie hat auch medi-
tative Nebenwirkungen, so daß ich mir gleich danach, vor lauter Entrückt-
heit, ganz kräftig ein Fußgelenk verstauche. Die Beschwerden werden erst
nach Monaten abklingen, und im ersten Moment befürchte ich, die Reise
abbrechen zu müssen: so schmerzhaft und unbrauchbar ist der umgeknickte
Fuß zunächst.

Viel zu früh bin ich dann am *Domestic Airport*, um dort zu erfahren, daß
sich der Abflug noch weiter verzögern wird. Er tut das denn auch, so daß
ich vier Stunden lang warten und mir Leute anschauen darf.

Am meisten fällt mir ein sehr modisch gekleideter, dynamischer junger Narziß mit leichten Hängebacken auf, der seine Wartezeit mit diversen Agilitäten und Verrichtungen füllt, ohne andere Menschen überhaupt zur Kenntnis zu nehmen. Ich jedenfalls erobere erst kurz vor dem *Embarkment* plötzlich seinen Blick und sein zunehmendes Interesse, das sich dann schnell so zuspitzt, daß er mir beim Einsteigen schon von *Gangway* zu *Gangway* zuwinkt und zulacht.

In *Suraat Tanih Airport* angelangt, wartet er dann schon auf mich, spricht mich problemlos an und weiß es energisch und zielsicher so einzurichten, daß mich die zuständigen lokalen Organisatoren von den andern Touristen separieren und in jenem exklusiven und weit außerhalb gelegenen Hotel unterbringen, in dem auch mein neuër Freund logiert. Im Bus dorthin sitzen wir natürlich schon nebeneinander und radebrechen mühsames Englisch, das er kaum spricht und noch weniger versteht, so daß auch ich mich auf ein stark reduziertes Idiom beschränke. Er heißt Tar.

Im *"Siam Tanih Hotel"* angelangt, ordert er dann schon wie selbstverständlich und ohne weitere Absprache ein Doppelzimmer. Und dort genießen wir einander unverzüglich.

Zwischendurch besucht er eine angebliche Schwester im Gesindezimmer des feinen Hotels. So wechselt er im Laufe des Abends noch mehrfach hin und her, jeweils mit Fortsetzungen des Begonnenen operierend. Schließlich insistiere ich auf meinem dringend benötigten *Jet-Lag*-Schlaf. Wir löschen die Lichter, Tar entschlummert sofort, und natürlich bewache ich ihn.

Draußen hat ein Landregen eingesetzt, der die monotone Information aufs Hoteldach trommelt, daß er sehr viel Zeit habe ...

Plötzlich, nach längerem Schlaf, wird Tar wieder wach und richtet sich auf. Es ist stockdunkel im Zimmer. Ich höre nur, was er tut. Er lauscht zu mir herüber. Ich halte den Atem an, um meine Wachsamkeit zu demonstrieren. Spannung ist plötzlich im Raum. Ich bin auf alles gefaßt ...

Dann schaltet Tar vom Bett aus die Flurlampe an, in deren Lichtschein er seinen Schlaf alsbald fortsetzt. Ich wache weiter und mache mir über alles das meine erfolglosen Gedankenversuche ...

Es ist der 2. November und also Martins Geburtstag. Parallelen unverhoffter Akzidentalitäten werden mir bewußt.

Das fängt ja gut an, in diesem Lande ...

Lamai auf Go Samui, 3. November 1988

241.

Um sechs sagen mir das Telefon auf Thai und Tar auf Englisch, daß es sechs sei, und wecken mich aus durchwachter Nacht.

Ein Bus holt mich aus meinem Sonder-Hotel ab und bringt mich zur weit entfernten Fähre nach *Go Samui*. Lange, grauë, windstille Überfahrt auf schrottreifem Schiffe, bei niedrigstem Blutdruck und nieselndem Regen.

Die Ankunft auf *Go Samui* entspricht aufs Haar dem Bilde, das ich seit Monaten in Hamburg von diesem Erreichen des angepeilten Zieles vor meinem geistigen Auge hatte: es regnet in Strömen, es schüttet, es gießt – Hellseherei?

Ein Zwergen-Laster, den man hier Taxi nennt, fährt mich, total überfüllt von triefend durchnäßten Menschen, zum Strande Lamai ins ausgespähte *"Silver Cliff"*, das jetzt *"Blue Lagoon's"* heißt und gleichfalls grade von der Sintflut heimgesucht wird.

Aber schon beim Betreten des Grundstücks fühle ich mich gleichwohl wie in Abrahams Schoß. Ein tiefes heimisches Wohligsein, ein behütetes Glücksgefühl überfällt mich, schon bevor ich hier dem ersten Menschen begegne. *Déjà vu?*

Selbstverständlich miete ich mir hier unverzüglich einen Ratlan-Bungalow und fühle mich vollends zu Hause, als man mir zum Einstand lächelnd *Chinese tea* serviert. (Der urbane junge Manager ist Chinese aus Bangkok und heißt Isarasak Patumanon: herzlich, offen, heiter – der wahre Abraham zu entsprechendem Schoße!)

Es regnet in Strömen, und ich gehe schlafen – nach alledem! Ich schlafe tief und lange, und es regnet in Strömen! Bei Einbruch der Dunkelheit dringt ein Geräusch wie von Motorsägen störend und hartnäckig in meinen tiefen Schlaf – und es regnet in Strömen!

Irgendwann registriere ich beruhigt, daß ein Gecko im Zimmer meinen Schlaf bewacht und behütet. Und es regnet in Strömen!

Und tief in der Nacht endlich schrecke ich hoch: rings um meinen Bungalow toben tausend Geräusche von Abertausenden tropischer Tiere – die Stimme des Dschungels bei Nacht ... Die Phonstärke ist beachtlich – und ich fühle mich glücklich und heimisch wie in Abrahams Schoß! Tiefste Beheimatung erfaßt mich mit Wonneschauern.

Und selig gebe ich mich hin: an diese Geräusche, an diese Umwelt, an diese Sintflut und an meinen Schlaf ...

Lamai auf Go Samui, 4. November 1988

242.
Erster Etablierungsversuch: ich gehe zum Einkaufen ins Dorf, nach *Bahn Lamai*. Ich gehe die drei bis vier Kilometer zu Fuß. Die Sintflut von gestern und heute nacht hat keine Spuren hinterlassen – die Erde hat sie begierig aufgesogen. Sollte die Ökologie hier noch intakt sein? Alles macht den Eindruck von gesunder, stabiler Natur: "wie am ersten Tage" ...

Beim *shopping* erweist sich die stabile Gesundheit der *D-Mark*. Für zwanzig solche Einheiten erstehe ich: einen Rucksack, eine Hose, einen Kokoshut, ein Paar Sandalen, eine große Bastmatte für den Strand, ein großes Badetuch, eine Insel-Landkarte und Shampoo.

Danach erkunde ich den Palmen-Wald hinter *"Blue Lagoon's"*. Hier erweisen sich Palmen nicht länger als jene aristokratischen, properen, klaren, gepflegten *Beautés* unter den Bäumen. Dieser Wald ist wild, chaotisch, gefährlich. Es ist kein Wald – es ist ein Urwald, wiewohl er ausschließlich aus Kokospalmen besteht. Er wächst, er fällt, er vergeht ohne menschlichen Eingriff. Riesige, weit mehr als mannshohe Palmenzweige stürzen ab und bleiben liegen; lebensgefährlich schwere Kokosnüsse sind seit quasi Äonen heruntergeknallt, liegengeblieben und zur Nährmutter neuër Palmenschößlinge geworden. Dieser Wald ist kein "Palmen-Hain", er ist eine Urgewalt.

Heimgekehrt, schwimme ich in der seichten Bucht, die das *Chinesische Meer* hier im Golf von "Siam" vor der Haustür von *"Blue Lagoon's"* bildet. In Norddeutschland hieße das wohl Wattenmeer. Es ist so flach, daß

Schwimmen bei Ebbe wahrhaftig nicht möglich ist. Aber es ist mild, sanft und menschenfreundlich ...

Abermalige Fußanfälligkeiten lassen mich entdecken, daß unsereins mit dem Gehirn geht. Wenn es den Fuß einen Augenblick lang nicht dirigiert, sondern allein läßt, tritt er schon fehl. Das Gespräch mit Leonardo über den Zusammenhang von Gang und Intelligenz taucht wieder auf ...

In meinem Ratlan-Bungalow habe ich nicht nur einen Gecko, sondern mehrere Geckonen. Das besänftigt ...

Lamai auf Go Samui, 5. November 1988

243.

Wie meine Ankunft im Regen bewahrheitet sich hier auch noch eine andere europäische Hellsicht. Seit Monaten sah ich angstvoll die Abende vor mir, wie sie hier verlaufen würden und wie sie nun in der Tat verlaufen. Nach dem *Dinner* bin ich der totalen Einsamkeit ausgeliefert. Keinerlei Geselligkeit, Unterhaltung oder Ablenkung ist hier vorhanden. Ein veritables Problem, für das ich schnellstens eine Lösung finden muß.

Ich suche sie zunächst andern Morgens bei einer stundenlangen Wanderung über den gigantischen Strand von Lamai mit seinem dicht besiedelten, beziehungsweise touristisch erschlossenen Hinterlande. Denn da Abrahams Schoß sich auch als Getto erweist, keimt der Gedanke eines Ortswechsels auf.

Aber vorläufig falle ich einem Fligenden Händler in die Hände, der sich als burmesischen Grenzgänger bezeichnet, mir Edelsteine *"aus Birma"* zu wohlfeilen Preisen anbietet und mit sorgsam präparierten Kunststückchen vorführt. Er besiegt meine Skrupel und mein Desinteresse ziemlich schnell und mühelos und dreht mir für *circa* vierzig Mark Saphire, Rubine, Topase an, von deren Echtheit oder Trug ich natürlich nicht die blasseste Ahnung habe. Aber ich bin sein einziger Kunde. Nach vollbrachtem Geschäft verläßt er den Strand ebenso hastig, wie er zuvor mit seinem Motorrad aufgetaucht war ...

Um vier kleine Steinchen "reicher", ziehe ich weiter über den largen, fast menschenleeren Strand und lasse mich später im warmen Sande von einem alten Strandmasseur auf klassisch thailändische Weise kneten, daß mir Hören und Sehen vergehen und ich glaube, daß er mir mit seinen groben, brutalen Händen jeden Rückenwirbel einzeln zerbricht. Aber anschließend fühle ich mich durchaus regeneriert.

Im Verlaufe dieser Exkursion wird mir jedoch auch klar, wie geisterhaft steril hier die abendlichen *divertimenti* sein müssen, jedenfalls zur Zeit. Fast in jedem der unzählbaren Restaurants werden abends Videos gezeigt, und ein paar biertrinkende Süddeutsche, meist gar Bayern, sitzen stumpfsinnig davor. Die saisonbedingte Menschenleere hat auch etwas Trübseliges, und von Abrahams Schoß ist an diesem offenen Riesenstrande mit seinen lückenlos gereihten Urbanisationen natürlich gar keine Rede. Hier finde ich also mit Sicherheit keine Lösung für mein Problem.

Also kehre ich mit einer neuën Konzeption in mein heimatliches *"Blue Lagoon's"* zurück: ich werde lernen, die hiesige abendliche Einsamkeit zu akzeptieren und aus dem Problem ein Kapital zu machen. Fortan gestalte ich diese leeren Abende zu Stunden der Einkehr, der Besinnung, der Meditation, der Kreativität. Sie werden zur Heiligen Stunde der Introversion und Konzentration. Statt zu Zerstreuung und unverbindlichem Blabla *comme d'habitude* nutze ich die Abende zur Selbstbegegnung, die mir Glücksgefühle beschert.

Auf diese Weise überkommt mich hier eine bisher ungekannte Lust, Tagebuch zu führen. Sie ist wohl das Resultat ungetrübter Selbstwahrnehmung, wie ich sie bislang noch nicht kannte. Aber wie stand es damit eigentlich *anno* 78/79 in Formentera? Wo die Gelegenheit zu derlei fast noch günstiger war? Es stand gar nicht. Zwar gibt es da jenes *Diario Pityuso*, aber es ist oberflächlicher, faktenverhafteter und noch nicht zur jetzigen Eigenbegegnung imstande ...

244.
Mich alarmiert die Information, daß das Thai-Wort *ngaan* zwei Bedeutungen hat: *arbeiten* und *feiërn* – beides! So vereint es einen europäischen Gegensatz zu einer Identität, die ihn auf beeindruckende und aufregende Weise aufhebt: ein Symptom für thailändische Mentalität und Philosophie.

Ebenso irrational und aufschlußreich ist eine poëtische Volkserzählung, die ich hier irgendwo lese und die voller Überraschungen steckt – :

"Die Lebensphilosophie der Thais.

I.

Bei unserem vergeblichen Versuch, Thailand in eine Kiste mit Deckel zu packen, begegnet uns eine Volkserzählung, die immerhin e t w a s von der thailändischen Lebensphilosophie und Sicht der Dinge zusammenfaßt. In dieser Erzählung trifft der König auf einen Bauern und fragt diesen, was er mit seinem Ernteüberschuß zu tun gedenke.

Der Bauer entgegnet: 'Eure Majestät, alles Geld, das ich zu sparen vermag, nachdem ich die Kosten für unseren genügsamen Haushalt beiseite gelegt habe, teile ich durch vier: Den ersten Teil vergrabe ich im Boden. Den zweiten nutze ich dazu, meine Gläubiger zu befriedigen. Den dritten werfe ich in den Fluß. Und den vierten und letzten Teil gebe ich meinem Feind.'

Der König fragt nun den Bauern nach der Erklärung seines seltsamen Verhaltens und wird so beschieden:

'Das Geld, das ich vergrabe, entspricht dem Geld, das ich für Almosen und den Erwerb religiöser Verdienste verwende.

Das Geld für die Gläubiger ist das Geld, das meinen Eltern zusteht, denn ihnen schulde ich alles, was ich besitze.

Das in den Fluß geworfene Geld ist gleich dem, das ich durch Trinken, Glücksspiel und Opium verliere.

Und das Geld für meinen Feind ist das Geld, das ich meiner Frau gebe.'

Der Bauer verwendet sein Geld also für vier Dinge: Religion – Eltern – Vergnügen – Ehefrau. Seine Auffassungen über die Unterstützung der Eltern und der Ehefrau laufen einander vollkommen zuwider. Das andere Geld dient zu einem Teil den vergänglichen Annehmlichkeiten des Lebens und zum anderen der ewigen Religion. Die religiöse Investition ist die einzige Zukunftssicherung, die der Bauer vornimmt.

*Diese alte Erzählung ist auch unter den zeitgenössischen Thais sehr beliebt.
Denn die Umstände haben sich nicht allzu sehr geändert.*

II.

*Wir baten eine Gruppe von Mönchen, doch zu versuchen, uns die wesentli-
che Erkenntnis des Buddhismus in einem Satz mitzuteilen. Sie einigten sich
einhellig darauf: 'Alles Leben ist Leiden.'*

*Diese Mönche saßen vor einer hölzernen Wand, auf die jemand in engli-
scher Schrift gekritzelt hatte: 'Leben ist eine Lust - wozu die Eile?'*

Alle Thais wissen, daß Leben Leiden ist.

Und nahezu alle Thais scheinen das Leben in vollen Zügen zu genießen.

*Wenn hierin ein Widerspruch liegt, dann kümmert er die Thais einfach
nicht."*

Bahn Natohn auf Go Samui, 6. November 1988

245.
Gleich beim Frühstück passiert es: ich gerate in den Sog eines kreativen
Rausches. Ideeën überfallen mich implosionsartig. Die Inspirationen jagen
sich, ekstatisch. Dabei tuë "ich selber" nichts als mich hinzuhalten. "Es"
kommt über mich.

Was kommt? Alles, querbeet. Einfälle für künstlerische Projekte, blitzartige
Klarsicht in Bezug auf weit zurückliegende Erlebnisse, Erleuchtung in "Le-
bensdingen", in beruflichen Möglichkeiten, alles ...

So zum Beispiel eine Aufforderung zur eigenen "Saga", aber fürs Theater,
in epischer Form, mit Erzähler-Figur(en?) und Mehrfachbesetzungen, ohne
Dekor und mit extremem *Pirandellismo* ...

... Hierfür die unvereinbar scheinenden Kontraste meiner Biografie aufli-
sten ...

... Das Doppelleben des kultivierten puritanischen Intellektuëllen nach Or-
ton-Weise: ein künstlerisch artikuliertes *coming out*, am besten als Film ...

.. Gute Grundsituation ist "die Halbzeit". Sie ermöglicht das Bilanzieren, das Ernten. Und sie liefert den Fokus inmitten der Dialektik von Bisher und Und jetzt? ...

... Mein chronisches Story-Problem ließe sich vielleicht bewältigen, indem ich nicht eine einzige Story erzähle, sondern viele kleine Stories verschränke ...

... Jedes Personal (für Drama, Film, "Saga") besteht aus Wahlverwandtschaften, aus deren Störungen und/oder Irrtümern ...

... Nicht ein Erzähler erzählt, sondern jede Figur unterbricht mit erzählender Ausbreitung ihrer Perspektive. Manchmal erzählen alle gleichzeitig ...

... Geschehen mit Rückblenden und mit Vorblenden (Was sind Vorblenden? Träume? Nein. Eine gleichwertige Realität *in spe*!) – dadurch Aufhebung der Zeit. Trotzdem eine (neuë) Art Einheit der Zeit ...

... Auf leerer Bühne stehen die benötigten Versatzstücke vage herum (oder werden von den Akteuren mitgebracht) – dadurch Aufhebung des Ortes. Zugleich eine (neuë) Einheit des Ortes. ...

... Dasselbe mit der Einheit der Handlung, der Story praktizieren ...

... Von Gisela von Wysocki den Mut übernehmen: Mut zur Fantasie, zur Kombination, zur Collage ...

... Die alte Idee der Biofelder blüht plötzlich auf: die Theorie einiger amerikanischer Physiker, daß es zahllose Realitäten, zahllose Universen gibt, die parallel und ineinander verschachtelt existieren, ohne sich je zu berühren oder wahrzunehmen. Diese Theorie zum Prinzip eines Theaterstücks machen, das sich aus verschränkten Realitätsebenen strukturiert ...

... Mein Zwang zum "großen Wurf", zum *opus magnum*, automatisch, immer wieder: stets die große, nie die kleine Form ...

246.
Zentrales Symptom von Komödiën-Personal ist zweifellos das Phänomen der Dummheit. Gogol, Feydeau. Aber was ist Dummheit? Dummheit ist

Mangel an Überblick, Beschränkung, Verhaftung an irgendeinen Mikrokosmos – Spießertum.

Denn Spießertum gibt es überall, nicht nur bei den klassischen Spießern:
auch bei Künstlern, auch bei Freaks. Es entsteht jeweils aus einer überblick-
losen Anpassung an das betreffende *Establishment* oder System, an die jeweiligen Klischees. Insofern müßten Journalisten besonders geeignete Ko-
mödiën-Figuren abgeben.

Vielleicht kommt es so nicht immer zu spießigen Symptomen, wohl aber
immer zu spießigem "Geist" ...

247.
Nachmittags zwinge ich mich zum Ausbruch aus dem Getto meines kreativen Rausches in Abrahams Schoß.

Diese kreisrunde Insel ist von einer einzigen, ebenso kreisrunden Küsten-
straße eingerahmt, auf der zwei gegenläufige halbkreisförmige Bus- und Ta-
xisysteme operieren, sich aber nur an einem einzigen Punkte, der Haupt-
"Stadt" *Bahn Natohn*, berühren.

Quasi gegenüber gibt es eine für unsereinen rätselhafte bus- und taxifreie
Zone, eine Art Niemandsland von *circa* sechs Kilometern. Diese Strecke beschließe ich heute zu erwandern, zumal sie mich zu *Beach Tschaweng*, dem
zweiten Riesenstrande der Insel, führen müßte, der momentan, saisonbedingt, ausgestorben und gemieden, weil von unwirtlicher Brandung heimgesucht ist; dort möchte ich heute nacht im *Tschao Go Hotel* schlafen, das
"Spartacus" mir empfiehlt – : eine richtige große, abenteuërliche Exkursion
also. Ein Aufbruch ins Ungewisse, Riskante. Mit Rucksack und vagem Ziel
improvisiere ich eine Wanderung über eine mir fremde Insel im Golf von
Siam. Nicht schlecht für mein Alter, ich bin ganz stolz auf mich.

Diese Wanderung entspricht auch einem tiefen Widerwillen, der mich in
dieser Landschaft gegen alle Motorisierung (nicht Technisierung) erfaßt hat.
Alle fahren hier Moped, *motor bike*, Motorrad oder Jeep. Ich gehe aber lieber zu Fuß, auch kilometer- und stundenlang, mit durchgescheuërten,
schmerzhaften Füßen. Warum? Was ist das? Etwas sehr Tiefes, Atavisti-
sches.

Aber womit meine atavistisch unergründliche Animosität gegen Motorvehikel nicht gerechnet hat: die sechs Kilometer dieses motorfreiën Märchenund Niemandslandes sind außerordentlich bergig. Sie sind gebirgig. Die Straße klettert ständig steil empor, das Gehen ist wirklich mühsam, bei dieser Temperatur ...

Aber nicht nur darum werde ich schwach, als plötzlich ein *motor bike* neben mir hält, das nach Landessitte bereits mit zwei jungen Thais besetzt ist. Sie fordern mich mit unergründlich lächelndem Charme zu einer *ménage à trois* auf ihrem Fahrzeuge auf, und allzu gern klammere und presse ich mich als *Dritten Mann* auf ihrem knatternden Gefährt an ihre kleinen Körper, während wir so selbdritt die Steigungen dieses sonderbaren Niemandslandes bewältigen. So süß sind hier die Bräuche.

Aber bei erster Gelegenheit, als das Niemandsland zu Ende geht, wechsle ich dann doch in den etwas bequemeren Liniënbus über, dessen Schaffner zu wissen vorgibt, wo das erfragte *Tschao Go Hotel* liegt.

Schier endlos ist die Fahrt durch neuë, reizvolle Landschaft.

An der Endstation werde ich schließlich hinauskomplimentiert, in einem größeren Orte, der sich dann als *Bahn Natohn*, die Metropole auf der andern Inselseite, entlarvt. Am gesuchten Strande von Tschaweng sind wir längst vorüber ...

Nun gut, die Hauptstadt also. Sie besteht aus drei Parallelstraßen mit ein paar Querstichen, alles schon in feiërabendlicher Stimmung. Es ist Sonntag. Aber das schert die Buddhisten nicht. Täglich um sieben schließen sie die Geschäfte, um acht sind sie alle im Bett.

Ich telefoniere vergeblich mit den *Hamburger Kammerspielen*, erneuëre die türkische Erfahrung, daß *"Spartacus"* in so exotischen Ländern sehr unzuverlässig ist, und verkrieche mich dann nach simplem *Dinner* in meinem TV-durchdröhnten *Tschao Go Hotel*, das *"Spartacus"* gleichfalls Lügen straft, aber mich liebevoll mit aufmerksamen Gecko-Herden entschädigt, die es hier allerorten in großen Populationen gibt.

Lamai auf Go Samui, 7. November 1988

248.

Ein Vormittag also in der Metropole *Bahn Natohn.*

Die Ekstase von gestern hält unvermindert an.

Trotzdem widme ich mich zunächst profanen Erledigungen. Das Postamt, wo ich Mönchskarten an Leonardo abschicke, ist eine Art Kommunikationszentrum von charmanter Chaotik: hier treffen sich die Freaks (und Junkies?) von der ganzen Insel zur Besorgung diversester Angelegenheiten ...

Auffallend, wie auch hier die Deutschen ihre vermeintliche *cleverness* demonstrieren, indem sie sich lauthals über die (ebenso vermeintliche) Einfalt der Einheimischen lustig machen.

Aber immerhin ist der asiatische Einfluß nun nach einer Woche doch schon stark genug, mich abstoßende Personen nicht einfach ablehnen zu lassen. Ich kritisiere sie nicht einmal mehr. Ich akzeptiere sie vielmehr und versuche, ihnen einen Sinn oder eine Funktion zu geben. Fazit: ein permanentes Wohlbehagen. Alle Geschehnisse sind willkommen.

249.

Auch weil die Anfälligkeit meiner Füße unübersehbar fortdauert, kehre ich mittags zur blauen Lagune in Abrahams Schoß zurück.

Hier treffe ich zunächst auf einen veritablen Waran, meinen ersten überhaupt, der mit "feuriger" Zunge und sehr, sehr aufmerksamen Augen meinen Bungalow umschleicht. Ein leises, behutsames, freundlich wirkendes Tier, das eine äonenalte Intelligenz ausstrahlt: wie hat nur das europäische Märchen aus dieser milden Kreatur den feuerspeienden Drachen entwickeln können? Da muß wieder jene bösartige Fantasie am Werke gewesen sein, die bei abendländischen Legendenbildungen allzu gern die Hände im Spiel hat.

Aber auch exotisch schwarze Eichhörnchen flitzen an diesem stillen Mittag durch die Bäume ringsum.

250.

Ein Schild an verbotenem Waldwege im beschriebenen Palmen-Urwald
meint vermutlich *"Don't pass"*, schreibt aber *"No past"*. *Voilà: eso es.*

251.

Neulich im Strandhotel von Dagebüll an der fernen Nordsee, *vis-à-vis* von
Sylt, machte diese erstaunlich alt-junge Marie-Luise Bernhard-von Luttitz
en passant die keineswegs unerhebliche Bemerkung, das werde nicht mehr
lange so bleiben, daß sich der Mensch an seine früheren Inkarnationen so
gar nicht erinnern könne; noch zwei Generationen, und er werde es vermögen. (Was oder wer mag sie zu dieser Behauptung bewogen haben: Rudolf
Steiner *himself?*)

252.

Die kontinuïerliche Wahrnehmung meiner gesteigerten Vitalität ist so intensiv wie wohl noch nie zuvor in all den Jahren. Und eine Neigung zu anhal-
tender Ekstase. Mit starken Inspirationen.

Der Verdacht kommt auf, daß das auch mit diesem Ort zusammenhängt.
Magic place. Holy place.

Sogar nachts erwache ich durch spontane "Eingebung" neuër Stück-Ideeën
– die Biofelder betreffend, nicht geträumt, aber rauschhaft. Großes Wohlgefühl über diese Ausschüttung. Wohlbehagen. Glückhaft.

253.

Jene heimischen Urwaldgeräusche meiner ersten hiesigen Nacht sind freilich bisher nicht wiedergekehrt.

Dafür gibt es nun, allabendlich, die rätselhaften Laute rätselhafter Tiere,
dicht am Bungalow, aber auf ewig *incognito*: vitalstes, behaglichstes
Schmatzen, Grunzen, Tickern, Zirpen, Schnalzen ...

Lamai auf Go Samui, 8. November 1988

254.
Zweiter Regentag.

Tiefdruck über Insel und Meer.

Strandlauf Lamai rauf und runter, *circa* zehn Kilometer.

Der Strand menschenleer.

Die wenigen Thais sehr zurückhaltend oder müde.

Freude: Isarasak Patumanon, der liebenswerte chinesische Manager von
"Blue Lagoon's", kehrt von einer kleinen Bangkok-Reise zurück und bringt
volièrenweise Papageiën mit: einer wird wegen asozialen Verhaltens separiert, die andern bleiben *en commune*. Auch unter Papageiën also ...

Lamai auf Go Samui, 9. November 1988

255.
Dritter Regentag.

Trotzige Exkursion zum Katarakt der *Hinlad Falls* oben im Regenwalde.
Circa sechs Kilometer Fußmarsch bergauf; später bergab. Dschungel-Asso-
ziation Viëtkong.

Jeder Fußtritt braucht das ganze Gehirn: Wurzeln, Felsen, Löcher, Schling-
pflanzen, Fußangeln, Abgründe, Pfützen, schlüpfrig nasse Steine. Was sich
abseits vom Trampelpfade, schon fünfzig Zentimeter neben einem, abspielt,
muß unzugänglich = unerforschlich bleiben. Ähnlich wie in Meeresuntiefen.
Beleg für das Nebeneinander unvereinbar abgekapselter Welten.

Regen im Regenwalde: etwa eine Stunde lang reglos im Regen stehen, unter
unzulänglichem Blätterschutz. Überraschung: Fähigkeit zur Anpassung, ansatzweise, an asiatische Zeitbehandlung, Ruhe, Geduld. Reduzierung von
Hektik, Eile, Nervosität.

Sonne im Regenwalde, nach dem Regen: Riesenschmetterlinge – meist
schwarz, mit Weiß, auch rote Effekte; eine Riesenspinne – schwarz, mit goldenen Gelenken; violette Libellen – leicht aggressiv; ein flinker Lurch,
flüchtig.

Ein Wurm: wenn ich ihn zerträte – er wüßte nichts über den Gefahrenherd: "aus heiterem Himmel". Wo ist unser entsprechender "Gefahrenherd", am heiteren Himmel? Zum Beispiel der Cholera-Bazillus. Zum Beispiel das AIDS-Virus. Oder was wir eben überhaupt noch nicht kennen und was uns "aus heiterem Himmel" treffen wird, demnächst.

Was das sein könnte, jetzt noch? Also, bevor er Cholera-Bazillus und AIDS-Virus entdeckte, glaubte der *"homo sapiens"* ja auch schon, so allwissend zu sein wie heute. Und dennoch schlugen diese Gefahrenherde aus heiterem Himmel zu. *Ergo*: was ist es, wovon der Mensch noch heute so wenig weiß wie vom AIDS-Virus vor dessen Entdeckung, *some years ago*? Ditfurths Ameise-Mond-Syndrom!

Mikrobe und Elefant: Der Elefant weiß nichts von den Mikroben in sich; die Mikroben wissen nicht, daß sie in einem Elefanten leben. Aber beide leben a) miteinander; b) voneinander; c) von derselben Luft; d) von derselben Nahrung.

Sie können sich auch gegenseitig umbringen.

256.

Das rätselhafte Geräusch ist wieder da, das ich am ersten Tage für technische Lärmbelästigung, eine Motorsäge, hielt. Es muß aber tierischer Herkunft sein. Kommt es von den Kühen im umgebenden Palmen-Dschungel? Oder sind es Ochsenfrösche? (Was sind Ochsenfrösche? Frösche, die wie Ochsen brüllen?) Jedenfalls hält es diesmal *circa* zwölf Stunden an, von Dämmerung zu Dämmerung. Ich entscheide mich dafür, es Ochsenfröschen zuzuordnen.

Auch das beglückende Urwald-Geräusch der ersten Nacht ist mir heute wiederbegegnet, aber tags und an anderem Orte, dennoch ähnlich massiv und gleichfalls nach starkem Regenfall. Kommt es von Tieren, die vazieren?

257.

Bei der Giordano-Lektüre ist (bisher) das Erschreckendste die Figur des Studienrates "Speckrolle": sie demonstriert das Faschistische der Deutschen (oder der Menschen?) total außerhalb der politisch-historischen Situation und läßt erkennen, wie dieser Typus den historischen Nationalsozialismus nur als Vehikel benutzt, um sich endlich ungehindert entfalten zu können. Man weiß auch, daß dieser sadistische Typus nach wie vor unentwegt unter uns weiterlebt und nur auf seine nächste Chance wartet. *En détail*, meist unerwischbar, ist er allerorten täglich aktiv. Er erklärt, wieso Hitler und Buchenwald (in unserm Deutschland) möglich waren. Der Boden war bereit, das Bett war gemacht.

Dieser Typus ist infernalisch. Was ist das?

Haben jene 46% der Italiëner recht, die angeblich an den Teufel glauben? Im gebeutelteren Deutschland tun das, heißt es, nur 25%.

Aber das *"Inferno"* schrieb ein Italiëner.

Lamai auf Go Samui, 10. November 1988

258.
Nachts kommt die Sintflut.

Das Chinesenkind schreit vor Angst.

Die Ochsenfrösche geraten in Ekstase.

Die Nacht ist kurz.

Der Vormittag immer noch im Regen: zum vierten Male.

Der chinesische Manager verteilt chinesischen Tee. Das beglückt.

Hohe Flut, aufgewühlt, reißt den Strand weg.

Auf der winzigen Bungalow-Terrasse durchleuchte ich Giudicellis *"Première Jeunesse"* auf das Bühnenbild hin: die Fundus-Idee ...

Mittags Sonne. Erstmals blauër Himmel über *Go Samui*. Sonnenbad in der Hängematte am leeren Strande. Die reifenden Ananasartigen wachsen mir in den Mund. Aber mehr Paradies als Schlaraffenland.

259.
Nachmittags *Bahn Natohn*. Diese offenen Allzweck-Räume fallen auf:

Schlafzimmer, Wohnzimmer, Werkstatt, Garage, Supermarkt, Reisebüro, Restaurant – alles im selben Raum. Auch die Unterscheidung in *Privat* und *Öffentlich* hebt sich auf. Der ideale gesuchte (Feydeau-) Komödiënraum. Uferlose Verwirrspiel-Möglichkeiten. Leider strikt saisonbedingt.

Abends auf *"Blue Lagoon's"* Terrasse Tagesschau im Thai-TV: *"Mr. Bush is President"*! Allgemein betretenes Schweigen. Internationales Gefühl der Ohnmacht angesichts eines Desasters, das niemand beim Namen zu nennen wagt. Bis der liebenswerte chinesische Manager das Eis bricht: *"The former CIA director!"* Das befreit – denn damit ist alles gesagt.

Lamai auf Go Samui, 11. November 1988

260.
Nachts kam wieder die Sintflut.

Aber auch die beglückenden Geräusche der ersten Nacht waren wieder da.

Dann regnet es den ganzen Tag.

Der chinesische Manager verteilt chinesischen Tee.

Ich schwimme bei hoher Flut und im strömenden Regen.

Ich beschließe abzureisen: nach *Go Pih Pih*.

Der liebenswerte chinesische Manager. *"Oh schön. Go Pih Pih ist sehr schön ... Dort regnet es jetzt auch."*

Was wohl stimmt.

Abends Spaziergang durch den wilden Palmen-Urwald. Ein Lastwagen ist im aufgeweichten Waldwege steckengeblieben. Ein Jeep kriegt ihn nicht frei. Erst ein Drahtseil, um eine Palme gewickelt, zieht Jeep und Laster heraus – denen die Palme mühelos standhält, ohne sich zu bewegen.

Strandspaziergang bei Ebbe. Alles ist vom Regen gebrandmarkt. Überall stürzen hastige neuë kleine Bäche ins Meer ...

Lamai auf Go Samui, 12. November 1988

261.

Kein Regen! Aber *cloudy* grau.

Schon kurz nach neun: Wanderung an den Lamai-Strand. Aber die Furt auf halber Strecke führt heute Hochwasser, ist nicht passierbar. Eine Taxi-Einlage verbindet die beiden Teile meiner Strandwanderung.

Der endlose Hauptstrand ist leer. Nur zwei kleine Jungen bieten Hängematten, zwei müde Massösen ihre reizlosen Dienste an.

Nachmittags Anruf in Hamburg: die *Kammerspiele* verschieben den Ayckbourne.

Jetzt bin ich frei.

Mein Vater wird heute 84.

262.

Meine Feigheit vor dem Linksverkehr erweist sich als berechtigt. Bei allen Vorfahrts-, Überhol- und Kreuzungsproblemen, an denen ich als Passant oder Passagier beteiligt bin, wäre ich jedesmal instinktiv ratlos und hilflos. Bei der flinken und improvisatorischen Fahrweise der Thais mische ich da nach 22jährigem Rechtsverkehr doch besser gar nicht erst mit.

263.

Herzliche Verabschiedung im *"Blue Lagoon's"* wie von alten Freunden. *Madame la Chinoise* schenkt mir zwei Eßstäbchen von ihrer Hochzeit mit den imprägnierten Namen des Brautpaars (in Thai).

Aber die Ausstellung einer Quittung ist eine gleichsam präzivilisatorische Prozedur und Farce: mühsam, aber zugleich beglückend. Denn offensichtlich herrscht hier noch das unquittierbare Vertrauën von vor dem Sündenfall. Und den Lebenspartner Finanzamt scheint es auch noch nicht zu geben.

Go Pih Pih, 13. November 1988

264.

Sechs Uhr Aufbruch von *Go Samui* bei abermaliger Sintflut. Das Taxi total durchnäßt und total überfüllt mit *tschao go*'s.

Sieben Uhr in *Bahn Natohn*: fliegender Wechsel Taxi / Bus bei fortgesetzter Sintflut und Hals über Kopf über *tschaos go's* gestolpert ...

Sieben Uhr dreißig *Ferry*-Stop: fliegender Wechsel Omnibus / Fähre bei ununterbrochener Sintflut.

Fähre nach *Suraat Tanih*. Glattes, grauës, verregnetes Meer.

Fragmentarischer Kontaktversuch des Kaffeemaschinen (?)-Händlers aus *Suraat Tanih*, der sechs Jahre in Bangkok Jura studiert haben will. *"I have problems: no good for my face"*.

"What problems?"

"My work is down. Two years down. And have no family. Want to have, but no good wife."

Aber er trägt ein Hemd mit dem Label *"Male"*.

"Do you know what is male?"

"Yes: male – female." Strahlen. Und: ob ich allein reise?

"Yes."

Strahlen.

Ob er bei seiner Familië lebe?

"No." Strahlen.

Ob ich *Thai girls* möge?

"Thai boys too. All Thais."

Strahlen.

Aber allmählich erstirbt die Konversation: Mangel an Gesprächsstoff, an Interesse? Auch an Sprache. Schon das englische Wort *"television"* ist unbekannt. *"Video"* nicht. (Aber es schreibt sich hier V. D. O.!). ... Plötzlich kommt ein kleines Mädchen, begrapscht ihn recht töchterlich; er küßt es recht väterlich – dann ziehen sie Hand in Hand vondannen. Also wohl doch

Familië? Und alles Lüge? Aber warum? Aus Anmache? Aber was für eine? Rätsel *à la Thai ... , comme d'habitude*.

Zwei Stunden dauert die Überfahrt. Dann fliegender Wechsel Fähre / Omnibus. Eine Stunde lang regloses Stehen im total überfüllten Bus. Die Thais erweisen sich einmal mehr als erstaunlich unkompliziert im Hinnehmen von Streß und Unannehmlichkeiten. Sie bleiben ohne Nervosität, ohne Ärger. Stetig neugierige Augen der Männer. Die Frauën stumpf.

Rechts und links von der Straße steht viel unter Wasser. Häuser ohne Pfahlbau schwimmen gar mitten in Seeën. Ab und zu regnet es.

In *Suraat Tanih downtown* wieder ein fliegender Wechsel, diesmal Omnibus / *Pickup*. Dann am *minibus station* umständliche Verladung in einen Minibus: drei Berliner, ein Italiëner aus Rimini (*"Bene che è lontano Rimini!"*), zwei obligate Süddeutsche. Episode der Berlinerin, die unbedingt jetzt zwei landesunübliche Äpfel kaufen muß: beim Straßenhändler vor dem Minibus. *"Ten heiß doch zehn, wa?"*

Drei Stunden Minibus-Fahrt von *Suraat Tanih* nach Krabih: die einen schlafen, die andern lesen oder bekämpfen mit ihren *walkmen* die Kassetten *della casa*. Keiner sieht, was es draußen gibt: am königlichsten die Bambushaine, die Grazilität der jungen Triebe ... viele Palmenarten, viel Phönix ... heiterhintergründige Mystik der Reisfelder, unter Wasser ... die Leichtigkeit der Papajah mit den befremdlich scrotumartigen Früchten ... allerorten exotische Blüten: ein riesiges Fest ... Exzesse der Mimosenblüte ...

Pflanzen der Beherrscher des Planeten: unübersehbar!

Inmitten das anrührende Einzelgängertum der Kühe mit ihren symbiotischen Kuhreihern auf den Rücken: eine *unio mystica* ...

Und aus jeder Wellblechhütte, jedem Bambusverschlag, jeder Pfahlbaukate im hinterwäldlerischsten Slum treten noch filmreife männliche *Beautés* heraus: überall ...

Plötzlich bizarre Felsen, wie nach Kinderzeichnungen, mitten in der Ebene hochgestülpt, wie Riesenbauklötze, bizarr. Später setzen sie sich im Meer fort, bis *Go Pih Pih*, aufs Pittoreskeste ...

Die ganze Fahrt über stehe ich unter starkem, unwiderstehlichem Verbali-
sierungs-, Formulierungszwang, schreibe aber nicht, sondern lerne auswendig.

Die gute alte lateinische Schrift wird hier mittlerweile nur noch von *Coca
Cola*, *Esso* und *Suzuki* bemüht; sonst sind jetzt sämtliche Beschriftungen
und Schilder in Thai: unsereins wäre spätestens jetzt verloren ...

In Krabih endlich fliegender Wechsel Minibus / *Pickup* bei hektisch-um-
ständlicher Bürokratie. Dann der noch fliegendere Wechsel *Pickup* / *Ex-
press boat*: abenteuërlicher Einstieg über Dächer und durch Fenster in eine
sehr flache Nußschale von höchst fragwürdiger Seetauglichkeit. Sie liegt
platt im Meer, kippt seitlich, man sitzt sehr tief, sie schaukelt beträchtlich
und hat Probleme mit der Balance. Fährt aber schnell. Anderthalb Stunden
von Krabih nach *Go Pih Pih*.

Dort ist der Ausstieg noch abenteuërlicher durch Fenster, über Schiffsdächer
springend, dann in mutigem Satze auf eine Eisenleiter, mit Gepäck ...

265.

In *Go Pih Pih* herrscht Hochbetrieb: tropisches Sylt oder Capri, *high life*,
Promenaden, Gartenwege mit Laternen – alles sehr pittoresk und gepflegt.
Dazwischen Slums, die mich ans ceylonesische Bentota erinnern: sie sind
weder saniert noch vertrieben, sondern gleichberechtigt. Dieser Verbund
steigert die Heimeligkeit, die Heimatlichkeit. Wärme. Geborgenheit.

Aber alles ist ausgebucht. Panische Jagd der Neuankömmlinge von *Resort*
zu *Resort*. Und schon gibt es eine Gerüchteküche über eventuëll vakante
Betten oder Zelte ...

In der Rezeption des *"P. P. Charlie's Beach Resort"*: das muß die Tochter
der Operndiva Kiri te Kanawa sein; sie zieht sich in lächelndste Indifferenz
zurück – *"We have no room. Tomorrow morning nine o'clock ... "*.

Schließlich logiere ich mich im *"Kabanah's"* ein, für fünfhundert Baht, ein
Skandal, ein Nepp.

Dinner im simplen Restaurant meiner tollkühnen Navigatoren aus Krabih.
Das Personal, quasi Analphabeten, ist überfordert, aber strahlt. Die interna-

tional-europäische Kundschaft ist verwöhnt und deplaciert umständlich.
"Aber ohne Eis!", *"Mit wenig Zitrone!"*, *"Nicht zu scharf!"* ... Die Franzosen als Herren der Welt, die Engländer mit der Unsensibilität der Eigentümer eines *Commonwealth*, die Deutschen halb spießige Siegermacht, halb devote Untertanen, um Gunst und Anerkennung buhlend. Die Italiёner arrogant und *snobby*. Außerdem naïve englische Jungfrauёn, eine Extra-Nation.

Der hübsche Piraten-Rah, vom schwankenden Schiffe heute nachmittag, spricht mich zweimal an, schon freundschaftlich, mit Körperkontakt, kumpelhaften Ratschlägen, indiskreten Fragen: ein Drittel Hilfsbereitschaft, ein Drittel Geschäftsgeist, ein Drittel erotische Kontaktlust. Und drei Drittel piratenhafte *bellezza*. *"See you ... "* – : ???

Wetterleuchten in Richtung Malaysia ...

Fliegende Hunde ...

Von einer fallenden Kokosnuß erschlagen zu werden: die mathematische Wahrscheinlichkeit ist wohl gar nicht so gering ...

Ao Lohdalamm auf Go Pih Pih, 14. November 1988

266.
Nach dem Frühstücken während der zutraulich flirtenden Anmache der *"Kabanah's"*-Kellnerinnen hebt die endlose Balz um einen Bungalow in *"Charlie's Resort"* an. Der chinesische Manager ist überhaupt nicht liebenswert, aber schnell und *clever*. Er nimmt mich in seine Warteliste auf und bringt mich schließlich wenigstens provisorisch unter.

Endlich dann im türkisfarbenen Wasser der Andamanensee. Strandwalk am Lohdalamm, dann ins *"Kabanah's"* zurück – zu einem kleinen, aber schicksalhaften Imbiß.

Plötzlich ist über ganz Südostasiёn der Riesenhimmel tiefschwarz. Es donnert. Der Kellner bittet mich noch ins Überdachte, dann bricht die Sintflut auch über dieses Go Pih Pih herein. Der Himmel wird weiß. (Und gestern noch der Hotelpage: *"Go Pih Pih never rain"*!)

Doch nach fünfzehn Minuten ist alles vorbei. Der Himmel wird blau. Nicht einmal Pfützen.

Aber der Kellner, der mich ins Überdachte gerettet hatte, ist Sawaang.

Sawaang: das ist ein Wunder an Charme, an Naïvität und Höflichkeit, an Zärtlichkeit und Unschuld.

Dabei ohne die übliche flinke Raffinesse – eher bäuerlich-tolpatschig, fast klobig.

Aber zärtlich und höflich macht er mich an. Unter süßen Verbeugungen bietet er die gemeinsame Wanderung zum *Mountain View* an: gleich morgen früh um acht.

Vediamo.

Aspettiamo.

Denn ab jetzt ist alles nur noch ein Warten auf morgen früh um acht.

Bis dahin verbringe ich zunächst den Nachmittag mit Dusche, Rasur und Lektüre im neuën Bungalow bei *"Charlie's"*.

Diese Bungalow-Kultur, die hier die gesamte Hotellerie beherrscht, ist sehr bestechend. Jedem Hotelgast vermittelt sie das Gefühl, sein eigener Herr zu sein. Der Individual-Raum wird demonstrativ respektiert.

Dann *Drink* und *Dinner* im *"Charlie's"*. Anmache einer Kellnerin (*"I am your friend!"*). Flirt der Jungs. Alle flirten sie. Oder sind schnell zum Flirten bereit. Schöner Umgangston, dieses Flirten. Sollte man übernehmen. Und lernen tut es sich leicht.

Nach dem Essen *walk*auf, *walk*ab durch *Tonn Sai*, ein brodelndes Straßendörfchen und einzige Ortschaft der ganzen Insel. Ganz offensichtlich gibt es kein *cruising*, hier. Es sei denn die übersensible Aufmerksamkeit des Zauberwesens am Schmuckstand: es ist selbst ein Juwel ...

Auffallend das körperliche Selbstbewußtsein der hiesigen *tschao go*s, der Inselbewohner. Anders als in Samui. Dort waren sie tumber, rustikaler.

Aber außer *Bene Rimini* scheine ich hier wirklich der einzige Solist zu sein.

Vor einem der überbordenden Fisch- und Hummerstände, wie sie hier vor jedem Restaurant zum Staunen zwingen, ertönt eine rauchig-kehlige Frauënstimme aus dem *off*: *"Lo mangiano!"*.

Die Europäer, alles in allem, machen hier wirklich durch die Bank schlechte Figur. Plumpe unsensible Klötze. Häßlich. Unkörperlich. Ungraziös. Eigentlich auch kulturlos, zumal in ihrem Benehmen. In ihrem *Campanilismo* erstarrt. Sie repräsentieren Bürgerlichkeit – die es bei den Asiaten so gar nicht gibt. Vielleicht ist sie die eigentliche "Leistung" des Abendlandes.

Über Malaysia wieder eindrucksvolles Wetterleuchten.

"Charlie's" Bungalow hat wenigstens eine helle Neonröhre zum Lesen und Schreiben: zum Zeit-Abwarten bis morgen früh um acht ...

Ao Lohdalamm auf Go Pih Pih, 15. November 1988

267.

Nachts träume ich bereits von Sawaang. Ins Deutsche und Intellektuëllere übersetzt, gerät er merkwürdiger Weise in die Nähe von Hape Kerkeling: wohl das Rundköpfige, Helle. Aber wir mögen uns sehr, im Traum: gegenseitige Liebe auf Anhieb. Ich hole ihn bei seiner Arbeit ab, er serviert noch, bugsiert mich aber in einen Nebenraum, wo wir schon schmusen ... Dann sind wir plötzlich in Bielefeld, in zwei ganz konkret geträumten Restaurants, wiewohl ich noch nie in Bielefeld war. (Aber mein Ayckbourne-Protagonist *in spe* kommt aus Bielefeld! Und der von Gisela von Wysocki empfohlene Künstler-Astrologe residiert in Bielefeld! Oder meint Bielefeld Biofeld?) ... Jedenfalls hat mir mein Traum-Sawaang eine sehr originelle, auffällige, knallgelbe Jacke geschenkt (*"Mein Ehrgeiz geht auf eine bunte Jakke"* zitierte mir kürzlich Rowohlts Malte Hartmann seinen Shakespeare!), die ich nun beim Essen in diesem Bielefelder Restaurant exponiert bekleckere. Diverse sehr umständliche Bemühungen in den Lokalen, den Flecken zu entfernen. Dieses Anliegen wird immer vorrangiger, so daß wir plötzlich auseinanderkommen. Just in dieser Trennungsphase ist plötzlich Karin im Spiele. Dann treffe ich auch Brigitte Mira, die mich mit Schwärmereiën von irgendwelchen fremden Schauspielern aufhält, und dann noch, bei einer Art Premiërenfeiër an langer Tafel, den Wiesbadener Theaterkritiker Busse inmitten von lauter Schauspielern. Endlich gelingt es mir, allen diesen Ablenkungen ein Ende zu bereiten, und ich kehre zurück: zu Ihm. Er spielt den Beleidigten, aber nur kurz. Dann haben wir uns endlich... in diesem Augenblick wache ich auf, ganz abrupt, mitten in der Nacht, und: ich weiß noch den ganzen Traum; und genau. Das trifft mich zentral, weil derlei mir so selten passiert.

Weiterschlafen nur noch in Raten, dem Morgen entgegenfiebernd.

Um halb sieben Uhr morgens setzt Landregen ein: aus der Traum!

Um acht hört der Regen auf: aber kein Sawaang erscheint.

Ich leite den abermaligen Umzug, in einen "besseren" Bungalow ein: in der ersten Reihe, mit unverstelltem Andamanen-Blick ...

Um neun erscheint Sawaang. *Off charge*, ist er banaler, weniger charismatisch, ohne den süßen Zauber des Zeremoniëlls und doch noch recht kindlich: auch verschüchtert ohne den Schutz des Amtes.

Wie Gemsen klettern wir den Berg hoch, konversierend.

"You have a wi?" (Manche Endkonsonanten sind hier unaussprechbar.)
"No."
Auflachen.
Ich, retour: *"You have a girl friend?"*
"No."
Kein Auflachen.

Wie Gemsen klettern wir den Berg hoch.

Oben erwarten uns, albernd, zwei Kollegen, Duang und Mih, und zwei anonyme Kolleginnen von Sawaang. Endlose Fotosession vor dem bezaubernden, klassischen, weltberühmten Panorama der Lohdalamm-Nehrung mit ihrem doppelten Strande in Klecksografenmanier. Im Gegensatz zu den andern läßt Sawaang sich nicht (oder nur sehr ungern) fotografieren. Deutet das auf Islam? Die Physiognomie scheint mir malaysisch genug.

Eine fließend Thai sprechende, aber spröde Französin aus Avignon wird schnell und problemlos eingemeindet, dann aber zurückgelassen.

Und abwärts schlägt meine *"crew"* einen andern Weg ein: *"zum Loh Hmuh"*. Ein Trampel- und Schleichpfad durch den Dschungel. Anfangs pflücken sie noch Chili-Blätter. Dann verliert der Pfad sich unmerklich. Oder sie verlieren ihn. Zwei Stunden lang schlagen wir uns weg- und steglos durch steil abschüssigen, regennassen, glitschigen, dichtesten Urwald – ohne Machete, die hier geboten wäre. Stolpernd, kriechend, rutschend, fallend, von Lianen-Fußangeln und erbarmungslosen Dornenzweigen gefangen, durch Flußbetten, endlos. Viëtkong.

Urwald: was Pflanzen miteinander entfesseln, wenn man sie nicht rodet, verdrängt, domestiziert, sondern läßt: gigantisch, radikal, gewaltig, gar nicht harmlos und sehr stark.

Aber noch hier läßt Sawaang mir immer lächelnd den Vortritt, befreit mich, behütet mich, schützt mich ...

Schweißüberströmt, total verdreckt, mit Beulen am Kopf und aus vielen Brüschen an Stirn, Arm und Beinen blutend, sind wir gegen zwölf nicht am angepeilten Strande *Loh Hmuh*, wohl aber an einem Brunnen am Fuße des Berges, am Dorfrand von *Tonn Sai* und also gerettet, in Sicherheit, dem Schutze der Oriëntierung wiedergegeben.

Sawaang hat mir gegenüber Schuldgefühle, will mir mein sickerndes Blut mit seinem T-shirt abwischen. Ich wehre zwar ab, doch es wäre mir eine perverse Lust gewesen. Immerhin lasse ich mir von seinen Händen die Stirn waschen. (Oft hatte er schon zuvor im Dschungel meine Hand gehalten, um mich zu stützen: jeweils etwas zu lange? Eine warme, trockene, feste und gar nicht kindliche Männerhand.)

Als ich ihn schließlich von meiner Beglückung über unser Dschungel-Abenteuër überzeugt habe, sagt er, sinngemäß: *"Dann hast du jetzt was zu schreiben."* Guck an! Woher weiß er?

Beim Abschied im Dorfe, nach erschöpftem Rückweg über lange Strände, kurz und hastig, will er *partout* kein Geld nehmen. Wir verabreden uns für mein abendliches *Dinner* in seinem Restaurant ...

Ermattet auf der Terrasse des neuën Bungalows: Wundenpflege und vergebliches Kleidersäubern: der Dschungel und dieses Erlebnis sind unauswaschbar – wie die Bielefelder Traumflecken.

Rekreïerender Imbiß bei *"Charlie's"*: Dauërflirt mit kleinem Kellner, fast schon rituëll, bei jedem Vorbeigehen. Ein Ventil?

Dann sehr, sehr langer *Swim*. Das Meer ist hier ein wonniglich heimatliches Urelement. Fötale Reminiszenzen?

Endlich das verabredete *Dinner* bei Sawaang. Er ist nicht da. Auch die Freunde nicht. Stattdessen kichernde Mädchen, blöde. Eine will Italiënisch studieren, hat aber noch nie ein einziges Wort dieser Sprache gehört. Außerdem weiß sie nichts von Possessivpronomina, denn zu mir sagt sie, in mechanisch adaptiertem Englisch: *"Your father is Birma, your mother is Thai."*

Aber als ich weggehe, treffe ich Sawaang in der heißen Dunkelheit der Palmenpromenade. Das Dorf ist ohne Strom heute abend und dadurch noch atmosphärischer in seiner warmen, stickigen Schwärze, in der Sawaang nun sehr dicht vor mir steht und wieder sein ganzes Charisma hat. So ein offenes, heiteres, tiefgütiges Gesicht habe ich wirklich noch kaum je gesehen. Aber er versteht überhaupt kein einziges englisches Wort heute abend: wohl zu müde, nach diesem Tage. Aber wie zum Ausgleich drängt er mit seiner trockenen, festen und gar nicht kindlichen Männerhand, erstmalig, zum (so unasiatisch europäïschen) Handschlag ...

Also allein am riesigen, leeren, warmen Strande von Lohdalamm bei nächtlicher Ebbe. Die Krabben, schlaflos, rasen. Die *Fliegenden Hunde* haben die Oberaufsicht.

Das faszinierende Wetterleuchten heute nicht nur über Malaysia, sondern allerorten ringsum: *panoramic!*

Ich bin voller Heiterkeit. Das Solistische meiner Existenz ist wie eine Heilquelle: 24 Stunden am Tage tun und lassen, was ich will – ohne Rücksichtnahme, ohne Ansprüche, ohne Proteste und Auseinandersetzungen. Eine neuë Erfahrung. (Auf die Dauër vielleicht etwas sinnlos: leer?)

Spät abends im Bungalow plötzlich Mozart – wer weiß, woher – aber sehr laut: auf *Go Pih Pih* im südlichen Thailand! Und kostbarer hier denn je ...

Ao Lohdalamm auf Go Pih Pih, 16. November 1988

268.
Heute nacht wieder nach ähnlichem Schema geträumt. Aber diesmal ist es ausgerechnet Wolfgang Kölbel von den *Hamburger Kammerspielen*, der mir ins Haus schneit: im Auftrage eines Untersuchungsrichters (Martin?). Ich muß erst mal weg. Als ich wieder nach Hause komme, wartet Kölbel immer noch. Ich biete ihm also Tee an, bei dessen Zubereitung es aber Pan-

nen gibt, so daß sie lange dauërt. Endlich, nach all diesen Verzögerungen und Ablenkungen, können wir dann schließlich zur Sache kommen, um die es da also gehen mag: just in diesem Augenblick wache ich wieder auf, abrupt, und weiß den ganzen Traum genau. Der Interruptus etabliert sich als Symptom meines Traumes.

269.

Aber in dieser Nacht hat es auch dreimal an meine Bungalow-Tür geklopft. Oder war das der Wind? Oder ein Wunschtraum? Aber ich war zu verschlafen, um es zu überprüfen.

Sehr frühes Erwachen – wie immer hier. Diesmal aber auch in Ermangelung einer Möglichkeit, mich zuzudecken. Das ist hier in den Hotels eigentlich nicht vorgesehen, müßte als *Extra* geordert werden. Da die Temperatur es nicht fordert, habe ich mich auf das Experiment eingelassen, unbedeckt zu schlafen. Ein Temperaturproblem entstand nicht, wohl aber ein psychologisches. Man fühlt sich schutzlos, preisgegeben, gefährdet ...

270.

Bei meiner Giordano-Lektüre entdecke ich gerührt etliche ausgefallene Berührungspunkte mit diesem Autor: vor allem die *Bühne Gardelegen*, der ich, *circa* 1946 in der DDR, ein erstes Theatererlebnis verdanke: *"Kabale und Liebe"*. Diese Bühne, die ich für eine obskure Nachkriegserscheinung gehalten hatte, taucht also plötzlich in den Nazi-Kriegsjahren der *"Bertinis"* auf. Dann aber auch die Schule Schlankreye! Der Hegestieg mit der argen Nazi-Wohnung in einer "Nebenstraße", oh-oh! Die Talmud-Thora-Schule am Grindelhof! Die Roonstraße Hoheluft! Und vieles Vertraute mehr: *touché.*

271.

Diesen ganzen Tag über flirtet *"Charlie's"* kleiner Kellner auf Deibel komm raus mit mir, präsentiert zwischendurch auch seine besonders seidige Schokoladenhaut, kann aber leider wirklich überhaupt kein Englisch, versteht nicht einmal *"Chinese tea"* ...

272.

An den deutschen Wohlstands-Ehepaaren, die hier meist aus Süddeutsch-
land eingeflogen sind, fällt auf, daß die simpleren, einfältigeren Frauën
(vom Typus Schülerliebe, Sekretärin) hier leichter zurechtkommen. Die
Männer, mit neurotischem Managerblick in den Augen, sind ihrer Wichtig-
keit und Würde beraubt und fühlen sich verunsichert, was sie durch schlechte Laune, Arroganz und extravagante *Walkman*-Antennen kompensieren,
die sie mürrisch in die Sträucher der Ananasartigen schmeißen, um deutsche
Wirtschaftsnachrichten hören zu können.

Mit ihren Ischen, die meist auch noch eine Freundin, Schwester, Cousine,
Kollegin mitgebracht haben, langweilen diese deutschen Manager sich maßlos, auch die jüngeren. Wortlos fügen sie sich der multiplen Herrschlust ihres Damenflors. Oder sie halten den uninteressierten Tussies belehrende
Vorträge in überhöhter Lautstärke. Die Körper dieser Manager drücken unübersehbar ihre Borniertheit und Verklemmtheit aus.

273.

Zum *Dinner* wieder nach *Bahn Tonn Sai* ins *"Cabanah's"*: zu Sawaang. Die
ganze Urwald-*Crew* ist da, dazu die Italiënerin aus Birma. Ich werde wie ein
Familiënmitglied begrüßt und hofiert. Alle fragen nach meinen Brüschen.
Sawaang hält sich souverän zurück, weiß den andern aber meinen Vornamen mitzuteilen. Er bezaubert durch seine Reinheit, seine totale Unschuld
und Arglosigkeit.

Mih, der fotogeilste von neulich, deutet beim Zerteilen einer Kokosnuß
(*"sucka?"*) immer wieder auf sich und wiederholt: *"Me! Me!"*. Er und
Duang verabreden mit mir für übermorgen eine Bootsfahrt zur Zwillingsin-
sel *Pih Pih Leh*.

Das Ganze macht mich glücklich. Ich drücke Sawaang einen Bakschisch für
neulich in seine virile Patschhand und gehe recht beschwingt vonhinnen.
Süße Kinder, herzlich, ohne Kalkül.

274.

In *"Charlie's Resort"* spricht mich auf meinem Heimwege im Vorübergehen eine Thai-Gruppe an, die mir schon tagsüber durch ihren Anführer mit europäischem Hute und extrem chinesischer Physiognomie aufgefallen war. Sie sitzen alkoholisiert um einen großen Tisch und bieten mir spontan *Mae Kong*, den hiesigen Whisky, an. Die Gesellschaft ist gemischt, die beiden Frauën sind eindeutig hurenhaft, die ältere macht mich in aufdringlicher Weise an. Aber der Hutträger spricht fließend englisch, ist offenbar intelligent und behauptet, ein Restaurant in Texas zu besitzen. In welcher Stadt denn da? Längere Denkpause. Dann: *"Houston"*. Aber eine sehr lustige Viertelstunde.

Solche Kontakte in ihrer unverbindlichen Leichtigkeit beglücken mich und lassen mich einen Zuruf *"How are you tonight, Papa?"* schnell verschmerzen.

Ao Lohdalamm auf Go Pih Pih, 17. November 1988

275.
Nachts hänge ich die Wäsche weg: ich höre die Einheimischen kommen, *sorry*.

Aber: die Slumbewohner in unmittelbarer Nachbarschaft zu Hotels und Tourismus ignorieren diese Nebenwelt – wohl weniger aus Stolz oder sonstiger Autarkie als aus mangelndem Interesse, aus Stumpfsinn. Parallelen, die sich nicht einmal im Unendlichen treffen; sie treffen sich nie und nirgends.

276.
Das selbstrezeptierte Lächeln, Flirten, Offensein, Reagieren *à la Thai* ist anstrengend. Allmorgendlich fehlt die Kraft dazu.

Aber den Thais geht es da nicht anders. Selbst die allernotorischsten Lächler gucken morgens lieber weg ...

277.
Über das Einzelgängertum von Tieren nachlesen, forschen: Schmetterlinge

– Spinnen – Käfer – die meisten Vögel – Wildkatzen (mit Löwenrudeln als sozialer Mutation?) ...

Dagegen in der "Brandung" die Fische nur in Schwärmen; die flüchten übrigens nicht, weichen nur zögernd, wie widerwillig, aus – oder sind sie noch furchtlos?

Wahrscheinlich sind beide sozialen Grundformen gleich stark vertreten: Einzelgänger und Gruppen. Ebbe und Flut. Tag und Nacht.

Muß man sich für eine dieser beiden Lebensformen entscheiden? Hauskatzen können beides, auch alternierend. Elefanten auch. Wohl auch manche Vögel.

278.
Die kreative Ekstase hält an: ein permanenter Artikulationszwang. Aber wer oder was formuliert da in meinem Kopf? Denn ich selbst bin es nicht. Unübersehbar: es ist wie ein übergeordneter Automatismus, der sich da meiner bedient.

Aber mein Hang zum Überbau nervt mich: weil er auf Kosten der naïven, direkten Fabulation erfolgt.

279.
Nach Mozart nun auch Johann Strauß mitten in der Andamanensee ... Das hat jetzt aber doch was Perverses.

280.
Strandwalk in Kokosöl nach beiden Richtungen der *Lohdalamm Bay* bei Ebbe.

Links das gewaltige Wurzelwerk der Mangroven, die bei Flut im Wasser, bei Ebbe im Trocknen leben: *fifty-fifty* zwischen den Elementen – Zwitterwesen. Darunter die riesige Turmlandschaft vermutlich ihrer Luftwurzeln, die aber hölzern und eigentlich leblos aussehen – was sie aber nicht sind, natürlich. Was ist schon leblos?

Dazwischen wirtschaften azurblaue Winkerkrabben mit feuerroten Scheren und Beinen. Ein paar Meter weiter knallt es unentwegt im Wattgestein ... Und direkt an der Wasserkante, wo das Meer soëben das Land berührt – da geht sofort schon der Dschungel los: steil und undurchdringlich, eine radikale Grenze.

Jedes Stück dieser *Lohdalamm Bay* ist andersartig. Quer gegenüber an den schwarzen Granitfelsen sind die Krabben viel größer und schwarz: fast spinnenartig. Im Mittelstück aber die Sandkrabben sind natürlich farblos, weiß. Sie haben eminent gute Augen. Synchrone Massenfluchten schon auf weiteste Entfernung und bei behutsamster Annäherung.

Die Fischschwärme flüchten gleichfalls synchron, wie ferngesteuert und in quasi grafischem Design. Nur wo der Schwarm sich unter meinen Schritten teilt: da wissen die Grenzgänger nicht, wohin sie sollen – wie die Blasen kochenden Wassers. Sie haben gleichsam Entscheidungsfreiheit, *ergo* Probleme. Die andern nicht.

281.

Macumba-Reminiszenz: die Slumbewohner legen bei Ebbe Reis auf den Strand – oder ist das ihre Form von Resteverwertung, von Überflußbewältigung, von Müllabfuhr? Das wohl kaum. Denn teils ist der Reis zwar schüsselweise ausgestülpt, teils aber auch in langer und filigraner Spur wie eine Samenreihe ausgestreut: fürs Meer? Seine Gottheit(en)? (Auch sowas gelesen, daß sie das tun.)

282.

Sehr deutlich: das Gehirn arbeitet unabhängig von "mir", autonom. Es benutzt mich nur als (kritischen?) Sensor, Registrator, Fixativ. Besonders offenkundig bei der Anwendung erlernter Fremdsprachen, bei der reflektierende Zweifel nur blockieren. Ohne dieselben fließen die Sprachen müheloser, fehlerloser, besser.

Von "mir" verlangt mein Gehirn (oder wer immer das sein mag) nur aufmerksamste Bereitschaft für seine Offerten und Produkte. *"The readiness is all..."*

283.

Lunch in der Strandkneipe *"Gift Bungalow 2"*: urig, primitiv, atmosphärisch und mit guter Fischerküche.

Hier versammeln sich auch, betriebsausflugsartig, ganze Sippen zigeunerhaft kostümierter Einheimischer. Oder sind das jene Karenn aus Nord-Thailand? Die Frauën in schrillen Wickelröcken mit Blumenmustern und mit bunten aufwendigen Kopftüchern, die wie halb aufgelöste Turbane arrangiert sind. Die jungen Mädchen aber schon mit Benetton-Blusen, dem *dernier cri*. Trotzdem wirken sie alle sehr asozial, wiewohl sie ganz sauber sind. Aber zumal die älteren Frauën scheinen geradezu angsterregend primitiv, böse und verschlampt: von hartem freudlosem Leben gezeichnet.

Hierzu gehört auch die endlos und immer keifende Fischersfrau aus dem Nachbar-Slum: stets außer sich vor Wut und nicht mehr zu beruhigen ...

284.

In der Zeitspanne zwischen Flut und Ebbe überkommt das Meer und die ganze Natur ringsum eine riesige Ruhepause. Alles ist reglos, windstill, glatt und unendlich friedlich. Wie eine Rast im endlosen Hin und Her. Wahrscheinlich ist es der Moment des Gleichgewichts zwischen den beiden grossen Kräften. Die Balance.

Ao Lohdalamm auf Go Pih Pih, 18. November 1988

285.

Etwas glauben oder alles bezweifeln: beides können wir nur blind. "Blinder Glaube"; "blinder Zweifel".

Trotzdem ist es besser, etwas zu glauben, als alles zu bezweifeln. Denn eine positive Kraft ist halt positiv, eine negative negativ. So einfach ist die Sache. Eine Rose ist eine Rose. (Nachtgedanke.)

286.

Das Watt ist ein Kosmos für sich – wie Dschungel, Korallenriff, Komposthaufen: ein in sich geschlossenes Biofeld. Scheinbar autark, scheinbar unabhängig von den andern. Die andern Biofelder sind solch einem Kosmos weder bewußt noch können sie wahrgenommen werden: nicht nur wegen der räumlichen Entfernung und Separation, sondern auch aus Mangel an Wahrnehmungsorganen.

Diese etwas sinnlose Feststellung gewinnt an Bedeutung, indem sie es gestattet, Parallelen zum menschlichen Kosmos aufzuspüren.

Meine Wahrnehmung nach unten: ich sehe immer kleinere Fische, immer kleinere Krabben, kleinere Schnecken, kleinere Muscheln, kleinere Würmer ... Plötzlich, relativ ruckartig, bin ich an einer Grenze, jenseits derer ich nichts mehr sehe – allenfalls noch spüre: sei es ein Jucken, ein Brennen, sei es irgendeinen Schmerz ... Dann, wieder ruckartig, ist auch damit Schluß. Aber für mein Wissen geht es noch lange weiter, hinein in den Mikrokosmos, bis auch diesem Wissen und seinen technischen Hilfsmitteln plötzlich, ruckartig, eine Grenze gesetzt ist – jedenfalls zur Zeit. Neutronen, Elektronen, Protonen, derlei, und Schluß. Aber schwer vorzustellen, daß es nicht auch jenseits dieser vorläufig letzten Grenze noch weitergehen sollte.

Schwieriger ist es mit der Perspektive nach "oben", ins Größere. Pferd, Elefant, Walfisch: gut. Aber da ist dann scheinbar schon die Grenze erreicht, und *homo sapiens* glaubt, Größeres als ihn gebe es da nicht mehr. Aber das muß falsch sein.

Gegenüber dem Makrokosmischen sind wir wohl bloß sehr viel näher an jener Grenze placiert, jenseits derer wir plötzlich, ruckartig, nichts mehr wahrnehmen. Was aber keinen Beweis für mangelnde Existenz darstellt – eher für die mangelnde Kompetenz unserer Wahrnehmungsmediën.

Unsere anmaßende Meinung, dieser Planet sei der einzig belebte, zeigt deutlich, wo unsere ruckartige Grenze liegt. Wie wir in unserem Biofeld befangen und gefangen sind.

Aufschlußreich ist da auch, daß wir den Begriff des Makrokosmischen notgedrungen anders benutzen und ansiedeln als den des Mikrokosmischen: nämlich nicht mehr biologisch, sondern geologisch-astronomisch, also quasi anorganisch. Ein Symptom für unsere Ratlosigkeit, unsern *Campanilismo.*

287.

Innerhalb unseres Biofeldes ist uns die *Ratio* wohl als Verständigungs- und Oriëntierungsmittel gegeben und hierfür nicht nur höchst dienlich, sondern sicherlich unerläßlich, unverzichtbar.

Aber sie ist kein Mittel zur Wahrheitsfindung.

Die Verwendung der *Ratio* zur Wahrheitsfindung ist ein Mißbrauch, ein fundamentaler, existentiëller Irrtum und hat in viele verhängnisvolle Sackgassen geführt – *inclusice* Atombombe, chemische Industrie *et cetera*. Die ganze Naturwissenschaft samt ihrer Anwendung balanciert auf der Grenze zu diesem existentiëllen Irrtum und hat die Grenze oft überschritten, wenn sie nicht mehr praktisch, sondern ideologisch oriëntiert war.

288.

Das Watt hat seine eigenen rätselhaften Gesetze. Wo gestern noch Hunderte von Krabben die synchrone Massenflucht vor mir ergriffen, ist heute alles scheinbar ausgestorben. Oder sie wandern. Oder es ist eine Frage des *Timings*.

Nur eine einzelne und besonders große Krabbe ist übrig geblieben und flüchtet vor einem sanft sich nahenden Liebespärchen: just auf mich zu. Dabei ist sie dermaßen auf die vermeintlichen Verfolger fixiert, daß sie mich gar nicht realisiert und glatt überrennen würde, wiche ich ihr nicht aus. Was helfen ihr also die exponierten Stielaugen mit ihrer *panoramic ability*!

An anderer Stelle, wo gestern alles ausgestorben schien, sind heute Hunderte viel kleinerer und dunklerer Krabben offensichtlich damit beschäftigt, sich auf die nahende Flut vorzubereiten. Sie bauën ihre Burgen, in denen sie während der Flut vermutlich ihre Beute erwarten, indem sie jetzt den Sand kügelchenweise ausbaggern. Aber wo waren sie gestern um diese Stunde? *"Ein jedes Ding hat seine Zeit ... "*

Aber die Augen dieser Spielart scheinen noch besser zu sein als die ihrer Verwandtschaft: sie ergreifen noch früher die Flucht, wohl weil sie mich für eine der vielen Bachstelzenartigen halten, die jetzt hier Jagd auf sie machen. Sie verschwinden in ihren burgartigen Sandlöchern und tauchen nicht wieder auf, solange ich auf sie warte. Ihr Reaktionsvermögen ist allerdings deutlicher individualisiert, was Schnelligkeit und Ausdauer betrifft. (Oder hat sich nur meine Beobachtungsgabe von gestern auf heute differenziert und sensibilisiert?) Jedenfalls registriere ich keine Synchronizität, sondern zahllose Einzelreaktionen.

Dieser Individualismus wird besonders deutlich am stark entwickelten Eigentumsinstinkt: jede Krabbe geht ausnahmslos nur in ihr eigenes Schlupfloch, selbst auf der Flucht und in vermeintlicher Lebensgefahr. Spaßeshalber verfolge ich eine, die sich offenbar sehr weit von ihrem Schlupfloch entfernt hat. In Panik rast sie dorthin zurück, ohne mit einem der zahllosen anderen Löcher vorlieb zu nehmen, die ihren Fluchtweg rechts und links flankieren: nein, es muß unbedingt das eigene sein! Erschöpft – oder verirrt? – oder trickreich – : plötzlich bricht sie ihre hektische Flucht ab und stellt sich tot, direkt zu meinen Füßen, vor meinen Augen. Ich beschließe auszuharren und abzuwarten, bis sie das Spiel des Totstellens leid ist und irgendwie weitermacht. Aber schließlich bin ich es, der die Geduld verliert, nicht die Krabbe. Wahrscheinlich beobachtet sie mich unausgesetzt.

In der Zwischenzeit habe ich Gelegenheit und Muße, die Charakterunterschiede ihrer Artgenossen zu studieren. Alle Krabben im Umkreise nehmen mich wahr, aber ihre Ängstlichkeit, ihre Geduld, ihr Vorwitz – oder ihre Intelligenz (?) sind individuell dosiert, unübersehbar. Eindeutig.

289.
Im Watt liegt ein Stück Palmenbaumstamm, mittlere Dicke und circa 1,20 Meter lang. Mit den Füßen läßt er sich nicht von der Stelle bewegen, so schwer ist er.

Aber als die Flut kommt, treibt sie ihn spielerisch hin und her, wie ein Federgewicht.

290.
Mit der Zeit gehen die Thais wohl gern spielerisch um. Um halb zwei Uhr mittags sind wir verabredet. Natürlich bin ich überpünktlich zur Stelle, aber keiner meiner Freunde ist zu sehen. Um zwei schließlich sehe ich sie im Re-

staurant teils noch bedienen, teils herumspielen. Ich mache mich bemerkbar. Mih kommt angestürzt, Sawaang herangeträumt. Eigentlich haben sie schon seit einer halben Stunde dienstfrei. Aber das spielt ebenso keine Rolle wie die Pünktlichkeit des Dienstbeginns. Dafür gehen sie jetzt auch spontan einfach weg, mitten im Servieren. *"Are you free?" – "Yes."*

Überhaupt wird hier in unbewußtem Teamgeist improvisiert. Keine Aufgaben- und Rollenverteilung. Jeder greift zu, wo Not am Mann ist. Setzt aber auch genau so unorthodox aus. Dann springen die andern ein, absprachelos und selbstverständlich. Sowas ist gar kein Thema.

Die Arbeit wird nicht als Fron verstanden, sondern als Spiel mit Nötigem, als lustiges Helfen. Entsprechend ist auch das Verhältnis dieser jungen Kellner zu ihren Gästen voller Respekt und Höflichkeit und Aufmerksamkeit, aber: auf gleicher Ebene, von Mensch zu Mensch, nicht als Diener zum Herrn. Daher die selbstverständliche freië Konversation mit jedem Gast, die unverhohlen offenen Spielereiën untereinander; man setzt sich auch an freië Nebentische. Keine Selbsteinschätzung als Personal, gar als Gesinde.

291.

Unsern für jetzt geplanten Bootsausflug nach *Pih Pih Leh*, der unbewohnten Schwesterinsel: den haben sie wohl allesamt vergessen, obwohl er erst vorgestern verabredet worden war. Aber die längste Planung geht hier immer nur jeweils bis morgen. Hier und jetzt. *No future.* (Wie auch *"No past"*. Bei anderer Gelegenheit fragt mich Sawaang: *"What is opposite of future?"*).

Trotzdem wird der Ausflug sofort organisiert. In einer halben Stunde sind fünf Kellner umgezogen, haben sie ein *longtail boat* besorgt, einen guten Preis für mich ausgehandelt, Schnorchelmasken, Schwimmwesten und Trinkwasser beschafft. Los geht es zunächst zur Umrundung der Hauptinsel *Pih Pih Donn*.

Wir sind sieben im Boot. Duang ist unangefochten der Chef. Mih und Sawaang sind die Clowns. Sajann ist der erwachsene Macho. Sawaang mit nacktem Oberkörper, kleinem Kinderbäuchlein und glatt noch in den Achselhöhlen: ein Kind, das machohafte Attitüden vorführt, ein aufgesetzt derbes Gröhlen, und offenbar Zoten mag – Weiberwitze! Aber um seine recht pralle Badehose hat er ein knallrotes Handtuch gewickelt, das er wie seinen Augapfel hütet.

Mih fragt mich, ob ich weiß, was ein *host* sei; Duang sei ein *host*. Großes Gelächter, Duang wehrt sich empört. Duang ist spröde bis abweisend, aber wohl aus Scheu. Er fühlt sich verantwortlich für die ganze Unternehmung, ist intelligent und viel erwachsener als die andern.

Duang, Mih und Sawaang: alle drei sind neunzehn. Der Kapitän ist achtzehn, hat auf der Inselschule zwei Jahre lang Englisch gelernt und klagt, noch keine Frau zu haben. Was er mir damit wohl sagen will? Ein pfiffiges, zutrauliches Bürschchen.

292.

An einer Stelle im Meer ballen sich Hunderte kleiner Fische um irgendeinen unsichtbaren Leckerbissen an der Wasseroberfläche. Ein großer Pulk. Darüber kreisen, unbemerkt und fatal, zwei Seeadler: kreisen in siegessicherer Ruhe, gleichsam im *off*, stoßen dann blitzartig zu und packen sich die Fische die leichtsinnig ganz auf ihren Leckerbissen konzentriert sind. Zwei Biofelder: die Fische und ihre Opfer; die Adler und ihre Opfer. *Ergo*: wer und die Adler?

Die Biofelder berühren sich einen Augenblick lang, greifen kurz ineinander und leben dann weiter in ihrer *splendid isolation*.

293.

Der erste Stop, ich wußte es: Schnorcheln im Korallenriff, direkt aus dem Boot ins Allertiefste.

Trotz Schwimmweste eine arge Mutprobe für mich, zumal vor diesen fischartigen Kindern. Es geht nur *via* grenzenlosem Vertrauen zu ihnen. Also, los! Und die Maske funktioniert, die Schwimmweste trägt: es ist grandios ... Aber nicht annähernd angemessen beschreibbar. Am anrührendsten wieder die Furchtlosigkeit der Fische, die einen selbstverständlich als ihresgleichen akzeptieren: Biofeld! Sie wissen nichts von Tücke. Darum gehen sie den Fischern des andern Biofeldes täglich auch so leicht in die Netze ...

Angsterregend die riesigen Seeigel, vor denen zu warnen Duang auch nicht müde wird. Sajann führt mir betörende Unterwasser-Kunststücke mit seinem schönen Schlangenkörper vor ...

Der Wiedereinstieg ins Boot: oh-oh! Ohne Mih und ohne Sawaang ... : ?

Wir fahren an einsamen Stränden und gigantischen Felswänden entlang. Nicht weit von meinem Lohdalamm gibt es einen absolut uniken natürlichen Düsen-, Fontänen- oder Geisyr-Effekt an einer tief gelegenen Felsenstelle, im Atemrhythmus der Andamanensee ...

Leider ist die Verständigung mit meinen Freunden so gut wie unmöglich. Was sie auf Englisch sagen, ist nicht zu dechiffrieren. Was ich auf englisch sage, dechiffrieren sie nicht. Auch dieses Nebeneinander von Idiomen, die sich einander nicht verständlich machen können, erinnert an die Abgeschlossenheit von Biofeldern. Wenn jede sprachliche Kommunikation fehlt: dann gibt es nur Sex oder Totschlag; oder – aussichtsloses Nebeneinanderher. Parallele ohne Perspektive, ohne Hoffnung. Desolat.

Leichter Seegang läßt die Aktion mit einer Umrundung von *Pih Pih Donn* beëndet sein. Der Besuch von *Pih Pih Leh*, dem pittoreskeren Zwillings-Eiland, wird für morgen verabredet. Morgen: das ist schließlich etwas viel Konkreteres und Realeres als jenes Übermorgen neulich. (Aber morgen ist auch das international klassische *Mañana* ...).

Im Hafen von *Tonn Sai* nehmen wir noch gemeinsam obskure Süßspeise zu uns: Aspik in Eiswürfeln – eine Schlemmerei für die Kinder. Mir glauben sie, eine *Coca Cola* schuldig zu sein: Symbol für die Kultur, der ich entstamme und die meinesgleichen hier importiert hat?

Dann der Abgang mit endlosem Gewinke, durch symbolischen Stacheldraht getrennt, aber im Wohlgefühl einer stabilisierten Freundschaft. Unbelastet gehen sie wieder an ihre Arbeit, werden da übergangslos einfach weiterspielen ...

In meiner Seele registriere ich ähnliche Glücksgefühle wie seinerzeit bei der Seychellen-Rundfahrt auf Mahé. Was ist das? Wohl ein punktuëlles Nachholen eigener Versäumnisse. Auch Freude über das Angenommenwerden in einem andern Biofelde (Mentalität, Kultur, Sprache, Alter). Und eine Prise Sentimentalität.

294.

Anschließend ein besonders langer *Swim* bei hoher Flut. Mutterseelenallein im Meer. Wo ist die Menschheit geblieben?

Ach, dort: am Strande der blonde verbissene europäische Jogger. Wo die hohe Flut ihm die gewohnte Rennstrecke unterbricht, nimmt er seinen Weg bei jedem Hin und Zurück wie selbstverständlich jeweils mitten durch den Fischerslum: ohne zu fragen und kommentarlos, als seïen die Bewohner überhaupt nicht vorhanden. Aber die ignorieren ihn ebenso strikt. Zwei parallele Biofelder, kommunikationslos. Nicht mal ein Lächeln, nicht mal ein Blick!

295.

Beim *Dinner* in *Bahn Tonn Sai* fragt mich ein Angestellter des Restaurants, ob es nicht langweilig sei, so allein. Wie er das wohl meinen mag?

Die kluge, hübsche und patente Chefin der arg primitiven Küche wird da schon deutlicher: ihre Ehe sei gleichfalls beëndet ... : ? Die Frauën sind hier offenbar williger als die Männer. Oder eingespielter. Oder man muß die Spielregeln kennen.

296.

Die Militärposten, nachts wie auch tags: halbnackt, in Zivil, auf dem Vorplatze schlafend, manchmal mit Pistole, meistens ohne, immer arbeitslos: Operettenmilitär, Pralinésoldaten, ein friedliches Land ...

297.

Strandkrabben gehen im nächtlichen Dunkel über Land, sind aber ziemlich nachtblind mit ihren Stielaugen, torkeln über die Promenadenwege und den tags so panisch gemiedenen Passanten direkt in die Füße ...

298.

Die Mangrovenstämme mitten im Dorf: gigantisch, radikal, gewalttätig und an der Verlandung ringsum entscheidend beteiligt. Was für Individuën – unergründlich. Sehr, sehr stark. Und sehr, sehr alt ...

299.
Gleich hinter den Riesenmangroven, an einem Männertisch: ein roter Farbfleck, Winken: mein kleiner Flirtkellner aus dem *"Charlie's"* ... Winken und endlos anhaltende Blickkontakte ... Ja, und jetzt?

Man müßte die Spielregeln kennen. Also beginne ich, thailändische Wörter zu büffeln: *sawadih – tschyh arai – sippsahm – pomm konn diao – kunn suai* ... (bereits auswendig hingeschrieben!)

Ao Lohdalamm auf Go Pih Pih, 19. November 1988

300.
Meine ersten Thai-Sätze funktionieren, werden aufleuchtend verstanden und provozieren Antworten. Also, der kleine Flirt-Kellner im *"Charlie's"* heißt Bohnonn, *nickname* Meck. Seine Zunge löst sich nun langsam, wenn auch noch undeutlich vor Scheu. Aber er überfällt mich mit Überraschungen: mit militärischem Salut vor versammelter Mannschaft, mit einem unverhofften Handschlag *à l'Europe* ...

301.
Also die Strandkrabben am Sandstrande sind sandfarben, die Krabben auf dem schwarzen Granit sind schwarz und so weiter, das hatten wir schon. Aber die Krabben, die mitten im Sandstrande einen halbverfaulten Palmenstamm bewohnen, die sind keineswegs sandfarben, sondern schwarz, weil der Palmenstamm in all seiner Meeresnässe schwarz ist. Ringsherum Sand mit sandfarbenen Krabben; aber die im angeschwemmten Palmenstamme sind schwarz.

Was ist das? Darf man da etwa auf Farbensinn, auf Farbbewußtsein schliessen?

302.

Auf dem Granitfelsen, wo neulich Hunderte schwarzer Krabben agierten, ist heute keine einzige. Abermals: Nomadentum? *Timing*? An ihrer Stelle plötzlich eine "neuë" Tierart: Asselartige, die aber auch springen können, zu Aberhunderten. Die immer rätselhafte Zugehörigkeit der Asseln zu den Krebsen wäre so zumindest vor Augen geführt.

303.

Die nächste, engste, vielleicht auch strengste Grenzlinië zwischen Biofeldern ist wohl die der Individuation. Die ist wirklich unüberbrückbar. Ein eiserner Vorhang.

304.

Provinzialität ist ein selbstverhängtes mentales Biofeld aus Dummheit: auch ziemlich undurchdringlich, ein Dschungel, eine Korallenbank. Aber: dieses Biofeld muß nicht sein, es findet aus Unvermögen statt und ist sinnlos, funktionslos: darum stößt es so ab.

305.

Sawaang und Mih lassen mich abblitzen: kein *Pih Pih Leh* – da helfen auch keine Witze in frischestem Debütanten-Thai. Das wird nicht einmal durch einen Ausflug honoriert. Auch nicht auf morgen, nicht einmal auf morgen lassen sie sich festlegen.

Was ist passiert? Kein Geld? Zu langweilig? Oder wirklich die vorgeschützte Arbeitszeitänderung? Ich werde es nie erfahren ...

Sawaang ist sensibel genug, um meine Irritation zu bemerken, und stellt immerhin in Aussicht, mich gegebenenfalls, sollte ein Ausflug unverhofft möglich werden, im *"Charlie's"* zu benachrichtigen. Ich hinterlasse ihm, an diesem Strohhalme hängend, meine Bungalow-Nummer in makellosem Thai: *sippsahm* = dreizehn.

Sawaang: *"Lucky number!"*
Ich: *"I am a lucky man."*

Dabei bin ich gar nicht *lucky*. Ich bin sogar schon ganz schön *unlucky*.

306.

Gleich anschließend spitzt sich (stellvertretend?) die Sache mit Bohnonn zu. Er begleitet mich in Richtung Bungalow, fragt mich, wie ich heiße und ob ich jetzt in meinem Bungalow bleiben werde. Kurz danach kommt er mich tatsächlich besuchen, raucht eine Zigarette auf meiner Terrasse, sitzt neben mir, läßt sich anfassen, wir gestehen uns gegenseitig unsere Einsamkeit: *"konn diao"*.

Konn diao heißt allein und erinnert mich natürlich an *con dio*. Mit Gott allein. Allein mit Gott. Gott allein.

Im Weggehen macht Bohnonn eine gestische Anspielung auf meine Halskette: will er sie haben?

Also, ein erster Teilerfolg wenigstens auf dem Nebenschauplatz. Er entzieht sich zwar, aber verheißungsvoll.

307.

Aber wenn Schmetterlinge, diese *Singles*, unverhofft zu zweit sind: was gibt es Anmutigeres, Poëtischeres, Symbolträchtigeres?

308.

Die Sündflut bricht über *Go Pih Pih* herein – also gut, daß wir nicht unterwegs sind!

Strand*walk* im Regen. *Ao Lohdalamm* zeigt der Sündflut neuë, noch bezauberndere Blau- und Türkistöne.

Ich stelle fest, daß die ewig keifende Fischerfrau mit dem besonders bösen Gesicht nur eine Plastikplane besitzt, um sich und ihre sieben Sachen vor der Sündflut zu schützen. Keinerlei Dach.

309.

Danach ist die Flut voll, und ich miete mir also Schnorchelzeug, gehe allein weit hinaus in die Bucht von Lohdalamm und bringe mir da in der Andama-

nensee endlich selbst das Schnorcheln bei: über jungen Korallen und zahllosen Fischen dieses fremden Meeres, was mir bislang noch nie, nicht einmal
in Formentera gelang ...

Wirklich ein anderes Biofeld: scheinbar Zeitlosigkeit, Schwerelosigkeit,
Friedlichkeit – wie nicht auf diesem Planeten. Man ist "außerhalb".

Es spricht für die Menschen, selbst für die europäischen Touristen, daß sie
auf dieses Schnorcheln so versessen sind. Man selbst ist auch ganz schwerelos, braucht gar nicht zu schwimmen, schwebt von selbst ...

Aber auch hier, als die anfänglichen Beklemmungen weichen, bricht mein
Formulierunszwang voll wieder durch, mitten zwischen Korallen und schil-
lernden Fischen ...

Und alles scheint endlos, bis die schnelle Abenddämmerung hereinbricht
und ich einen sehr, sehr weiten Rückschwimm habe.

310.
Ich kann schon jetzt, nach weniger als drei Wochen, sagen, daß diese unge-
wohnte Einsamkeit meine Kreativität enorm beflügelt. Ist solche Erfahrung
vielleicht der Sinn dieser Reise?

Vielleicht entschlüsselt sich ja auch so das Geheimnis einer stattlichen Ab-
lehnungsliste: *en groupe* zu sein, ist uns gar nicht allzu bekömmlich.

311.
Die Thais scheinen mir wirklich völlig unbürgerlich zu sein, *in toto*: unkompliziert, unprovinziёll, wirklich tolerant – liberal.

Ao Lohdalamm auf Go Pih Pih, 20. November 1988

312.
Die hier üblichen Boote haben, sogar noch mit dem Additiv des Außenbord-
motors, eine ähnlich bestechende Schönheit wie die *Finca*-Häuser auf Formentera: reine Funktionalität ohne ästhetische Ambitionen. Das führt, in
den genannten Fällen, zu ästhetischen Volltreffern.

Aber hieraus resultiert auch: umgekehrt erreicht die reine ästhetische Ambition, die keinerlei Funktionalität hat, eine solche Schönheit nie; sie ist vielmehr unangenehm, vergleiche zum Beispiel die Arbeiten von Bob Wilson! Zurecht hat das Wort *Kunstgewerbe* einen so negativen *Haut gôut* (eigentlich *bas gôut*).

313.

Die beiden clownesken und unzertrennlichen Hunde mit den langen Ketten, *Black and White*, sind ebenso komisch wie rührend in ihrer emsigen Verquickung von Spieltrieb, Wachsamkeit und geradezu magischer Verbundenheit, Einheit.

314.

Die große Ähnlichkeit im Verhalten von Kindern in allen Kulturen und Mentalitäten. Ihre Bewegungen, ihre Spiele: hier sind die Unterschiede am geringsten, der gemeinsame Ursprung aller noch am sichtbarsten, am nächsten.

315.

Zwei Ziegenböcke kämpfen auf *"Charlie's"* Gartenterrain. Beide sind sexuell erregt. Ein europäischer Tourist fotografiert das. Die Tiere werden aus der Hotelanlage vertrieben.

Als zwei Kühe in derselben Hotelanlage grasen und die kostbaren Promenadenlaternen demolieren, werden sie weder fotografiert noch vertrieben. Freilich sind sie auch sexuëll nicht erregt.

316.

Die humanistischen Selbstbelobigungen des Menschen als *homo sapiens* gegenüber den Tieren erscheinen immer wieder als höchst fragwürdig und anfechtbar. Jedenfalls quantitativ dominieren gerade bei ihnen mit Sicherheit Dummheit und Bosheit über Geist und Moral.

Anders ist es mit dem Humor. Lachen können und tun wirklich fast alle Menschen, aber kein einziges Tier. Ist da was Übergeordnetes im Spiele? Könnte sein. Oder die Tiere kommen noch ohne Lachen zurecht, die Menschen schon nicht mehr.

317.
"Herald Tribune" in einer Ausgabe, die ich mir zufällig kaufe, auf den wichtigen Seiten 1 und 3:

"Glimpses of Realm Beyond Death Show Striking Parallels".

Raymond Moody's unwissenschaftliche Behauptungen vom Weiterleben nach dem Tode seïen jetzt wissenschaftlich und weltweit bestätigt. Wer einen klinischen Tod oder derlei erlebt hat (und das haben inzwischen zumindest acht Millionen erwachsene Amerikaner!), der lebe hiernach anders weiter. Selbstmörder täten "es" kein zweites Mal: logisch.

Also, mein *"Wahrer Jakob"*, jenes redaktionell seinerzeit unverkraftbar erachtete Fernsehspiel zu diesem Thema, nunmehr durch *"Herald Tribune"* itself bestätigt und somit schließlich gesellschafts-, insofern also eigentlich auch fernsehfähig geworden.

318.
Mein plötzliches und unerklärliches, ganz grundloses Gefühl, in Hamburg anrufen zu müssen, verifiziert sich auf magische Weise. Ich werde bereits telegrafisch (und wohl auch telepathisch) gesucht: denn ich soll da nun doch inszenieren.

319.
Es regnet ununterbrochen, ich inszeniere gleich fünfzehn Seiten und stimuliere mich mit Hummer, *Crêpe Suzette* und schick exotischem Cocktail. Hierbei heftiger Flirt mit Bohnonn. Ich winke ihn einfach heran und sage ihm *"kunn suai"*, *"Du bist hübsch"*. Er feixt. Als er später den Tisch wischt: *"Myarai? Myarai? Myarai?"* (*"Wann? Wann? Wann?"*). Er antwortet nicht; feixt aber diesmal nicht, sondern bleibt sehr ernst. Später faßt er mir im Vor-

beigehn zwischen all den andern Gästen einfach kurzer Hand ans Knie. Dann ist er plötzlich verschwunden, taucht aber, umgezogen, bald wieder auf, *en bleu*, mit Mützchen: *suai*! Er spielt mit mir, guckt mir bei meinem Abgang lange hinterher ...

Ao Lohdalamm auf Go Pih Pih, 21. November 1988

320.
Zweiter Regentag nach durchregneter Nacht. Über dem *Chinesischen Meere* wüte ein Taifun, der drücke den Nordost-Monsun regelwidrig hierher. *"On-ly a few days ... !"* Only a few days? In acht Tagen bin ich schon wieder in Hamburg! Aber ich akzeptiere solche *few days*, und Ayckbourne hilft mir über diesen Tag hinweg ...

321.
Schon am sehr frühen Morgen keifen die obdachlosen Fischerfrauën unter ihren Plastikplanen. Sie sind angsterregend. Sie sehen aus und hören sich an, als seiën sie von bösen Geistern besessen.

322.
An einem Nebentische im Restaurant eine konfuse Ghandi-Diskussion auf Bayrisch.

An einem andern Nebentische wird immerhin Capra gelesen, auf hoch-deutsch.

323.
Nach meinem siebenten *oversea call* wegen der *Hamburger Kammerspiele* treffe ich Sajann in *Bahn Tonn Sai*: Begrüßung wie unter alten Freunden.

Das stimuliert mich zu einem abendlichen *walk* am *"Kabanah's"* vorbei. Duang ruft hinter mir her, Mih kommt hinzu: ob ich schon in *Pih Pih Leh* war, inzwischen? Ob ich nicht bei ihnen essen wolle? Wie unter alten Freunden.

Ao Lohdalamm auf Go Pih Pih, 22. November 1988

324.
Dritter Regentag nach durchregneter Nacht.

Beim Frühstück mit dem obligaten *kao tomm kung* (Reissuppe mit Krabben) informiere ich Bohnonn, daß ich übermorgen abreise. Daher: *"Prungnih proht syya sih deng kunn"*. Er stutzt, ist irritiert und glaubt wohl, ich wolle sein rotes Hemd abstauben: die Verständigungschancen sind hier wirklich babylonisch – *mai kao dschaai*, ich nix verstehn.

325.
Wenn die Flut geht, läßt sie jedesmal ein gänzlich anderes Watt zurück – in Form, Fauna und Treibgut anders. Auch bei diesem jahrmillionenalten Ritus also keine Routine, keine Festlegung: Individualität!

326.
Die hiesigen Klosetts sind gleichfalls atavistisch, wiewohl anatomisch günstig: darmfreundlich und -beglückend. Was die Zivilisation nicht alles falsch macht: sogar das Scheißen ...

327.
Zumindest eine der keifenden Fischerfrauën aus dem benachbarten Slum ist in der Tat geistig gestört – oder von Geistern besessen ... Laut vor sich hinschimpfend durchquert sie die Hotelgärten.

Später pinkeln sie und ihr Mann gemeinsam vor den Touristen-Bungalows.

328.
"Herald Tribune" berichtet auf den wichtigen Seiten 1 und 5 über die nunmehr nachgewiesenen zerebralen und intellektuëllen Schwankungen parallel zu den Hormonspiegelschwankungen im Zusammenhang mit der Menstruation.

Entsprechende Untersuchungen der männlichen Sexualhormone haben noch nicht stattgefunden. Warum nicht, wird verschwiegen.

329.
Abends zum *Dinner* ins *"Kabanah's"* ... Mih bedient mich. Sawaang steht Wache, unterhält mich aufs Allersüßeste *"wie am ersten Tag"* und besorgt mir schließlich die erbetenen Negative von unserm unvergeßlichen *Mountain View Trip*.

Anschließend gehen wir – in Begleitung des mädchenhaften Sah, 17, der mich zwischendurch sehr ungeniert einhakt – ins Dorf und kaufen rätselhafte Materialiën ein. Dann bittet Sawaang mich in "sein Zimmer" in der barackenartigen Kellner-Kasernierung des Nobelschuppens. Zu siebt, sechs junge Kerle und eine schlecht gelaunte Ische, kleben wir Lotos-Schiffchen für das morgige *loi kratohng*: das festlich begangene Ende der Regenzeit und einen der Höhepunkte des buddhistischen Jahres. Man feiërt es beim letzten Vollmonde im November.

Sawaang, Mih, Duang, Sajann und der besonders hübsche, liebenswürdige und musische Nokk, der mich die entscheidende Melodie des Wortes *suai* (= hübsch) zu hören und zu sprechen lehrt: einer schöner als der andre, kleben, lachen, flachsen sie, informieren mich und nehmen mich auf freundschaftlichste Weise in ihrem feiërabendlichen Kreise auf – besorgen mir Milch, laden mich als Gast zu ihrem morgigen *loi kratohng* ein und respektieren mich liebevoll als Sawaangs Besuch oder Freund.

Als ich mich endlich losreiße und gehe, begleitet Sawaang mich bis zu meinem Bungalow, will dann aber sehr schnell zurück *"zu seinem Lotos-Schiffchen"*. Das ist richtig so. Das Ganze ist viel zu zart und keusch für Gröberes. Von diesen Menschen lerne ich viel, Hut ab.

Ao Lohdalamm auf Go Pih Pih, 23. November 1988

330.
Das Wetter ist gekippt, scheint's.

Also gleich morgens die längst geplante Exkursion im *longtail boat* nach *Long Beach*, dem von Karin so propagierten Geheimtip der Insel. Strandauf, strandab dort: Enge. Und Karins Spuren sind verweht ...

Aber der angekettete Affe, der das plumpe deutsche Glotz-Kind attackiert, ist eine Wonne. Seine Schnelligkeit gegenüber der Behäbigkeit seines pseudo-evolutionierten Nachfahren!

Dann schnell zurück zu einem Jausendrink bei Sawaang und Mih; Fazit: noch diesen Mittag fahren wir endlich nach *Pih Pih Leh*, zu siebt.

Aber zuvor noch Foto-Session im Kellner-Biwak. Dann strapaziöse Überfahrt bei hohem Seegang, teils auch in strömendem Regen. Die Wunder dieser Zwillings-Insel: die Bucht von *Loh Sah Mah*, quasi ein Binnensee, idyllisch, zwischen schwindelerregend hohen Fjorden; der generöse Majah-Strand mit sprudelndem Felsenquell, wiewohl beträchtlich verregnet; die eindrucksvolle *Viking Cave* mit den Seeschwalbennestern und Höhlenzeichnungen.

Das alles begleitet von endlosem Fotografieren, teils illegal, und viel Gelächter. Witzchen schon über Sawaang und mich übergehen wir beide mit lächelnder Würde und exklusiven Fotos. Ihm ist das alles offenbar gar nicht so unlieb, eher schmeichelhaft. Wieder fällt mir seine (wie auch der anderen) Selbstsicherheit auf: *Ego* im Idealmaß. Mit sich im Reinen, aber nie auf Kosten anderer. Heile Psyche, vor dem Sündenfall. Und Sawaang – das bedeute *"bright"*.

Aber sein schamhaftes Handtuch, knallrot, bleibt ein Rätsel, das gelöst werden will ...

Zum *Dinner* später scheint sich meine erste Begegnung mit Sawaang zu wiederholen: mit all ihrem rituëllen, sensiblen Asiaten-Charme, der mich so betört.

331.
Abends dann das *loi-kratohng*-Fest.

Zuërst im Zimmer von Mih und Duang, dann von Nokk und Sajann: Musik und Whisky und Hingabe an die außergewöhnlich dichte, intime und sinnliche Atmosphäre. Sawaang betrinkt sich blitzschnell mit Wkisky *Mae Kong* und ist den Rest des Abends außer Rand und Band: ein junger Bock, ein Faun, mit blühendem Witz und aggressiver Vitalität. Der Whisky setzt auch Englischkenntnisse frei, die sonst von Scheu blockiert werden mögen. Ohne Hemmung, ohne Punkt und Komma strömt sein englischer Redefluß mühelos daher: *"Do you enjoy? If you enjoy I am happy. If you no enjoy I am unhappy."* Und vom Pinkeln am Wegesrande zurückkehrend: *"My toilet was very happy ... very romantic ... "*

Das eigentliche Fest auf dem überfüllten Schulhof, den ich mit einer kichernden Suite von etwa zehn jungen "Gästen" betrete, findet bei strömendstem Dauerregen statt. Er läßt unsereinen ahnen, was das ist: Monsun.

Trotzdem tanzen wir – ich als einziger *farang* (Fremder) und Hand in Hand mit Sawaang. Sein Bekenntnis zu mir ist nun vollends öffentlich, vor versammeltem Inselvolke: ohne Kalkül, wohl auch ohne sexuëlle Motivation, aber demonstrativ und wie selbstverständlich – eine vorbehaltlose Kundgabe unserer Zusammengehörigkeit. Er läßt mich und alle wissen, daß er sich für mich zuständig fühlt. Er tanzt auch unmißverständlich obszön mit mir, *coram publico.* Er hält mir platzende Knallkörper dicht vor die Hose und platzt fast selbst vor Vitalität, in die er mich deutlich und pausenlos einbezieht.

Dann bietet er mir sein Zimmer, sein Bett, seine Kleidung an ... ein exzessives Angebot brüderlicher Intimität. Aber nicht eine Sekunde lang verliert er die *Contenance* ...

Und als der Regen nicht aufhört, sonders alles und jeden bis ins Innerste durchnäßt und aufweicht, da treten wir unsern Rückweg an, Hand in Hand, durch knöcheltiefes Pfützenmeer, das uferlos in den angrenzenden Dschungel schwappt und den einzigen Pfad nicht einmal mehr ahnen läßt ...

Um Mitternacht sind wir dann fast allein am leeren, verregneten Strande von Lohdalamm. Die Szene ist plötzlich intim und still. Sawaang setzt für uns beide ein *kratohng,* ein Lotos-Schiffchen mit brennender Kerze, im Meere aus. Er ist jetzt ganz bei sich, leise und gesammelt. Er skizziert den religiösen Hintergrund dieses Brauchtums und bittet Gott, daß wir uns wiedersehen ...

Für mich ist das Ganze wie ein Traum. Oder ist es wirklich mein Traum: jener Traum in der Nacht davor, vor unserm ersten Treffen? Wie im Traume nun auch in der Realität der abrupte Abbruch. Im immer weiter strömenden Monsunregen besteht meine Vernunft auf Beëndigung des Festes. Sawaang begleitet mich zu meinem Bungalow. Dort der höfliche, distanzierte, fast formelle Abschied – was aber wohl auch an mir liegt. Ich lade ihn nicht ein, ich bedränge ihn nicht. Warum nicht? Nicht nur aus Schüchternheit. Und nicht nur aus Vernunft. Wohl auch aus Furcht vor einer Absage, die die ganze Begegnung im letzten Momente trüben und rückwirkend mißlungen erscheinen lassen könnte.

Aber auch aus Ratlosigkeit vor seinen Motiven. Er ist wohl doch noch ganz unerfahren, letztlich auf Frauën aus, seine Sympathie zu mir ist ohne Flirt – was aber auch für ihren Ernst sprechen mag. Denn die plump eindeutigen Anspielungen und Fragen der Mädchen (*"Do you like Sawaang?"* – *"Yes, I like him."* – *"But do you like him very much?"* – *"Yes."*) – die nimmt er lässig, ohne jede Verlegenheit, wie selbstverständlich hin, auch und gerade meine Antworten.

Ich glaube, es ist schön, daß das Ganze für immer ein Rätsel bleiben wird. So wird es seinen Zauber behalten, solange ich daran denken kann.

Das Erstaunliche und Beglückende ist auch unser wortloses, kommentarloses Einverständnis. Nie ein Wort über das, was da zwischen uns entstand und ablief. Eine Präsenz ohne Interpretation.

332.
Zu dieser unvergeßlich wahnsinnigen Nacht des *loi kratohng* auf *Go Pih Pih* gehört auch die beglückende Beobachtung und Erfahrung, wie hier die Menschen noch nicht naturentfremdet sind. Wie sie im strömendsten Regen tanzen, wie sie Pfützen nicht zu umgehen versuchen, wie sie mit Kleidern ins Meer gehen ... aber schon neulich ihr Irrweg durch den Dschungel ... oder heute nachmittag ihr spielerischer Umgang mit hohem Seegang – alles das: sie haben sich von dem, was wir Natur nennen, nicht entfernt, nicht abgesondert. Sie sind eine Einheit damit, ungetrennt. Eine bewegende Reminiszenz.

Fast fünf Monate später lese ich in Hamburg in den *"Studien zur Literatur der Thai"*, Band 1, von Klaus Wenck (Hamburg 1982):

" ... Die Natur wird nirgendwo als dem Menschen feindlicher Widerpart empfunden, als etwas Unheimliches, Nicht-Erklärbares.

Man ist sich ihrer Schönheit stets bewußt und fühlt sich in ihr offensichtlich geborgen. Ein Gefühl von der Einheit alles Seienden ist latent vorhanden, von der Gleichwertigkeit jeglicher Lebensform, – was als Relikt der magischen Weltsicht angesehen werden mag." (Seite 11)

In diese *"magische Weltsicht"* tuë ich auch meine unerklärbare Begegnung mit Sawaang hinein ...

Puhgett, 24. November 1988

333.

Abreise von *Go Pih Pih*, früh morgens, mit Mih im Schiff.

Da kommt, in letzter Sekunde, Sawaang in den Hafen geträumt: blitzblank, ohne Whisky-Spuren, aus dem Ei gepellt, aber wie ein Schlafwandler, wie in Zeitlupe oder Trance. Der junge Bock ist verschwunden. Er ist wieder ganz zart, leise, sanft, höflich, formell und wortkarg. Der Abschied ist eher kühl, gleichsam desinteressiert, ganz unsentimental. Und notgedrungen ganz kurz: unser Schiff sticht in See.

334.

Mih hat mich überdies aufs falsche Boot gelotst. Ich bin zu spät in Krabih und glaube entsetzt, den Bus nach *Suraat Tanih* verpaßt zu haben, wo ich abends mein Flugzeug nach Bangkok erreichen muß.

Irrlauf mit zwei ratlosen einheimischen Lotsen im Kreise durch Krabih, bis ich erfahre, daß es heute einen Bus nach *Suraat Tanih* weder gab noch geben wird: die Strecke steht unter Wasser.

(Erst andern Tages lese ich in der Zeitung von den entsetzlichen Verwüstungen dieser Sturmflut in *Suraat Tanih* und andern Orts, der verheerendsten Unwetterkatastrophe in Südthailand seit hundert Jahren: auch ein Boot von

Go Samui nach *Suraat Tanih*, auf "meiner" Strecke also, ist mit sechzig Personen an Bord gekentert!).

Was nun? Wohin?

Die *Travel Agencies*, von hilfsbereiten und dienstbeflissenen Geschöpfen sonst immer überfüllt, sind plötzlich wie ausgestorben. Hier wird nicht mehr gereist. Wohl dem, der noch ein Dach hat, über seinem Kopfe!

Mih verabschiedet sich mit überraschender und überstürzter Überreichung der beiden Filme von unsern gestrigen Lustbarkeiten. Dann ist er weg.

Was nun? Wohin?

Ein poverer kleiner Chinese im menschenleeren *Tourist Office* bietet sich an, mich nach Puhgett, zum nächsterreichbaren Flughafen, "mitzunehmen". (Dort aber Flüge telefonisch zu buchen, sei nicht möglich: der Monsun habe jeglichen Telefonkontakt unterbrochen.) Dieses "Mitnehmen" erfolgt dann also per Liniënbus: vier elende Stunden lang durch ein grauës, verregnetes, glanzloses Land. Der Bus ist mehr als überfüllt und hält in jedem Dorf; die Stimmung der Passagiere verharrt in stumpfer Hinnahme und geduldiger Versunkenheit.

Am Spätnachmittag endlich in Puhgett: im *Office* der *Thai Airways* beginnt nun meine Begegnung mit der Zerstörung hiesiger Mentalität und Kultur. Und ich komme erst nach drei Tagen weg von hier: denn auch hier hat es so geregnet, daß eine Massenflucht der Touristen sämtliche Flüge okkupiert hat. Also lasse ich mich nach *Patohng Beach* kutschieren und im *"Seagull Cottages"* einquartieren.

335.
Ich esse im *"Patohng Seafood"*, Duangs künftiger Arbeitsstelle, einem nur von männlichen Kellnern ungewöhnlich dominierten Riesenlokal, und pflege die Wehmut meiner Nostalgie im Gedanken an die gestrigen Höhenflüge meiner Seele.

Anschließend eine nächtliche Ortsbesichtigung dieses berühmten Feriënparadieses für ganze Bataillone europäischer und amerikanischer Urlauber.

Die Begegnung mit diesem Puhgett ist schockhaft, traumatisch. Rimini, Benidorm, *Miami Beach* in einem. Billigster Neckermann-Tourismus mit allerbilligsten Sex-Offerten. Prostitution total. Es dominieren deutsches und italiënisches Proletariat. Alles, was dieses Land und seine Menschen auszeichnet und so unik macht, ist hier zerstört. Die Gesichter der Thais verschlossen, ernst bis bitter, gleichgültig, ohne Lächeln. Ihre Augen verändert: kalt, hart, mißtrauïsch, lauërnd. Ihre Münder: fest geschlossen, lippenlos verkniffen. Wie überall in der Welt: der "Markt" hat zugeschlagen, der Mammon herrscht ...

Man könnte weinen: der Sündenfall!

Patohng auf Puhgett, 25. November 1988

336.

Im Liegestuhl unterm Sonnenschirme beënde ich die *"Bertinis"*. (Schade, daß Giordano literarische Ambitionen hatte! Sein Thema verträgt die nicht. Obwohl Adornos Verdikt jeder Lyrik nach Auschwitz so wohl sicher nicht stimmt – : Epigonales verbietet sich mit Gewißheit; und Gefallsüchtiges erst recht.)

338.

Sawaang und sein Freundeskreis halten mich noch ganz besetzt. Ist das bei mir auch, sei es punktuëll, ein Ersatz für Familië, deren bergenden Schoß? Tatsächlich bin ich in ihrer Gesellschaft wie willenlos, passiv und ohne Initiative gewesen: habe nur genossen, mich nur hingegeben.

339.

Auffällig und interessant ist die Koïnzidenz von landesweiter Katastrophe, Zusammenbruch meiner Reiseorganisation, diversen Pannen, finanziëllen Einbußen und gesundheitlichen *Malaisen*: alles am selben Tage und wie eine Gegenreaktion auf den ungetrübten Höhenflug der letzten drei Wochen. Unbegreiflich und doch als eine Naturgesetzmäßigkeit empfunden und akzeptiert.

Ein paar Stunden lang war die neu akquirierte asiatische Lebenshaltung in
Gefahr, verraten, aufgegeben und gegen die obligaten panischen Depressionen solcher Situationen eingetauscht zu werden. Daß es mir gelingt, das so
zu bemerken und zu verhindern, werte ich denn doch immerhin noch als einen Pluspunkt: aber für Asiën oder für mich?

340.
Eins der makabersten Phänomene von Puhgett ist die ortsübliche Langzeit-
Verbindung alter, verhutzelter deutscher Proletariër mit vitalen jungen Thai-
Frauën: Prostitution mit Mengenrabatt als die totale, wortlose Langeweile,
auf beiden Seiten.

Aber manche angeheuërten Prostituierten übertragen hier (unbewußt?, bewußt?) ihren traditionellen mütterlichen Familiënsinn kurzer Hand auch auf
diese scheußlichen ausländischen Freiër. Sie kümmern sich um sie wie um
ihre Männer und Söhne, mit selbstverständlicher Fürsorglichkeit, auch in
außersexuëllen Bereichen. Mütter und Ehefrauen auf Zeit und für Geld. Warum nicht?

341.
Aber der Strand von Patohng ist bei Ebbe doch sehr imposant.

Nur ist sein Watt wie tot – ohne Tiere, ohne Pflanzen, ohne Treibgut (außer
dem *kratohng*-Styropor vom Vortage): schon eine Folge des Tourismus?

342.
Wie das Watt ist auch das Land hier gleichsam steril: ohne Dörfer, ohne
Einheimische – eine künstliche, unorganische Retortensiedlung mit Passanten, *come and go*, statt Einwohnern. Kein einziges authentisches Wohnhaus
der hiesigen Bevölkerung ist auszumachen – wiewohl es das eigentlich geben müßte. Aber wahrscheinlich kommen die zahllosen Arbeitnehmer allmorgendlich von weit her angeknattert.

Der Zauber des Thai-Wesens, hier gleichwohl zerstört und nostalgischer
Trauër preisgegeben: ist er im Übrigen eine kulturelle (buddhistische?) Lei-

stung? Oder ist er pure Natur, noch diesseits der Zerstörungen durch die Zivilisation? Ein Mensch wie Sawaang ist der Sohn eines Kautschukzapfers aus Krabih, einem Provinzkaff. Sein ganzer reicher Fundus an menschlicher Liebenswürdigkeit wäre demnach einfach "Natur"?

Ein Gesichtspunkt, der vieles auf den Kopf stellt. (Parallelen zu Indianern und Afrikanern fallen natürlich ein!) Vielleicht ist ja wirklich alles ein gigantisches Verschulden dessen, was wir als Zivilisation bezeichnen, des Kapitalismus und des Christentums, kurz: Europas.

Dieser Interpretation entspricht auch wie bestellt das hiesige Auftreten der Europäer: ein Desaster.

343.

In diesem komplexen Sinne faszinieren, erschrecken, belustigen und betreffen mich die beiden geschminkten Transvestiten-*Showstars*, die mir blitzschnell von ihrem Moped zuwinken, das sie zu ihrer Arbeitsstelle bringt, dem relativ legendären *"Black and White"*. Ihr Reaktions-Tempo besticht mich. Aber dieses *"Black and White"*, das am ersten Abend sofort auf meinem Wege lag, ist heute wie vom Erdboden verschluckt: eine lange, ermüdende Suche bleibt erfolglos – es ist weg, wie fortgezaubert, als sollte ich da nicht hin.

Stattdessen ins nächtlich leere *"My Way"*, wo die *hosts* numeriert sind und ihre Namen außerdem gegen Buchstaben getauscht haben. Nr. 33 nennt sich X und fragt den Europäer, nach obligat rührseligem Armutsrapport, bei entstehender Gelegenheit: *"It's so big – why?"* – *"Why not?"* – Thai-Lachen.

Patohng auf Puhgett, 26. November 1988

344.

Ob es eine Thai-Literatur gibt: mit dieser Sprache? Das interessiert mich jetzt sehr. Vielleicht sind ja alle Flektions-Finessen des Lateinischen *et ceterorum* nichts als reine Umständlichkeiten, *ergo* mangelnde Sprachbegabung ... ? Falls man auch auf so einfache Weise Kompliziertes literarisieren kann: das wäre sensationell. Aber ein Zweites Futur, der ganze Konjunktiv, das Plusquamperfekt???

345.

Noch wichtiger wird mir hier, wie die Thais wohl mit dem Tode umgehen mögen, aber *in praxi*, also abgesehen von der buddhistischen Theorie.

Vielleicht ist jene Sorglosigkeit in diesen Zusammenhang zu stellen, mit der mir Mih auf dem Schiffe von den Überschwemmungen in seinem Heimatorte *Nakonn Sih Tammaratt* berichtete. Später lese ich, daß dieser Ort mit am meisten von der Jahrhundert-Katastrophe betroffen wurde und daß es dort zahllose Tote, Vermißte und Verletzte gebe. Um seine Eltern, seine Familië dort hat Mih da kein einziges Wort der Sorge verloren. Er hatte auch nicht die Absicht, sie in seinen fünf freiën Tagen zu besuchen.

Oder ist das nur brutale Neunzehnjährigkeit?

346.

Da habe ich mich also mitten im Glücksrausche unseres Regentanzes beim *loi kratohng* an der Peripherie einer Jahrhundert-Naturkatastrophe befunden. Um ein Geringes hätte es auch mich erwischen können. Eine neuë Erfahrung, aber ohne allzu großen Schauder oder Schrecken.

Schuld an der Tragödië sind angeblich auch Waldrodungen.

Also doch auch hier keine stimmige Ökologie mehr.

347.

Wie jeder Strand seine Spezialität entwickelt: was im *Beau Vallon* der Seychellen das *Paragliding* war, ist hier der *Water Scooter*. Auch hierin präsentieren die vermietenden Jungs die verblüffendste Artistik, zumal im Umgang mit der Brandung.

348.

Und heute abend ist das *"Black and White"* plötzlich wieder da: genau, wo ich es gestern vergeblich gesucht hatte. Wo war es da? Magisch. Das sollte wohl *partout* nicht sein. Aber nun habe ich keine Lust mehr auf den hiesigen kommerzialisierten Eros.

Auch habe ich an diesem letzten Tage noch einen kräftigen Sonnenbrand eingefangen: ich glaube, mein Körper ist nun zur Genüge herausgefordert und geht lieber allein ins eigene Bett.

349.
Auffallend, daß auch in diesem Lande die Mächtigen, die Funktionäre, die herrschende Klasse von exorbitanter Häßlichkeit sind. Aktuëlle Fernseh-Reportagen bestätigen das zudem. Nur das Volk ist schön. Diese gesellschaftlichen und finanziëllen Karriëren korrumpieren also nicht nur Geister und Seelen, sondern folgerichtig auch die Leiber.

Bangkok, 27. November 1988

350.
Meine Ankunft in Bangkok läßt sich der König nicht entgehen – *"Oh – : King!"*. Mit einer Kavalkade beigefarbener Mercedesse von *anno* Tobak fährt er unauffällig an mir vorbei. Ein amabler Royalismus ...

351.
Das miese alte *Atlanta Hotel* in einer Seitenstraße der Sukumwitt steht unter dem nachlesbar präsentierten Motto *"Sub lege libertas"* – ein hoher Anspruch.

Aber der heutigen Direktion scheint die *libertas* sehr viel näher zu stehen als die *lex*. Das Etablissement könnte von Tennessee Williams sein: vor Urzeiten generös konzipiert, ist es jetzt verwahrlost und ausgestorben. Niemand ist mehr an Vermietung interessiert. Alles erlischt langsam vor sich hin. Luxus wie Sitten von *anno* dazumal sind dem Verfall preisgegeben ... Ein entsprechend buntes Völkchen residiert hier am Rande oder jenseits jedweder Legalität ...

352.
Bangkok ist auch jetzt wieder ein Monstrum, ein Moloch, ein einziger
Wahnsinn, außer Rand und Band.

353.
Umso mehr überrascht und fasziniert es, mitten in diesem höllisch brutalen
Hexenkessel immer wieder Menschen von extremer Sensibilität zu entdek-
ken, die zum Beispiel über große Entfernungen quer durch sechsspurigen
rush-hour-Verkehr hindurch sofort einen Blick im Rücken spüren und reagieren ... oder die einen Passanten auf einer Hauptverkehrs- und Geschäfts-
straße nach mehreren Tagen sofort wiedererkennen und wie einen Bekannten begrüßen: *"How are you today?"* – obwohl noch nie ein Wort gewech-
selt wurde ... Und derlei mehr, keine Seltenheiten ...

354.
Ich beginne mit einer impressionistischen Erforschung der gigantischen Ein-
kaufsstraße Sukumwitt, einer von unzählbar vielen in gleicher Größenord-
nung ... Aber schon bestelle ich mir die ersten Maßschuhe meines Lebens,
aus Eidechsenleder – aber auch Rinder wären Tiere.

355.
China Town. Das zu beschreiben, fehlen der deutschen Sprache die Vokabeln. *Circa* zehntausend kulinarische Artikel, für die es mit Sicherheit kein
deutsches Wort gibt, weil schon der Begriff fehlt, die Sache nicht bekannt
ist. Wie auf einem andern Planeten: exzessiv und primitiv in einem, *large*
und pover, luxuriös und unhygienisch zugleich. Unvergeßlich uniker Höhepunkt in dieser Hinsicht: die Straße *Tscharöhn Krung* mit Brettern über
Schlamm und Wasser ...

356.
Dann ins *Boss Steam Work,* eine auffällig annoncierende Sauna mit Strich-
betrieb.

357.

Dinner im vielgepriesenen Restaurant *Tschittpotschanah* mit guter authentischer Küche, aber für Reisegesellschaften ...

358.

Nächtliche Passage durch die *Pattpohng Road*, neben der Reeperbahn und *Große Freiheit* verblassen, und durch andere Nebenstraße der *Silom Road*. In *"Harry's"* empfohlener Bar, die mein starrsinniger Taxifahrer hartnäckig mit jenem *Rome Club* meines ersten hiesigen Abends verwechselt, beginnt der Betrieb erst nach Mitternacht.

Das ist meiner Müdigkeit zu spät.

Bangkok, 28. November 1988

359.

Vormittags absolviere ich das klassische *sight-seeing*-Programm, aber auf eigene Faust – also *Sanamm Luang* mit *Grand Palace* und *Watt Prah Gäo*, mit Universität, Ministeriën, Museën *et ceteris*: Bangkoks offiziëlle Repräsentation königlicher-, staatlicher- und klerikalerseits.

Abermals treibt es mich auch ins *Watt Po*, aber die Massagehallen sind überfüllt.

360.

Vor dem Kloster spricht mich auf deutsch ein besonders einfallsreicher Schlepper an, der sich als Theologiestudenten ausgibt und mir sein Kloster zeigen will, um auf diese Weise seine (wirklich schon beachtlichen) Deutschkenntnisse zu vervollkommnen. Er nennt sich William, wiewohl er *Sangad Kongkam* heißt, und ist pfiffig genug, mich in ein Gespräch und *ergo* in eine Führung zu verwickeln, die ich allerdings keineswegs zu bereuën habe.

Auf faszinierenden Slum-Schleichwegen lotst er mich zu einem wartenden *longtail boat*, das mich *Tschao-Prajah*-aufwärts zu einem außerhalb der Stadt gelegenen und angeblich besonders wichtigen und besonders dekorativ ausgestatteten Kloster bringt, wo ich mit "William", der sich hier als Meister deutschsprachiger Obszönitäten ausweist, vor einem prominent besetzten Sarkophage gebetsartige Körperhaltungen einnehmen muß. *Why not?* Der Rückweg führt kreuz und quer durch die Klohngs und macht Station auf einer Schlangenfarm. Das alles ist höchst eindrucksvoll – von einer ganz außergewöhnlichen Atmosphäre und durch William's gewitzte Konversation gewürzt.

361.

Der Nachmittag gehört *shopping*-Versuchen auf Sukumwitt und dem Ordern von Seidenhemden bei der unliebenswürdigen dicken Riesen-Inderin, die ihren Laden *"Gino's"* nennt und in ihre Werbung einen Satz in deutscher Sprache aufgenommen hat: *"Zufriedenheit ist bei uns inbegriffen"*.

362.

Und dann versuche ich, mit Tar zu telefonieren. Es mißlingt. Unter seiner Nummer melden sich nur diverse einander panisch ablösende Frauën, die alle kein Wort Englisch verstehen und dieses Manko mit leicht hysterischem Kichern kompensieren. Eine bringt es stotternd bis zu den Worten *"big house"*. Das ist dann also das Ende dieser attraktiven Episode, mit der es hierzulande für mich begann ...

363.

Als Ersatz lasse ich mir von meinem besonders hilfsbereiten, besonders liebenswürdigen und hübschen kleinen Hotelier einen Platz in einem klassischen Thai-Restaurant reservieren, wo man während des *Dinners* klassische Folklore-Tänze zu sehen bekommt. Das Essen ist vorzüglich, das Tanzen unerreichbar fern, die vielzüngige Moderatorin durch einen Sprachfehler besonders komisch, die Organisation kommerziëll und massentouristisch. Nach dem letzten Schluck und Bissen wird man zur Kasse gebeten und an die frische (?) Luft gesetzt.

364.

Das treibt mich denn doch noch in die Bar *"Big Boy"*, wo ich etwas reizlose Fotoalben vorgelegt bekomme. *Host* Somsakk erzählt mir dann die (wahr oder erlogen?) rührende Geschichte seines armen Lebens als unbemittelter Schüler und stellt dann auch die bereits obligate *"Why"*-Frage ...

Das war dann der letzte Abend in Bangkok.

Bangkok, 29. November 1988

365.

Diesen letzten Vormittag nehme und gebe ich mir "frei".

Seine erste Hälfte verbringe ich, feriënhaft lesend, zwischen Eichhörnchen und exotischen Schmetterlingen im Hotelgarten am einsamen *Swimming Pool*: in einer tropischen Oase inmitten des smoggeschwängerten Wolkenkratzermeeres; dieser Garten ist eine Reminiszenz daran, wie dieses Bangkok noch vor zweihundert Jahren aussah – ein Urwald.

Dann komplettiere ich mein Sukumwitt *shopping*: Seidenhemden, Eidechsen-Schuhe, Reisetasche, T-shirts und die Yin-Yang-Ohrringe für Leonardo und mich ...

366.

Dann das offiziëlle *River-cruising* über *Tschao Prajah River* und die Klohngs von Tonnburih: zuërst in einem rasanten *Long-tail*-Schnellboot durch diese unvergleichliche exotische Idylle, die auch das naheliegende Aufrechnen gegen das *Tigre Delta* des *Rio Paranà* bei *Buenos Aires* souverän besteht; dann das Umsteigen auf ein lautlos und behutsam dahingleitendes Schwimmendes Obstbüffet mit selbstlos devoter, aber sehr schmucker Bedienung und ausgefallensten Früchten ... : mehrere Stunden lang in paradiesischem *ambiente*.

Auf der Rückfahrt liegt der Bootsschuppen des *Klohng Bangkok Noi* mit den Königlichen Barken zusätzlich auch noch ins Gold der spätnachmittäglichen Sonne getaucht. Schräg gegenüber sticht das Kloster *Watt Arun*, kambodschanischer Abstammung, mit seinem spröderen und originelleren Stil gegen die hiesige Zuckerbäckerei auf wohltuënde Weise ab.

Ein englisches Ehepaar, das in Spaniën lebt, aber kein Wort Spanisch versteht, sucht so lange Kontakt zu mir, bis ich es mitsamt seinem latenten sozialen Hochmut in die Zahl jener *happy few* einbeziehe, die wissen müssen, daß Geld nicht glücklich macht. Als sich unsere Wege später trennen, verweigern sie mir infolgedessen sogar den Abschiedsgruß und ignorieren mich. Strafe muß sein für derlei Kommunismus!

367.

Mein Abschieds*dinner* nehme ich im kantinenartigen Restaurant meines dahindämmernden Tennessee-Williams-Hotels inmitten sogenannter Travellers ein und bezahle dafür umgerechnet siebzig Pfennige.

Der abermals festgestellte soziale Hochmut nun wiederum dieser Travellers beruht ausschließlich auf deren vermeintlicher Fähigkeit, so "günstig" zu reisen wie niemand sonst. Das ist ihr entscheidendes Kriterium, dem sie alles unterordnen. Es ist auch ihre eigentliche Motivation einer solchen Reise. Denn im Übrigen versuchen sie, so unverändert zu leben, wie irgend möglich: sie essen heimisches Müsli und heimischen Yoghurt, trinken heimisches Bier und gucken internationale Videos; so verstreicht die Reisezeit ...

Dem entspricht auf den Punkt ein Reiseführer, der diese Art Travellers anspricht und betreut; den 75 Millionen Jahre alten Muschelfriedhof *Ssussaan Hoi* nahe Krabih zum Beispiel, eine planetarische Rarität ersten Ranges, erledigt er mit folgendem Satze: *"Ein typisches Ausflugsziel für Thais, für die meisten Traveller nicht besonders beeindruckend."*

Was nicht günstig, sondern gratis zu haben ist, macht keinen Eindruck.

368.

Besagte Travellers (und andere!) schlagen sich durch den Dschungel hiesiger Sprach- und Kommunikations-Dilemmata, indem sie pausenlos das hier meistgebrauchte und immer verstandene Wort *okay* verwenden. Ausgerechnet diese anonyme Chiffre, von der in Wahrheit niemand weiß, was sie bedeutet: die versteht hier jeder.

369.

Der adrette Taxifahrer, der mich zum weit entfernten Flughafen bringt, kann in der Tat kein einziges englisches Wort sprechen oder verstehen. Das kompensiert er durch die wortlose Demonstration seiner wirklich beachtlichen Fahrkünste, die mich binnen kürzestem ans gewünschte Ziel bringen. Meinen entsprechenden *Obolus* quittiert er mit einer beeindruckend schönen und keuschen Variante des *Wai*, jener hierzulande klassischen Geste der gebetartig zusammengelegten Handflächen, womit so viel zum Ausdruck gebracht wird. Seine Version berührt mich tief. Ich verstehe sie als Symbol des Abschieds von diesem rätselhaften und schönen Volk.

370.

Das wahre Abschiedssymbol liefert mir dann aber der junge Sicherheitsbeamte, der mit der obligaten Leibesvisitation beauftragt ist. In all seiner prototypischen Schönheit blickt er mir schon mit lachenden und flirtenden Augen entgegen. Meine entsprechende Reaktion legt er als *permit* aus, seine Pflicht zu tun, indem er mich so spielerisch wie erotisch durchkitzelt. Für diese bezaubernde Auslegung seiner Vorschriften bedanke ich mich mit *"kohp kunn kapp"*. Er platzt vor Lachen.

Das ist Thai.

Damit verlasse ich das Land.

Dieser Abschied ist unik und bleibt unvergeßlich ...

Madrid, 13. Oktober 1989

371.

Das Abreisedatum ist eine Provokation: Freitag, der 13.!

Und schon die Ouvertüre, der einleitende "Anschlußflug" von Hamburg nach Madrid, bleibt in Barcelona um ein Haar auf der Strecke.

Die für Luxemburg angekündigte Zwischenlandung, die diesen Flug so übergebührlich aufbläht, findet also sinnvoller Weise in meinem Barcelona statt und wird aus bürokratisch-zöllnerischen Gründen zu einem panisch gehetzten Aus- und Wiedereinstiegs-Manöver mißbraucht, für das man dann zu arger Letzt auch noch die Hamburger Platzkarte vorweisen muß. Wer das nicht weiß und tut, wie ich: der kommt nicht wieder rein in die Maschine – o Kafka unser, der du ... !

Wie zur Entschädigung für diese erlittene Unbill spricht mich bei der Ankunft im Madrider Flughafen gleich eine Dame von *Iberias "Amigo"* auf wohltuënde Weise mit meinem Namen an und händigt mich einem sympathisch aufgeschlossenen Fahrer aus, der mich auf individuëlle Art und unter liebenswürdig-informativer Konversation quer durch die dämmerungsdüstere und leicht beklemmende Metropole ins muffige *Hotel Mayorazco* an der *Gran Via* transportiert.

Dort ist der Service ebenso schlecht wie das povere Abendessen, so daß ich mich anschließend mit einem Besuch von *"Internacional 3"*, der laut *Spartacus* größten madrilenischen Sauna, zu belohnen veranlaßt fühle.

Schon die Taxifahrt zur *Calle Maestro Arbos* ist insofern leicht bizarr, als mich der Fahrer fragt, ob ich von Beruf Lastwagenfahrer sei. Das gefällt mir noch. Nachdenklicher werde ich, als die Tour in ein riesiges Areal nächtlich verlassener Markthallen und Lagerhäuser führt, das dunkel und vollkommen menschenleer dem frühmorgendlich vermutlich turbulenten Treiben entgegendämmert. Die Szenerie ist absolut beängstigend und ein perfektes Krimi-*Set* für Verfolgungsjagd samt Ermordungsklimax, nur die Filmmusik fehlt.

Sicherheitshalber lasse ich den *taxista* vor dem unbeschrifteten, dunklen Hause Nr. 23 warten, aber mein Klingeln öffnet sesamartig prompt die anonyme Tür, und ich befinde mich in einer primitiven, turmartig über mehrere Etagen konzipierten Männersauna, die überwiegend von virilen Proletariërn mittleren Alters frequentiert ist. Entsprechend unverklemmt ist die Atmosphäre. Man spricht hier sogar miteinander. Mich fragt man immer wieder nach Herkunft und Nationalität, dann gibt man mir in allgemeinem *team work* skeptische Tips zum hiesigen Nachtleben. Ein Typ wie ich scheint hier einen gewissen Seltenheitswert zu haben.

Am schnellsten reagiert Emanuel, indem er mich kontaktfreudig, witzig und englischsprachig zunächst in seine Konversation verstrickt. Wie in einem schlechten Film: dieser Emanuel ist wahrhaftig Flamenco-Sänger und just im Aufbruch nach Venezuëla zu einer Konzert-Tournee, überdies von jüdisch-christlicher Melange und eine fast manische Kontakt- und Ulk-Nudel, im Dampfraum allerdings eher gehemmt und etepetete, im weiteren Verlaufe des Abends dann beträchtlichem Bierkonsum verfallen, der in zunehmendem Maße seine Empfindlichkeit und Verletztheit, seine Einsamkeit und sein Kaputtsein offenbaren hilft. *"Mi amigo mejor es mi mano."*

Zu guter und schlechter Letzt soll alles auf Urinsex hinauslaufen, dem ich mich aber höflich entziehe, Flamenco hin oder her.

Der Rückweg durch die leeren Markt- und Lagerhallen-Straßen ist stark angstauslösend, das Taxi endlich wie ein Rettungswagen, das muffige *Mayorazco* ein heimeliges Refugium, eine wahre Schutzburg.

Wie vor einem Jahr in Bangkok: schon der erste Abend überfällt mich extrem mit ebenjener Exotik, die zu finden ich ja eigens ausfahre.

Also, *vamos – adelante ...* !

Macuto, 14. Oktober 1989

372.

Mein erster, freilich oktöberlicher Eindruck von Madrid war enttäuschend. Es wirkt dunkel, schmuddelig und südvictorianisch auf mich. Es bedrückt mich. Allerdings sehe ich nicht viel mehr als die gräßliche *Gran Via* und deren allerengstes Umfeld, das ich aber natürlich *pars pro toto* werte.

Dann ist bei diesen heutigen Großraumflugzeugen das *embarcamiento* zu langen Flügen so umständlich und langwierig, daß der jungfräulich früh Eingestiegene sich unweigerlich zur detaillierten Beobachtung seiner Mitreisenden genötigt sieht. Inmitten einer so großen Menge vorbeidefilierender unbekannter Einzelexemplare registriere ich heute nur mühsam all deren Kraftakte und Einzelleistungen, ihr mutiges, optimistisches Aufbegehren gegen die Vergänglichkeit. Denn alle diese emsigen Transatlantik-Reisenden in unserer *DC 9*: ihr programmiertes Absterben ist so unübersehbar. Lauter *"geputzte Tode"*. So viel Vergeblichkeit und Einsamkeit – um mich her und in mir.

Aber die Agilität dieser Menschen beeindruckt mich gleichwohl: ihr Aktionsdrang, diese ungebrochen pure Vitalität. Rechts und links zum Beispiel vertreibt sich während des ganzen neunstündigen Fluges jeweils eine Frau die lange Zeit, indem sie eine kosmetische Aktion auf die andere folgen läßt.

Aber jeweils rechts und links von diesen beiden *Señoras* sitzt jeweils eine *circa* neunjährige Tochter, die beide regelmäßig allergische Anfälle bekommen: gegen wen wohl – die Kosmetik oder die Mütter?

Endlich in Maiquetía geërdet, wo es statt neun Uhr abends erst vier Uhr nachmittags ist, gilt es, sofort einen zweiteiligen Riesenflughafen in den Griff der notwendigen Verrichtungen zu bekommen: Geldwechsel, Zimmerfindung, schweißtreibender Übergang von *Internacional* zu *Nacional*, schließlich Bestätigung des morgigen Weiterfluges, der, Computer sei Dank, tatsächlich eingespeichert vorliegt. Das ist in diesem Falle besonders wichtig, weil es für das morgen angepeilte Canaima einen unakademischen *numerus clausus* gibt, der sich aus der dortigen Anzahl vakanter Betten ableitet.

Alle diese Verrichtungen lassen sich schnell und erfolgreich abwickeln – wenn auch erschwert durch die Belästigungen aufdringlicher und kaum abzuschüttelnder Schlepper-Bataillone, die sich überfallartig auf den übermüdeten und ratlos-wehrlosen Neuankömmling stürzen.

Endlich sitze ich schweißgebadet im Taxi und fahre *via La Guaira*, den venezolanischen Nationalhafen, nach Macuto, einem karibischen Badeort, wo ich mich bis zum morgigen Weiterfluge einlogiere. Das Hotel trägt den rätselhaft verheißungsvollen Namen *"Las quinze letras"*, was ich unweigerlich mit *four letter words* assoziiere, auf die ich auch zur Charakterisierung des Komforts in diesem Etablissement keinesfalls verzichten könnte.

Überdies sind die Leute hier auch nicht gerade sehr freundlich. Sie behandeln einen wie ein zur Ausplünderung freigegebenes Opfer. Und ihr Spanisch ist mir sehr fremd.

So vollziehe ich die Verlängerung dieses Tages um runde fünfzig Prozent zwar mühelos, aber auffallend unerregt, leicht indifferent und uninteressiert.

Auf dem Trottoir vor dem Hotel liegt ein großer toter Hund, den niemand beachtet, geschweige beseitigt.

Ich esse in einem nahen Fischlokal und verbringe dann die erste Nacht in diesem Lande und am karibischen Meere zwar gleich bei Vollmond, aber mit Kotzen, Dünnschiß und Zahnfleischentzündung.

Nur die wohlige Wärme überrascht den oktöberlichen Europäer und wird *per air condition* bekämpft und wieder entzogen.

Canaima, 15. Oktober 1989

373.

Wir sitzen schon alle in der ausgebuchten Maschine nach Canaima, einer ehrbaren *Boeing 727*, und lassen uns die Schwimmwesten erklären. Da geht plötzlich die vordere Tür wieder auf, vier behelmte Techniker kommen an Bord und streben mit leichter Hast ins Cockpit. Panisches Schweigen erfaßt die ahnungsvolle Kabine. Und dann werden wir über Lautsprecher aufgefordert, die Maschine wegen technischer Probleme wieder zu verlassen. Später wird sie gegen eine andere ausgetauscht, und nach langem Warten starten wir mit großer Verspätung und neuërwachten Flugängsten.

So beginnt mein erster hiesiger Inlandflug mit *Avensa*, der marktbeherrschenden Fluggesellschaft dieses Landes. Mir fällt die Parallele zu meinem ersten Inlandfluge vor Jahresfrist in Thailand ein, der kommentarlos gestrichen, durch einen anderen ersetzt und ebenfalls erst mit großer Verspätung gestartet wurde, mir dann aber immerhin die reizvolle Begegnung mit jenem Tar einbrachte – erinnerungsseligen Angedenkens ... na, *vamos a ver*!

Heute nun führt mir *Avensas* Ersatz-Boeing zunächst den obligaten Maiquetía-Start vor, der jeweils mit dem imposanten und märchenhaften Blau der in largem Bogen überflogenen Karibik beginnt.

Der zweite Trumpf ist dann heute, kurz vor der Zwischenlandung in *Ciudad Bolívar*, mein erster Anblick des magnetischen, gigantischen, landbeherrschenden *Río Orinoco*,

der dritte die Überraschung des ungeahnten und irreal anmutenden *Embalse de Guri*, eines unbeschreiblich großen Sees und Stausees, der die Wasser

des *Río Caroní* kurz vor ihrer Vermischung mit den Orinoco-Fluten in jene
Elektrizität verwandelt, die große Teile dieses Landes im wahrsten Sinne
des Wortes unter Strom setzt.

374.
Canaima selbst ist dann mehr als ein Trumpf, es ist ein Naturwunder von
Seltenheitswert: eine Weltrarität. Es besteht aus einem großen See, der *laguna*, mitten im Dschungel und vor ungewöhnlich rechteckiger Bergkulisse.
Dieser See nährt sich aus sieben voluminösen und parallel placierten Wasserfällen, sogenannten *saltos*, die aus sieben deltaförmig gefächerten Armen
des landschaftsprägenden *Río Carrao* beträchtlich tief hinunterspringen.
Und das Wasser dieses Flusses, *ergo* auch der *saltos* und der ganzen Lagune
ist schwarz, das heißt, bei Lichteinfall bernsteingolden. Die Lagune hat einen ausgedehnten erstklassigen Sandstrand, an dem eine kleine Eingeborenensiedlung liegt.

An diesem abgelegenen Naturwunder hat die venezolanische Fluggesellschaft *Avensa* ein *campamento* errichtet, das eine Mischform aus *camp* und
Bungalow-Hotel darstellt. Das konnte sie nur mit Zustimmung der indianischen Urbevölkerung, der *Kamarakotos*. Diese Zustimmung wurde einzig
unter der Bedingung gewährt, daß das gesamte Hotelpersonal von den Indios dieses Stammes gestellt wird.

So kommt es, daß der Ankömmling seinen Augen nicht traut, weil er sich
unverhofft in authentische Karl-May-Festspiele versetzt fühlt. Er ist nur von
Indianern umgeben. Aber die erste Beglückung hierüber verwandelt sich
schnell in eine Art Schock. Denn diese Indios mit ihren auffallend schönen
Gesichtern demonstrieren fast aggressiv, daß sie hier die Rolle der Entwürdigten und Unterdrückten haben übernehmen müssen. In geradezu theatralischer Resignation führen sie sie vor, indem sie sich pointiert vor uns weißen
Hotelgästen demütigen, uns aber hierfür mit unerbittlich rigoroser Nichtachtung strafen. Ihr Hochmut ist grenzenlos. Weder grüßen sie, noch erwidern
sie einen Gruß. Sie nehmen unsereinen auch blickmäßig gar nicht zur
Kenntnis, übersehen uns konsequent. Ihre Sprache ist *Pemón*, eine andere
können sie auch gar nicht oder kaum. Aber ihre natürlich betörend hübschen
Kinder betteln einen heimlich an. Und sie stehlen wohl auch, was aus entsprechenden Warnschildern allenthalben hervorgeht.

Sehr souverän ist das alles eher nicht. Aber es beeinträchtigt sofort mein Wohlgefühl und den Eindruck von dieser landschaftlich einmaligen Idylle. Ich merke, wie sich meine erste Bestürzung ziemlich schnell in leichte Wut verwandelt: was kann ich für die columbianischen und postcolumbianischen Verbrechen vor einem halben Jahrtausend, zumal meine wohlmeinenden kleinen Wiedergutmachungsversuche gar nicht wahrgenommen werden!

Als es nachmittags – natürlich perfekt analog zu meiner Ankunft auf *Go Samui*! – auf eine Weise zu regnen beginnt, wie sie nur die tropische Regenzeit beherrscht, ziehe ich mich frustriert in meinen Bungalow Nr. 21 zurück, um mich erst einmal von Flug, *jet lag*, Klimawechsel, Fischvergiftung und Indianerschock zu erholen. Auf meinem Bett fällt mir ein, daß auch meine Ungewißheit bezüglich meiner bevorstehenden (oder nicht bevorstehenden?) Inszenierung der thailändischen Anfangs-Situation vor einem Jahr total entspricht. Trotzdem beginnt mein müder Kopf zu inszenieren, und so verstreicht der regnende Nachmittag.

375.
Bei beginnender Dämmerung klopft es plötzlich an meine Tür.

– *"Quién es?"*
– *"Electricista."*

Schnell ziehe ich wenigstens eine Hose an und öffne die Tür. Herein kommt ein halbwüchsiger Indianer, sehr hübsch natürlich, aber von rätselhaftem Gebaren. Stracks geht er ins Bad, schraubt an der Dusche herum und wiederholt immer wieder das Wort *corriente* – : Strom? Wasserfluß? (Dabei funktioniert die Dusche!) Er schaut mir eindringlich in die Augen und verwickelt mich in einen touristisch gefärbten Informationsaustausch, der aber durch seine minimalen Spanischkenntnisse nicht recht in Fluß kommen will; er sei ja auch nie in eine Schule gegangen, gesteht er, nicht ohne Stolz: es gebe hier auch gar keine Schule.

Plötzlich fragt er, ob er sich setzen dürfe. Natürlich. Und schließlich bietet er mir Massage-Dienste an, er sei auch Masseur. Und so neugierig wie abenteuerlustig gehe ich auf diese verheißungsvolle Offerte ein und muß meine Hose also schon wieder ausziehen.

Auf diese Weise kommt es zu einer weiteren perfekten Parallele zu meinem Tar-Erlebnis am ersten Tage in Thailand. Ohne mein geringstes Zutun werde ich hier an meinem ersten Tage in Venezuëla von einem sechzehnjährigen Indianer des *Kamarakoto*-Stammes nach allen Regeln der Liebeskunst verführt und vernascht.

Leider verleitet mich seine extreme Jugendlichkeit zu einer argen Fehleinschätzung der Situation als einer halbwegs kindlich-pubertären Spielerei. Meine Müdigkeit, mein Fremdeln, die Überrumpelung meiner unerotisch-inszenatorischen Grundstimmung sowie meine Unkenntnis der einschlägigen nationalen Gesetzeslage tun ein übriges, mich ein Kurzprogramm absolvieren und ein überstürzt frühes Ende herbeiführen zu lassen.

Zu spät stelle ich fest, daß mein unverhoffter Liebhaber überhaupt nicht kindlich verspielt, sondern *in eroticis* ein versierter Experte mit ausgeprägt passionierter Analfixierung ist und sich sehr viel ausführlichere Prozeduren mit mir vorgestellt haben muß.

So kommt es leider zu einem Mißverhältnis unserer Leiber und zu einem verfrühten Abschied, der mit einer Verabredung für morgen verbunden wird und im so geduckt und schleichend genutzten Schutze der inzwischen nächtlichen Dunkelheit erfolgt, daß ich schon wieder an Karl-May-Festspiele denken muß.

Aber mein indianischer Verführer heißt Jesús.

Post scriptum: Ein halbes Jahr später lese ich bei Rómulo Gallegos, daß Indianer gern einen falschen Namen angeben: *"Die Indios glauben, etwas von sich herzugeben, wenn sie ihren wirklichen Namen nennen."*

Aber manchmal sagen sie auch ihren wahren Namen – *"als Zeichen besonderer Zuneigung"* (Seite 17).

Bei Gallegos, zeitweilig immerhin auch venezolanischem Staatspräsidenten, erfahre ich außerdem, daß *Canaima* für die einheimischen Indianerstämme der *Guaicas* und der *Maquiritares* eine wütende Gottheit, das Prinzip des Bösen und die Ursache allen Übels sei. (Rómulo Gallegos, *Canaima*, 1935)

Canaima, 16. Oktober 1989

376.
Frühstück freiwillig um sieben: das ist *jet lag*.

Dann, noch ehe es heiß wird, ein kleiner Spaziergang: zum Flughafen ... zu den *tiendas* ... und weiter ... bis der Weg gegenüber den sieben Wasserfällen einfach in die Lagune hineinführt. Faszinierend, wie die riesigen Wassermengen in der ganzen Breite dieses Sees einfach in den Urwald laufen, ihn einfach unter Wasser setzen, wie eine Überschwemmungskatastrophe, ohne Flußbett und dennoch ganz legal, und das seit Jahrmillionen ...

Das Schwimmen danach im kalten bernsteingoldenen Wasser der Lagune ist anstrengend, weil die Strömung durch die Wucht der sieben *Saltos* ungemein stark ist und einen nicht von der Stelle kommen läßt; aber es erfrischt auch auf ganz ungewöhnliche Weise, steigert Wohlgefühl und Energie, ein Gesund- und Jungbrunnen sehr spezifischer Art ...

Auf solche Weise aktiviert, löse ich anschließend den Gutschein des *Campamento* für einen *paseo en lancha* auf der Lagune ein. Und wer ist da die Amtsperson, der Kapitän? Mein Jesus natürlich, ganz ohne *electricidad*. Übellaunig und träge absolviert er wortlos seinen Job mit knappen Handzeichen – wie denn überhaupt die bevorzugt manuëlle Verständigung der Indios schnell auffällt. Meist brauchen sie keine Worte. Mit mir macht Jesus da keine Ausnahme und bestätigt so Goethes Bemerkung über *"Gebärdensprache, die bei wohlerzogenen Menschen unterdrückt wird und die nach meiner Meinung den Menschen so gut als die Wortsprache über das Tier erhebt"* (am 30. August 1794 an Schiller).

Nach dem Lunch in der *Camp*-Kantine dann schnell die erste von vielen Touren: zunächst eine halbtägige, zum Eingewöhnen. Mit Trecker-Jeep und poppig blauem Anhänger geht es halbstündig durch die Savanne, dann im Motorboot den überraschend stattlichen *Río Carrao* hinunter, auch durch einen verführerisch schmalen und stimmungsvollen Seitenarm zu einem einsamen Indianerhaus, anschließend in viëtconghafter Dschungelwanderung zur versteckten Felskaskade *Yuri-Lu*, schließlich zum opulenten, breiten, goldenen Wasserfall Yuri.

Leider geht das Ganze in stundenlangem Regen unter, der durchaus Monsun-Dimensionen annimmt: also abermals Parallelen zu *Go Samui*, zu *Go Pih Pih*. In amputierte schwarze Müllsäcke gehüllt und mit übergeschnallten gelben Schwimmwesten garniert, bietet die überwiegend spanischsprachige Gruppe einen komisch-bizarren Anblick, den ich, der einzige Germane, mit meinem zusätzlich umgehängten roten Samui-Sack vollends pointiert haben muß.

Die beiden jungen Indianer, die das Boot mittels knappster Zeichensprache führen: von königlicher Würde in ihrem problem- und schutzlosen Einklang mit dem Regenwetter; königlich aber auch in ihrer Unnahbarkeit unsereinem gegenüber.

Aber die *guía*: betörend hübsch, kontaktfreudig, intelligent und vielsprachig – so sieht hier Emanzipation aus. Denn sie ist gleichfalls Indianerin, gleichfalls hier aus Canaima: ja, das sage man ihr oft, daß sie sich von ihren Stammesgenossen unterscheide; nein, wo anders sei sie noch nie gewesen, nur hier in Canaima. Und sie belehrt mich, daß es hier sehr wohl auch eine Schule gebe – wenn auch keinerlei Schulzwang: o nein, keinen Schulzwang, keinen Zwang! Sprichts und entschwebt im plötzlich landenden Helicopter eines schicken Verehrers.

Viel später erfahre ich, daß auch sie mich falsch informiert hat: jedes Indianerdorf hat hier seine Schule, seinen stammeseigenen Lehrer und entsprechende Obligationen.

Canaima, 17. Oktober 1989

377.
Morgens um acht überstehen wir im schwankenden Anhänger eines martialischen Treckers die lebensgefährlich tiefen Schlaglöcher der schlechtesten Straße dieses Planeten und gelangen, trotz absurdestem Gegenverkehr, ins nahegelegene Ucaima, oberhalb der Carrao-Katarakte von Canaima. Ucaima ist gleichsam Canaimas Hafen, und richtig besteigen auch wir hier eine *curiara*, Einbaum mit Außenbordmotor, die uns bei strahlendstem Wetter und extremer Hitze Carrao-aufwärts zunächst nach Mayupa bringt.

Mayupa besteht aus einem einzigen Hause, in dem sich *tienda* und Souvenir-Kiosk hemmungs- und übergangslos mit dem Schlafraum der indianischen Einwohner vermischen. Aber die ersten Stromschnellen, *rápidos*, sind auch gleich die heikelsten: sie zwingen uns hier zum Aussteigen und zu einem etwa halbstündigen Spaziergang durch den verführerischen Sog einer Savannenlandschaft zu Füßen des bizarren Tafelberges *Cerro Ciervo*, den man schon als imposanten Hintergrund der Canaima-Katarakte kennt, der nun auch hier die ganze Landschaft dominiert und der sich doch später als einer der kleinsten und unbedeutendsten dieser mächtigen *Tepuyes* erweisen soll.

Jenseits der *rápidos* besteigen wir also wieder unsre *curiara* und fahren dann die nächsten vier Stunden bei zunehmender Hitze auf diesem überraschend largen *Río Carrao* zwischen undurchdringlichen Dschungelufern dahin.

Außer der *Isla Orquídea* auf halber Strecke gibt es weit und breit weder Siedlungen noch etwa einzelne Menschen. Das wird sich den ganzen Tag nicht mehr ändern.

Aber auch die Fauna hält sich sparsam zurück: nur ein torkelnd schwimmendes Faultier überquert unsern Fluß, ein Silberreiher steht mitten in dessen Bett auf einem flachen Stein, zwei überraschte Nutrias flüchten hurtig waldeinwärts, und Raubvögel observieren kreisend den Dschungel aus höchsten Höhen; gelbe Schmetterlingsvölker jedoch übergaukeln immer häufiger, zahlreicher und furchtloser den Fluß und unsern Weg, tolerieren ab und zu auch große knallblaue und -grüne Einzelgänger ihrer Speziës oder Verwandtschaft.

Beherrscht und geprägt wird diese unbeschreiblich idyllische Landschaft in ihrer betörenden Vermischung von Schönheit und Gewaltsamkeit aber nur von Milliarden Pflanzen, ferner vom Wasser und – von den *Tepuyes*, jenen monumentalen, bizarr rechteckig geformten, archaïschen Tafelbergen, die zu den allerältesten Formationen unseres Planeten gehören und die die Ufer des *Río Carrao* zunehmend und immer näher tretend begleiten.

Zuërst dominiert noch lange der fast quadratisch anmutende *Cerro Ciervo*, dann taucht bei jeder Kurve dieses so kurvenreichen Flusses wie als Abschluß unserer sackgassenförmigen Welt ein neuër rätselhafter, numinoser, pittoresk kubischer *Tepuy* auf, denen allen ich vorbehaltlos glaube, daß sie in Wahrheit die Behausungen der indianischen Gottheiten sind. Zweihundert Millionen Jahre sollen sie alt sein. Das leuchtet ein.

Gleichzeitig nehmen in unserm Flusse die Stromschnellen zu: an Anzahl wie an Größe, an Kompliziertheit wie an Gefährlichkeit. Aber Graciano und Torino, unsre beiden indianischen Kapitäne an Bug und Heck der *curiara*, passieren diese *rápidos* mit unbegreiflicher und sehr beeindruckender Virtuosität: entweder sie kennen diesen Fluß mit seinen Tücken und Fallen schon seit Generationen auswendig, oder sie haben Adleraugen – wahrscheinlich beides. Nur Worte benötigen sie gar nicht. Sie manövrieren lautlos, mit knappsten, ruhigen Handzeichen, dabei beruhigende Verläßlichkeit und absolute Vertrauënswürdigkeit ausströmend. Die dramatischen Höhepunkte beim Bewältigen der zahllosen Stromschnellen gestalten sich so zum Nervenkitzel und Lustgewinn.

Schließlich biegen wir in den Nebenfluß *Río Churún* ein, der noch mehr Stromschnellen, noch mehr Schmetterlingsvölker und so viele sauriërhafte *Tepuyes* einbringt, daß es mir wirklich die Sprache verschlägt. Wann tauchen Riesen, Fabeltiere oder Gottheiten auf?

Erst später dekuvriert die Landkarte, daß all die monströsen Kuben rechts und links jetzt alle nur noch Teile und einzelne *Cañones* des riesigen *Auyan-Tepuy* sind, der insgesamt ein Areal von siebenhundert Quadratkilometern bedeckt und durch dessen nachgiebigen Sandstein sich unser *Río Churún* seit Jahrmillionen wie auch heute energisch hindurchbeißt.

Aus der 2 400 Meter hohen Unnahbarkeit seiner Felsen werden immer häufiger imposante Kaskaden ausgespieën, die man über viele ferne Kilometer hinweg wahrnimmt, die unser *guía* aber alle noch als "normal" geringschätzt.

An beliebig wirkendem Dschungelufer legen wir unverhofft an, ohne daß eine irgend geartete Anlegestelle dazu einlädt. Wie wahllos, mitten im Urwald, steigen wir aus, aber haben dann unverzüglichen *Lunch* unter dem überraschenden Dache des scheinbar improvisierten, in Wahrheit wohlpräparierten Rastplatzes der *Isla Ratoncito*: mitten im *Río Churún* und mitten im *Auyan*.

Gleich nach der Speisung beginnt der Aufstieg zum legendären *Salto Angel*, unserm eigentlichen Reiseziel. Das bedeutet *circa* eine Stunde härtesten Viëtcong-Wanderns durch den Dschungel und steil bergauf. Ich sehe die Grenzen meiner körperlichen Belastbarkeit unaufhaltsam auf mich zukommen. Mein Herz hämmert Warnsignale. Die mitreisenden Spaniër geraten in radikale Ehekrisen, Dramen, Tragödiën und Schuhkatastrophen.

In letzter Sekunde quasi vor dem deutlich latenten Desaster erreichen wir den angestrebten Aussichtspunkt direkt *vis-à-vis* von diesem Weltwunder und Rekordkatarakt, der mit all den bisherigen Bergkaskaden tatsächlich weder an Höhe noch an Wasservolumen vergleichbar ist. Scheinbar direkt von der obersten Kante des Auyan-Plateaus springt dieser *Salto Angel* in mehreren quasi gebündelten Wassersträhnen über einen ganzen Kilometer ins Nichts hinunter, scheint sich unterwegs in Zerstäubung aufzulösen, um sich dann aber unten in mehreren gestaffelten Bassins wieder zu versammeln.

Chaquichán, unser 24jähriger Indio-*guía*, ein gemsenhaft-koboldartiges Elementargeschöpf dieser mysteriösen Landschaft, erzählt nun Geschichten von diesem *Salto* und seinem *Tepuy* – aber keine indianischen Mythen und Legenden etwa, sondern Aktualitäten: wie zum Beispiel japanische Bergsteiger kürzlich drei Wochen gebraucht haben, um da hinaufzugelangen; und wie deutsche Abenteurer *via Parachuting* unbeschadet von oben hinuntergesprungen seïen; aber auch von den Flugzeugabstürzen in den unberechenbaren Turbulenzen dieser windigen Bergschluchten – richtig: da drüben sind noch Trümmerteile zu sehen ...

Doch schon nach kurzer Foto-Siësta geht es unbarmherzig weiter durch den Dschungel, nun in abenteuerlichem Abstieg über steiles Gefälle und glitschiges Gestein zum Fuße der prominenten Rekord-Kaskade, die ihresgleichen in dieser Welt nicht haben soll. Die kurze Strecke bis dorthin ist aber so unüberwindlich glatt und hindernisreich, daß sie kein Ende zu nehmen scheint. Die spanischen Eheturbulenzen kulminieren. Aber wo sich das Wasser dann nach seinem kilometerhohen Sturz wieder in einem ersten bergenden Becken zusammenfindet: da ist es ganz still und einladend, da könnte man baden ... Doch nicht einmal unsre sportlichen Narzisse aus Paris und Berlin sind nun noch dazu aufgelegt.

Wirklich ist auch das Wetter nicht mehr danach. Auf dem endlosen Rückwege fängt es gar in Monsun-Dimensionen zu schütten an. Ich spiele Rotkäppchen im Plastik-*Poncho* und bin regentrocken, aber schweißgebadet, als wir endlich, endlich unser Lager auf der heimischen *Isla Ratoncito* erreichen.

Hier haben Graciano und Torino, unsre beiden nautischen Indios, inzwischen Feuër gemacht und Hähnchen aufgespießt, die alsbald mit veritablem Kartoffelsalat, aber in unüberwindlicher Rassen-Apartheid verschlungen werden.

Doch während der unermüdliche Chaquichán bereits die Hängematten für unsere Übernachtung installiert, kommen die zehn europäischen Verschworenen dieser Expedition erstmals ins Gespräch und einander näher. In vier Idiomen unseres fernen Kontinentes reden wir durcheinander – zuërst noch über Reiseërfahrungen, dann aber unaufhaltsam über europäische Politik: vier Spaniër, drei Deutsche, zwei Schotten und ein Franzose – *Europäische Gemeinschaft*!

Relativ früh wird dann in den Hängematten geschlafen, während die Indios noch lautlos umhergehen, aber lauthals sprechen und noch nächtlich gefangene Churún-Fische in die erlöschende Glut der Feuërstelle packen ...

Eine wundersame Atmosphäre von idyllischer Friedlichkeit und Geborgenheit umfängt uns hier in dieser Ferne von aller Menschensiedlung und in einem Hause, das keine Wände, nur ein Dach hat. Nächtlicher Regen, Kerzenlicht und große Stille wiegen uns in unsern Dschungel-Schlaf, den unbegreiflicher Weise auch kein *Mosquito* zu stören wagt.

Unzweifelhaft in Abrahams Schoß, benötige ich dennoch eine doppelte Planum-Dosis – nicht aus Angst vor dem offen zugreifenden Urwalde, sondern vor Erregung und Überreizung durch diesen Tagesablauf zwischen diesen Indios und ihren numinosen Tafelbergen ...

Canaima, 18. Oktober 1989

378.
Noch im Dunkeln, gegen fünf, stehen die Indios lautlos auf und bereiten lauthals plaudernd das Frühstück vor, das um sechs serviert wird: mit wahrhaftigen Spiegeleiërn, mitten im Dschungel.

Das erste Morgenlicht gewährt dann noch einen letzten staunenden Blick auf den *Salto Angel* im Zauber gespenstisch wabernder Frühnebel.

Die Rückfahrt stromabwärts geht ungleich schneller als die gestrige Anreise. Nach drei und einer halben Stunde, mit Stop an der *Isla Orquídea* samt ihren Indios, sind wir schon wieder in Canaima, ich mit arger Verbrennung meines ungeschützten Kopfes.

379.

Angesichts meiner näherkommenden Abreise versuche ich, der Fluggesellschaft *Avensa*, die hier ebenfalls indianisch besetzt ist, einige Informationen zum eventuëllen Überfliegen der *Gran Sabana*, eines Geheimtips, zu entlocken, und werde auf eine hierfür zuständige Mari García verwiesen, die aber *partout* nicht aufzufinden ist und sich schließlich als abgereist erweist ... Ansonsten weiß hier niemand Bescheid!

380.

Am Strande des *Campamento* entsteht unverhofft eine quasi postume Kommunikation mit einem der spanischen Mitschläfer aus den Hängematten der *Isla Ratoncito*. Und plötzlich – seine mißgelaunt-hysterische Carmen schläft gerade ihre Dschungel-Krise aus! – blüht ein ungewöhnlich guter Kontakt zwischen uns auf. Er ist Arzt, Anästhesist, an der Klinik in Denia, *vis-à-vis* von Formentera, das er kennt und als *preciosa* bezeichnet. Und er hat ein ländliches Anwesen mit vierzig Tieren und zahllosen Pflanzen, die sein Ein und Alles, sein Lebensinhalt, seiën. Das verbindet uns schon ungemein. Aber auch sonst sind wir in allem einer Meinung – nicht zuletzt über Eheprobleme. Später, gar in Anwesenheit seiner wiedererblühten Carmen, lädt er mich nach Denia ein: Dr. Salinas – und er lade nicht jeden Deutschen ein ...

381.

Aber schon um halb drei geht es auf die nächste Tour: zum unbeschreiblichen *Salto Sapo*, nahe am *Camp*, den man, einen 250 Meter hohen Katarakt, quasi durchschreitet. Mutter Natur hat hier zwischen dem fallenden Wasser des *Río Carrao* und der direkt dahinter befindlichen Felswand, die den Absturz des Wassers verursacht und auslöst, eine Art Trottoir gebaut: einen Bürgersteig, auf dem man unmittelbar hinter dem tosenden Katarakt seines

Weges gehen kann. Das tun wir zweimal. Natürlich wird man pitschnaß, und der Bürgersteig ist lebensgefährlich glatt. Aber die Auslieferung an solch ein Elementarereignis ist absolut unik.

Und außerdem stehen wir dann auch noch, ganz bequem, oben direkt an der Stelle, wo der ruhig sich nahende Fluß ganz unverhofft abkippt und in die Tiefe stürzt. Auf flachen Steinen mitten im *Río Carrao* steht man da und starrt in das brodelnde Inferno hinunter.

382.
Diese absolut außergewöhnliche Tour wird wieder von Chaquichán geleitet, von dessen animalischem Umgang mit der Natur ich zu lernen beginne. Leider wird das Erlebnis dieses Nachmittags durch eine Gruppe italiënischer Kleinbürger beeinträchtigt, die lauthals einen Exzeß an Primitivität, Brutalität und Unsensibilität vom Stapel lassen. Ich bin für diese Menschen sofort und instinktiv eine negative Figur, die demonstrativ und mit der ganzen Macht einer Gruppe ignoriert wird. Das erschreckt mich sehr und steigert meine latente psychische Labilität.

383.
So empfinde ich auch die Devisenprobleme dieses Landes als eine beunruhigende Verunsicherung, die mich in leichte Panik geraten läßt. Es ist sehr ungewiß, wo ich das Geld wechseln kann, das ich für die Weiterreise und das Leben der nächsten Tage brauche. Der obermuffige *recepcionista* verweist mich an die *tienda* in der Nähe des Flughafens. Also gehe ich, bei Einbruch der Dämmerung, zu diesem Urwald-Supermarkt, vor dessen Tür mich laut kreischende Aras überfliegen und erschrecken, und tausche dort in der Tat einen Reisescheck über fünfhundert Dollars gegen ein Riesenpaket von zwanzigtausend Bolívares ein, von denen der Ladenbesitzer mich allerdings fragt, wofür ich die eigentlich benötige.

Beruhigt verlasse ich die *tienda* und stehe draußen in der absoluten Schwärze einer Tropennacht, in der ich die Hand nicht vor Augen sehe – geschweige meinen Weg zurück ins *Camp*. Meine Füße raten und gehen auf Verdacht einfach los. Das scheint eine Weile gut zu gehen. Aber dann spüre ich, daß ich den Weg verloren habe und in den Urwald geraten bin. Zweige schlagen mir ins Gesicht, und unter meinen Füßen: das ist kein Weg mehr ...

Ich sehe nichts. Doch. Ganz nah vor mir, in Augenhöhe, ein leichtes Glimmen, ein kurzes Aufleuchten. Indianeraugen? Eine Zigarette, an der jemand zieht? Natürlich: meine Geld-Transaktion, für hiesige Verhältnisse astronomisch, die ist beobachtet worden, selbstverständlich, und jetzt soll mir der Betrag wieder abgenommen werden. Karl May *in nuce* und im Bruchteil von Sekunden.

Aber dann begreife ich, daß das keine Indianeraugen, auch keine Räuberzigaretten sind, sondern Glühwürmchen.

Ich tappe also weiter, gewinne wundersamer Weise wieder ein Weggefühl unter den Füßen, bis schließlich die Lichter des Flughafens den Rest meines Rückweges wenigstens erahnen lassen.

Wie leicht sich die Fantasie in so exotischem *ambiente* verführen läßt ...

Canaima, 19. Oktober 1989

384.
Ich schlafe zwar ohne Planum, aber nur bis halb vier. Dann wecken mich albtraumhafte Ungewißheiten über meine Weiterreise.

Oder weckt mich der freudig-furchtsame Gedanke an Jesus, der *a las cinco de la mañana* hatte wiederkommen wollen ... ? Falls er klopft: bloß nicht aus dem Tiefschlaf hochschrecken ... oder es gar nicht erst hören ...

Aber er klopft nicht. Also kaufe ich mir nach dem Frühstück als erstes eine schützende Mütze in der *tienda*: für meinen verbrannten Kopf. Denn heute geht es, ganztägig, nach Wareipa, einem Indianerdorf im Süden des Nationalparks Canaima und westlich des *Auyan-Tepuy*, den ich vorgestern von seinem Nordosten aus sah.

Abwechselnd im Jeep-Anhänger und in der *curiara* fahren wir durch gleichfalls wechselnde Landschaft: *sabana, jungla* und *río* – hauptsächlich über den sanften, friedlichen *Río Kukurital*, einen Nebenfluß des sehr bedeutenden *Río Caroní*. Alles hier ist weniger grandios als vorgestern am *Río Carrao*, aber umso idyllischer: eine subtropische Pastorale, die der Seele gut tut.

Wareipa selbst ist ein typisches Indianerdorf, das aus zwei Häusern und einer Familië besteht. Auch diese Indios sind sehr scheu. Man darf sie angukken, aber nicht fotografieren.

Javier, der sehr eloquente und multilinguale *guía caraqueño*, führt uns einen heimeligen Dschungelweg zu einer pittoresken Badestelle in der Kaskade eines kristallklaren Gebirgsflüßchens, dessen schöpfungsreines Wasser in der Tat sehr erfrischt.

Unterwegs macht Javier mich auf den betörend süßen Modergeruch des Dschungels aufmerksam: verfaulendes Holz als Symptom ewiger biodynamischer Prozesse – verführerisch, verlockend ...

Zurück in Wareipa, wird *pollo* mit Kartoffelsalat gegessen, der also auch hier seinen internationalen Siegeszug fortsetzt. Danach, zwischen arroganten Indio-Knaben, Siësta in der Hängematte und exklusives Palaver mit Javier. Er versteht sich als Pionier des venezolanischen Tourismus *in spe*, kennt Europa, aber liebt sein Land und preist es an.

Nachmittags abermalige Dschungel- und Savannen-Wanderung am gegenüberliegenden Ufer des Kukurital bis hin zu einem umwerfenden Aussichtspunkt, von wo man, begünstigt vom heute einmalig klaren Wetter, eine Gesamtansicht auf das westliche Profil des *Auyan-Tepuy* gleichsam schreckhaft genießt. Diese Aufsicht auf den prähistorischen geologischen Sauriër läßt mich ahnen, was siebenhundert Quadratkilometer sind: ein Monstrum ohnegleichen, das man nur anstaunen kann.

Hiernach geht es bergab zu lieblichster Flußidylle, nicht ohne abermalige Kaskaden natürlich und abermalige Bademöglichkeit von freundlichstem Sandstrande aus ... Und wie der Swinegel un sin Fru beim Wettlauf mit dem Hasen tauchen allerorts auf unserer Wanderung die Indios aus Wareipa auf: über Schleichwege und geheime Abkürzungen folgen und überholen sie uns geräuschlos und unauffällig, so daß sie jeweils schon da sind, wenn wir irgendwo ankommen. Allmählich, im Laufe des Nachmittags, wird aus dem reglosen Anstarren ein scheues Lächeln, das sich später gar zu einem Winken zuspitzt. Ich komme mir angesichts dieser Menschen wie der erste Spaniër vor, der hier vor fünfhundert Jahren plötzlich aus dem Dschungel auftauchte. Die Verblüffung der Indios von damals ist für mich lebendig nachvollziehbar.

Rückmarsch und Rückfahrt stehen dann im Zeichen meist politischer Gespräche mit Stewardessen einer *Swiss Air Crew* und einem Heidelberger Akademiker-Pärchen, das sich überraschender Weise gleichfalls für die *Gran Sabana* interessiert – sollten sie das erbetene Signal für meine Weiterreise sein? Aber voläufig dominieren Diskurse über die DDR und den Exodus ihrer Bürger *via* Ungarn. Niemand von uns weiß noch, daß gestern Honecker gestürzt worden ist. Trotzdem beherrscht dieses Thema die ganze Rückfahrt nach Canaima, wo wir erst im Dunkeln ankommen.

Leider ist heute wieder die italiënische Gruppe dabei, die mich schon gestern am *Salto Sapo* so irritiert und verschreckt hat. Wiederum scheint sie von jenem lauten trilingualen Macho angeführt zu werden, dessen eindeutig deutsche Herkunft wohl jüdischer Couleur ist. Und wiederum baut er seine allseitigen Kommunikationen auf meine Kosten aus. Das heißt, er ignoriert mich so lange, bis ich mich notgedrungen und auf meine Weise zur Reaktion entschließe. Indem ich ihn meinerseits ignoriere und mich mit Javier (und anderen) so viel wie möglich auf Spanisch unterhalte, was er nicht versteht, verunsichere ich ihn so lange, bis er es nicht länger aushält, sich *peu-à-peu* heranpirscht und meinen Kontakt nun sogar zu suchen beginnt. Als er sich festzustellen gezwungen sieht, daß ich zum Beispiel alle seine Reiseempfehlungen (Sardiniën, Corsica) und noch einiges mehr auf dieser Welt durchaus kenne und außerdem auch noch Hausbesitzer in Spaniën war, bin ich endgültig akzeptiert.

Später im *Camp*, beim Abendessen, besiegelt er unsre (deutsch-jüdische?) Affäre mit Händeschütteln und der Hoffnung auf ein baldiges Wiedersehen. *Such is mankind ...*

An meinem letzten Abend in Canaima gehe ich, typischer Weise, zum ersten Male in die abendliche Bar. Dort treffe ich gleich auf Alejandro, den leitenden Organisator einer der hiesigen Exkursionsgesellschaften, mit dem mich das Thema durchnäßter Schuhe und ihrer mangelhaften Trocknungsmöglichkeiten auf komische Weise verbindet. Nun verleitet mich dieser Alejandro zur Teilnahme an einer bizarren Tafelrunde, die sich nach und nach konstelliert und wieder auflöst. Sie besteht aus zwei idiotisch versnobten Italiënerinnen, die ohne Widerstand um eine zentrale Position in diesem Kreise kämpfen, einem skurrilen Tiroler Innenarchitekten aus Florenz, aus Alejandros schüchternem und heimwehkrankem Busenfreunde José, dem ebenso schönen wie arroganten Veterinär-Mestizen David, einem aggressiv knackigen kolumbianischen Macho sowie aus Cécile, einer sehr intelligenten und humorvollen *guía* aus der Bretagne.

Alejandro selbst, der Katalysator dieses Kreises, ist eine Tunte in ihrer reizvollsten, positivsten Variation: ungemein intelligent und witzig, fantasievoll und schlagfertig, sensibel und romantisch, mit präzisester Erfassung von Menschen wie Situationen und blitzschneller Umsetzung in pointierte Verbalisierung sowie mit einer unbarmherzigen Schandschnauze und Spottlust begabt, die vor sich selbst nicht Halt macht – *"La reina"*, die Hof hält, aber keine Sekunde die Realität aus den Augen verliert. Eine höchst amüsante Kostbarkeit.

Diese Tafelrunde besteht zum größeren Teil aus Teilzeitjobbern des *Campamento*. Alle sprechen viele Sprachen, das ist selbstverständlich. Und während wir spielen und blödeln, bauen sich unterschwellig diverse Spannungen auf und wieder ab. Teils pikiert, teils ihrer sexuëllen Hoffnungen beraubt, verabschieden sich die Teilnehmer dieses Kreises nach und nach, bis nur noch ein rätselhaftes Quartett in den Mond über den Kaskaden und Palmen starrt, als warte es auf Godot. Dieses Quartett besteht aus Alejandro, der inzwischen schon sehr betrunken ist, dem völlig verstummten Tiroler, der todmüden, gähnenden Cécile und mir in all meiner Ratlosigkeit. Wahrscheinlich wartet der Tiroler auf Alejandro, Cécile auf mich, ich auf Alejandro und Alejandro auf niemanden. Schließlich gehe ich – aber sehr amüsiert.

Mich, von dem er wirklich gar nichts weiß, bezeichnet Alejandro mit seinen Antennen als *muy educado* ...

Ciudad Bolívar, 20. Oktober 1989

385.
Vormittags versuche ich, die Weiterreise und speziëll die nun doch beschlossene außerplanmäßige Flugunterbrechung in *Ciudad Bolívar* zu organisieren. Langes Palaver mit den hierfür zuständigen Indios, die sich zögernd und auf umständliche Weise, dann aber umso liebenswürdiger darum bemühen. Einer versucht sogar, eine Bescheinigung für mich aufzusetzen, scheitert aber damit und bricht die Aktion dann kommentarlos ab.

Die Indios an der Rezeption indessen, die bisherigen Obermuffel, blühen nun plötzlich gar zu amablen Menschen auf. Leicht verschämt kramen sie erstaunliche deutsche Sprachkenntnisse hervor, und der Hauptmuffel überreicht mir sogar seine persönliche Visitenkarte: *Agustín Ramirez, Recepcionista.*

386.
Überhaupt hat sich in diesen fünf Tagen von Canaima das Bild, das die Indios bieten, sehr verändert. In erster Linië sind sie Menschen, die leise, unauffällig, beiläufig und behutsam leben. Auch leben sie ganz in ihrer eigenen Realität, an der sie unsereinem keinen Anteil einräumen. Wir sind in keinem Sinne irgend in Frage kommende Partner. Ihre Augen bleiben stets unter sich. Wenn man dann aber, wie ich, lange genug in ihr Blickfeld eindringt, sie gar hartnäckig grüßt und anlächelt, lassen sie sich schließlich zunehmend und besonders liebenswürdig darauf ein und scheinen zu staunen, daß Unmenschen Menschen sind.

387.
Nur mein Jesus, den ich frühmorgens noch am Strande, später dann auf dem Rollfelde beim Verladen des Fluggepäcks treffe und der mich jeweils mit schnellen, wachen Antennen wahrnimmt, bleibt schroff abweisend und hat offensichtlich Angst, in der Öffentlichkeit mit einem solchen Einzelreisenden in Verbindung gebracht zu werden. Wer weiß, was man hier über ihn schon munkelt ... Mein Versuch einer Verabschiedung in Freundschaftlichkeit schlägt gründlich fehl: seine Blicke schweifen sofort zu seinen entfernten Arbeitskollegen. Er ist sehr hübsch, dieser Jesus von Canaima, aber wohl von kompliziertem Charakter und tief in der Pubertät, die bei Indiaanern sicher besonders problematisch ist.

Immerhin reaktiviert sein Auftritt in meinem Leben die alte Idee, ein obszönes Tagebuch zu schreiben: wundersame erotische Geschichten wie die mit diesem Jesus ...

388.

Ebenso rätselhaft, wenn auch seitenverkehrt, verfällt mir geradezu der rö-
misch-jüdische Macho, und in rapidem Tempo. Er macht mir aufmerksamste Komplimente für Hosen und Schuhe, dann fast sentimentale Sympathie-
Erklärungen und lechzt ganz unverkennbar nach Erwiderung, nach Kontakt-
offerten und Anerkennung meinerseits. Irgendwas hat da sehr tief getroffen
– eine Lebensform vielleicht, die seiner neurotischen Motorik und profanen
Oberflächlichkeit fremd ist und plötzlich als begehrenswert aufgeleuchtet zu
haben scheint. Mein Duse-Zitat vom Unrecht eines Verzichts zum Beispiel,
das trifft und beschäftigt ihn nachhaltig. Er, dieser Tausendsassa und Super-
Mann, macht nun auch erste Eröffnungen über eigene Engpässe und Miseren. Seine Augen sind eigentlich angstvoll und krank ...

Diese (deutsch-jüdische) Konstellation zwischen uns beiden: die könnte ein
verwertbarer Stoff sein, mit Prototypik und latenter Eigendynamik. Zwei
konträre Männer (Kollegen?), aufeinander fixiert zwischen Abscheu und
Faszination, zwischen Verachtung und Liebe – aber peripethisch. Oder pa-
ternosterhaft? Ein Kammerspiel? Ein Film? Ein Zweipersonenstück? Die
ganze Umwelt aussparen *à la Giudicelli*? Oder in die Biofelder einbauën,
als eine der Ebenen? Jedenfalls den Auto-Mechanismus der Konstellation
nicht aus dem Auge verlieren ...

389.

In letzter Minute kommt dann auch noch der vorabendlich angeschlagene
Alejandro aufs Rollfeld und erbittet sich meine Adresse für seinen bevorstehenden Deutschlandbesuch. Soll kommen!

390.

Der Flug bis *Ciudad Bolívar* ist kurz, *circa* dreißig Minuten, aber erfüllt von
wehmütig heimwehkranken Blicken, schon nach fünf Tagen, auf *Río Carrao* und *Tepuyes*, auf *Salto Yuri* und *Yuri-Lu*, dann mit offenem Munde
staunend über den wieder unglaubwürdig riesigen *Embalse de Guri*, der sich
endlos bis in den Himmel zu erstrecken scheint.

Das Aussteigen in *Ciudad Bolívar* ist ein spektakuläres Abschieds-*Defilé*
durch die ganze Maschine und ein vielfaches Händeschütteln mit all den

jungen Bekanntschaften, zumal mit dem jüdischen Römer und dem florentinischen Tiroler.

Im Flughafengebäude müssen dann zunächst bei *Aereotuy* und *Tourist Office* die Weiterreise und die heutige Unterkunft organisiert werden. Mein avisiertes Logis ist dann in der Tat das *Gran Hotel Bolívar* mit seinem konkurrenzlosen Blick auf den majestätischen Orinoco direkt vor meinem grossen Fenster.

391.

Ciudad Bolívar präsentiert sich als eine schöne Mischung aus zweihundertjährigem Kolonialstil und modernem Leben mit gutgekleideten und sehr hübschen Menschen. Zumal die *gioventù maschile* scheint mir hochgefährlich: *bellezza, bellezza.* Beim spätabendlichen Heimweg über den *Paseo Orinoco* blenden mich gleißend weiß gekleidete Matrosengrüppchen ...

Aber kein Indio mehr. Das ist schon wie ein Entzug.

Nachts liegt der gelbe Halbmond waagerecht auf dem Rücken und wirft, als halbierte Zitronenscheibe verkleidet, einen breiten oszillierenden Reflex auf den Orinoco. Die Luft ist auch jetzt noch sehr, sehr warm und riecht betörend nach süßen Gewürzen.

Ciudad Bolívar, 21. Oktober 1989

392.

Morgens hat der Halbmond mutiert und rotiert: er ist weiß wie eine halbe Pomeloscheibe, liegt waagerecht auf dem Bauch und ignoriert den Orinoco.

Trotzdem dominiert der Fluß diese Stadt wahrhaft herrscherlich. Aber er ist wie tot oder urzeitlich: keine Schiffahrt, keine Segler, keine Angler, keine Badestellen, keinerlei Wassersport. Nur die kleinen Fährboote, die zwanzig Minuten zum Übersetzen brauchen. Sonst ist dieser Strom leer. Frei. Allein: jungfräulich. Einsam. (Daher meine radikale Affinität?)

Den Fluß entlang, am *Paseo Orinoco* und in dessen Passagen, gibt es *circa* 250 proppevolle Schuhgeschäfte – aber kein einziges Café. Die Idee der Piazza mag als Gradmesser für Kultur im Sinne von Lebensart gelten. Wo sie ersatzlos fehlt wie in diesem historisch so bedeutenden ehemaligen Angostura muß die Geselligkeit unterentwickelt sein. Dabei bietet der Orinoco mit seiner einladend gestalteten und bewachsenen Uferpromenade alle idealen Voraussetzungen. Aber sie bleibt ebenso steril-unbelebt wie der Fluß selbst.

Gleich hinter dem *Paseo Orinoco* steigt der Hügel an, auf dem das historische Angostura teils sorgfältig restauriert, teils gnadenlos dem Verfall preisgegeben ist. Hinter den meisten pittoresken Fassaden aus der Kolonialzeit gähnen die Schlünde von Ruïnen und Müllhalden, so daß auch dieser dekorative Teil der Stadt eher unbelebt, steril wirkt.

Auf der *Plaza Bolívar*, dem sogenannten *Cuadrilátero Historico*, einer perfekten Filmkulisse ohne Leben, sind zwei Bolívar-Zitate exponiert, die ich später allenthalben im Lande auf verwitterten Mauërn lese und als eine Art Nationalparolen notiere:

"Un pueblo ignorante está un instrumente ciego de su propia destrucción";

und: *"La gloria está ser grande y ser util"* –

also Romantik, mit Pragmatismus gemischt.

Dagegen die Zigaretten-Reklame von "Fortuna": *"Fortuna que tiene uno"* – kann das jemand naiv-unobszön lesen?

Die Straßenschilder hingegen demonstrieren hier politisches Bewußtsein, wie ich es noch nirgends sah: *Calle Libertad, Calle Igualdad, Calle Constitución, Calle Amor Patria, Avenida Republica, Calle Democracia, Calle Independencia.*

Und dann stehen und liegen hier überall *lajas* herum: riesige schwarze Granitfelsen – die 1,6 Milliarden Jahre alt sein sollen.

Ähnlich exotisch wirken die blonden Kinder, die es hier gibt. Aber physiognomisch ist diese Stadt sonst sehr spanisch – mit negroïden Melangen. Die Indios fehlen mir sehr.

Ciudad Bolívar besticht durch seine authentische, originale Vitalität: es gibt keine Touristen hier, nichts ist auf sie bezogen, eine Wohltat in dieser Welt.

Ihre Identität sucht diese Stadt auf kulturellem Terrain. Sie hat eine wichtige Universität; es gibt Konzerte, Theater und Kino. Der Eintritt ins Museum (*Casa del Correo del Orinoco* mit der ältesten Zeitungsdruckerei des Landes) kostet, umgerechnet, fünf Pfennige; die andern Museën sind gratis (und leer).

Eine spezifische Preziose ist die *Quinta de San Isidro* – das Herrenhaus einer früheren Kaffeeplantage, die José Luis Cornieles, einem Freunde Simón Bolívars, gehört hat. Es ist auf solch einer riesigen uralten *laja* erbaut, die dem *Heiligen Isidor* geweiht ist. Simón Bolívar hat sich oft hier aufgehalten, hier seine entscheidende Rede vor dem Kongreß von Angostura 1819 geschrieben, und die Tamarinde lebt und sprießt noch, an die er damals immer sein Pferd gebunden habe – vor fast zweihundert Jahren. Das Landhaus selbst, vom Ende des 18. Jahrhunderts, ist äußerst schlicht und einfach, aber von betörendem Geschmack. Eine Preziose der Wohnkultur. Jeder Einwohner hier ist stolz auf sie.

Zu Fuß dann von hier durch die *Avenida 5 de julio* mit ihren schönen einfachen Gartenhäusern zum *Museo de Arte Moderno Jesús Soto* in der *Avenida Germania*. Ein repräsentativer moderner Museumsbau, an dem nicht gespart wurde. Er könnte auch in Mannheim oder Malmö stehen. Ausgestellt wird wenig. Am meisten von Jesús Soto selbst, einem Sohne der Stadt, fantasievoll verspieltem Formalisten und Kinetiker.

Zurück ins Zentrum mit einem *Taxista*, der tatsächlich freundlich ist. Für Freundlichkeit wird man hier sehr empfänglich und dankbar – in diesem Lande chronischer Muffigkeit.

Abends um neun ist, am Samstag, der dominierende Boulevard dieser Stadt, der *Paseo Orinoco*, vollkommen ausgestorben. Ein paar Alkoholiker randalieren. Die kleinen Fluß-Matrosen telefonieren noch schnell mit der Mama und gehen dann brav in ihre Mannschaftskojen. Dabei ist die Luft an diesem Abend weich und verführerisch.

Die unike Orinoco-Brücke, in der Tat die einzige über diesen Strom von zweitausend Kilometern Länge, ist nachts in bunten Farben illuminiert. Sogar ein Schiff ist heute, am *Weekend*, auf dem stillen Strom unterwegs, zwar nur die Wasserpolizei, aber immerhin mit einem Laserstrahl, der sie zu spielerischem Abtasten der Häuser und Straßen verleitet. Spielende Polizei *me gusta*.

Aber die Stadt ist brav und bürgerlich. Sie sieht jetzt fern oder schläft. Wahrscheinlich beides.

Morgen, über der *Gran Sabana*, wird sich erweisen, ob das plötzliche Auftauchen der Heidelberger eine Reaktion auf meinen inständigen Appell in der Ratlosigkeit von Canaima war. Ich vermute es stark.

Ciudad Bolívar, 22. Oktober 1989

393.

Früh um acht mit zweimotoriger Propellermaschine, ohne *Crew* oder *Service*, mit halbem Sicherheitsgurt und neunzehn Mitreisenden (= *"full"*) nach *Santa Elena de Uoirén*, der Hauptstadt der *Gran Sabana* mit sieben- bis achttausend Einwohnern und direkt an der brasilianischen Grenze gelegen.

Der als besonders pittoresk angepriesene Flug mißlingt. Gleich nach dem allerdings wieder umwerfend gigantischen *Embalse de Guri* bewölkt es sich stark, die kleine Maschine bleibt keck und tapfer über den Wolken, durch die hindurch ich nur gelegentlich große Urwälder oder gesprenkelte Savannen erspähe. Erst im Anflug auf *Santa Elena*, nach zwei Stunden, bietet sich eine attraktive Mischlandschaft aus Urwald, Gebirge und Steppe dar. Aber vom nahegelegenen Super-*Tepuy Roraima*, einem Hauptziel dieser Reise, ist bei solchem Wetter natürlich nichts zu sehen.

Der Flughafen von *Santa Elena* besteht nur aus einer Betonpiste, ohne jegliches Gebäude; nicht einmal einen *quiosco* für *Coca Cola* oder Schatten gibt es hier, nichts.

Aber sehr viele Menschen warten, alle sind nervös, die Maschine ist für ihren Weiterflug stark überbucht. Auch meine beiden Heidelberger sind nach erschöpfender und enttäuschender vierzehnstündiger Busfahrt trotz bezahltem Rückflug-Ticket barsch abgewiesen worden: *"full"*.

Nun tauche, offenbar unerwartet, auch ich noch auf, will weiterfliegen und bringe mit meinem konfirmierten Ticket den überforderten Machthaber des Flugplatzes an den Rand des Zusammenbruches.

Kaum löst sich das Problem, indem die beiden Piloten sich bereit erklären, Teilstrecken doppelt zu befliegen, da taucht ein neuës Problem auf. Die Treibstoffpumpe ist defekt, die Maschine kann nicht aufgetankt werden. Langes Palaver. Alle anwesenden Männer geben Tips, jeder zieht mal an der Strippe, die den Motor in Schwung bringen soll. Alles vergebens. Ein exotischer Blondkopf beginnt zu reparieren. Vergebens. Nach einer Stunde stellt sich dann schließlich heraus, daß der Pumpenmotor kein Benzin mehr hat, das ist alles. Es wird nachgeschüttet, und das Leben kann planmäßig weitergehen.

Die Maschine fliegt *circa* dreißig Minuten bis Uonquén, einer Gold- und Diamantengräbersiedlung. Hier leben nur Indios und *Mineros*, das Flugzeug ist die einzige Verbindung mit der übrigen Welt. Daher die Nervosität wegen der Sitzplätze. (Auch drei Stehplätze sind für diesen Flug vergeben worden, ein Halbwüchsiger sitzt auf meinem Schoß.)

Der Flughafen von Uonquén hat nicht einmal mehr eine Betonpiste. Landung auf der Steppe. Kurzer Passagierwechsel, dann Weiterflug nach Icabarú, einer weiteren Goldgräbersiedlung, wo 1942 der größte je entdedckte Diamant geschürft und zunächst als solcher gar nicht erkannt worden sei. Hier verläßt mich auch mein anrührend liebenswürdiger Informant mit langer goldener Uhrkette und englischer Lektüre, der in London, Brüssel und Köln gewesen ist, aber seit vierzehn Jahren hier am Weltende lebt und *"negocios pequeños"* abwickelt.

Mittagspause der Piloten. Ich bleibe allein in der glühend heißen Maschine sitzen, um meinen Platz zu sichern, aber auch um der unberechenbaren Militärkontrolle zu entgehen, die hier Grenze und Gold bewachen mag.

Die neuën Passagiere sind offensichtlich meist *Mineros*, Goldschürfer: mittelalterliche harte Machos mit strapazierten Händen, verbitterten Gesichtern und einer wachen Neigung zum Zynismus, offenbar auch kontaktbedürftig. Die Maschine fliegt erneut nach *Santa Elena de Uoirén*, wo nun, bei entspannter Lage, auch meine Heidelberger einsteigen dürfen.

Der Rückflug beginnt. Er wird zu einem unvergeßbaren Erlebnis.

Die Strecke nach Kamarata, die ebenso niedrig geflogen wird wie zuvor zu den Goldgräbersiedlungen, führt zunächst über Steppe und bewaldete Berge, die mehr und mehr zu jenen urzeitlichen *mesetas* werden. Zwar ist die

Fernsicht nach wie vor sehr schlecht, aber die unmittelbare Nähe wird dafür immer bizarrer.

Die Landung in Kamarata, einer Indianersiedlung mit Kapuziner-Mission, ist schließlich ein Wunder (zwischen den Millionen von auffliegenden Bremsenartigen). Der Landeplatz liegt direkt zu Füßen des klar sichtbaren *Auyan-Tepuy* in all seiner Herrlichkeit. Aber rings im Kreise stehen noch viele andere bizarre *Tepuyes*, auch ein Zwillingspaar, die alle gemeinsam dem Orte seine archaïsche Ruhe und Feiёrlichkeit geben.

Zur Landung der Maschine haben sich viele neugierige Indios (in modischer Kleidung) und zwei gräßliche alte Kapuziner-Mönche (in Jogging-Schuhen unter den Kutten) eingefunden. Platz und Szene sind märchenhaft schön und abstrus zugleich. Der fotografierende Heidelberger Jörg behauptet, sicher nicht zu Unrecht, unsereins habe beim Verlassen der Maschine wie just eintreffende Entwicklungshilfe ausgesehen.

Die Luft ist milde, die Temperatur moderat, das Wohl- und Glücksgefühl unübersehbar und unbeschreiblich stark.

Der Weiterflug führt dann bei scheinbar allerniedrigster Höhe direkt über den *Auyan-Tepuy* – mit unverstelltem Blick auf seine urzeitlich zerklüftete Oberseite. Ein landschaftlicher Sauriёr, absolut unik nun auch von oben. Dabei löst sich die Realität vor meinen Augen auf. Die Bizarrerie der Felsformationen ist, schon in knapper Entfernung, nur noch unklar zu erkennen, weil alles in Dunst und Wolken gehüllt ist, die auch ihrerseits die bizarrsten Formen annehmen. So heben die Grenzen zwischen Sein und Schein sich zusehends auf. Ein monströses, endloses, tausendschichtiges Wabern von gigantischen Urformen, und man selbst sieht das Ganze nicht von außen, sondern steckt, gleitend, mitten drin – wabert gleichsam mit.

Die Heidelberger also offenkundig ein Engelsgeschenk.

Dann plötzlich bekannte Formen und Phänomene: die Canaima-Gegend, *Río Carrao, Río Caroní, Cerro Ciervo* – heimatlich anmutende Reminiszenzen aus der Vogelperspektive.

Viel später dann wieder der imposante *Embalse de Guri* in blendender Beleuchtung seiner Unendlichkeit und Vielfalt. Aber auch der gleißende Orinoco in vielen Etappen bis ans Ende der Welt ...

In *Ciudad Bolívar* zurück ins Hotel, vor dessen Fenster der Orinoco inzwischen vom Sonnenuntergang flamingofarbene Pastelltöne angenommen hat.

Heute vor sechzig Jahren haben im fernen Livland meine Eltern geheiratet. Liegt das auf demselben Planeten?

Puerto Ayacucho, 23. Oktober 1989

394.

Für den Flug nach *Puerto Ayacucho* offeriert *Aerotuy* nun vollends eine einmotorige Maschine mit zwölf Plätzen. Wir sind fünf Fluggäste. Drei davon steigen auf den Zwischenstops aus. In *Puerto Ayacucho* werden wir nur noch zu zweit sein.

Der Flug folgt eine gute Stunde lang dem Laufe des Orinoco, freilich flußaufwärts: offenbart so dessen Unbefahrbarkeit – Inseln, Sandbänke, Felsen, Aufgabelungen. Sein Wasser ist lehmig-braun, wiewohl die Nebenflüsse meist schwarzes Wasser zuführen. Die vielen stehenden Gewässer rechts und links, dicht nebeneinander, sind teils schwarz, also bernsteingolden, und teils weiß, also braun.

Der Strom kommt zunächst durch endlose Savanne daher, in der etliche Steppenbrände schwelen. Dann wird die Landschaft zunehmend waldig. Die riesigen Baumbestände wachsen teils auf Ebenen, teils auf Bergen, teils auf Felsen, teils im Wasser – alles riesig. Auch riesige Sümpfe.

Bei Caicara (mit seinen wertvollen Bauxit-Vorkommen) macht der von Süden kommende Orinoco seine entscheidende Kurve und Richtungsänderung gen Osten. Das läßt ihn so breit und gigantisch werden, daß unsere Landung fast eine Wasserung zu werden droht, denn der idyllisch blühende kleine Flugplatz, auf dem uns ein Fluggast verläßt und keiner zusteigt, liegt dicht an dieser Flußkurve.

Die zweite Zwischenlandung erfolgt dann in einer Gebirgssiedlung mit ebenso gebirgig unzugänglichem Namen, den ich auch später auf keiner Landkarte wiederfinde. Der Weiterflug von hier führt denn auch über felsiges Gebirge, vermutlich die *Sierra de la Cerbatana*. Aber weit am Horizonte gleißt immer irgendwo das silberweiße Band des Orinoco.

Zeitweise liegt ein großer, sehr farbstarker doppelter Regenbogen auf dem Gebirgswalde unter uns. Das ist pervers: den Regenbogen nicht über sich am Himmel, sondern unter sich auf der Erde zu sehen – verkehrte Welt ...

Und zeitweise gerät unser Spielzeugflieger in schwärzeste Gewitterwolken, die sehr beängstigend sind, uns aber gottlob bald wieder in die Welt des Sichtbaren zurückentlassen.

Dann werden im Gebirgswalde unter uns die Indianerdörfer immer zahlreicher: allerkleinste Siedlungsformen mit deutlich isolationistischen Tendenzen, auch intern.

395.

In *Puerto Ayacucho* ist das *Gran Hotel Amazonas* architektonisch völlig introvertiert: ohne Ausblicke, ohne Außenwelt – klimatisch sicher ganz *clever*, aber psychisch schwer zu ertragen, zuerst fast ein klaustrophobischer Schock. Und dann: wie lebt ein Reisender ohne Tisch, ohne Schrank, ohne Regal, ohne Abstellmöglichkeiten? Sein Problem.

Auch sonst treibt hier die venezolanische (oder lateinamerikanische?) Unfreundlichkeit neuë Blüten. Aber: sie geben mir die Zimmernummer 103, wie schon in Macuto. Reprisen, Duplizitäten: was besagen solche Rhythmen?

Bei wirklich extremer Hitze inspiziere ich den Ort: Western auf Lateinamerikanisch. Indianer- und Arbeitersiedlung, sehr farbenfroh, sehr lebendig, niedrige Gebäude mit vielen Geschäften, ein später Nachmittagsmarkt. Mittendrin das *Teatro Don Juan* – als Kino.

Ich erkundige mich nach Exkursionsmöglichkeiten und ernte Absagen, weil ich offenbar der einzige Tourist am Orte bin. Mit Dr. Virgilio Limpias, einem Indianerarzt, der vom Tourismus lebt und den ich Lito nennen darf, philosophiere ich über Prinzipiën medizinischer Moral. Dann suche ich vergeblich den in *Ciudad Bolívar* so nachdrücklich empfohlenen *guía* Marupiara Escóbar in der *Avenida Constitución*.

Da macht eine Sintflut meinen Recherchen ein resolutes Ende. In wenigen Minuten sind aus staubigen Straßen reißende tiefe Flüsse geworden, in denen die Autos zu schwimmen scheinen. Der Himmel ist schwarz, es stürmt.

Ich stelle mich unter ein *porche*, warte *circa* eine Stunde in thailändischer Geduld und fahre dann per Taxi ins Hotel.

Von dort aus erreiche ich Don Marupiara schließlich per Telefon. Er besucht mich unverzüglich, erweist sich als ein stark amerikanisierter *Baré*-Indianer aus dem südvenezolanischen Dschungel dieser Amazonas-Provinz, und wir werden uns für die Touren der beiden nächsten Tage einig, obwohl er sehr teuёr ist und eigentlich nur mehrtägige und abenteuёrlichere Exkursionen übernimmt. Aber nur er nimmt hier an meinem Einzelgängertum keinen Anstoß.

Puerto Ayacucho, 24. Oktober 1989

396.
Die erste Tour mit Marupiara Escóbar Maroa führt zunächst in ein intaktes originales Dorf der berühmten und auch historisch bedeutenden *Piaroa*-Indianer.

Schon unterwegs kommt uns der Häuptling entgegen: volles schwarzes Haar, der nackte Oberkörper mit straff glatter, haarloser Haut, aber müden Auges und zahnlos. Auf Mitte fünfzig geschätzt, ist er über achtzig. Auch im Dorf sind viele zahnlos, auch junge Frauёn. Eine ältere Frau ist barbusig, ein ständig lachender junger Mann debil. Die geistig gesunden jungen Männer ignorieren uns. Der Lehrer unterbricht seinen Unterricht in *Piaroa*-Sprache und begrüßt uns auf Kastilianisch. Den nachströmenden Kindern gebe ich weisungsgemäß je zwei der vorsorglich mitgenommenen Bonbons. Ansonsten nimmt das relativ große Dorf mich kaum zur Kenntnis, trotz meines indianischen Begleiters. Es macht mich auch keineswegs zum Kunden, aber auch nicht zum Zoobesucher. Armut und Primitivität sind vorherrschend – trotz der klassischen Palmenhäuser und dem runden Häuptlingsdomizil.

Dann fahren wir *circa* 75 Kilometer bis Samariapo. Dort endet die Straße, deren Bau 1924 die Gründung von *Puerto Ayacucho* überhaupt veranlaßte, weil zwischen diesen beiden Orten der Orinoco, einzige Zufahrt zur riesigen südlichen Amazonas-Provinz, ganz und gar unbefahrbar ist.

Folgerichtig mündet die *carretera* in Samariapo direkt im Orinoco. Rings um diese Stelle schmiegt sich die winzige Ortschaft, die aber ob ihrer logistischen Bedeutung auf jeder Landkarte verzeichnet ist. Sie besteht nur aus wenigen niedrigen armseligen Gebäuden, von denen jedes gleichzeitig Wohnhaus, Kneipe und Supermarkt zu sein scheint und in denen die Männer pausenlos Malzbier trinken. *La ultima piedra del mundo* – Mini-Western auf Lateinamerikanisch.

Aber der Fluß, seine Ufer, seine Inselchen: eine verträumte Idylle; wiewohl die Mittagssonne gnadenlos brennt: eine Feindin.

Für unsre Flußfahrt muß erst vom andern Ufer ein Außenbordmotor herbeigerudert werden, dann dessen Benzinbedarf. Endlich geht die Fahrt los: in einem Einbaum aus einem Sassafras-Stamm – stromaufwärts, also südlich. Der Orinoco versteckt hier gleichsam seine Majestät in mehreren Verästelungen, zwischen denen große Inseln liegen, die größte, *Isla Ratón*, ist 25 Kilometer lang und 14 Kilometer breit, mitten im Fluß. Entsprechend schmaler und idyllischer ist der Flußarm, den wir befahren, zwischen Dschungelufern, bis wir in den *Río Sipapo*, einen Nebenfluß, einbiegen. Er führt schwarzes Wasser, das sich auch beim Zusammenfluß mit klar gezogener Trennungslinie vom weißen (braunen) Wasser des Orinoco noch lange absetzt.

Unsere Flußfahrt dauert zwei Stunden und kann nicht weitergehen, weil ich meinen Paß nicht bei mir habe: die Grenzkontrollen zum gegenüberliegenden Columbiën mit seinem gerade besonders virulenten Rauschgiftschmuggel seien da zu fürchten, behauptet Marupiara.

Also geht es, nachdem der Außenbordmotor in Samariapo wieder zum gegenüberliegenden Inselufer zurückgepaddelt worden ist, mit dem Vierrad-Jeep weiter, zunächst zum populären *Parque El Tobogan de la Selva*, einem beliebten Ausflugsort mit natürlicher Wasserrutsche und bizarrer Felsenbadeanstalt.

Danach besuchen wir diverse Siedlungen verschiedener Indianerstämme: die zivilisierteren *Guahibos* im malerischen, blühenden Koromoto, dann die berüchtigt diebischen *Piaroas* in der kasernenartigen Urbanisation Paria, wo uns die Kinder im paradiesischen Flusse ihre Schwimmkünste vorführen müssen, bevor ich sie mit *caramelos* belohnen darf, die den vorzeitigen Zahnausfall noch zusätzlich fördern mögen. Aber die winzigen braunen

Kinderhände rühren mich in ihrer Gier, derer sich auch die halbwüchsigen, bereits zahnlosen Burschen keinen Augenblick lang schämen.

Zweimal passieren wir auch das gleichfalls kasernenartig angelegte Straßendorf *Pato Guayabal*, dessen indianische Bewohner auf der einen Straßenseite Evangelisten, auf der anderen Alkoholiker sind. Wer die Seite wechseln will, braucht nur die Seite zu wechseln.

Schließlich besuchen wir noch eine große Farm, wo eine Familië der *Baré*-Indianer tatsächlich den Urwald gerodet und in großem Maßstab urbar gemacht, mit allen denkbaren Obst- und Gemüsesorten bebaut hat: freilich auf eigene Faust; es gibt keinerlei staatliche Subvention für solche musterhaften Pionierbetriebe. Aber diese Pastorale geplanter Fruchtbarkeit ist auch in ihrer Atmosphäre sehr viel weniger aggressiv als der originäre Urwald. Hier läßt sich auch ein Kolibri auf eine Bananenblüte ein. Vier kleine Hunde wuseln um meine Schuhe. Die beiden jungen Farmer sind dennoch rechtschaffen abweisend nach Art des Landes, der fleißige weißhaarige Großvater, der die *comida* vorbereitet, mutmaßlich 85 Jahre alt.

Zurück in *Puerto Ayacucho*, werden kurz vor Einbruch der Dunkelheit noch Flüge reserviert, der *Mirador* besucht, von dem aus man den Orinoco überblickt, und der abscheulich verwahrloste Hafen mit seinen vorsintflutlichen, schrottreifen Fahrzeugen besichtigt.

Auch die Quarantänestation für Malariakranke wird wahrgenommen.

Hasta mañana.

Puerto Ayacucho, 25. Oktober 1989

397.

Marupiara Escóbar Maroa und ich erledigen morgens erst mal gemeinsam einige Besorgungen: für mich, für ihn. Derlei bindet auf beiläufigste Weise in einen fremden Alltag ein, das mag ich sehr.

Er hat auch seinen sechsjährigen Sohn mitgebracht, den er in angelsächsischer Phonetik *Junior* nennt und mit *Sie* oder *Señor* anredet: *"Setzen Sie sich, Señor"; "Nehmen Sie die Hand aus dem Fluß, Señor: sonst können Sie uns das nächste Mal nicht begleiten, Señor"*. Zuerst ist das lustig, dann sehr schön, und allmählich offenbart es seine Klugheit. Für den *Junior* ist es eine Selbstverständlichkeit.

Wir lassen unser Auto scheinbar mitten im Ort vor einem kleinen Hause stehen, hinter dem, auf einem winzigen, eher pfützenartigen Tümpel, ein *Bongo* liegt – wie das vermeintliche Kanu in der Sprache der Indios authentisch heißt. Hinter der Tümpelpfütze erstreckt sich, eingerahmt von Dschungelbäumen, eine Art Wiese, die nur aus einer einzigen, sehr kräftigen, großblättrigen Pflanzenart besteht.

Marupiara, sein Junior und ich sowie ein älterer Indio und dessen beide halbwüchsige Neffen besteigen den *Bongo* und fahren los – mitten in diese Wiese hinein. Denn es erweist sich, daß diese großblättrigen Pflanzen keineswegs auf der Erde wachsen, sondern auf dem Wasser, einem kleinen, vollständig zugewachsenen Seitenarm des Orinoco, und daß es sich dabei um Lotos handelt. In mühsamen Anstrengungen aller Beteiligten kämpfen wir uns durch dessen eminent robuste und zähe Widerspenstigkeit, aus deren gestörtem Frieden Hunderte aufgeschreckter Grashüpfer hochspringen.

Endlich besteht der *Bongo* den Kampf gegen den Lotos und betritt die offene Weite des Orinoco.

Die nächsten sieben Stunden befahren wir also diesen magisch attraktiven Strom. Seinetwegen bin ich in *Puerto Ayacucho* mit seiner einzigen schiffbaren Strecke dieses Flusses. Aber er ist gar kein Fluß. Er ist eine gigantische Wasserlandschaft mit zahllosen Inseln und Halbinseln, Seitenarmen und Nebenflüssen, Mündungen, Lagunen und Durchstichen – ein riesiges Netzwerk aus Dschungel und Strom. Dessen Breite ist hier bei Ayacucho, stromabwärts, wirklich majestätisch. Sein Wasserstand ist derzeit allerdings eher moderat. Denn an Felsmarkierungen und an Algen hoch im Geäst der Bäume erkennt man, daß er bisweilen sechs Meter höher ist. Und Baumspitzen, die aus dem Wasser ragen, verraten, daß er bisweilen sechs Meter niedriger ist. Diese Zahlen stammen von meinen Indios. (Beim sogenannten Humboldtfelsen mitten im Strom vor *Ciudad Bolívar* ist diese Pegel-Diskrepanz noch sehr viel größer: *circa* achtzehn Meter!)

Unser *Bongo* fährt besitzergreifend mitten auf dem Fluß. Links ist das verbotene columbianische Ufer mit seiner *Dealer*-Mafia. Im Heck des *Bongo* fungiert der alte Indio als souveräner Kapitän, dem seine gleichfalls wortlosen Neffen assistieren. Sie assistieren ihm auch beim Ignorieren meiner Person. In der Mitte des *Bongo* sitzt Marupiara mit seinem gesiezten Junior und gibt mir ab und zu entsprechende Informationen *a tergo*. Vorn sitze ich. Allein. Ich sehe also keinen von der Mannschaft. Ich sehe nur diesen Fluß und seine Wasserlandschaft. Beide sind völlig menschenleer.

Es weht nicht die leiseste Brise. Nur der Fahrtwind streicht mir warm ums Gesicht. Der Orinoco ist glatt wie ein See, in dessen reglosem Wasser sich Ufer und Wolken auf eine Weise spiegeln, die die Realität aufzuheben scheint, weil Spiegelung und Gespiegeltes untrennbar ineinander übergehen. Die Atmosphäre ist so irreal, daß sie berauscht. Sie ist wirklich ein *Trip*.

Ab und zu taucht dann noch unter einem tief ins Wasser hängenden Baum ein einsam fischender Indio in seinem Mini-*Bongo* auf, den er natürlich rudert. Er verschwindet dann jeweils bald ebenso unauffällig und rätselhaft magisch, wie er aufgetaucht ist.

Das geht über Stunden so. Erst gegen Mittag verlassen wir den jäh westwärts abknickenden Hauptstrom und stoßen in eine idyllische Lagune durch, die von großen bizarren Granitfelsen eingerahmt wird und in der ein ganzes Rudel Süßwasserdelphine sein festes Domizil hat. Sie schnappen nach Luft und schießen Kabolz, aber nicht so kontaktfreudig und neugierig, wie das normalerweise der Fall sein soll. Meine Indios fühlen sich verantwortlich für mein *divertimento* und landen daher erst mal an. Die Kinder fischen, die Männer machen Feuër und grillen Fisch.

Als wir, unter einem Baum versteckt, die trägen Siësta-Delphine abermals zu provozieren versuchen, fragt mich Marupiara, warum ich eigentlich nicht fotografiere oder filme, und ich sage, daß die beste Kamera mein Kopf sei. Da geht ein zustimmendes Lächeln über das listige, aber bislang hermetisch verschlossene Gesicht meines alten Indio-Kapitäns, und zum ersten Mal trifft mich offen sein Blick. Diese Antwort paßt in sein Weltbild. Ich bin akzeptiert.

In diesem Augenblick fängt es an zu regnen. Das Picknick wird abgebrochen, die Rückfahrt bei anhaltendem Regen angetreten. Aus dem spiegelglatten Orinoco der Herfahrt ist binnen weniger Minuten ein aufgeregter, welliger Wildfang mit beträchtlichem Seegang geworden. Und abermals lösen sich alle Konturen auf – aber diesmal im Weichzeichner des Dauerregens.

Wir halten uns eng an das schützende venezolanische Ufer, so daß ich neuë Seitenarme und Inseln kennenlerne.

Zwischendurch gehen wir auch an Land und kaufen bei Indio-Fischern, die auch wieder in Häusern ohne Wände leben, rätselhaft kunstfertig geräucherten Fisch, der sich sogar in der hiesigen Hitze mindestens zwei Monate halten soll. Was soll da ein Kühlschrank?

Diese Rückfahrt bei schwierigem Wetter und auch noch gegen die Strömung dauërt eine ganze Stunde länger als die morgendliche Hinfahrt. Überraschender Weise sind trotz oder wegen des Regens viel mehr Vögel unterwegs, das fällt auf: so der *Martín Pescador* (eisvogelartig), der *gabilán* (Weihe?) und viele andere, undefinierbare, unbekannte ...

Von Dezember bis März, wenn der Orinoco seinen tiefsten Wasserstand erreicht, tauchen in seinem Flußbett zuhauf, erzählt Marupiara, Sandbänke, *"playas"*, auf, auf denen sich dann Kaimane, Leguane, Schildkröten, Vögel und Schmetterlinge in turbulenter, aber friedlicher Symbiose tummeln. Das hatte ich eigentlich hier sehen wollen, deshalb bin ich hier. Nun belauërn mich die Kaimane also unter Wasser, hoffentlich havariert unser flacher *Bongo* nicht bei diesem Seegang!

Aber plötzlich, fast ruckartig, ist der launische Orinoco wieder spiegelglatt – mitten im anhaltenden Landregen ...

Der Wiedereintritt in den häuslichen Lotos-"Rasen" gerät dann dem rauchenden und fauchenden Außenbordmotor fast zum Verhängnis. So renitent ist diese magische, mythische Pflanze gegen Störungen ihrer jahrtausendealten Ruhe. Und ein kleiner weißer Frosch in panischer Überlebensangst rettet sich und seine Nacktheit mit einem tollkühnen *salto* direkt in meinen Schoß.

Zwei Stunden später esse ich im *"Rincón de Apure"* in Marupiaras dezent enthaltsamer Gesellschaft schmetterlingsartig aufgeklappten Orinoco-Fisch mit sehr viel Knoblauch.

Marupiara erzählt währenddessen, daß die Indios sich im Urwald die Schuhe mit Knoblauch einreiben, weil alle Tiere vor diesem Geruch Reißaus nehmen – selbst Schlangen und Jaguare (*"tigres"*). Er erzählt auch noch vie-

le andere Geschichten von der Naturverbundenheit und -beherrschung der
Indios, von ihren enormen Sinneswahrnehmungen und trickreichen Kennt-
nissen: wie sie den *"tigre"* mit dem Geräusch einer bestimmten Frucht anzu-
locken vermögen, wie sie Taranteln fangen und essen. Wirklich alles, was er
berichtet, erinnert an Karl May, und die vermeintlichen Klischees unserer
Indianerfeuër-Romantik sind hier tatsächlich auch heute noch lebendig und
die volle Wahrheit.

Die von mir angesprochene Sprödigkeit und Reserviertheit der Indios begründet Marupiara auf unbefriedigende Weise mit ihrem Bewußtsein, sich
sprachlich mit unsereinem nicht verständigen zu können; schließlich gebe es
allein in Venezuëla heute noch vierzehn verschiedene Indio-Sprachen, die
auch untereinander keine Verständigung gestatteten. Mein Eindruck von der
Wortkargheit dieser Menschen sei aber ganz falsch; es gebe sogar ein india-
nisches Fest, das eigens dem Klatsch-und-Tratsch-Bedürfnis der Indios gewidmet sei.

Spröde und unfreundlich seiën die Venezolaner aber fast alle, die Gringos
wie die *Indígenos*, und er zählt mir die vielen Provinzen auf, in denen es damit besonders schlimm stehe; nur Mérida mache da eine Ausnahme: einzig
dort seiën die Venezolaner liebenswürdig und kultiviert, sprächen auch ein
gepflegtes *castellano* wie sonst nirgends in diesem Lande. Na, wie schön –
morgen um diese Zeit bin ich schon in diesem Mérida.

Vorher aber erzählt mir Marupiara noch viel vom hiesigen *Territorio Amazonas*, dessen Hauptstadt unser *Puerto Ayacucho* ist. Diese riesige südlich-
ste venezolanische Provinz ist sicher die wildeste und interessanteste. Marupiara schildert seine wochen- oder monatelangen Exkursionen. Leider sind
fünf Tage dafür das Minimum, und ich habe nur zwei.

Aber mit einem einzigen einfachen Satze macht er mir auch plausibel, warum diese Provinzen *Amazonas* und *Bolívar* als die *"älteste Gegend der Erde"* bezeichnet werden können. (Eine Fragen und Einwände provozierende
Formulierung, die man hier allenthalben liest und hört.) Hier in diesen beiden südlichsten Provinzen Venezuëlas hat es niemals Vulkanismus und niemals Erdbeben gegeben – nur Erosion. Sonst ist hier alles geblieben, wie es
von Anfang an war. Nichts hat sich verändert. Das merkt man dieser Landschaft auch an.

Aber am meisten und begeistertsten erzählt mir Marupiara dann von seinem wirklich verblüffenden Junior, dessen vielfach belegte Frühreife, unkindische Vernunft und Erwachsenheit mich nicht nur an Saint-Exupérys *"Kleinen Prinzen"* erinnern. Ich muß auch sofort an Chris Griscom's Verheißung in ihrem *"Weg des Lichts"* denken: *"Wir müssen anfangen zu verstehen, daß alle heute geborenen Kinder Wesenheiten eines großen Lichts sind, die sich ausgesucht haben, in dieser Zeit geboren zu werden, um uns durch diese Dunkelheit zu helfen, durch diesen Trichter, den wir zur Zeit durchqueren. [...] Sie sind gekommen, um uns zu schützen"* (Seite 18).

Für diesen verführerischen und tröstlichen Gedanken ist sicher Chris Griscom's eigener jüngster Sohn ein leibhaftiger Beweis. Aber auch Marupiaras Junior in *Puerto Ayacucho* scheint von dieser Art zu sein. Solche Kinder könnten unsern Planeten vielleicht wirklich noch retten, so anders sind sie ...

Caraballeda, 26. Oktober 1989

398.
Dieser Tag ist dämonenbestimmt, was sonst. Er demonstriert zunächst den Terror der ionescosen venezolanischen Bürokratie: in der Bank beim Geldwechsel, danach auf dem Flughafen (wo mir aber anfangs Marupiara noch hilft);

dann die Folter des einstündigen stehenden Wartens auf dem heillos überfüllten und chaotischen Mini-Flughafen von *Puerto Ayacucho*, derzeit einer einzigen Großbaustelle, zwischen hämmernden, bohrenden Handwerkern und schrill feilschenden japanischen Reisegruppen, die sich hemmungslos und hektisch mit indianischem Kitsch eindecken, Pfeil und Bogen nicht auslassen und auf militante Weise Rabatt verlangen;

das alles in extremer Hitze: purer Ionesco.

Hinzu kommen die landesüblichen Mehrfachkontrollen, unverhofft spontane Listenführungen und sonstige Überorganisationen, die den Wirrwarr dieses überforderten Kleinflughafens komplettieren. Das *embarcamiento* schließlich erfolgt nur ratenweise, in kleinen Gruppen, weil außer der Bordkarte auch noch ein kleiner isolierter Polizeistempel abgegeben und eine

Transitkarte für die Zwischenlandung in *San Fernando* entgegengenommen werden müssen.

Also, endlich fliegt die Maschine, immerhin ein richtiger großer Jet der *Aeropostal*, über Steppen und die Flüsse Orinoco, Meta, Cinaruco, Capanaparo, Arauca und Apure hinweg, um schon nach dreißig Minuten in *San Fernando de Apure*, der angeblich heißesten Stadt dieses Landes, zwischenzulanden.

Eine halbe Stunde später, um die unbegreiflichen Transit-Karten erleichtert, geht es weiter nach Maiquetía. Landung wie Start erfolgen dort immer mit weitkurvigem Überfliegen des *Mar Caribe*. Das ist nun heute nichts als blau. Aus meinem Fenster sehe ich auf diesem Meer: keine Inseln, keine Felsen, keine Schiffe, keine Boote, keine Wolken, keine Möwen, keine Küsten – nur *Azul*, so weit das Auge reicht. Die Maschine wendet landeinwärts um 180 Grad: die ganze Welt bleibt *azul*.

In Maiquetía klappt die Organisation des Weiterflugs nach Mérida so verdächtig schnell und problemlos, daß ich noch zwei ganze Stunden im Flughafenrestaurant essen und Ansichtskarten schreiben kann. Mit Hamburg zu telefonieren, schlägt aber fehl, weil ich dafür elektronische *tarjetas* benötige, und die bekommt man nur im Süßwarenladen neben der Apotheke, und die ist gegenüber dem Flughafen, jenseits der mehrbahnigen Zubringerstrassen. Dafür erzählt mir aber die Frau am vorsintflutlichen Postschalter dieses hypermodernen Weltflughafens der Millionenstadt Carácas, welche Probleme sie mit dem Aufkleben übergroßer Briefmarken auf normalgroßen Postkarten hat.

Der Flug nach Mérida ist also mein zweiter mit der *Avensa* ab Maiquetía. Im Vergleich mit dem Canaima-Start vor einer Woche wickelt er sich fast pünktlich und scheinbar mühelos ab. Auffällig ist zunächst nur, daß die Soziologie sich geändert hat. Ich reise weder mit Touristen noch mit Goldgräbern, Proletariёrn und Slumbewohnern, sondern mit gepflegten Wohlstandsbürgern, die Krawatten und gebügelte Hemden tragen. Man glaubt, nach Arosa oder Gstaad zu fliegen, und Marupiara scheint recht zu haben.

Von meinem Fensterplatz aus sehe ich wieder das karibische *Azul*, dann beginnendes Gebirge, dann nur noch Wolken. Nach etwa einer Stunde stoßen dann plötzlich mit quasi brachialer Urgewalt die Spitzen der Anden durch das dichte Gewölk. Ich erschrecke. Das hat nun nicht mehr die Faszination der exorbitanten *Tepuyes* aus der *Gran Sabana*. Das ist die übliche alpine Totenstarre. So bedrohlich – trotz der putzig eingestreuten Gletscherseeën ...

Die Maschine sinkt, die Anden wachsen – bis der Kapitän plötzlich über Lautsprecher bekannt gibt, daß das Wetter eine Landung auf der berüchtigt heiklen Piste von Mérida verbiete. Eisiges Schweigen breitet sich in der Kabine aus: diszipliniert gelähmte Unterwerfung unter das Schicksal.

Also unverrichteter Dinge kehren wir flugs an unsern Ausgangspunkt zurück. Erst spät wird mir klar, daß die geänderte Rückroute über die berühmten Öltürme im *Lago de Maracaibo* und über den *Golfo de Venezuela* führt. Aber da ist aus *azul* schon *gris* geworden, so daß ich wenig erkenne. Und in Maiquetía ist es dann stockdunkel, und dieser Tag scheint vorüber zu sein.

Vonwegen. Wieder am Boden, bietet die *Avensa* einen Ersatzflug für morgen früh um sieben an und wickelt die erforderliche Bürokratie ab, die der vergleichbaren vom Tagesanfang in *Puerto Ayacucho* durchaus das Wasser reichen kann – potenziert allerdings um die Improvisationskomplikationen der Außerplanmäßigkeit. Doch da macht sich plötzlich ein bejahrter Venezolaner zum Wort- und Rädelsführer der bis dahin stumm geduldigen Passagiere und verlangt mit aggressiver Energie eine Hotelübernachtung *a conto* der *Avensa*, die es aber vorzieht, von höherer Gewalt zu sprechen. Prompt kommt es zu anhaltenden turbulenten Szenen mit Sprechchören und vehementer Gestikulation. Die feine Gesellschaft der hiesigen Schweiz zieht eine Fratze.

Ich beschließe, das unmißverständliche Signal zu akzeptieren und meinerseits auf das alpine Mérida zu verzichten, Kultur und Anden hin oder her. Schon jetzt fühle ich mich sehr angestrengt von diesem dämonenbestimmten Tage und schenke mir daher zum Trost eine Nacht im exklusiven *Macuto Sheraton Hotel*, das so unike Qualitäten haben soll, wie ich von der kundigen *Swiss Air Crew* in Wareipa erfahren habe. Aber ausgerechnet heute ist es *"full"*. Ein anderes auch. Ein drittes nimmt mich, nachdem ich mit Engelsgeduld *à la Thai* die entsprechende Kanzellierung meines Fluges nach Mérida organisiert habe; dabei durchquere ich auch brav den halben Riesenflughafen auf der Suche nach einer Heftmaschine, mit der mein herausgerissenes Ticket wieder dem *Cahier* einverleibt werden kann ...

Erst hiernach vertrauë ich mich erschöpft, aber optimistisch einem illegalen Taxifahrer an, der sich bald als hauptberuflicher Polizist ausweist. Mit ihm fahre ich also abermals durch mein hiesiges Urerlebnis Macuto und weiter bis ins benachbarte Caraballeda. Aber hier findet meine Polizei das Hotel *"Avila Caribe"* ums Verrecken nicht. Eine endlose Odyssee durch den noblen Villenvorort gereicht uns beiden zu schweißtreibender Panik. Die wenigen nächtlichen Passanten schicken uns kreuz und quer. Mein Magen hängt auf den Fußsohlen. Endlich doch noch angelangt, erweist sich das angebliche Hotel als ein leerstehendes Apartmenthaus, und ich beziehe, willenlos vor Hunger und Müdigkeit, eine voll eingerichtete schicke Feriënwohnung im siebenten Stock mit zwei Bädern, gedecktem Tisch und Indianer-*Artesíanas* an den Wänden – aber ohne Handtücher, ohne jeglichen *Service* und: ohne Restaurant! Zuërst werde ich hysterisch, dann aggressiv zum dicken Mädchen in der schlafengehenden *Pool*-Bar, schließlich sitze ich resigniert und nackt auf meinem nächtlichen Balkon hoch über den vornehm erstrahlenden *Caraqueño*-Datschen, das *fulle Macuto Sheraton Hotel* direkt vor meinen Augen, den makellosen Sternenhimmel einer tropischen Sommernacht über mir, und – führe dieses Tagebuch ... : das war ein dämonenbestimmter Tag, was sonst.

Übrigens: die *Avensa*-Inlandflüge haben es wohl in sich, auch wenn es nicht nach Canaima oder Mérida geht. Bei einer anderen Maschine dieser Gesellschaft sah ich heute direkt vor ihrem Start beträchtliches Feuër aus einem Triebwerk schlagen. Und im Frachtraum meines Vogels ist über den Anden mein Rasierapparat auf rätselhafteste Weise kaputtgegangen und verbogen, als habe Uri Geller seine Hand im Spiele.

Und in der Provinz Apure, die ich bei der Zwischenlandung in *San Fernando*, wenn auch mit der rivalisierenden *Aeropostal*, heute streifte, sind zur gleichen Zeit einem ebenfalls rätselhaften politischen Attentat mehrere Polizisten zum Opfer gefallen.

Eins ist klar: Mérida mit all seiner Kultur – das sollte nicht sein. Na gut.

Halbzeit.

Cumaná, 27. Oktober 1989

398a.

In meiner schicken Feriënwohnung ohne Frühstück fühle ich mich gearscht, und also arsche ich zurück, indem ich wider alle Absprache und Buchung schon nach einer einzigen Nacht wieder abreise. Der tumbe junge Farbige an der Rezeption versteht die Welt nicht mehr, und mit der ganzen Brutalität des Weißen Mannes überrolle ich ihn.

In *Maiquetía Aeropuerto* klappt heute wieder alles so blitzschnell, daß ich ausführlich frühstücken, mir ein schönes Hotel bestellen und auch noch nach Hamburg telefonieren kann. Um elf sitze ich in der Maschine, die mich in dreißig Minuten und für dreißig Mark nach Cumaná bringt. Keinerlei Zwischenfälle, die Dämonen haben heute wohl frei oder anderwärts zu tun, die Karibik ist *azul*, die Küste proper und die Bewölkung über dem Lande wie per Lineal vom wolkenlosen Himmel über dem Meere separiert.

Im Strand-Hotel *"Los Bordones"* ist es recht teuër, aber pikfein und bildschön: wie es sich für den Traum von der Karibik gehört. Also raffe ich all meine Courage zusammen und betrete diese feine Welt als verklebter, verschwitzter, verdreckter Tramp mit Klumpfüßen und Samui-Sack.

Trotzdem bin ich hier natürlich schon sehr bald mit Abstand der Feinste zwischen den plumpen neureichen Europäern und den primitiven einheimischen Angestellten, die alle so sprechen, als hätten sie einen Brei im Munde. Ich bin jetzt in der Provinz Sucre.

Nachmittags langer *paseo* am langen Strande, der so urtümlich (deutsch: schmutzig) ist, wie ich es mag. Strand am Meer: das entspannt, das beschert dem Kleinen Moritz *vacaciones* wie aus dem Bilderbuche. Aber – dieser Strand ist nicht eben unverdächtig ...

Doch schon die *cena* offenbart: in solchen Hotels versammeln sich die langweiligsten Menschen der Welt. Sie langweilen sich auch selbst und gegenseitig.

Die Bauërnburschen, die sich verkleidet haben und hier Fünf-Sterne-Kellner mimen, sind köstlich und die einzige Unterhaltung. Aber zum Flirten ist nur ein einziger geeignet, und der hat es auch schon gemerkt und ist zuërst geschmeichelt und erfreut, dann irritiert und schließlich tief erschrocken.

Immerhin scheinen die Leute von Sucre ein bißchen freundlicher zu sein als die in Bolívar und Amazonas.

Und auch mein Rasierapparat ist plötzlich und rätselhafter Weise wieder ganz, als hätte Uri Geller schon wieder seine Hand im Spiele.

Cumaná, 28. Oktober 1989

399.
Ruhetag am *Pool*.

Am *Pool* trifft eine venezolanische Großfamilië mit zehn spielfreudigen Kindern ein, die das Bassin und seine gesamte Umgebung in weitem Umkreis lauthals und audauërnd mit Beschlag belegen.

Also ans Meer ... !

Am Meer gibt es keine Liegestühle mehr; beim letzten Sturm seiën so viele abhanden gekommen. Übrigens: im Falle eines Strandspaziergangs sollte ich meine Goldkette lieber vorher vom Halse nehmen; das sei gefährlich, hier.

So bummele ich durch den Vormittag und schwimme ein bißchen süß und ein bißchen salzig.

Nach dem *Lunch* mache ich, auf alle Fälle, Regiebuch: trotz fortgesetztem venezolanischen Kindergeschrei und trotz süßlicher Einheitssoße aus höchst potenten venezolanischen Lautsprechern. Ein Viertel des Stückes steht schon.

Dann unternehme ich einen zweistündigen Strandspaziergang. Zumal am heutigen Samstagnachmittag ist diese drei Kilometer lange *Playa San Luis* ein populäres und vorwiegend proletarisch frequentiertes Volksbad, das *Balneario Los Uveros* heißt und durch einen strikten Drahtzaun von den vielen Hotels, Clubs und Datschen des Strandes getrennt ist. Badefreuden scheinen hier überdies eher mit Alkohol als mit Erotik assoziïert zu werden. Der Katholizismus herrscht unerbittlich, Indianer hin oder her.

Mein *paseo* endet mit einem einsamen karibischen *swim* im Regen. Aber was mögen das nur für große Vögel sein, die hier in zahllosen Grüppchen und mit überlangen Schnäbeln das Meer observieren – sei es fliegend, sei es schwimmend? Pelikanartige? Und die monströse Echse heute früh im Hotelflur: riesig, knallgrün und reglos – mitten in der Evolution zum Drachen? Und dann die Megaspinne heute abend auf dem betonierten Parkweg der Hotelanlage, quallengroß und hochbeinig: eine Tarantel? Eine Vogelspinne? Der Schrecken ist größer als die Neugier und jagt mich aus Angst vor einer Attacke des unberechenbar mutigen und überschnellen Tieres in die bare Flucht. Denn: belauért mich von der nächsten Palme nicht schon eine Riesenschlange?

Ein Luxushotel in einem solchen Lande erweist sich nachts als Ghetto, fast als Gefängnis. Die Eisentüren zum Strande sind hermetisch verschlossen, Kontakte zur fernen Stadt, zur Bevölkerung sind nicht vorgesehen und unratsam. So pervertiert sich eine solche Reise in ein anderes Land, zu einem anderen Volke. Denn nachts nicht ans Meer, nicht an den Strand, nicht zu den Einheimischen zu können – da beginnt alles fragwürdug zu werden. Aber das ist wohl ein Symptom weniger dieses Landes als vielmehr unserer Zeit.

Nur die Tiere, wie diese Tarantel zum Beispiel: die scheißen was auf Ghetto und soziale Eisentüren, gottlob. Die kommen und gehen, wo und wann es ihnen paßt.

Ich entschädige mich zynisch durch eine hoteleigene *cena folcloristica* zu überhöhten Preisen.

Eine der armseligsten und traurigsten Erscheinungsformen menschlicher Gemeinschaftlichkeit sind in solchen Hotels die alten Ehepaare, die sich nichts mehr zu sagen und zu bieten haben und trotzdem gemeinsam in Urlaub gefahren sind. Stumpfsinniges Abwarten: ohne Perspektive, ohne Hoffnung, ohne Chance ...

Da genieße ich doch lieber meine einsame Freiheit mit all ihren Paniken und Ekstasen ...

Abends im Bett beginne ich schon wieder, Touren und Exkursionen zu planen. Da brennt die Glühbirne meiner Nachttischlampe plötzlich durch, wie auch schon in Canaima neulich – : Energieprobleme *cerca de mi cabeza*? Ich denke an Peter, meinen Hamburger Masseur, der kürzlich meine energetische *power* konstatierte und sie dann trotzdem prompt noch zu steigern vermochte – wo kommt die eigentlich her?

Cumaná, 29. Oktober 1989

400.

Wie man diesem *jet lag* auch nach vierzehn Tagen noch ausgeliefert ist: jeden Morgen wache ich zwischen vier und fünf Uhr auf, also zwischen der heimischen Neun und Zehn – unbarmherzig, ohne Gewöhnung, der vegetative Rhythmus paßt sich dem veränderten Sonnenumlauf so schnell nicht an.

Nichtsdestotrotz mache ich meine ersten Solarversuche, gewinne ich Schwimmvertrauën zum *Mar Caribe* und sehe ich schon nach fünf Minuten Sonne wie ein gesottener Hummer aus.

Der Strand wird in der Nähe des Hotels von einem stationären Polizeiposten bewacht, dessen Funktionäre teils uniformiert, teils aber auch privat kostümiert sind. Einer hat aber immer die Maschinenpistole in der Hand und den Finger kontinuïerlich am Abzug: Privatmachismo oder Vorschrift? Immerhin ist die Station als *Puesto de Prevención* ausgewiesen, also Vorsicht.

Nach dem *Lunch* mache ich mein Regiebuch bis Seite 27, dann meinen obligaten Strand*walk* bei regenzeitlich rituëller Bewölkung, diesmal nach links, wohin sich die Hetero-Liebespärchen aus Cumaná zum Knutschen verziehen. Also, so katholisch sind sie nun auch wieder nicht.

Aber der Machismo der lateinamerikanischen Kerle ist wirklich zu dämlich und lächerlich, wie aus Klischees zusammengesetzt, das fällt auch hier auf. Er würde einen radikalen Emanzipatismus der Frauën verständlich machen. Aber – : die Frauën sind hier überhaupt nicht emanzipativ. Es gibt eigentlich nur zwei Variationen von Frauën. Die älteren spielen entweder die feine Dame, die *Señora*, und frönen diesem Idol mit einer vermeintlichen Eleganz in Mode und *make up*, die ihre Wurzeln tief in den dreißiger und vierziger Jahren haben. Oder sie sind träge fette Schlampen. Die jungen hingegen verzichten auf die erste Variante.

So lassen sie sich auch hier am Knutschstrande fallen und akzeptieren den Machismo der Männer total und gänzlich unkritisch, bedienen ihn voll und problemlos. Also, gerade dort, wo die Rebellion am begreiflichsten wäre, findet sie am allerwenigsten statt.

Im Übrigen ist der Strand in seiner ganzen beachtlichen Länge merkwürdig steril, hat auch kaum wahrnehmbare Gezeiten und *ergo* keinen Watt- und Ebbebetrieb der Fauna.

Die Hintergrundkulisse sind vorwiegend rote Steinbrüche in einer bergigen Waldlandschaft mit Kokospalmen, Euphorbiën, Opuntiën und anderen Sukkulenten.

Abends werde ich genötigt, wieder folkloristisch zu essen. Zwei kümmerliche Gitarristen, Wichtelmännchen in deplacierten Mérida-Kostümen, zupfen sich von Tisch zu Tisch. Anführer ist eine winzige Tunte mit Perücke unter dem Sombrero und mit den Fingernägeln des Struwwelpeter. Er spielt den *cuatro*, eine indianische Variante der spanischen Gitarre; sie ähnelt der Ukulele, stammt angeblich hier aus Cumaná und dominiert mit ihren *cuatro* Saiten die ganze venezolanische *folk music*.

Trotzdem sind diese beiden Tischmusikanten ganz armselige, erloschene, hoffnungslose, unbegabte Existenzen, die sich gewiß auch hier nicht lange werden halten können, mit ihrer Lust- und Fantasielosigkeit: die rechte Tischmusik für die alten Ehepaare! *"Wohl dem, der nicht müde wird"*!

Überhaupt sind die beiden wohl prototypisch für den *piso bajo* meiner Kollegenschaft in diesem Lande. Ihnen verwandt ist auch der zu bäuerlicher Eleganz verdonnerte Pianist im Restaurant *"Polynesia"*, der sich erst ans Klavier setzen darf, nachdem er am Eingang den Grüßaugust gemacht hat, was er natürlich erst recht nicht kann, mit seiner extremen Nikotinsucht und mit den Scheuklappen seiner Musikerborniertheit.

Die Geringschätzung der gesellschaftlichen Machthaber trifft alle diese "Künstler" voll. Aber sie erleiden und akzeptieren sie als eine Selbstverständlichkeit, weil sie nichts anderes kennen – und wohl auch gar nicht verdienen. Dennoch muß in ihnen etwas stecken, was Demütigung und Armut in Kauf nehmen läßt, ein unzähmbarer Drang zu musizieren oder zu produzieren, und das macht sie so rührend in all ihrer abstoßenden Unbegabtheit. Kollegen ...

Cumaná, 30. Oktober 1989

401.

So, jetzt ist es heraus: diese Pelikanartigen sind überhaupt nicht -artig, sondern leibhaftige Pelikane, *alcatraces*, die sich beim Schwimmen auf dem blauën *Mar Caribe* mit ihrer unnachahmlichen Hals-, Kopf- und Schnabelhaltung eindeutig offenbaren.

Und die evolutionäre Echse im Hotelflur neulich: die war also ein veritabler Leguan, und was ich hier verschlafe, sind demnach Nächte dieser *iguana in memoriam* des seligen Tennessee. Denn am heutigen Montag, nachdem das auftriebige *weekend* der *Caraqueños* vorüber ist, zeigen die Leguane unmißverständlich, wer hier der eigentliche Herr des Hotel-*Terreno* ist. Einer von ihnen schießt den Vogel ab.

Dieses Hotel hat, ähnlich den Konzertmuscheln in traditionellen Nord- und Ostseebädern, eine überdachte Bühne mit regulärer Lichtrampe, dicht am *swimming pool* und mitten im touristischen Umtrieb. Diese Bühne ist mit knallgrüner Auslegware bedeckt. Einer der Leguane nun, der wie viele über ein präzises Farbbewußtsein verfügen muß, erklimmt heute mittag, mitten im Touristentrubel, diese Bühne, weil ihm wohl klar ist, daß sein eigenes Grün sich mit dem der Auslegware völlig deckt. Er glaubt wohl also besonders unauffällig zu sein, weil er nicht weiß, was eine Bühne ist. Dennoch scheint er aber genau zu wissen, wo auf einer Bühne der beste Platz ist: vorn in der Mitte. Dorthin also begibt er sich ebenso beiläufig wie zielstrebig, hievt sich dann nach Eidechsenart auf steifen Beinen in seine größtmögliche Höhe und placiert einen Haufen Leguan-Scheiße genau auf diesen privilegierten Primadonnen- und Protagonisten-Platz. Er wollte wohl zum Scheissen besonders verborgen sein und ist dabei auf einen der exponiertesten Plätze geraten, die es überhaupt gibt, in dieser Welt.

Tragikomik des Lebens: niemand (außer mir) nimmt diesen *Show-Star* und seinen Stuhlgang wahr, denn für derlei Beobachtungen sind sie alle viel zu tierblind und egomanisch (was sie anthropozentrisch nennen). Sehr, sehr beiläufig, wie im Bemühen, bloß nicht *après* doch noch aufzufallen, verläßt der Leguan dann die Bühne – ohne Abgangsapplaus! Aber noch nachts liegt sein verschrumpeltes Häufchen direkt vor dem imaginären Souffleurkasten, und niemand (außer mir) könnte sagen, was da liegt.

Im Übrigen sehen die Gesichter dieser *iguanas* ebenso alt aus wie jene *lajas* in *Ciudad Bolívar*, nämlich wie 1,6 Milliarden Jahre. Das Hotel und seine Installationen samt Gärten, Abfällen und Bühnen nehmen sie als Hommage und angemessene Opfergabe entgegen, die die zweibeinigen Neuankömmlinge den Ureinwohnern zum Geschenk machen, um sie gnädig zu stimmen. Sie nehmen diese Geschenke auch an, aber ob sie sich davon gnädig stimmen lassen? Das haben sie noch nicht entschieden. Wozu auch die Eile? Das hat Zeit – und seïen es die nächsten 1,6 Milliarden Jahre – falls die erekten Novizen überhaupt so lange durchhalten ...

Inmitten all dieser Archaïk setze ich mich nichtsdestotrotz erstmals symbolisch (und *ergo* ohne Verbrennungen) der karibischen Sonne aus, wandere hin und her, liege da und dort, und schwimme, allein, im *Mar Caribe*.

Nachmittags fahre ich nach Cumaná und verbinde *sight-seeing* mit fälligen Organisationen: Weiterflüge, Briefmarken, Geldwechsel. Im Cambio OFI, zu dem mich ein deutscher Reiseleiter hinlotst, hat vor wenigen Stunden der erste Banküberfall in der Geschichte Cumanás, dieser ältesten spanischen Siedlung ganz Südamerikas aus dem Jahre 1521, stattgefunden. So werde ich also Zeuge eines historischen Tages, einer Zeitenwende, eines kulturellen Umbruchs. Die Angestellte, der die Räuber mit vorgehaltener Pistole die Ringe von den Fingern gerissen haben, demonstriert mir in schauspielerischer Ausführlichkeit den ganzen Vorfall, zeigt auch die abgeschnittenen Telefonstrippen und gesteht zu guter Letzt, nun leider kein Geld wechseln zu können, weil keins mehr da sei.

So bin ich unverhofft aus meiner Leguan-Idylle mitten in ein sozialbiologisches Gefahrenfeld des 20. Jahrhunderts gerückt. So schnell geht das.

Im Übrigen ist die Stadt überraschend groß, von kolonialistischem, einstöckigem Baustil dominiert, von immensem Betrieb, Verkehr und Handel geprägt, dabei von weniger simplem Grundriß als zum Beispiel *Puerto Ayacucho* – und unvorstellbar heiß, trotz der spätnachmittäglichen Stunde.

Ich kann es wirklich nicht aushalten und lasse mich daher von einem Taxi zum *Castillo de San Antonio de la Eminencia* (von 1660) hinauffahren, von wo aus man einen eindrucksvollen Rundblick hat: auf ganz Cumaná mit seinen alten und neuën Stadtteilen und mit seinem *Río Manzanares* zweiten Grades zwischen *Mar Caribe* und Golf von Cariaco, ferner auf die salzige

Halbinsel Araya und die dahinter hervorlugenden Bergspitzen der *Isla Margarita*; und ringsum frühabendlich beleuchtetes Gebirge mit den signifikanten roten Steinbrüchen – eine *vista estupenda, verdad.*

Nur daß die Kinder der Armut sich als unerwünschte Pseudo-*guías* aufdrängen, einem nur zeigen, was man sowieso schon sieht, und sich wie Aasgeier und Hyänen charme- und instinktlos auf meinesgleichen stürzen, ruft mich aus der perfekten Postkartenschönheit dieses Platzes in die humane Realität zurück, die Entfremdung des Menschen von der Natur *ad oculos* demonstrierend.

Über den heute extremen *calór muy fuerte* klagt auch mein Taxifahrer: selbst als Einheimischer gewöhne man sich nie daran. Sicher hat hieran heutzutage der Kult der Klima-Anlage seinen speziéllen Anteil. Ich fand ihn noch nirgends so radikal vorangetrieben wie in diesem sonst noch so unterentwickelten Lande: *air condition* ist quasi überall und entwöhnt einen unentwegt der natürlichen Temperatur.

Angenehm überrascht mich in all der lähmenden *City*-Hitze von Cumaná die unverhoffte und hierzulande gar nicht mehr gewohnte Freundlichkeit und Hilfsbereitschaft des Bürochefs der *Avensa*, der mich aus purer Liebenswürdigkeit persönlich zur Filiale der konkurrenten *Aeropostal* begleitet. (Oder ist er dort Aktionär?)

Auffällig auch, wie schnell er (und viele Venezolaner) zum Handschlag geneigt sind. So gibt mir etwa ein Kellner meines Hotelrestaurants plötzlich die Hand, nur weil er mich urlaubshalber nicht morgen, sondern erst übermorgen wiedersehen werde.

Überhaupt weicht ihre Muffigkeit nach dem Prinzip der Gewöhnung. Wenn man ein paar Tage mit von der Partie ist und dazuzugehören beginnt, legen einem die bisher Übellaunigsten plötzlich die Hand auf die Schulter. Zwei der Kellner haben mich heute auf diese Weise ausgezeichnet. Es dokumentiert ihre latente Aufmerksamkeit bei vorgetäuschtem Desinteresse.

Fazit: mit so mysteriösem Verhalten bewahren Kellner, Leguane, Pelikane und vielleicht auch die nächtliche Tarantel dieses Hotel vor der drohend bevorstehenden Okkupation durch die unaufhaltsam vordringenden Deutschen. Sogar die besonders penetranten Süddeutschen werden zum Beispiel durch die leise Souveränität der *iguanas* lässig ausgestochen, aber sie merken das nicht einmal, so tumb sind sie.

Bei der *cena* im Hotel divertieren mich am Nebentisch vier bayrische Männer aus zwei Generationen und von reichlich undurchsichtiger Konstellation. Vor Beginn ihrer Mahlzeit fassen sie sich an den starken deutschen Händen und wünschen *"Guten Appetit"*. Dann schwärmt der 25jährige von *"hausgemachten Semmiknödln"* und von *"Speck mit Zwiebln"* – und das am Strande der Karibik. Aber schon kurz danach ist in ihrer Runde von den Piccolomini die Rede. Ionesco, wo bist du?

Die nächtliche James-Joyce-Lektüre scheint meinem inneren Zustand und meinen hiesigen Wahrnehmungen vollends zu entsprechen. Dieser Autor überzeugt mich auch, auf Erklärungen jeglicher Art total verzichten zu können. Und auf Beschreibungen erst recht. Er setzt nur.

Übrigens, Hubert Fichte ist ohne Joyce wohl gar nicht denkbar, das geht mir hier auf und ist mir neu.

Cumaná, 31. Oktober 1989

402.
So, nun sitze ich also tatsächlich mit vier deutschen Spießern im Jeep. Aber es ist die einzige Möglichkeit, zur *Cueva del Guácharo* zu gelangen, wo ich *partout* hin will.

Die Fahrt geht zunächst *circa* 45 Minuten am Ufer des *Golfo de Cariaco* entlang, der hundert Kilometer lang sein soll und in seiner *azuleza* und Friedlichkeit vor dem Bergpanorama der *Peninsula de Araya* von ganz selten larger Schönheit ist.

Dann geht es steil ins Gebirge, 1500 Meter hoch, mit Dschungel bewachsen, voll schöner *miradores* auch auf diverse Gebirgslagunen, und je höher wir kommen, desto blühender und fruchtbarer wird die Landschaft. Gezielte Landwirtschaft steigert die Erträge an Obst und Gemüse aller Arten, schließlich an Kaffee, der einfach auf der Landstraße zum Trocknen ausgebreitet wird, die Autos machen alle brav einen Bogen um die grünen Kaffeebohnen.

Unser emsiger Reiseleiter aus dem Badischen ist eine hemmungslose Kontaktnudel, kennt Hinz und Kunz und hält allerorten an, um zu kaufen, zu schnorren, zu klauën – immerhin auch Bromeliën und andere nutzlos schöne Pflanzen, von deren Weiterverkauf er sich allerdings Gewinne verspricht. Von einem Indianerjungen an der Straße kauft er einen wirklich riesigen Korb voller Orangen für ganze DM 2,50, und bei einem lebenslustigen alten *campesino* lernen wir alle *caña*, Zuckerrohr, kauën.

Den *Lunch* haben wir, als einzige Gäste, im *"Las delicias del valle"*, einem malerischen kleinen Gebirgslokal, in dem man sich wie ein Familiënmitglied vorkommt und daher leicht zu zahlen vergessen könnte.

Dann endlich geht es in die ersehnte Höhle, eine von 28 ähnlichen und dennoch ein Unikum und Mysterium.

In einer Stalagmiten- und Stalagtitenlandschaft, die man auf ein Alter von 250 Millionen Jahre schätzt, leben *circa* 18 000 tagblinde Fettvögel, die man nach ihren stereotypen Jammer- und Klagelauten *Guácharos* nennt. Sie sind etwa hühnergroß und verbringen den Tag schlafend in dieser Höhle, in der sie sich fledermausartig mit Hilfe eines Echolotes zurechtfinden; dessen Geräusche vermag unsereins als eine Art Schnalzlaute wahrzunehmen. Schon die sorgfältig abgeblendete Lichtfunzel des Touristenführers stört diese Vögel dermaßen in ihrem Schlafe, daß sie sofort herumzufliegen, also zu schnalzen und hierob laut zu jammern beginnen.

Die Höhle ist sehr groß, soll eventuëll bis nach Brasiliën reichen, aber erst zehn unzugängliche Kilometer sind erschlossen, für Touristen jedoch (wie auch für den unvorstellbar heldenhaften Alexander von Humboldt vor rund zweihundert Jahren) nur ein einziger Kilometer, und noch von dem bekomme ich nur die Hälfte zu sehen, weil meine deutschen und spanischen Begleiter streiken. In der Tat ist es stockdunkel, feucht, der Boden matschig-modderig und gefährlich glatt, allenthalben gibt es Ratten, Mäuse, Spinnen, aggressive Tausendfüßler, Mücken – und eben die jammernden Vögel. In den stehenden Tümpeln tasten sich blinde kleine Fische vorwärts. Und aus den herausgewürgten Kernen der Früchte, die die *Guácharos* gefressen haben, wachsen, wie kellerige Kartoffeltriebe, chlorophyllos weiße armselige Pflanzen der Unterwelt. Und pausenlos flattern über einem die aufgeschreckt schnalzenden und klagenden großen Vögel wie die unerlösten Seelen ungut Verstorbener. Kurzum, es ist der Hades.

In der Tat durfte Humboldt, nach dem dieser Ort heute den Namen *Monumento Natural Alejandro de Humboldt* trägt, damals nicht weiter vordringen, weil seine *Chaima*-Indianer den Fortgang dieser Höhle als *"Welt der Toten"* bezeichneten und für heilig, also unzugänglich hielten.

Mich hindern heute keine *Chaima*-Indianer, sondern verwöhnt bequeme und um die Sauberkeit ihrer Kleidung besorgte deutsche Spießer. Ich muß mich der Gruppenmehrheit fügen und auf die zweite Hälfte des Möglichen verzichten.

Also erfülle ich dem Reiseleiter brav seinen Wunsch und partizipiere stattdessen abermals an einer Dschungelwanderung wiederum zu einem hochgelegenen Wasserfall, diesmal dem *Salto La Paila.* Aber ich bin noch so aufgeregt über diese Höhle und ihre Vögel, daß ich den Marsch durch den Urwald schon routinemäßig und relativ wenig beeindruckt absolviere, obwohl er absolut reizvoll ist. Als der Reiseleiter mit seiner sinnlos mitgeführten Machete mutwillig in den Stamm eines besonders großen Baumes hackt, ist sein Hemd sofort wie von Blutspritzern übersät, und der verletzte Baumstamm hört gar nicht mehr auf, wahrhaftige blutige Tränen aus seiner Wunde zu weinen. Das erschreckt mich zutiefst. Später stelle ich fest, daß dieser Baum *Pterocarpus officinalis* oder aber auch *Sangrito* oder *Drachenblut* heißt. Mit dem nominalen Hinweis auf einen bösen Drachen wird wohl jede Verwundung des Baumes *a priori* sanktioniert.

Anschließend wird uns eine *Hazienda* gezeigt, auf der in großem Stil und in trautem Vereine Apfelsinen, Bananen und Kaffee wachsen. Der Kaffee wird dann als Rohrpost durch eine Art *Pipeline* zur Weiterverarbeitung davongeschossen.

Nach dem Abendessen wiederum im familiären Gebirgslokal *"Las delicias del valle"* fahren wir im Dunkeln nochmals an der *Guácharo*-Höhle vorbei, die Tag und Nacht bewacht wird und nach Sonnenuntergang nicht mehr betreten werden darf. Denn jetzt, zwischen acht und neun Uhr abends, verlassen die Vögel in stundenlangem Exodus die Höhle, um sich nachts ihr (vegetarisches) Futter zu suchen. Dabei werden sie in kleinen Gruppen, in Schichten gleichsam, von laut schreïenden Lotsenvögeln aus der Höhle herausgeführt, wobei sie natürlich ganz ungeheuërlich schnalzen. Aber sowie sie den Höhlenausgang erreicht haben, stieben sie fast senkrecht und vollkommen lautlos nach oben davon, aber jeweils nach rechts oder links, wie

einer Programmierung folgend. Der Lotse kehrt dann ins Höhleninnere zurück, um die nächste Schicht abzuholen, und nach einer entsprechenden kurzen Ruhepause wiederholt sich dann die lärmende Prozedur.

Das alles vollzieht sich unter der magischen Beleuchtung von zahllosen
Glühwürmchen, die in dem und um den Höhleneingang herumirrlichtern.
Der Hades.

Morgens um halb sechs, sagt uns der alte Indio-Wächter, kehren die Vögel
in die Höhle zurück.

Und das geht wohl schon seit Jahrmillionen so. Urzeitliches ...

Inzwischen haben wir mehrfach den Ort Caripe passiert, zu dem dieses
Humboldt-Monument administrativ gehört: ein inzwischen ausgewachsenes,
ursprünglich einstraßiges Dorf mit einstöckigen buntbemalten Häusern, zum
Teil gar im Villenstil mit europäischen Vorgärten! Überhaupt ist die ganze
Gegend recht wohlhabend, die *Haziendas* gehören teils reichen Immobiliën-
maklern aus Carácas.

Der Rückweg jagt drei Stunden lang durch die Nacht und durch die Ortschaften Teresén, San Francisco, San Antonio, San Lorenzo, Cumanacoa
und Arenas.

Aber der ganze Ablauf dieses Tages steht natürlich im Zeichen nicht nur der
Guácharos, sondern auch der vier deutschen Spießer: im Jeep, in der Höhle,
beim Essen, im Dschungel. Dabei nerven ihre Dummheit und Tumbheit, ihr
totaler Mangel an Sensibilität, ihrer aller latenter, aber unübersehbarer Hang
zu Rassismus und Faschismus sowie ihre dämliche Kleinbürgerlichkeit, deren höchste Auszeichnungsmöglichkeit tatsächlich die Prädikate "gepflegt",
"sauber" und "ordentlich" sind – man glaubt es nicht.

Aber ärger noch ist ihre chronische Unzufriedenheit und Nörgelei, ihr auf-
geblähter Anspruch bei totaler innerer Anspruchslosigkeit, schließlich aber,
für mich am erschreckendsten, die *cleverness* dieser Leute, ihre profitsüchti-
ge Raffinesse in allen Belangen profaner Effiziënz. Sie wissen wirklich
furchtbar gut Bescheid über alles, diese tüchtigen Deutschen. Das macht ihre Dummheit so gefährlich.

Wieder einmal überkommen mich ernsthafte Anwandlungen, mich von dieser Volksgemeinschaft zu trennen, in der ich mich tatsächlich als Fremdkör-

per fühle. Und wohin dann? Aber muß man denn überhaupt ein Volk haben, unbedingt? Eigentlich hat man sowieso keins. Wahrscheinlich ist man gerade deshalb auch solch ein blinder Fettvogel, der jammernd nach seiner Höhle und seinem Lotsen schnalzt ...

Cumaná, 1. November 1989

403.

Beim Frühstück unterscheidet sich ein Berliner Proletariër am Nebentisch auf wohltuënde Weise von den ewig nörgelnden gestrigen Jeep-Spießern, indem er unser aller Hotel einfach lobt: *"Ick findet jut, det Ding. Mir fiele nischt uff, wat ick bemängeln könnte. Steckdose, allet da."* Sowas liebe ich sofort.

Danach gemächlicher Ruhetag mit ausführlicher Sonnenanbetung – doch ganz angenehm, kein blinder Fettvogel zu sein! (Na?)

Prompt stellt sich, ungerufen, der Eros ein. Unter der Dusche des *swimming pools* versucht mich ein einschlägiger Typ anzumachen, dem ich aber aus der Furcht widerstehe, er könnte ein krimineller Edelstricher sein, der die Touristenhotels durchkämmt. Vielleicht tuë ich ihm unrecht, aber hier ist mit derlei zu rechnen.

Gleichzeitig treibt die Freundschaft mit einem der schulterklopfenden Hotelkellner ihrem Höhepunkt entgegen. Er schlägt mir vor, mich übermorgen, seinem freiën Tage, mit ihm am Strande zu treffen, und zwar an jenem Knutschstrande linker Hand, um dort mit ihm ein Bier zu trinken. Dazu unentwegte Berührungen meiner (nackten) Schulter, recht wohldosierte Blicke aus den großen schwarzen Augen seiner spanischen Vorfahren und demonstrative Bevorzugung beim *Service*. Ich will wissen, wie er heißt und bin auf jede Sensation gefaßt, erwarte "Leonardo" oder derlei. Aber nein, viel witziger: er heißt Jesús. So schließt sich dieser venezolanische Kreis.

Novität: ich überwinde mich und führe spanische Ferngespräche – nach *Puerto Ordáz*, nach Tucupita und nach Carácas, wo ich mit der *Iberia* meinen vorverlegten Rückflug nach Europa bespreche. Denn ich merke, wie meine Erlebnis-Kapazität allmählich ausgereizt ist.

404.

Um 75 Minuten zu fliegen, muß ich heute 300 Minuten warten: fünf Warte-
stunden in größter Hitze auf den Flughäfen von Cumaná und Porlamar auf
Isla Margarita.

Der erste Flug, von Cumaná nach Porlamar, dauërt knapp fünfzehn Minuten
und kostet sechzehn Mark. Dafür darf ich den wunderbaren *Golfo de Cariaco* und die *Peninsula de Araya* von oben sehen, auch ein paar unwirtliche
Berge der so kontrovers diskutierten *Isla Margarita*, auf deren *Aeropuerto
Caribe* ich dann stundenlang Zeit habe, Leute zu beobachten. In der hiesigen Freihandelszone muß sich das Einkaufen wohl doch noch sehr lohnen,
die Einheimischen schleppen jedenfalls ungeheure Mengen von unförmigen
und mysteriös verschnürten Säcken, Kartons und Plastiktüten durch den
Zoll und in die diversen Flugzeuge der Inlandliniën.

Mein zweiter heutiger Flug, von Porlamar nach Tucupita, besteht aus zwei
Etappen. Zuërst geht es an der karibischen Nordwestküste Venezuëlas entlang, also an den *Peninsulas de Araya* und dann *de Paria* vorbei. Fast überall treten die Berge strand- wie straßenlos direkt ans Meer heran, und
menschliche Siedlungen scheint es hier nicht zu geben.

Dann überqueren wir den Dschungel der Halbinsel Paria zur Zwischenlandung in Guiria, wo eine Gruppe auffallend gut gekleideter junger japani-
scher Herren die Maschine verläßt: was mögen die wohl ausgerechnet in
Guiria wollen? Vermutlich an den dortigen Erdölbohrungen partizipieren.
Oder die dortigen Marine-Etablissements inspizieren? Meine Fantasie
schwärmt aus ...

Die Landschaft um dieses Guiria kennzeichnet sich durch eine verblüffende
Mischung aus Laubwald und riesigen, lang- und dünnfingrig überragenden
Kaktusbüschen – in großen Ausdehnungen.

Der zweite Teil dieses zweiten Fluges dauërt dreißig Minuten wie der erste
und führt quer über den immens großen *Golfo de Paria*. Linker Hand sehe
ich fern im Dunst des Atlantiks die Berge von Trinidad, dessen südwestliche
Landspitze und Strände sich dann resolut nähern, als die Maschine über der
Boca de la Serpiente das sogenannte *Territorio Delta Amacuro*, also das
Orinoco-Delta, zu überfliegen beginnt. Ich sehe die Mündung des *Caño Má-*

namo, wie der linke, der nördliche Hauptarm des aufgespaltenen Orinoco hier genannt wird, und seine diversen Nebenmündungen sowie die generös in diese Mündungen hineingestreuten oder vorgelagerten Inseln, die aber ihrerseits auch wieder durch scheinbar autonome "Flüsse" zerteilt werden. Auch in ihnen fließt natürlich ausschließlich Orinoco-Wasser, was anderes gibt es hier gar nicht.

Selbst das Wasser des atlantischen *Golfo de Paria* weist sich durch diverse klar abgegrenzte und dennoch zunächst rätselhafte Farbunterschiede aus, bis eine riesige sehr rigorose Trennlinie das unverkennbare braune Orinoco-Wasser vom blauschwarzen Atlantikwasser separiert. Das macht deutlich klar, mit welcher Kraft dieser Strom den Ozean ein weites Stück zurückdrängt oder einfach wegschiebt. Kein Wunder bei seinem Ausstoß von achtzehntausend Kubikmetern Wasser pro Sekunde – auf mehr als siebzig Hauptmündungen verteilt und von den zahllosen Nebenmündungen ganz zu schweigen. Immerhin soll der Strom am Anfang dieses Riesendeltas ganze 22 Kilometer breit sein. Und in den letzten 85 Jahren hat er die venezolanische Ostküste hier um mehr als 900 Quadratkilometer weit in den Atlantik hineingeschoben ...

Das Land zwischen den zahllosen Flußarmen und -ärmchen wirkt überraschend harmlos: Savanne, Weideland, gar mit Kuhherden kurz vor Tucupita. Die Landung dort überquert knappstens den stattlichen *Caño Mánamo*.

Der illegale Taxifahrer verlangt für seine Schneckenfahrt ins Hotel nur 30 Bolívares, das sind 1,50 DM für eine Strecke, die in Deutschland mit Sicherheit das Zehnfache gekostet hätte (aber hier werden dafür sämtliche rote Ampeln skrupellos ignoriert); das Einzelzimmer im *Hotel Warauno* ist allerschlichtest und kostet 220 Bolívares (= elf DM); und so weiter, ich bin am Arsch der Welt.

Wie in Canaima, *Puerto Ayacucho* und Cumaná überfällt mich dann auch hier der obligate Ankunftsregen, den ich als gelehriger Siamese 45 Minuten lang im Eingang eines schützenden Blumentopf- und Vogelkäfigladens stehend abwarte. Eine kleine Ratte schaut mir kurz ins Auge und weiß dann genau, daß sie ungestraft und gefahrlos über meinen Schuh flitzen darf.

Mein Rückflug mit der *Avensa* läßt sich problemlos buchen. Die so ersehnte Delta-Tour läßt sich schwieriger an – mangels Mitreisender und wegen gepfefferter Preise. Außerdem braucht man dafür mindestens vier Tage, und ich habe nur zwei.

Ich flaniere durch die charmante Kleinstadt mit ihren hübschen, properen und gutgekleideten Mischlingen, lande immer wieder am stimmungsvollen *Paseo Mánamo*, wo untergehende Sonne und junge Mondsichel mit nahem Stern die Wachablösung am Fluß vollziehen. Aber hier ist nun endlich auch Betrieb am Fluß: Boote, Liebespaare, Säufer, Soldaten; Berufsverkehr, ein *quiosco*. Hier spielt das Wasser eine große Rolle im Leben der Menschen, das spürt man sofort.

Das Wort *orinoko* übrigens stammt aus der Sprache der hier im Delta lebenden *Warao*-Indianer und bedeutet *"Vater unseres Landes"*. Auch das Kino heißt hier *"Orinoco"*.

Abends hat die *Plaza Bolívar* einen Hauch von *piazza*. Immerhin versammeln sich hier wenigstens die jungen Leute und bandeln ein wenig an, soweit der Katholizismus ihnen das erlaubt. Aber besoffene Slum-Indianer dürfen dazwischen herumtorkeln und die Idylle irritieren. Und das abendliche Platzkonzert, von dem mein Reiseführer berichtet: das gibt es wohl schon seit Jahren nicht mehr ...

Über den Personenkult, den nicht nur Tucupita auf dieser *plaza*, sondern jeder Flecken dieses Landes mit Simón Bolívar treibt, muß ich gelegentlich nachforschen: er scheint sogar den Atatürk zu übertreffen, was kaum möglich scheint. Wer mag das hier wohl angerichtet haben? Schwerlich Bolívar persönlich, wie sein türkischer Kollege.

Auch abends ist es hier noch sehr warm und sehr, sehr feucht. Die Familiën sitzen mit ihren Freunden vor ihren Häusern oder Geschäften auf der Straße und schwatzen. Eine friedliche subtropische Kleinstadt am Ende der Welt.

Allerorten herrscht hier freilich gerade Wahlkampf, der die Friedlichkeit reduziert. Es handelt sich hier um die erste Kommunal- und *Gobernador*-Wahl dieses Landes. Die Parteiën haben hier keine programmatischen Namen oder abkürzenden Buchstaben, sondern Farben: *"Vota Verde!"*, *"Vota Blanco!"*. Das klingt nach Rassismus, den es hier aber wohl wirklich nicht gibt, auch nicht geben kann, weil die Vermischungen total und unentwirrbar sind: wohl jeder hat hier von allem was in sich ...

Um das Amt des Alcalden bewirbt sich hier unter anderen ein gewisser Socrates. Und mein Delta-Tour-Manager heißt Abelardo. So wird die fehlende Kultur hier wenigstens nominal in Erinnerung gebracht – freilich wohl nur bei mir.

Tucupita, 3. November 1989

405.
Das lernt man in diesem Lande: mit dem Kopf direkt neben einem laufenden Motor zu schlafen. Sie nennen das *air condition* und erhöhen dafür den Zimmerpreis.

Die Primitivität der Menschen hier ist immens. Man neigt sofort zu Tiervergleichen, aber die sind falsch. Tiere sind in solchem Sinne nicht primitiv, weil sie nicht überleben würden, wenn sie so unsensibel wären. Das ist etwas spezifisch Humanes. Und darum erschreckt es so.

Allerdings ist das Leben hier auch extrem anstrengend. Morgens ab halb neun stehe ich *circa* 45 Minuten lang im Schatten, an eine Mauër gelehnt und ohne mich zu rühren: aber der Schweiß läuft in Strömen, die Kleidung klebt.

Abelardo Lara kommt so verspätet, weil seine Sekretärin schwanger sei; und an der Exkursion, die er mir dann höchstpersönlich für sehr viel Geld organisiert, verdiene er nicht einen Bolívar: reine Gefälligkeit.

Immerhin sitze ich um zehn schließlich wirklich in der *curiara*, mit Omár, der im Oberkiefer trotz seiner 34 Jahre nur noch einen einzigen riesigen Eckzahn hat. Er fährt mich viereinhalb Stunden lang durch eine Wasser-Landschaft, die immens weitläufig ist, zwischen ihren Dschungelufern.

Aber sie ist nicht ganz so leer wie in *Puerto Ayacucho*. Es gibt immer wieder Häuser oder kleine Siedlungen, vor denen Frauën im Fluß stehen und irgendwas waschen: sich selbst, ihre Kinder, deren Haare, oder, noch mit einem Schlagstock, die Wäsche.

Es gibt hier auch Tiere. Anfangs nur Silberreiher, die einsam im Flusse stehen und mich zu parodieren scheinen. Dann große rotbraune Affen, *Red Howler Monkeys*, große Primaten hoch in den Bäumen: zuërst ein isolierter einsamer Mann, der mich gleichfalls zu parodieren scheint, dann ein Pärchen, später eine ganze Familië.

Leguane: einer liegt riesig und mit gesträubtem Nacken auf einem Baum, direkt am Ufer; ein anderer überquert, eine Rarität, mühsam schwimmend den Fluß. Omárs prompten Mordversuch steckt er unbewegt archaïschen Gesichtes und ohne jeglichen Flucht- oder Rettungsversuch einfach weg; er schwimmt unbeïrrt weiter ...

Und Vögel, natürlich; die Silberreiher jetzt in ganzen Kolonieën. Aber auch Kühe, die ratlos im Flusse stehen und sehr, sehr große Trauër verbreiten.

Die Flora ist von gewohnter Opulenz, dominiert von riesigem Bambus, riesigem Schilf, Mangroven und Lotos, der mitten auf dem Fluß wächst.

Wir machen eine *vuelta* nördlich von Tucupita auf dem *Caño Mánamo* und dem *Caño Guara* rund um die *Isla Guara*.

Gelegentlich nehmen wir auch winkende Leute mit, wie ein Taxi. Einmal sind es zwei sehr kesse und wilde hübsche Mädchen mit nacktem Säugling und wortloser Freundin. Die beiden sind offenbar Schwestern und überaus aufgeregt, weil sie gerade den Mordabsichten eines abgelehnten Bewerbers entgangen seïen. Wir scheinen sie in letzter Minute gerettet zu haben. Aber als uns ein Schnellboot folgt und überholt, glauben sie zunächst, es sei der wütende Verfolger. Meine Fantasie spielt allzu bereitwillig mit und befürchtet sofort das Allerschlimmste: ein Blutbad in unserer *curiara*, Rache auch am bleichgesichtigen Hehler und dergleichen mehr. In der Nähe irgendeiner Landstraße mit Autos entlassen wir die Mädchen dann in den Dschungel.

Biorhythmisch scheine ich heute sehr introvertiert zu sein. Alles fällt mir schwer. Und was soll das alles? Meine Begeisterungsfähigkeit ist angeschlagen oder überreizt. Sie wird auch etwas strapaziert durch die Sintflut, die uns länger als eine halbe Stunde mitten auf dem Flusse heimsucht. Ihre gnadenlose Heftigkeit, vor der es keinerlei Schutz gibt, verbreitet absolute Weltuntergangsstimmung.

Der Regen kühlt immerhin etwas ab. Aber wieder an Land, spürt man, wie die Häuser umso deutlicher die gespeicherte Glut ausstrahlen. Und wenn man in sie hineinschaut, sieht man in ihrem *Patio* halt den Dschungel wachsen.

Ich streiche zwei Stunden lang durch die Stadt mit ihren scheuën Menschen, die das Unikum, das ich hier zweifellos darstelle, geflissentlich übersehen. Eine sehr schroffe, herbe Mentalität.

Inzwischen ist die alte Hitze und Feuchtigkeit wieder da. Alles klebt. Ich gebe es auf, den Indianermarkt weiterzusuchen, zumal die Straßennamen nicht ausgeschildert sind. Nie weiß man, wo man ist.

Ich mache den Versuch, dieser Stadt vorzeitig zu entfliehen. Aber für morgen gibt es keinen Platz mehr in der einzigen Maschine, die hier pro Tag startet. Also, hiergeblieben, durchgestanden – trotz Beule am Kopf und leichter Migräne, oder ist das schon die Malaria?

Abends ist das (quasi einzige) Restaurant *Alcañiz* schon deswegen ein Labsal, weil es gebügelte Tischdecken, Stoffservietten und Bier in Gläsern statt in Pappbechern anbietet. Kultur fehlt mir hier nicht in Form von Theater und Vernissagen, sondern als Lebensart, als Gesittung, als Luxus und Metaphysik, als Spiritualisierung und Humor.

Auf meinem Kopfkissen finde ich eine Spinne vor – immerhin *"am Abend"*! Vor dem Einschlafen fällt mir ein, daß Omár mir auf der ganzen vielstündigen Tour nur eine einzige Frage gestellt hat: wieviele Dollar so ein Flug von Europa nach Venezuëla koste. Im selben Atemzuge die Information, daß er acht Kinder habe. Von einem unserer Tramper hat er auch noch Geld angenommen – das ja eigentlich eher mir zugestanden hätte ...

Morgen wieder den ganzen Tag mit ihm allein auf dem einsamen Flusse ...

Tucupita, 4. November 1989

406.
Heute morgen kommt Abelardo Lara zwar pünktlich in sein Büro (obwohl die Sekretärin immer noch schwanger sein dürfte), schickt mich aber noch mal für eine halbe Stunde weg: seine Frau habe heute extra für mich was Schönes gekocht, das müsse er jetzt holen fahren; und als ich nach einer halben Stunde wiederkomme, heißt es: jetzt sei er gerade in mein Hotel gefahren, mich abholen.

Daß ich mir alle seine Tricks und Lügen ebenso gefallen lasse wie seinen überhöhten Preis, steigert sein schlechtes Gewissen. *Ergo* bietet er mir von sich aus an, mich morgen persönlich zum Flughafen zu fahren. Mit dickem Finger zeigt er auf sich und sagt: *"Cortesía!"*

Trotzdem ist seine charmante Schlitzohrigkeit ein Lichtblick und Labsal in der hiesigen Primitivität, die beim Frühstück im *Hotel Warauno* einen Gipfel an Unliebenswürdigkeit erreicht, der mich tief trifft, weil er so extrem inhuman ist.

Die Brutalität dieser Menschen hier gibt mir viel zu denken und verändert möglicherweise mein politisches Weltbild. Die Idee der Demokratie gerät hier ins Zwielicht der Fragwürdigkeit. Denn einer Mehrheit von Menschen, wie es sie hier gibt, die wichtigen Entscheidungen über unsere *species* überlassen, hieße, die Evolution zu sabotieren.

Die einzige Hoffnung und Rechtfertigung aller bisherigen menschlichen Missetaten und Fehlschläge liegt ja in ihrem evolutionären Verständnis: sie als Symptom einer Entwicklungs- und Durchgangsphase zu begreifen. Eine solche Phase kann aber nur überstanden und weiterentwickelt werden, wenn ihre Herkunft aus den Niederungen der Frühphasen überwunden und abgestoßen, nicht aber aufgewertet wird, wie die Demokratie es tut, indem sie Höher- und Niederentwickelte, moralisch und logisch einwandfrei, im Sinne von Gleichheit uniformiert.

Aber die Ideeën der Französischen Revolution, so dämmert mir hier in Tucupita, sind vielleicht wohl doch nur marxistisch, das heißt in diesem Falle: historisch und soziologisch bedingt zu sehen – nicht aber naturgeschichtlich und kosmologisch. Ihre damalige und anderweitig häufige Berechtigung kann kein *Blanco*-Scheck sein, der die geistige und kulturelle Weiterentwicklung der *species* verhindert. Zu warten, bis alle sich gleichermaßen emanzipiert und evolutioniert haben, hieße, nach den Erfahrungen dieser Reise, den Untergang des Menschen oder gar dieses Planeten besiegeln und beschleunigen.

Dabei geht es hier nicht um sozial bedingte Primitivität, die ich im Orinoco-Delta zu beanstanden Anlaß zu haben glaube. Der Vergleich mit den ebenso unterentwickelten Thais zum Beispiel erklärt das: kein Mensch in Venezuëla hat vermutlich die menschliche Kultur meines Sawaang, jenes 19jährigen

Kautschukzapfersohnes und Kellnerlehrlings aus dem Provinzkaff Krabih. Dergleichen gibt es hier gar nicht. Aber in Thailand ist er vermutlich kein Einzelfall, auch und gerade in den ärmeren Schichten nicht.

Freilich haftet dem evolutionistischen Prinzip das kulturlose Odium des Elitären im Sinne eines Sieges der Stärkeren über die Schwächeren an, so daß es in meinen Gedankenspielen unverhofft zu einer Alternative zwischen dem Primat des Primitivismus in der Demokratie und dem eines Rassismus in faschistischen Staatsformen kommen kann. Da aber Rassismus und Faschismus selbst Primitivismen sind, besteht in Wahrheit gar keine Alternativsituation. Der Sieg eines Primitivismus ist uns auf jeden Fall sicher.

Also, was bleibt uns? ... Blinde Toleranz, *à tout prix*? ... Oder ebenso blinde Hoffnung auf spirituëlle Ausschüttungen?

Heute also die zweite Delta-Tour, den *Caño Manamito* rauf und runter, fünf Stunden lang. Das hätte nicht zu sein brauchen. Landschaftlich keinerlei Variante zu gestern, auch keinerlei Tiere außer badenden Schweinen und einem Sack mit zwei betäubten Hühnern an Bord, dafür sehr viel Regen. Eigentlich völlig mißlungen.

Und der Besuch bei den berühmten *Warauno*-Indianern mündet in deren rätselhafte Ignorierung eines Gastes: Scheu? Arroganz? Was weiß ich. Die ganze Familië sitzt in ihrem Hause ohne Wände, sitzt da in den Hängematten (die nicht nur Bett, sondern auch Stuhl sind) und flicht getrocknete Palmenblätter zu *Sombreros* oder irgendwelchem Kunsthandwerk. Sie blicken gar nicht auf, als wir an Land gehen und uns ihnen nähern; sie versuchen aber auch nicht, mir was zu verkaufen.

Aber möglicherweise ist ihr Verhalten gar nicht so rätselhaft, wie es unserem historisch schuldbewußten Kitsch gefallen könnte, sondern pure Primitivität und Prähumanität. Ein solches Verständnis würde jeglichem demokratischen Gedanken das Leben nur zusätzlich erschweren.

Die Natur kennt keine Demokratie. Die Fähigkeit, eine Idee wie die Demokratie zu konzipieren, war sicher ein entscheidender Schritt kultureller Emanzipation aus der Animalität heraus. Aber vielleicht genügt es heute nicht mehr, dieses alte Konzept der Demokratie unreflektiert zu praktizieren. Vielleicht muß jetzt ein nächster kultureller Emanzipationsschritt geleistet und die Demokratie kritisch differenziert und weiterentwickelt oder aber gar völlig überholt werden.

Jedenfalls bin ich ganz froh, mit meinem undurchsichtigen Omár nicht länger allein auf diesem abgelegenen einsamen Riesenfluß herumzuschwimmen. Die Greuëlmärchen über venezolanische US-Imitate, nicht nur Kinder, sondern auch Touristen als gutbezahlte Organspender zu kidnappen, haben sich im Rahmen meines allgemeinen Leichtsinnes auf dieser Reise doch so schnell und tief eingegraben, daß ich heute meine *cosas de valor* erstmalig doch lieber im unsicheren Hotel lasse als sie auf den dubiosen Kahn zu *"llevaren"* (daß es dieses praktische Wort im Deutschen nicht einmal ansatzweise gibt!).

Optimistisch stimmt mich inmitten der hiesigen schwarzen Gedanken einzig der unübersehbare Elan, mit dem die Flora hier technische Installationen einfach zuwächst, auch hohe Industrie-Türme und ganz besonders elektrische Relaisstationen und hochfrequente Schaltstellen. Kletterpflanzen und jene überall "schmarotzenden" Bromeliën nehmen sich dieser Antipoden offensichtlich besonders lustvoll an und überwuchern sie über kurz oder lang. Vielleicht kam es in *Puerto Ayacucho* neulich auch aus solchen botanischen Gründen zu jenem hochdramatischen Starkstrom-Kurzschluß-Gewitter, das lange zwischen zwei Masten mit höchster Aggressivität hin und her sprang und wie ein besonders fantasievolles Feuërwerk aussah. Vielleicht hatte ja auch da eine Ranke eingegriffen und ihren Saft verträufelt ...

Daß den Pflanzen dieser Planet gehört und wohl auch zu guter Letzt wieder allein gehören wird: diesen alten Gedanken beflügelt eine solche Reise ganz ungemein.

Diese Einschätzung der Technik wird bestärkt durch den Terror, den hier das Fernsehen allerorten ausübt. Es tyrannisiert und vergewaltigt die Menschheit rigoros und auf ganzer Linië. Dabei ist es von einem Niveau und einer Qualität, die selbst die Mainzer Redakteure erblassen lassen müßten.

Die Abende in solchen Kleinstädten sind desolat. Nach dem vielen Regen ist heute wenigstens die Temperatur erträglich. Aber auf der Straße zu meinem Hotel hat unter schwarzen Käfern ein Massaker gewütet und eine Überbevölkerung verhindert.

Daß ich unterwegs nach der Uhrzeit gefragt werde, werte ich, an meinem
letzten hiesigen Abend, als den Beginn meiner Eingemeindung. Jetzt haben
sie mich oft genug gesehen, um meiner biologischen Zugehörigkeit gewiß
geworden zu sein.

Mir scheint, der Katholizismus trägt die größte Schuld an der hiesigen Ka-
sernierung des Geistes und der individuëllen Entwicklung. Er ist es, der diesen Menschen all ihre Scheuklappen angelegt hat, das sieht man recht deutlich. So verstanden, pervertiert sich Religiosität zum Verbrechen.

Und noch nirgends sah ich so viele Kakerlaken wie in diesem abstoßenden
Tucupita.

Carácas, 5. November 1989

407.
Das *Hotel Warauno* ist ein aboluter Tiefpunkt. Heute steigern sie die Demütigung ihrer Gäste noch, indem sie ihnen das erniedrigende Frühstück kommentarlos vorenthalten: wohl weil Sonntag ist.

Im Übrigen regnet es sich ein. Ein gigantisches atlantisches Tief beherrscht
das Meer und läßt mich wahrhaftig die Sekunden zählen, bis ich von hier
weg kann: dieses ganze Tucupita war ein Fehlschlag. Aber auch Pech und
unzulängliche Vorbereitung sind daran schuld.

Natürlich fällt bei Regen auch die verheißene *cortesía* des Abelardo Lara
ins Wasser. Zufällig (?) liest mich ein illegaler Taxifahrer auf und bringt
mich zum Flughafen. Er beneidet mich, von hier weg zu können, und ich
kann ihn gut verstehen. Selten war eine Bordkarte solch ein Seelentröster
wie die hiesige, das Abheben der Maschine so befreiënd.

Der Rückflug bis Maiquetía dauërt insgesamt fast drei Stunden, mit Zwi-
schenlandungen abermals in Guiria und Porlamar.

In Guiria, dessen Umgebung mir wieder durch ihre bizarren Kaktusfinger
im Gedächtnis bleibt, steigt natürlich ein Japaner ein. Aber diesmal ist es
kein eleganter Herr, sondern ein schlampiger Buddha. Er setzt sich neben
mich, stinkt nach Fisch und Zwiebeln und schläft gleich breitbeinig ein.

Über der *Peninsula de Paria* droht uns ein so fürchterlich schwarzes Unwetter entgegen, daß wir lieber an ihrer südlichen Küste entlangfliegen, wo es viele lange leere Strände zu geben scheint.

Landung und Start auf der *Isla Margarita* offenbaren diesmal fast die ganze Insel mit ihren zwei verschiedenartigen Gebirgen und *peninsulas*, die nur durch die *Laguna de la Restinga* verbunden sind. Auch eine große Kaktussteppe teilt sich mit. Porlamar selbst scheint mit Wolkenkratzern und Schachbrettstraßen eher ein Horror zu sein.

Den Rest des Fluges beherrscht wieder die Anmut der Karibik mit ihrer Makellosigkeit, ihrer *azuleza estupenda* und ihrer betörend jungfräulichen *Isla La Tortuga*.

Maiquetía, wenn man es schließlich kennt, wickelt sich schnell und problemlos ab: mit *carrito* vom *Nacional* zum *Internacional*, dort *Italcambio* und *Corporturismo*, dann also doch noch zu guter Letzt nach Carácas, zum Hotel *Las Antillas* im *Centro Uslar, Urbanisación Montalbán, La Vega*. Denn Tucupita hat einen unbezähmbaren Hunger nach Zivilisation, nach Komfort und Großstadt in mir ausgelöst. Aber erst im Hotel-Restaurant *"La Terraza"* mit seiner opulenten Offerte purer italiënischer Küche beginnt der Delta-Horror, von mir abzufallen.

Zur Belohnung schenke ich mir sofort einen Besuch in der Sauna: *Quinta la Champinera, El Bosque*. Dort hinzugelangen, heißt aber die Irreführungen des *Spartacus* zu überlisten und eine Odyssee zu bestehen, die mir immerhin einen ersten Eindruck von dieser vielgeschmähten Stadt vermittelt.

Doch alle Verunglimpfungen tun ihr Unrecht. Neben Monstren wie Bangkok oder *São Paolo* ist sie eine malerische Idylle. Durch ihre enge, langgestreckte Tallage ist sie strukturiert wie Wuppertal unseligsten Angedenkens, nur daß hier keine quietschende Schwebebahn, sondern eine sehr pragmatisch konzipierte Stadtautobahn die hintereinander und an den Berghängen liegenden Stadtteile miteinander verbindet. Die Hanglagen, zumal in abendlicher Illumination, geben der Stadt einen lächelnden Charme, der durch das Tropische gesteigert wird und an *Rio de Janeiro* erinnert. Im Alltag ist dieses Carácas sicherlich enervierend umständlich, zum kurzen Kucken aber sehr gefällig.

Die Sauna ist dekorativ und in *Olims Zeiten* großzügig angelegt, aber seither, wie alles hierzulande, verkommen und mittlerweile ekelhaft verwahrlost. Jeden Augenblick ist man gewärtig, auf Ratten zu stoßen. Aber blonde alte Männer scheinen hier einen Seltenheitswert zu haben. Sie kriegen auch den Schrank Nummer 19! Aber *Spartacus* hat auch falsche Öffnungszeiten angegeben, und schon allzubald ist Feiërabend. Aber wie man sich auf kultivierte Weise von einem Sauna-Partner verabschiedet: das kann ein deutscher Europäer hier lernen.

Im Hotel gibt es nachts um zwei noch *trouble* mit einer Nachbarin, mit deren lautstarken venezolanischen Konversationen und ihrer nächtlich ausgedehnten Fernseh-Orgië.

Carácas, 6. November 1989

408.
Morgens um halb acht weckt der Wecker meiner fernsehsüchtigen Nachbarin keineswegs seine Besitzerin, wohl aber mich.

Im Büro der *Iberia* lasse ich mir dann meine Umbuchung bestätigen, aber zu meinem Schrecken kassieren sie dort auch meinen *Voucher* für den Aufenthalt in Madrid, was mich in leichte Panik versetzt: Signal für mein venezolanisch geschwächtes Nervenkostüm.

Ich stabilisiere es mit einem Besuch der *Sabana Grande*, einer imposanten Fußgängerzone, Melange aus Ramblas und Kurfürstendamm, aber mit einer Prise *Via Veneto*. Hier gibt es tatsächlich echte Cafés auf dem Boulevard, wo man *Batido de Parchita* trinken und hübsche Leute ankucken kann. Eine Wiedergeburt, eine Rückkehr in die Kultur.

Aber die *naturaleza* wird nicht verbannt und ausgeklammert wie in anderen Riesenmetropolen. Durch die hohen Berge ringsum und deren dynamische Wolkenarrangements bleibt sie hier ständig gegenwärtig, auch indem sie unverhofft Hitze gegen frische Windböen austauscht, die an die tausend Meter hohe Lage dieser Stadt erinnern.

Und dann ein Schaufesterbummel! Dabei entdecke ich einen versteckten Indianermarkt der *Goajiros*, denen ich einen *Poncho* für Karin und einen tönern tönenden Macho für Leonardo abkaufe. Und einem opulenten Obsthändler kaufe ich unbedingt einige *Parchitas* und *Guayabas* ab: denn allmählich habe ich mich an die hiesige nationale Emanzipation der Obstbezeichnungen gewöhnt, die sich auf radikale Weise von den mutterspanischen Wörtern entfernt haben. *Papaya* heißt hier *lechosa*, *sandia* heißt *patilla*, und *melocotón* heißt *durazno*; *cambur* sagen sie statt *banana* und *plátano* – und *parchita* statt *granadilla*; aber wie heißt die köstliche *guayaba* auf Spanisch, wie heißt sie auf Deutsch?

Die Taxifahrt zum Flughafen offenbart die sehr hohen Berge zwischen Carácas und Maiquetía und deren Bewaldung mit Dschungel und wiederum diesen zeigefingernden Kakteën in unmittelbarer Nähe also auch zur Riesenmetropole.

Bei der *Iberia* liegt dann das neuë *Voucher* für Madrid tatsächlich vor, meine Seele entspannt sich, und der Abflug erfolgt sogar relativ pünktlich. Die meisten Mitreisenden sind Kanaren, denn nachts um zwei gibt es eine Zwischenlandung in Tenerife: also keine Minute Schlaf.

Madrid, 7. November 1989

409.
Eine lähmend endlose Transit-Stunde in Tenerife-Sur: ganz nahe von *La Gomera*, das meine schlaflos überreizte Fantasie auch sehen und greifen zu können glaubt. Aber mitten in der Nacht, so um halb drei, löst sich der Spuk plötzlich auf, denn jählings beginnt es, heller Tag zu werden: kanarische Mittsommernacht? Nein, Zeitverschiebung.

Der Sonnenaufgang selbst über Afrika ist wieder überwältigend, wie weiland vor just einem Vierteljahrhundert; auch damals kam ich aus Südamerika. Das Wunder so gigantischer Lichtwerdung über diesem Kontinent dauert etwa eine Minute: so schnell dreht sich die Erde. Aber die anderen Fluggäste machen die Fenster dicht, weil sie sich so geblendet und angegriffen oder vergewaltigt fühlen – von diesem fast explosiven Lichtüberfall ...

Später mischen sich die Umrisse der *Sierra de Toledo* in die fließenden Formen der Wolken, noch später beleben einige Seeën die flache zentralspanische Agrarlandschaft, deren Erhebungen mich in Erinnerung an die *Tepuyes* wie Spielzeugfalten anmuten.

Dann Madrid. Hier ist es plötzlich nicht mehr sechs Uhr früh, sondern elf Uhr vormittags. Ich habe keine Sekunde geschlafen. Die Umstände der Organisation nerven mich entsprechend. Aber *Iberias Amigo* spurt einwandfrei, trotz geändertem *Voucher*, und hat zwar wieder nur das muffige *Hotel Mayorazco* an der *Gran Via* anzubieten, dafür aber ein ganz exquisites Mittagslokal, *"La Opera"*, in der *Calle de Amnistía: ambiente* und *comida* erzählen mir, von Plácido Domingo als Alfredo Germont akkompagniert, daß es noch kulinarische Kultur auf diesem Planeten gibt – also gewähre ich der Menschheit *amnistía.*

Und überhaupt Madrid. Zunächst erwandere ich kreuz und quer die Gegend um die *Plaza de la Opera*, die *Calle de Arenal*, die *Puerta del Sol*, die *Plaza de Oriente* – : ein anderer Stern! Was für eine Kultur, was für eine Atmosphäre – und was für kultivierte, sensible, schöne Menschen! Einer nach dem andern, *todos*. Das müssen lauter sehr ernsthafte, sehr begabte Musikstudenten sein, *todos*. Dagegen haben es ihre vermeintlichen Artgenossen aus dem Orinoco-Delta denn doch sehr schwer, das ist wie unlauterer Wettbewerb!

Dann *Amigos* Stadtrundfahrt mit den klassischen *Pullman Tours*: sehr animierend, besonders die Altstadt, das *estupende Campus*, der *Retiro*; und der pervers gestaute authentische Manzanares macht seinen unseriösen Namensvetter in Cumaná schon nach lumpigen acht Tagen zur fernen Reminiszenz an eine traumhafte Irrealität.

Eine Stadt zum Leben. Und offenbar stimmt es nicht, daß moderne Großstädte den Menschen demolieren. Sie konstruieren ihn auch erst, bisweilen. (Auch ein Komödienstoff: Großstädter und Kleinstädter, Biofelder!)

Und das klassische Kastilianisch gehört also doch noch zu den lebenden Sprachen: jeder versteht mich hier, und ich verstehe alles, was sie sagen. Sie verwenden allerdings auch *la esse.*

Amigos Abendessen ist weniger kultiviert als das Opern-*almuerzo*. Trotzdem ist es auch hierbei sehr angenehm, *Iberias* Gast zu sein. Warum ist sie eigentlich so spendabel? Bloß damit ich nicht mit der Lufthansa fliege? Aber ein Ei zum Frühstück ist ihr dann doch zu teůr.

Im Übrigen steht Madrid an diesem Tage gerade im Zeichen einer emsigen und fantasievollen Kollektenaktion fürs *Rote Kreuz*. Unter anderem stehen

vor Kirchen längere Tische, hinter denen jeweils *circa* fünf oder sechs ältere
Damen der feinen Madrider Gesellschaft sitzen und Sammelbüchsen präsentieren. Die Damen tragen Nerzcapes, sind sehr distinguiert und haben Frisuren und ein *make up* wie ihre Großmütter in den vierziger Jahren. In der
Hand mit den vielen Ringen hält jede ein Gläschen Portwein und führt es
gelegentlich zu den vornehm gespitzten Lippen. Ein köstliches Film-Motiv.
(An einem dieser Abendmahls-Tische soll auch die leibhaftige Königin gesessen haben, lese ich anderntags in *"El País"*.)

Nun habe ich nicht nur nachts, sondern auch tags keine Sekunde geschlafen.
Dennoch *carpo diem*, beziehungsweise *noctem* und gehe noch zu später
Stunde in die Sauna *Pelayo* in finsterem Kaschemmenviertel mit dunklen,
engen, aber urigen Gassen: dem hiesigen Kiez. Ich traue mich erst hinein,
als sich ein vertrauenswürdiger *chico* zu meinem Lotsen macht.

Innen ist alles viel hygiënischer und erotischer als in jener *"Internacional 3"*
am ersten Reisetage, und mein vertrauënswürdiger Lotse wechselt dann in
Bezug auf mich auch bald die Funktion und erweist sich als meines Vertrau-
ens auch dann noch durchaus würdig.

Und abermals duplizit: er heißt Gabriel, nachdem sich heute morgen schon
mein *Amigo*-"Kollege", der gleichfalls aus Carácas kam, als ein Señor Gabriel entpuppt hatte; in Lima beheimatet, studiert er in Jerusalem Wirt-
schaftswissenschaft, auf Hebräisch – *"und ein bißchen Deutsch"*: eine irisie-
rende Melange aus urban-tolerant aufgeschlossener Freundlichkeit und ge-
schichtsbewußter Distanz zum Nazi-Enkel.

Und geschichtsbewußt ist nun auch mein zweiter heutiger Erzengel: denn
après entrollt er vor meinen müden Ohren die autodidaktisch erarbeitete
Grenz- und Nachbarschaftsgeschichte zwischen Spaniën und dem ewig ge-
ringgeschätzten Portugal, dann aber auch die Tragik der so fatal zentralen
Lage Madrids. Dieses Gabriels nächtliche Sauna-Wonne scheint aus einer
hemmungslosen Eloquenz zu bestehen, die ihm sein Tageslauf als Kellner
mit Sicherheit versagt. Meine sprachliche Impotenz einer Abwehr oder Ver-
weigerung steigert seinen Redefluß so eminent, daß ich mich schließlich
meiner fast vierzigstündigen Schlaflosigkeit besinnen muß. Natürlich hat
mich sein historischer Diskurs auch so enterotisiert, daß mir nach keinem
Dacapo mehr der müde Sinn steht.

Hamburg, 8. November 1989

410.
Einer Art Gesundschlaf im muffigen *Hotel Mayorazco* folgen ein ruhiger,
wenn auch eiloser Aufbruch und eine kleine Abschieds*vuelta* durch die fast
widernatürlich sonnige, immerhin morgendlich frische *Gran Via* bis zur
Plaza de España.

Der Abflug ist dann so auf den Punkt planmäßig wie bisher keiner der insgesamt fünfzehn Flüge in den letzten vier Wochen mit ihren *summa summa-
rum* 29 Starts und gottlob ebensovielen Landungen – : sind das also schon
die ersten deutschen Emanationen? Nur der falsch organisierte Einstieg in
die *"Ciudad de Murcia"* ist noch sehr undeutsch (¡son Murcianos!) und gereicht dann in der Maschine zu einer stagnierenden Konfrontation und leicht
aggressiven Fraktionsbildung von Rauchern und Nichtrauchern – auch zwei
Biofeldern!

Sonne über Spaniën. Also auch im November! Sonne besonders über meinem zwischenbelandeten völlig wolkenfreiën Barcelona ...

Auf der letzten Teilstrecke präsentieren sich dann auch die guten alten Al-
pen bei größter Wolkenfreiheit und im strahlenden Weiß einer planwidrigen
Novembersonne: ist auch sie schon dem Ozonloch zu verdanken? Aber die
Alpen können sich wirklich sehen lassen, auch nun, von einem Kenner von
Anden, *Tepuyes* und sonstiger spektakulär-urzeitlicher *naturaleza venezola-
na.*

Erst nach den Alpen, quasi beim Grenzübertritt in die Bundesrepublik
Deutschland, zieht sich die Wolkendecke unbarmherzig (oder barmherzig?)
zu. Nun haben wir planmäßigen Europa-November.

Auf Kälte und Regen in Hamburg bin ich gefaßt. Nicht aber auf diese Dunkelheit mitten am Tage.

Düsternis, Trübsinn, grauë Tristesse ...

Hamburg, 30. Juli 1990

411.

Heute nacht reiste ich allein, aber in lockerem Verbunde mit einer deutschen Reisegruppe durch die Sowjetunion. Diverse beeindruckende Landschaftserlebnisse.

Auf der Weiterreise mit der Bahn wurde auf einem Bahnhof mein Waggon vom übrigen Zuge abgekoppelt und stehengelassen. Unverhofft war ich allein und sprachlos mitten in Rußland, konnte weder fragen noch sagen, was ich wollte.

Aber plötzlich hörte ich auf dem Bahnhof ein Pärchen deutsch sprechen. Die elegante und intelligente junge Frau bat mich in die Wohnung ihrer Familië. Dieses Haus gehörte noch zum Bahnhof. Dort kamen noch andere weibliche Familiënmitglieder hinzu, die alle ortsansässig waren, aber perfekt Deutsch sprachen. Auch ein (so bezeichnetes!) Lesben-Pärchen war dabei.

Die Lösung meines akuten Problems wurde durch Konversation und kulinarische Angebote (ofenfrische russische Plätzchen) verschleppt und verschleiërt. Auch lag mein Gepäck noch immer im abgekoppelt stehengelassenen Waggon ...

(Morgens zwischen neun und zehn Uhr geträumt und als vorherrschend angenehm empfunden: als Aufnahme in einen Familiënkreis!)

Hamburg, 31. August 1990

412.

Heute nacht zum ersten Mal nach zwölf Jahren (bewußt und erinnert) von meiner Zeit als Intendant geträumt:

von einer Dienstreise zurückkehrend, fand ich in meinem Büro Schauspieler vor: also eine Besetzung, einen Einbruch.

Ich veranstaltete ein Massenverhör, das an Sabotage (kein Papier; Entzug von Sekretärin und Assistent) sowie an offener Rebellion der Schauspieler scheiterte.

Dabei vermischten sich echte Schauspieler meines Theaters (Gerd Mayen, authentisch) mit fremden (Josef Meinertzhagen), mit prominenten alten Filmstars (Jenny Jugo, Karin Hardt) und fiktiven Akteuren.

Sehr unangenehm, albtraumhaft.

Hamburg, 1. September 1990

413.
Heute nacht schon wieder ein Theatertraum:

Proben mit Ernst Schröder – angenehm, produktiv, anregend.

Sylt, 19. September 1990

414.
Heute nacht, wohl *circa* zur Stunde meiner Geburt wurde meine Mutter unter einstürzenden Autos verschüttet.

Ich beschloß, sie nicht darunter hervorzuholen, und machte mir sofort die heftigsten Vorwürfe deswegen. Denen begegnete ich (noch im Traum) mit dem Argument, daß es ja nur ein Traum und die langwierige Organisation einer Bergungsaktion viel zu langweilig sei, um *en détail* auch noch geträumt zu werden.

Später setzte sich derselbe Traum aber fort, und ich kam zum bereits laufenden Bergungsmanöver hinzu: aber meine Mutter war weg! Unter den eingestürzten Autos war sie nicht zu finden ...

Ich dachte (im Traum) an das leere Grab von Golgatha, das Auferstehung, beziehungsweise Todesüberwindung signalisiert.

Hamburg, 10. Dezember 1990

415.
Heute nacht schrieb ich für *"Hahnenschreie"* zwei winzige Berichte über Mini-Ereignisse und begriff dabei, daß derlei dringend zwischen die großen Kapitel eingestreut werden muß.

Mir wurde klar, daß ich *ergo* die Gesamtstruktur auch des ganzen Bisherigen neu überdenken muß.

Dieser ganze Traum war morgens total vergessen. Er tauchte erst wieder auf, als ich vormittags an einem Kapitel über Schlaflosigkeit arbeitete, die ich in diesem Buche ja gern als Grund für Traumlosigkeit angebe. Dabei fragte ich mich, warum ich zum Beispiel heute nacht musterhaft und ohne Nachhilfe geschlafen, aber nichts geträumt habe.

Da tauchte der beschriebene Traum plötzlich auf.

Hamburg, 13. Dezember 1990

416.
Heute nacht gleich zwei Terroristen-Träume hintereinander:

der erste indirekt und inzwischen vergessen;

der zweite: Einbruch einer Gangster-Bande, die mich in meinem Hause total entmündigte und terrorisierte.

Bewußter Abbruch dieses Traums als Befreiung von solchem Terror: bewußte Spielverderberei im Wissen um diese Möglichkeit eines Aussteigens.

Hamburg, 14. Februar 1991

417.
Heute nacht ein langer Spaziergang mit Jessye Norman direkt vor ihrem Konzert.

Nebenhandlung vergessen.

418.
Heute nacht in stiller Seitenstraße Heinz Lehmann getroffen. Zu ihm nach Hause. Frau Lehmann. Gastlichkeit. Paket nach Rußland beschriftet. Quasi esoterische Mitgliedschaft, yoga-artig.

Heinz kann Fragen nach seinem *NDR International* nicht beantworten.

Es Torrent de s'Alga auf Formentera, 4. Mai 1991

419.

Heute nacht Einstand in Formentera: Episoden- oder Nummernträume, wie *"Hahnenschreie"* strukturiert. Verklammerung der Episoden durch Männlichkeitskomponenten, *assez comme ça,* nicht erinnert. Jede Episode in sich aber wieder in Einzelkomponenten gegliedert.

Nur zwei Episoden erinnert:

Wilfried Dotzel fragte brieflich an, ob ich nun schwul sei oder nicht,

und, endlich, Romanze mit Enno: verspielt, zärtlich, geduldig, perfekt – auf einem Stuhl.

Es Torrent de s'Alga auf Formentera, 5. Mai 1991

420.

Heute nacht wegen Kadirs zu Maja Stadler-Euler, die mit einem führenden Großindustriëllen verheiratet war. Sie brachte gerade unter Beteiligung der ganzen Großfamilië ein Theaterstück eigener Fabrikation zu einer opulenten Hausaufführung. Auch ihre erwachsenen Kinder und ihre alte Mutter spielten mit. Das Stück verband Familiëngeschichte mit einer gnadenlos kritischen Darstellung des Kapitalismus.

Ich mußte mir die Vorstellung ansehen, erst danach konnte ich ihr von Kadir erzählen, den sie für morgen früh bestellte. Aber während meines Berichts über Kadir merkte ich schon, daß sie eigentlich gar nichts für ihn tun kann, meine Petition als finanziëlle Schnorrerei mißverstehen könnte und daß der uneingeweihte Kadir morgen gar nicht kommen oder nur schweigen würde.

421.

Heute nacht hatte auch mein Auto ein Problem. Der zwielichtige Werkmeister in der Tankstelle durfte nicht mehr selbst reparieren und lancierte den

Wagen zu einem Kollegen, der sämtliche technischen Innereïen des Autos ausräumte und dann immense Innovationskosten veranschlagte.

Es Torrent de s'Alga auf Formentera, 6. Mai 1991

422.
Heute nacht forderten mich in Bremen mehrere sehr liebenswürdige und kontaktfreudige unbekannte junge Leute auf, sie in ein bestimmtes Badehaus zu begleiten.

Ich sagte mein späteres Nachkommen zu, weil ich zunächst noch auf Fuffi warten mußte. Als der schließlich kam, gingen wir gemeinsam in dieses sehr große, labyrinthartige Badehaus, wo Fuffi und ich uns schnell verloren und wo ich auch die jungen Leute solange erfolglos suchte, bis das Badehaus geschlossen wurde.

Es Torrent de s'Alga auf Formentera, 7. Mai 1991

423.
Heute nacht fuhren Karin und ich mit der Eisenbahn in den Iran. Irgendwo im Irak wurde der Zug gestoppt. Es war klar, daß er gewaltsam an seiner Weiterreise gehindert wurde.

Er fuhr dann zurück in eine kleine irakische Stadt, wo wir erst einmal ausgeladen und in einem mittelmäßigen oriëntalischen Restaurant unter Militär-, beziehungsweise Polizeiaufsicht verpflegt wurden.

Dann warteten wir in einer Art Hotelhalle auf unser weiteres Schicksal. Zwischen den Fahrgästen aller Nationalitäten kam es zu ersten Kontakten. Die Uniformierten bewachten uns unausgesetzt.

Der schwule Reiseleiter rief von außerhalb an und bat mich, ihm einen bestimmten jungen Kellner ans Hallen-Telefon zu holen. Als ich mit dem Kellner zurückkehrte, führte eine Ägypterin unserer Gruppe ein Dauërtelefonat, während dessen ich den Kellner in ein Gespräch über seine Vielsprachigkeit verwickelte: er konnte nicht nur Arabisch und Deutsch, sondern noch viele andere Idiome, sogar Finnisch und Aramäïsch, war überhaupt sehr intelligent, bewußt und versiert. Kontroverse mit der Ägypterin.

Die Militärs wiesen uns Hotelzimmer zu und ließen eine Liste kursieren, auf der jede Frau unserer Gruppe ihren Namen und ihre Zimmer-Nummer notieren mußte. Karin fand nichts dabei ...

(Gegen Morgen geträumt, schon bei Tageslicht.)

Es Torrent de s'Alga auf Formentera, 8. Mai 1991

424.
Heute nacht wies mir ein sowieso schlecht informiertes Reisebüro für Essen ein Hotel nach, in dem seinerzeit auch der 23jährige Schiller von Goethe, dem dieses Hotel gehörte, einquartiert worden sei.

Für mich kam es in irgendeinem nicht erinnerten Zusammenhang mit Hansgünther Heyme in Betracht.

425.
Heute nacht ließ ich mich außerdem von meinem Wuppertaler Fahrer nach Köln chauffieren, wo ich in der Nähe des Hauptbahnhofes zu tun hatte.

Anschließend wollte ich, nicht ganz absichtslos, ein bißchen über den Hauptbahnhof schlendern und traf dort unverhofft, nach langem Zeitabstand, plötzlich Peter Kollek wieder: er trug rote Haare und hatte ein rotgeschminktes Gesicht, eine knallrot angemalte Nase – alles wie ein karnevalistischer Bauer. Unverzüglich begannen wir zu knutschen, zuerst mitten zwischen den Passanten, dann in einer einsehbaren Nische des Hauptbahnhofs, dann im Bett eines einfachen leeren Zimmers.

Peter Kollek beteuerte zunächst, diese Art Erotik zwar zu kennen, aber nicht zu beherrschen – auch potenzmäßig nicht. Aber das stimmte gar nicht. Alles funktionierte gut. Auch ganz guter Strom zwischen uns. Gleichwohl hatte er Hemmungen zu überwinden. Schließlich brach er sogar in Tränen aus: *"Es ist so schlecht, was wir da machen!"*

(Morgens zwischen neun und zehn geträumt.)

Es Torrent de s'Alga auf Formentera, 9. Mai 1991

426.

Heute nacht sehr komplexer, verästelter Traum. Sein Hauptmotiv: im Fernsehen gab es einen amerikanischen Film, aus dem der Traum aber nur eine einzige Szene zeigte: ein Western-Mann saß hinter dem Steuer seines stehenden Autos. Vor dem Auto stand ein anderer Western-Mann. Die beiden waren Brüder. Der im Auto schlug vor, dem Vater gemeinsam einen Kuraufenthalt zu finanzieren. Da hob der vor dem Auto seinen Colt und schoß dem Bruder mit Schalldämpfer ins Gesicht.

Diese Filmszene hatten anscheinend alle Deutschen gesehen und praktizierten sie fortan in ihrem eigenen Leben. Dabei übernahmen sie jeweils eine der drei möglichen Rollen: Auftraggeber, Killer oder Opfer (Gretl Biedermann). Es grassierte.

Diese Haupthandlung wurde, romanartig, durch viele Episoden unterbrochen, vor allem durch Verhöre bei der Polizei (Wilfried Dotzel, ich) und auf der Bank (ich), aber auch durch Gommy Kravina, die mit viel Mühe den Kontakt zu einer Super-Synchron-Chefin herstellte.

Und vieles andere Entglittene, nicht Verbalisierbare.

(Früh oder mitten in der Nacht geträumt: belastend, ängstigend).

Es Torrent de s'Alga auf Formentera, 10. Mai 1991

427.

Heute nacht übernahm Herbert Kreppel in einem Theater, dem ich angehörte und das von Claus Helmut Drese geleitet wurde, die musikalische Leitung einer Neueinstudierung des *"Figaro"*. Kreppel war schwierig und wollte mir den Zutritt zu seiner Premiere verwehren. Drese intervenierte, und ich hörte in einer Loge mit Blick auf das Dirigentenpult, daß er die Ouvertüre durch mehrere andere kleine Mozart-Kompositionen ersetzte, die er für passender hielt.

Der Rest des Traumes ist nicht erinnerbar, bescherte aber diverse Pannen, die außerhalb des Theaters behoben werden mußten und zur Aussendung junger männlicher Hilfskräfte führten, von denen einer irgendwie verunglückte.

Die Vorstellung wurde unterbrochen, ich mußte irgendwelche Zettel schreiben, Kreppel bezweifelte deren Richtigkeit *et cetera ...*

Es Torrent de s'Alga auf Formentera, 11. Mai 1991

428.
Heute nacht Drehtag beim NDR.

Ich habe das Drehbuch geschrieben. Es ist auf Kritik oder Ablehnung gestoßen, aber nicht verändert oder ersetzt worden.

Trotzdem wurde gedreht. Aber niemand hatte ein Buch. Es gab auch keinen Regisseur, nur einen Regie-Assistenten ohne Buch. Außerdem eine untergeordnete Redakteurin ohne Buch, die aber bald weg blieb. Es herrschte totales Chaos.

Als Zuschauer der Dreharbeiten hatte sich Dieter Meichsner eingestellt und niedergelassen, ohne aber selbst mit dieser Produktion etwas zu tun zu haben. Ich saß meist neben ihm oder informierte den Assistenten über benötigte Kostüme, die Redakteurin über Fehler bei einzelnen *takes* oder Anschlüssen.

Das Projekt war sehr groß. Riesige Schauspieler- und Komparsenmengen standen herum und warteten. Schließlich weigerte sich Wilfried Baasner, einen bestimmten Satz oder Aspekt seiner Rolle zu spielen.

Da flog der Traum auf.

Es Torrent de s'Alga auf Formentera, 14. Mai 1991

429.
Heute nacht mit mehreren gestandenen Männern bei Wolfgang Rau in Eppendorf eingeladen.

Es Torrent de s'Alga auf Formentera, 15. Mai 1991

430.
Heute nacht Ida Ehres Todeskampf und Sterbeprozedur – über Wochen, mit

spektakulären, publizistisch dramatisierten und inszenierten Effekten, ausführlichst.

Es Torrent de s'Alga auf Formentera, 16. Mai 1991

431.
Heute nacht Vorbesprechungen für eine Tournee-Produktion bei der Firma Caleita, deren Sprecher jetzt Rudolf Wessely war: ich sollte *"Volksfeind"* inszenieren und selbst den Dr. Stockmann spielen, weil meine Gagenansprüche als Schauspieler besonders niedrig sein müßten. Als Tournee-Star sollte Hansjörg Felmy eine kleine Episodenrolle spielen, die es in diesem Stück eigentlich gar nicht gibt, nur damit er nicht so teuer ist. Die restliche Besetzung: Anfänger und Wisokü.

Eine Dame der Firma hatte mir einen unverschämten Brief geschrieben.

Wessely war sehr reserviert und lavierte.

Hamburg, 1. Juni 1991

432.
Heute nacht mußte ich ein Stück inszenieren, das in einem Abstecherort (Wiesbadens?) Premiere haben sollte.

Die technische Unterbringung des Bühnenbildes war auf dieser Abstecherbühne so kompliziert und verschlang so viel Arbeitskraft, daß für die eigentlichen Schauspielerproben nur noch zwei Tage übrig blieben.

Ich war verzweifelt, brach aber keineswegs ab.

(Langer, ausführlicher, verästelter Traum.)

Hamburg, 3. Juni 1991

433.
Heute nacht hatte ich Besuch.

Katze Puh in ihrer letzten Lebensphase wollte unentwegt überall hochspringen, aber immer spuckte sie dabei Blut und stürzte ab.

Trotzdem langer Traum eigentlich um jenen Besuch.

Hamburg, 7. Juni 1991

434.
Heute nacht wohnte ich in einem möblierten Zimmer, gleichwohl mit meinem jetzigen Bücherregal, zur Untermiete.

Prof. Matte kam mich besuchen. Die Sprache kam auf Carl Friedrich von Weizsäcker. Ich wollte etwas nachschlagen und stellte dabei fest, daß meine sämtlichen Weizsäcker-Bücher gestohlen waren. Der Verdacht fiel zwingend auf einen andern, zwielichtigen jungen Untermieter, unausgesprochen aber auch auf einzelne Mitglieder der vermietenden Familië.

Ich erwog Wohnungswechsel oder künftiges Verschließen des Zimmers.

Aber es dominierte der Schmerz über den Verlust und über die Niedertracht.

Hamburg, 18. Juni 1991

435.
Heute nacht war ich in einer exotischen Kleinstadt zu Gast, die, ähnlich Tucupita, an einem großen Flusse lag. Tatsächlich erinnerte dieser Fluß an den Orinoco.

Jenseits des Flusses lebte in einem dschungelartigen Walde Leonardo. Ich wollte ihn besuchen, was aber schwierig war, weil die einzige Brücke über den Fluß weit außerhalb der Stadt lag.

Außerdem wurde ich ständig an meinem Aufbruch gehindert.

Auch wurde ich noch mit einer Walter-Benjamin-Lesung betraut.

Schließlich wurde es schon dunkel, ohne daß ich zur fernen Brücke aufgebrochen war ...

436.

Heute nacht in einer Tankstelle der Negev-Wüste, nicht weit von Elaht: friedliche, weltabgeschiedene, familiäre Atmosphäre, ohne Betrieb; keine Aktionen.

437.

Heute nacht auch in einem Urlaub halb in Agadir und halb in *Sri Lanka*. Karin ging mit Christian Mey und wem: Michael? Vitescha? zu einem Strandspaziergang weg. Ich blieb mit Katze Puh im dämmerigen Feriënhause zurück und schmuste mit ihr.

438.

Heute nacht dann auch noch Rückfahrt in einem Zuge. In Brandenburg mußte ich aussteigen: mit Katze Puh in einem Kinderwagen und mit viel Gepäck.

Als ich alles draußen hatte, fiel mir ein, daß ich noch viel zusätzliches Gepäck im Abteil vergessen hatte. Beratung mit dem Zugführer. Der sagte, daß der Zug hier vorläufig stehen bleibe.

Aus Katze Puh war inzwischen ein kleiner Junge geworden, der im Kinderwagen lag. Ich ließ ihn auf dem Bahnsteig stehen und ging in den Zug zurück. In meinem Abteil stand mein alter Schreibtisch: alle Schubladen waren noch voll von Büchern, Papierkram, besonders Noten. Ich räumte alles aus, hatte aber keinerlei Behältnisse zum Transportieren.

Karin und eine junge Frau kamen hinzu. Ich wurde immer hektischer, warf falsch weg, war um das Kind auf dem Bahnsteig besorgt, schickte Karin das Kind bewachen und Tüten besorgen ...

Der Traum wurde so unangenehm, daß ich mich abrupt daraus befreite: es war schon nach zehn Uhr.

Rom, 8. September 1991

439.

Heute nacht erstmalig ein nicht vergessener sexuëller Traum mit nachhalti-
gem Nachklang auf dem *Porta-Portese*-Markt.

Er bewies, daß zumindest der Körper Träume für bare Münze nimmt, für
wahr hält. Die Seele auch.

Wer zweifelt da noch? Der Intellekt. Na, nebbich.

Rom, 9. September 1991

440.

Heute nacht Abnahme eines Filmes von mir durch Dieter Meichsner und
dessen Redakteur, der gegen ihn rebellierte.

Meichsner war ratlos, auch wegen meines Filmes, den kein Sender senden
wolle, was Meichsner nicht begriff.

441.

Später den konkreten Text meines Rom-Kapitels in den *"Hahnenschreien"*
vorausgeträumt, zum Teil im genauën Wortlaut wie unter jenem Verbalisie-
rungszwang von Lamai, aber auch die Struktur seiner Aufteilung zwischen
Goethe, Gogol, Thomas Mann und Yan, *en détail.*

Davon langsam wach geworden.

Hamburg, 7. Dezember 1991

442.

Heute nacht bat Markus Trebitsch mir für die Fernsehserië *"Zwei Münchner
in Hamburg"* nur zwei Drittel der vereinbarten Gage an.

Hamburg, 22. März 1992

443.

Heute nacht vor einem Pavarotti-Konzert in einer schutzburgartigen Arena

wie von Piranesi: Mischung aus Engelsburg und Colosseum. Alle Zugänge
abgesperrt.

In einem Warteraum unter Freaks setzte sich mir ein junger Mann auf den
Schoß. Wir unterhielten uns, wobei ich ihn gleichmäßig von Rücken bis
Oberschenkel streichelte.

Endlich war ich im Gebäude, in dem ich wohnte. Aber trotz langer Irrwege
gelang es mir nicht, zu meiner Wohnung durchzudringen. Irgendwo im Labyrinth stieß ich auf Oskar Lafontaine.

Später waren er und ich auf Formentera in unserem Hause. Lafontaine
duschte in einem (fremden) Badezimmer, und ich registrierte seine über-
mäßige Behaarung.

Hamburg, 23. März 1992

444.

Heute nacht drang in einem Luxushotel eine Jugendbande, als Handwerker
verkleidet, durchs Dach, durch die Zimmerdecke in mein *Apartment*, um
mir Gewalt anzutun. Aber das verhinderte ich durch listiges Gespräch.

Im Hotelflur traf ich Joana Maria Gorvin. Sie sagte *"Guten Tag, Herr Ullmann"* zu mir. Als ich sagte, daß ich nicht Ullmann heiße, erwiderte sie lachend, das wisse sie doch.

Ich wollte ihr helfen, ihren Koffer zu tragen. Aber das lehnte sie ab: sie sei
es gewohnt, schwer zu tragen. Dabei stieg der Hotelfußboden plötzlich steil
an.

Auf Ibiza sagte mir ein Kioskhändler zwischen tropischen Tieren (Echsen,
Schildkröten, exotischen Vögeln), es sei außerordentlich heiß, und das Problem der Gorvin sei ihr Lesbentum.

Dann wieder im Hotel, Probleme mit einem älteren Herren: beim Träumen
und Aufwachen noch gekannt, inzwischen vergessen.

Erinnerung und Bewußtsein aller dieser Träume reichte ins Aufwachen hinein, während dessen ich noch weiter träumte, aber wußte, daß das Träume

waren und daß ich eigentlich schon wach war: wohliger, angenehmer Zustand.

Hamburg, 2. Juni 1992

445.
Heute nacht gastierte Marlene Dietrich teils vor, teils nach Ida Ehres Tod in den *Hamburger Kammerspielen.*

Nach der Vorstellung traute ich mich in ihre Garderobe vor. Große wechselseitige Sympathie auf den ersten Blick. Gar Zärtlichkeiten, als Marlene schon im Bett lag, aber mit dem Laken dazwischen. Unsere Köpfe teilten sich das Kopfkissen.

Langer, komplizierter Ausstieg aus diesem Traum, halbbewußt, mit vielen Details der vormaligen Kammerspiel-Misere.

Hamburg, 15. Juni 1992

446.
Heute nacht gab es unter der Hand eine faschistische Bewegung und Polizei von großer Macht.

Martin und ich waren auf der Flucht davor, wurden aber in einem Treppenhaus gestellt. Ich wurde verhaftet, verhört und einem Test unterzogen, der aus einem Quiz in Albenform bestand: Bilder mußten geraten werden.

Der Traum führte die völlig ungewohnten Bilder *en détail* vor. Sie waren so konzipiert, daß sich der Ratende auf jeden Fall als Gegner auswies und ins Unrecht setzte. Wem das Album vorgelegt wurde, der war verloren und kam in eine Art Konzentrationslager, das der Traum ausführlich ausbreitete.

Ein Horror-Traum, sehr angsteinflößend, mit erschreckend genauën Einzelheiten.

Ich befreite mich durch gewaltsamen Ausstieg, hatte dann aber im Halbschlaf ein starkes Bedürfnis, in den Traum zurückzukehren und noch mehr über diese mächtige Organisation zu erfahren.

Hamburg, 4. August 1992

447.

Heute nacht belästigte ein Mann "meine Frau" sexuëll.

Ich schlug ihn zusammen. Ich lag über ihm. Dabei hatte ich einen Orgasmus.

Anschließend nahm ich ihm seine vielen Messer weg.

Dann wollte ich nach Hause zu meinen Eltern: einen weiten Fußweg durch nächtlichen Wald entlang. Der Mann verfolgte mich. Ich rannte. Er folgte.

Nach langer gefährlicher Verfolgungsjagd kam ich zum Hause meiner Eltern, das einsam im Walde lag. Es war dunkel. Eltern und Schwester schliefen. Ich schlug an die Fenster und rief (mit ramponierter Stimme). Im Hause regte es sich. Aber aus Angst wurde mir nicht geöffnet.

Mein Verfolger traf ein.

Ich weckte mich gewaltsam, erkannte den Traum als solchen und ging aufs Klo. Danach wollte meine Seele den Traum unbedingt zu Ende träumen. Ich konnte sie nicht davon abhalten und überließ mich der (nicht erinnerten) Fortsetzung.

Morgens wurde mir bewußt, daß dies mein erster (erinnerter) Angst- und Horrortraum gewesen war.

Zugleich wurde mir bewußt, daß ich anschließend erstmalig einen früheren Traum erneut geträumt habe, aber ich konnte mich seiner nicht entsinnen.

Hamburg, 8. August 1992

448.

Heute nacht reiste ich in ein recht alternatives Hotel, wo ich auch für die Unterbringung von Jessye Norman zuständig war. Sie kam, trotz ihrer rezenten Absagen in Salzburg und Kiel, aber sprach nicht. Trotzdem freundschaftlicher Kontakt und Fürsorge.

Zu ihrem Konzert im Hamburger Schauspielhaus kam ich zu spät, weil ich
vorher ein Labyrinth aus Umwegen und Hinterbühnen bewältigen mußte.
Aber schließlich saß ich in einer Loge, und sie sang!

Hamburg, 13. August 1992

449.
Heute nacht bediente mich in einer etwas abgelegenen, aber largen Buch-
handlung deren Inhaber: Rosa von Praunheim. Er machte mich unzweideu-
tig an und schleppte mich in eine Schwulenbar ab, wo er mich abknutschte.
Wegen meiner angeblich nicht sofort hundertprozentigen Erektion brach er
die Angelegenheit ab.

Später hatte ich einen Drehtag mit riesigem Team und zwei Schauspielern:
Ursel Monn und einem jungen Herrn Kellermann, der immerzu aufs Klo gehen, was holen oder besorgen mußte und das Virus der Verschleppung, der
ewigen Warterei einbrachte.

Trotz des riesigen Teams war ich ohne Assistenten, ohne Aufnahmeleiter,
ohne Produktionsleiter, ohne Ausstatter. Oder ließen sie alle mich auflau-
fen? Es war ätzend.

Hamburg, 16. August 1992

450.
Heute nacht wendete ich mich in akuter Geldnot an Flörsheim. Er flog mit
mir nach Sydney, um dort in einem Leihhaus seinen verpfändeten Pelzman-
tel auszulösen, den er dann verkaufen wollte. Der Erlös sollte mir dann wei-
terhelfen.

Aber das Leihhaus stellte sich quer und rückte den Pelz nicht heraus. Aus
Protest sprangen Flörsheim und ich in einen tiefen Treppenschacht, der einem Liftschacht ähnelte. Das Leihhaus warf uns dann das benötigte Geld
hinterher.

Hamburg, 18. August 1992

451.

Heute nacht packte mich nach seiner Vorstellung Ulrich Tukur auf der
Straße am Arm und zog mich in eine Schauspielerkneipe, wo er mich mitten
im Raum sofort auf einen langen Tisch legte und sich dazu.

Unser bislang verdrängter erotischer Wechselstrom und tiefes Interesse offenbarten sich so. Er knutschte mich ab. Dann flüchtete er sich in narzißhaf-
tes Tanzen.

(Ende des Traumes vergessen.)

Hamburg, 19. August 1992

452.

Heute nacht machte mir Charles Regnier (in größerem, vergessenem Zu-
sammenhange) Komplimente für Karins Leistung in einer bestimmten Rolle
und als Schauspielerin überhaupt.

Hamburg, 21. August 1992

453.

Heute nacht hatte ich in meinem Hotelzimmer was vergessen und ging mitten in der Nacht mit Kadir hin, um es zu holen. Im Zimmer trafen wir das
aufräumende Zimmermädchen. Kurz angesprochen, öffnete es die Schleu-
sen immenser Eloquenz und entwickelte eine fast kommunistische Sozial-
sensibilität.

Mit Karin ging ich dann zu einer Party bei Nachbarin Nuguid, die mit einem
alten Nabob verheiratet war. Der Nabob wurde Professor genannt. Obwohl
wir zu ihrer Party gar nicht eingeladen waren, wurden wir aufgefordert, dort
zu übernachten. Ehepaar Nuguid, wir und noch ein paar andere Gäste sollten alle im selben Zimmer schlafen. Der Raum war sehr groß und enthielt
viele unkonventionell durch den Raum verstreute Liegen.

Als Karin und ich uns hinlegten, protestierte ein männliches Gästepaar gegen unsere uneingeladene Anwesenheit. Wir erhoben uns sofort und gingen.
Der Professor bedauerte, mußte sich aber dem Votum seiner Gäste fügen.

Ich ging mit Kadir wieder in mein Hotelzimmer, wo das kommunistische Zimmermädchen noch immer zugange war.

Hamburg, 11. September 1992

454.
Heute nacht mit Boy Gobert bei einem Industriëllen, der ein neuës Theater sponsorn sollte und wollte.

Dabei Irrfahrt mit dem Fahrstuhl in den Keller, wo ich von weiblicher Polizei herausgeholt und ausführlich verhört wurde.

Abends ein Telefonat mit Gerhard Blasche in Wien, den ein harmloses kleines Scherzchen von mir so beleidigte, daß er das Gespräch abbrach.

Aber mit Boy und dem Industriëllen ging alles sehr gut und harmonisch, später stieß Blasche dazu und überspielte seine Kränkung betont.

Hamburg, 1. Oktober 1992

455.
Heute nacht war ich in Rom zu Besuch und wohnte bei Gregor und Bib, die im Hotel *"Traumstadt Venedig in Europa"* eine luxuriöse Wohnung gemietet hatten. Auch ein anderes schwules Paar wohnte bei ihnen.

Wir gingen zusammen essen, was eine Pleite war: winzige Karte, von der es vieles nicht mehr gab; was es gab, war schlecht.

Auf dem Heimwege trafen wir Henning Voscherau und kamen mit ihm in ein so anregendes Gespräch, daß er mit in die schicke Wohnung kam, wo das anregende Gespräch vor allem zwischen Voscherau und mir sich nicht ohne Flirt und gegenseitige Sympathie fortsetzte.

Hamburg, 7. Oktober 1992

456.
Heute nacht war Marc Degener des Mordes angeklagt.

Sein Prozeß fand in einer schweizerischen Kleinstadt statt. Ein ausschlagge-
bender Zeuge war Kurt Meisel.

Auch ich war stark verwickelt und sehr beteiligt.

Die allgemeine Spannung war sehr groß. Schließlich wurde Marc freige-
sprochen.

Langer, sehr intensiver Traum.

Hamburg, 5. November 1992

457.
Heute nacht erzählte mir Wilfried Dotzel, er schreibe ein Buch, in welchem
ich als schwul bezeichnet werde. Auch Jan Aust und weitere andere.

Meine innere Reaktion war gespalten zwischen Empörung über diese Indiskretion und bekenntnishafter Zustimmung.

Nur das zum Druck bereits vorbereitete Foto von mir zerriß ich sofort.

Hamburg, 19. November 1992

458.
Heute nacht inszenierte ich auf dem Hamburger Rathausmarkt *"Dantons
Tod"*, probierte den Applaus mit den zahllosen Kleindarstellern und konnte
mich an den Vornamen meiner Protagonistin Ruth Wohlschlegel nicht erinnern: *"Marianne?, Rosemarie?"*

Hamburg, 27. Dezember 1992

459.
Heute nacht wollten einige Freunde mich zu einer ablenkenden Unternehmung verleiten.

Ich beschloß, statt dessen sie zu einem prinzipiëllen Überdenken ihrer eigenen Lebenshaltung zu verleiten, und erzählte ihnen zwei Geschichten. Das
alles fand in einem Kölner Hörsaal auf einer seitlichen Fensterbank statt.

Ich erzählte die authentische Geschichte meiner Entscheidung zwischen
dem sehr verlockenden Besuch einer Düsseldorfer Theatervorstellung mit
Elisabeth Bergner und einer eigenen Theaterprobe. Es war die generelle
Entscheidung zwischen Zuschauën und Machen, zwischen Passivität und
Aktivität: Zaungast sein oder Protagonist.

Dieser Geschichte schickte ich eine erste voraus: nach dem Selbstmord
Heinrich von Kleists bildeten sich in seinem Bekannten- oder Freundes-
kreise zwei Fraktionen. Die einen wollten ihn sofort begraben wissen; die
andern bestanden auf einer Obduktion mit erheblich hinausgezögerter Be-
erdigung. Die Letzteren (Aktiven) obsiegten, und das Begräbnis fand erst
zwei Wochen später statt.

Als ich etwa in der Hälfte meiner zweiten Erzählung war, fingen Kommili-
tonen am Nebenfenster lauthals zu protestieren und zu pöbeln an; sie ver-
ließen auch lärmend den Hörsaal.

Am Katheder raffte sich ein frühstückender und Zeitung lesender Professor
zu einer trivialen Bemerkung auf.

Ich verbot ihm barsch den Mund.

Hamburg, 7. März 1993

460.
Heute nacht träumte ich davon, einen (durch Dr. Li) tablettenlosen Schlaf
zu genießen, und wurde dabei nachhaltig irgendwie mit Georgette Dee kom-
biniert.

Gigantisches Einkaufen wie vor oder nach einer Hungerzeit: das Eintippen
an der Kasse nahm so riesig ausladende Formen an, daß eine Pause einge-
legt werden mußte, in der ich spazierenging und die Kassiererin ausgewech-
selt wurde. Anschließend wurde endlos weiter eingetippt.

Danach entstand das Problem der Abtransportes dieser Wagenladung ...

Hamburg, 19. April 1993

461.
Heute nacht bei Martin zu Besuch.

Oder ich wohnte bei ihm. Er selbst war aber nicht da.

Ich öffnete den Kühlschrank und merkte, daß unten das Gemüsefach voll
Wasser stand. Ich zog es heraus und entdeckte im Wasser eine lebendige
fachfüllend große Hornisse. Schnell zu!

462.
Später wirre erotische Träume von einem imaginierten Hauptbahnhof mit
mehreren Klos.

Hamburg, 21. April 1993

463.
Heute nacht zum dritten Male in einem besonders schönen tropischen Bade-
ort. Am paradiesischen Strande gibt es eine unterirdische und submarine
Männersauna, deren Eingang mitten im Meer, *circa* hundert Meter vom
Strande entfernt liegt.

Ihretwegen war ich diesmal hier. Aber es war noch Vormittag. Der Strand
war menschenleer. Entsprechend sinnlos war es, durchs Wasser zum Sauna-
Eingang zu stapfen, der auch vermutlich noch geschlossen war. Ich ging also am Strand entlang, kam in die Ortschaft, las einen exotischen Wegweiser
und überlegte, ob ich ihm folgen sollte. Schluß!

Hamburg, 23. April 1993

464.
Heute nacht bei einer repräsentativen Matinee mit belanglosem Anlaß und
Inhalt sollte auch Genscher auftreten.

Mit Bortmann, früher meinem, jetzt Genschers Chauffeur, fuhr ich ihn abholen. Aber das letzte Wegstück, eine beträchtlich lange Strecke durch freië
Landschaft, mußten wir zu Fuß zurücklegen. Dann erreichten wir das Hotel,

in dem er wohnte. Es war ein russisches Hotel, mit kyrillischen Beschriftungen und sowjetischen Emblemen.

Vor dem Aufbruch aßen wir noch mit Genscher an langer Tafel im Hotel-Restaurant. Ich saß neben ihm und sprach ihn auf dieses russische Hotel an, in dem er doch früher sicher beschattet, abgehört und ausspioniert worden sei. Er lachte zustimmend. *Was denn seine Partei-Oberen und sonstige "Vorgesetzte" dazu gesagt haben?* Er konterte: *Wieso er eigentlich zu mir so vertraulich werde?* Ich: *Seine Menschenkenntnis ermächtige ihn dazu.*

Er wechselte das Thema und wurde einsilbig.

Es Torrent de s'Alga auf Formentera, 12. Juni 1993

465.
Heute nacht eine Liebesbeziehung mit Hape Kerkeling. Große Harmonie und anhaltendes Wohlgefühl.

Es Torrent de s'Alga auf Formentera, Juni 1993

466.
Heute nacht wurden vier junge türkische Brüder brutal erstochen.

Ich empfand das als Fortsetzung meines Traumes der vorigen Nacht. Die Geschichte wurde jetzt verfilmt: mit dem jungen Marlon Brando, der seinen Gesang selbst auf der Gitarre begleitete, und mit mir.

Es Torrent de s'Alga auf Formentera, Juni 1993

467.
Heute nacht fragte ich Helmut Griem, warum er seine frühere Heiterkeit so ganz verloren habe. Er wurde sehr nachdenklich und verwickelte mich mit Günter Lamprecht in eine komplizierte kriminalistische Dreiecksgeschichte, in deren Verlauf er sich in Matthieu Carrière verwandelte.

Hamburg, 6. Juli 1993

468.
Heute nacht wurde das Berliner Schloßpark-Theater abgerissen. Von einem verschlungenen Waldwege zu seiner linken Seite sah ich, daß der Zuschauerraum schon weg war; nur Fassade und Bühnenhaus standen noch als sinnlose und ausgeplündert abstoßende Torsi.

Flug Amsterdam - Bangkok, 1. Dezember 1993

469.
Nacht und Flughafen mit Martin.

Abflug in Hamburg verspätet wegen Nebels und technischer Probleme (Rückkehr von der Landebahn).

Aber: Platzkarte Nr. 19 A!

In *"Abendblatt"* und *"Morgenpost"*: Wilfried Dotzel ist tot.

Circa eine Stunde Hamburg – Amsterdam.

Riesenwanderung durch Schipohl.

Um eine Stunde verspäteter Abflug wegen Nebels.

Platzkarte Nr. 34 A!

Deutsches und französisches Proletariat.

Platznachbar aus Hongkong.

Flugroute: Amsterdam – Frankfurt/München – Wien – Budapest – Bukarest – İstanbul – Teheran – Delhi – Kalkutta – Rangun – Bangkok.

Bangkok, 2. Dezember 1993

470.
Bei der Ankunft im Flughafen Bangkok erwartet mich dort ein Thai mit einem hochgehaltenen Schilde, das meinen Namen trägt. Er lanciert mich ins *Monthien Hotel*.

Dort schlafe ich von halb elf Uhr *local time a. m.* bis gegen halb drei Uhr mittags. Weckt mich die Vorahnung des Anrufs vom sorgfältigen *Quantas-Office*?

Halle: ohne Tee kann hier nichts anderes bestellt werden.

Haat Ba Gao auf Go Pih Pih, 3. Dezember 1993

471.

Um sechs Uhr *Asian breakfast*. Die junge Elisabeth Bergner serviert es androgyn.

Transfer zum *Domestic Airport*. Zwei Stunden Warten. Aber kein Tar. Auch dessen Räumlichkeiten gibt es nicht mehr.

Ich reserviere von hier aus einen Bungalow des *Pee Pee Island Village*. Es ist 9 Uhr 15.

Um 11 Uhr 15 erwartet mich vor dem *Airport Puhgett* ein anderer Schildknappe: mit meinem hochgehaltenen Namen.

Kampf gegen die Offerten des Schildknappen zugunsten eines *Souvenir-Shopping*. Stattdessen lieber zweieinhalb Stunden Warten auf dem Schiff: Siësta in dieser Mixtur aus Hafen, Tankstelle, Bar, Supermarkt, Privathaus, Slum und Sauna. Abfahrt 15 Uhr 10.

Nach fast zwei Stunden Seefahrt ein "Korsaren"-Überfall, *desembarking* von Bord zu Bord, Anlandung am Strande Ba Gao mit dem *Pih Pih Island Village*, anland gehen zu Fuß durch Wasser, mit aufgekrempelten Hosen.

Aber schon der hübsche Boy in der Rezeption, den ich nach einem Lageplan mit der Placierung dieses *"Pih Pih Island Village"* innerhalb der Insel frage, fragt zurück: *"Which room number?"*

Haat Ba Gao auf Go Pih Pih, 4. Dezember 1993

472.

Heimkehr nach *Tonn Sai*, zu *"Charly's Resort"*, ins *"Kabanah's"*.

Auf alles war ich nach fünf Jahren gefaßt, aber nicht auf den Abriß des *"Ka-banah"*. Hier wie überall Baustellen und Wellblech-Nissen-Siedlungen für Bauarbeiter samt Familiën. Eine Wohlstands-Explosion *à la Benidorm*, zu-mal im Regatta-Fieber für *"The King's Cup"* zum morgigen Geburtstag des Königs.

Aus der alten Promenade ist ein neureicher Bazar mit Nebenstraßen gewor-den. Die asozialen *Sea-Gypsies* sind verjagt oder ausgerottet.

Die heutigen Thais schon so charmelos wie in Bangkok oder Puhgett. Oder italianisierte Schlitzohren.

Dennoch buche ich in *"Charlie's Resort"*: bloß keine nostalgische Wehmut. Flexible Anpassung.

Allerorten im Übrigen Massage-"Salons". An der Super-Mangrove: öffentli-che Toiletten.

Wo sind Sawaang, Mih, Sajann, Nokk?

Rückflucht mit Bootsmann Ehn ins *"Island Village"*.

An meinem Bungalow schon ein Gecko.

Die ersten Jungs fangen an zu flirten und anzubandeln. Ich bin linkisch.

Es ist bewölkt, die Regenzeit noch nicht zu Ende. Es wetterleuchtet wie vor fünf Jahren.

Plötzlich klopft Luhn ... : eine Mischung aus Ahnungslosigkeit und Ver-siertheit (oder Begabung?). Übernachtung und *dacapi* in allen Nächten sind für ihn selbstverständlich. Kein *Quicky*-Konzept, europäische Seelen-Schu-le: Zutraulichkeit, Intimität, tabulos. Fortsetzung der Zärtlichkeiten auch noch im Schlaf – mit schnarchenden Küssen. Orgastisches Beinewedeln erst gegen Morgen.

Abschied bei herbeigewartetem Sonnenaufgang wie Romeo und Julia: end-los.

Haat Ba Gao auf Go Pih Pih, 5. Dezember 1993

473.
Käfer, dann ein Gecko im Bungalow.

Sehr spätes Frühstück unter Luhns reservierten Blicken.

Tiefdruck, Wolken.

Affen als Kokospflücker.

Tagesablauf von Luhn geprägt. *"Ten"* ruft er mir im Vorbeigehen zu. Das verhindert weiteres Gucken und Lächeln.

Er kommt dann schon um halb zehn, ist aber kühl, arrogant, fast dreist und ohne jede *tendresse*: belastet. Als sei er fristlos gekündigt. Aber parfümiert. Und blättert interessiert in diesem *Diario*, wortlos. Pflicht-Sex, schnell. Dann schläft er. Schläft er? Was will er? Plant er? Warum kommt er? Vorsicht. Besser nicht einschlafen. Ist er ein rätselhafter, unerwischter Touristenmörder? Warum schmeiße ich ihn nicht raus? Aus Höflichkeit und Neugier + Schwäche = aus Kultur?

Schon eine Stunde vor dem Fünf-Uhr-Wecker geht er, eisig und halbnackt, murmelt wohl noch *"nine"*; *in seiner Unterkunft frage keiner der Mitschläfer, wo er die Nacht verbringe.* Sind sie es von ihm gewohnt? Tun sie es alle?

Wie seinerzeit bei Sawaang und Mih ein völlig unterentwickeltes Zeitgefühl, das allenfalls bis morgen reicht. Schon ein Übermorgen ist Utopia, Futurologie, Nirvana. Parallelen zur grammatischen Zeitlosigkeit der Thai-Sprache.

Haat Ba Gao auf Go Pih Pih, 6. Dezember 1993

474.
Nikolaus. Nikolai.

Beim Frühstück zaghafte Kontakte Luhns. Ich freundlich reserviert. *"More coffee?"* – *"No."*

Leichter Regen. Ebbe. Watt-Wanderung zwischen steinartigen Krabben und schwarzen Reihern.

Der mädchenhafte, leicht debile und halbohrige Zimmerboy ignoriert die doppelte Bettbenutzung souverän. Ich schmiere ihn trotzdem.

Die europäischen *farangs* stauben die Affen-Ernte ab, die sonst liegen bliebe und die es daher gratis gibt.

Wie mich im Restaurant ein nachbarliches Italiënisch sei es von neureich lauten Heteros heimatlich, jedes Französisch in seiner hysterisch-manieristischen Dramatisierung von Banalitäten abstoßend berührt, aggressiviert. Wie kommt das? Vorleben?

Wieder die Arbeits-Affen auf den Palmen: viel belacht und gefilmt, auch von französischen Tunten mit mitgeführtem Thai-Boy. Ob man sowas will? Wohl eher nicht. Der eine Affe wehrt sich.

Das Wetter tröpfelt sich ein.

Lesen, Tee trinken, spazieren, schlafen, über Luhn nachdenken.

Spät essen wollen, damit er mich verpaßt. Das mißlingt einfach. Kurz nach neun ist er da: fremd und kühl, aber mit englischsprachiger Adresse und zwei Fotos, auch von seinem besten Freunde, dem Boy aus der Rezeption, *der ihn zu seinen Eskapaden ermutige, sich selbst aber nicht traue.* Dessen Name? Pause. "Bao." Pause. "Meo."

Dann intensiver Sex. Luhn jetzt in der Rolle des willenlos Hingegebenen, völlig Passiven, aber sehr willig. Eigentlich heißt er Tschamruhn und will meine Adresse, eine andere deutsche und eine italiënische habe er schon.

Diesmal will er um drei geweckt werden: um sich zu Hause noch bis fünf ausschlafen zu können.

Er geht, ohne um Geld oder Geschenk zu bitten. Das belohne ich mit opulentem Frühstücks-Bakschisch.

Ao Lohdalamm auf Go Pih Pih, 7. Dezember 1993

475.

Vorher weckt mich um sieben der debile *room boy* mit wahnsinnigem Geklopfe (*"You leave this morning!"*), geilem Genital-Blick und lautem *walkie-talkie* vor meinem Fenster. Das Abnorme meiner irregulären Abreise macht ihn wahnsinnig. "Bao" oder "Meo" erscheint in schniekem Weiß und bringt wieder Ordnung in die Welt: *"Our mistake. Excuse me."* Und Freund Luhns Nachtort und -kerl hat er nun endlich nachgeschnüffelt.

Die Abreise aus *"Island Village"* überstürzt, in ein schwedisches Boot gestopft, das grade nach Tonnsai fährt.

Im *"Charlie's"* dann eine abstruse Szene. Man habe mir ein Zimmer reserviert, schon lange, A 7, es neulich nur ganz übersehen vor lauter Regatta. Jetzt beziehe ich es mit Hilfe von Ui, einem *circa* 18jährigen Wunderknaben, der allen Thaicharme, alle Kontaktfreude, alle erotische Freundschaft dieser Legende in sich vereinigt. Wir begeistern uns sofort in thai-englischer Mixtur, spüren beide den spontanen Eros, umarmen uns um ein Haar. Beide zügeln sich fast erschreckt. Aber auch der rothaarige neuë Manager des *"Charlie"* flirtet vor versammeltem Personal ganz unverschämt tuntig mit diesem Ui.

Ein paar Minuten lang fühle ich wieder das alte Glück von Lohdalamm. Ui ist wie eine heiterere, unkompliziertere, profanere Neuauflage von Sawaang, um dessen Willen ich eigentlich nur hier bin.

Aber nur der Strand ist da, das Panorama, die Bäume, die Atmosphäre, das Schwimmen.

Etwa an der Stelle, wo Sawaang in der Regennacht des *Loi Kratohng* seinen Gott um ein Wiedersehen bat, das Gott schon damals sofort ablehnte, sitzen jetzt in einem ankernden Boote ein paar junge Thais: einer von ihnen ist Luhn. Er ist ebenso fassungslos wie ich, kann aber nicht aus seiner Gruppe heraus. Ein kurzes Winken, ich zeige zu meinem Bungalow und gehe weiter.

Was ist das alles? Magie?

Dann regnet es wieder *à la Go Pih Pih*. Die Natur ist unbeïrrbar ...

Abends Depressionen über das Ausmaß der hiesigen Zerstörung, die tiefer greift als nur ein kommerziëller Aufschwung. Die Menschen hier sind erloschen, lustlos, ohne Hoffnung, ohne Neugier. Niemand außer mir grüßt mehr mit *"Sawatdih"*, alle mit *"Halloh"*.

Nach schlechtem Essen zwischen deutschen, amerikanischen, italiënischen, französischen, schwedischen Sporttauchern irre ich durch das seltsam stimmungslose Tonnsai. Dabei steht die Saison bevor. Allen scheint das wurscht zu sein. Oder ein Grauën. Niemand findet das mehr stimulierend.

Im Rest-Restaurant des *"Kabanah"* ist nur ein einziger Tisch besetzt; drei extrem primitive, fast asoziale Kellner stehen in Sawaangs, Mihs und Nokks Hemden herum. Ich frage sie nach Sawaang und Mih: nie gehört.

Sie würden hier auch nicht mehr herpassen.

Darf man wirklich nicht zurückkehren? Auch nicht aus Treuë? Aus Wunsch zu vollenden?

Sawaang hätte ja auch inzwischen die Rezeption leiten können.

Ich projiziere ihn unentwegt in verfremdete Figuren, gar in Polizisten hinein.

Es gibt keine abendlichen Bars für Sporttaucher. Die es gibt, sind leer.

Wo verbringen die Taucher die Abende? Wahrscheinlich zu Tode erschöpft in ihren Betten.

Aber wo sind die jungen Thais? Wo Ui?

Trotz naher Barmusik schlafe ich pillenlos.

Ao Lohdalamm auf Go Pih Pih, 8. Dezember 1993

476.
Aber Barmusik weckt mich auch, morgens schon vor acht: die Putzkolonne animiert sich musikalisch. Beim Frühstück, das erloschen matte Kellner servieren, läuft übersteuërt der Fernseher. Dieses *"Charlie"*, ein hiesiger Klassiker, verfällt unter englisch-walisischer *farang-* und Tuntenhabgier.

Ich wandere durch das Ebbe-Watt, dessen Fauna stark reduziert ist und das von Yachten dominiert und verdreckt wird.

Dabei beschließe ich Recherchen. Ich lasse mir vom benachbarten *"Pavillion Resort"* die Bungalows zeigen, dann im *"Pahk klohng Seaside"*, einem Strandcafé in tropischem Blütengarten am äußersten Ostende von Lohdalamm. Das hiesige Faktotum heißt wieder Bao. Sein Berg-Bungalow liegt am Hang zum *Mountain Viewpoint*, wo alles anfing. Beim Aufstieg stellt mir Bao dieselben Fragen wie damals Sawaang: nach Ehe, *girl friend*. Nur daß Bao mich gleich im angebotenen Berg-Bungalow mit Blick über Lohdalamm zu verführen beginnt: wohl aus schamloser Berechnung, Spielerei und Lust. Beim Brustwarzenzwirbeln mit übergelegtem Bein bricht er aber ab: *"I play"*. Dann bezeichnet er ein Zimmermädchen als sein *girl friend*, korrigiert: *"My Mama"*.

Immerhin vermag dieser Bao mich zum sofortigen Auszug aus dem *"Charlie's"*. Dort steht beim Packen plötzlich der süße Ui vor mir, strahlend wie ein alter Freund, ähnlich naïv wie Sawaang, ist bestürzt über meinen Auszug. 21 sei er, ohne *girl friend*, das sei irgendwie komisch. Aber Freunde habe er viele.

"Charlie's" Manager, ein toleranter Waliser, empfiehlt mir *Go Lann Tah* und vermittelt eine referierende Israëlin, die gerade von da kommt.

Dann bin ich in Baos anderer Welt, einer von nur drei Gästen. Man ist wie zu Besuch bei einer Thai-Familie. Garten- und Strandatmosphäre paradiesisch, idyllisch. Liegestuhldösen, *Coconut-Shake*, Schwimmen, Strand-*walks*.

Bao ist jetzt diskret. Abends beim Promenieren in Tonnsai kitzelt er mich unverhofft in der Seite. Seine beiden Miezen kichern. Mama *girl friend* ist nicht dabei. Ein Filou.

Ao Lohdalamm auf Go Pih Pih, 9. Dezember 1993

477.
Morgens löst mein Wunsch nach *kao tom kung* Panik, aber keine Ablehnung aus. Sofort besorgt Bao die fehlenden Krabben.

Nach dem Frühstück Plausch mit Bao und seinem *girl friend*, die Bah heißt und in liebenswerter Gutmütigkeit und Opferbereitschaft mit ihm den Laden schmeißt, der ihnen aber nicht gehört. Zwischen Krabih und Puhgett, also weit entfernt, haben sie einen zweijährigen Sohn.

Der (weißhäutige!) Thai-Boß namens Mahd greift mir mit *"Sawatdih kapp"*
an den Arm, Bao auch mal wieder blitzschnell an die Titte. Als er sich
abends vor meinem Fenster duscht, fragt er, ob ich schon geduscht habe:
Aufforderung zum Mitduschen? Ich reagiere dumm und langsam.

Erster tropischer Sonnentag. Wiederholte Erprobung des neuërworbenen
Schnorchels. Aber die Fische erscheinen aggressiv, einer stupst mich ans
Bein. Das verschreckt.

Über Lohdalamm kreisen jetzt *Paraglider*. Auch ich werde angemacht: *"Pa-
rasailing, Papa?"* Aber besser, auch respektvoller gemeint, als es klingt.

Abends wird die Suche nach Sawaang zur Manie und offenbart die Tiefe
dieser verdrängten, unerfüllten Verbindung. Jeder Platz ist von ihm stigma-
tisiert.

Ich esse in einem Restaurant am Hafen (auf dem Strande) einen gebratenen
Fisch, nur weil der Anreißer-Boy auf der Straße entfernt an Sawaang erinnert. Ersatzweise suche ich nach dem gestern verpaßten Sajann.

Aber ich entdecke einen neuën Weg ins Dorf, mit neuën Geschäften und
Restaurants, endlich auch viel Ursprünglichkeit und Wohngegenden, slum-
artig, öffentlichen Waschplatz am Boxring und eine laszive, buddhistisch-
spiritistische Bar, wo man zwischen Räucherstäbchen liegt: *"Lazy Bar"*.
Hier trinke ich zum Aperitif einen *Passion Fruit Juice* wie in Venezuëla.

Die Schönheit der Boys ist heute abend aufreizend. Aber sie sind schon wie
die Indianer: bleiben blick- und grußlos in ihrer Welt, beziehen einen nicht
mehr ein.

Auch *Fliegende Hunde* gibt es hier nicht mehr.

Dafür angsterregende Baustellen. Das nächste Jahr wird hier der Horror ausbrechen, zumal wenn es so leer bleibt wie zur Zeit.

Aber ständig, bis an den Rand der Parodie, ist Bao besorgt, daß mir was zu
laut ist, daß mich was stört. Wo gibt es das noch? In keinem Luxushotel der
Welt. Meine Empfänglichkeit für Freundlichkeit und Güte ist fast schon
neurotisch.

In Hollinghurst's *"Swimming-Pool Library"* taucht auf Seite 269 der Begriff
einer Agamogenesis auf: Kinderzeugung durch zwei Männer, ohne Frau.

Solch ein Produkt wäre der Knabe Echo als Sohn von Adrian Leverkühn und Rudi Schwerdtfeger.

Ao Lohdalamm auf Go Pih Pih, 10. Dezember 1993

478.
Lazy day, fast ganztägig Ebbe mit Wattwanderung zu den orangefarben asymmetrisch einscherigen Winkerkrabben an der Mangrove, zu den konträren schwarzen Felsenasseln.

Scheiternde Schnorchelversuche.

Mühsame Anstrengungen, mir einzelne Thai-Wörter zu merken: *pyan kong pomm* = mein Freund; aber *fän*, vom englischen *friend* abgeleitet, bedeute sowohl *boy friend* wie auch *girl friend*, gar kein Unterschied.

Bao stellt mir einen Masseur in Aussicht, streckt aber die Waffen, mir beim Auffinden von Sawaang zu helfen: *ob der sich meiner überhaupt noch erinnern würde?* Baos scharfe Blicke auf meine Konturen provoziere ich durch schamlose Hosenauswahl. Er wird zunehmend verlegener.

Abends lerne ich meinen Nachbarn, einen naïven, wachen schwedischen Berufssoldaten, 26, kennen, der im Libanon als Minensucher eingesetzt war.

Die Massage wird verschoben, ich gehe allein ins Dorf. Als ich eben den vermeintlichen, aber allzu befremdlich verfetteten Sajann von 1988 bei einem intensiven Mädchenflirt nicht stören will, spricht mich der längst beobachtete *chico* eines Reisebüros an: Alih. *Ob er mich von früher her kenne? Er sei* room boy *im* "Kabanah" *gewesen.* Aber auch er weiß nichts von Sawaang und Mih, gibt mir aber Mittelspersonen an: Miss Noi und Mr. Go Hid, einen *"ladyman" in the kitchen.*

Alih stammt ausgerechnet aus *Go Lann Tah*, ist intelligent, eloquent, sensibel, islamisch und ernst. Er sieht die hiesige Zerstörung wie ich, auch der Menschen. Alle wüßten es, aber der Leistungsdruck der Marktbeherrscher vergewaltige sie alle.

Ich lade Alih zum Essen ein, aber prompt fragt er nach Frau und Familië: islamisches Zögern vor Anmache. Dennoch scheiden wir als neuë Freunde.

Beim Essen im *"Oasis"* beobachte ich eine junge Tunte von gegenüber, die hier im Bedarfsfalle unaufgefordert mitarbeitet, in jenem unenträtselbar un-organisierten, hilfsbereiten und gut funktionierenden hiesigen Arbeitsstil. Prompt fühlt sie sich beobachtet und macht mich geschäftlich an.

Zurück *"at home"*, finde ich den strohverwitweten Bao als einzig Wachen, ebenso müde wie unruhig umherschweifend, wir sind beide verlegen und schüchtern, es liegt was in der Luft, beide trauën sich nicht. Ich lasse akzen-tuïert meine Tür offen, aber nichts passiert ...

Diese Verlegenheit ist ein totaler Wetterwechsel seiner bisherigen flirtenden Keckheit und kann nur als Befangenheit oder Abneigung ausgelegt werden. Oder als weiteres Rätsel dieser Mentalität ...

Die totale Windstille macht die Flut zum reglosen Bergsee, die Stimmung unendlich friedlich.

Nachts ist ein Gecko in meinem Bad.

Ao Lohdalamm auf Go Pih Pih, 11. Dezember 1993

479.
Morgens 5.15 Uhr wache ich schreckhaft auf, mit einer Art Telefonklingeln im Ohr. Es hält über Stunden an. Beamt Martin mich an? Der Papa?

V*ery cloudy*. Gammeln, dann Pläneschmieden mit Bao, der mit schönstem Thai-Lächeln Komplimente für mein eigenes Lächeln formuliert.

Gegen Mittag fahre ich mit dem Boot ins *"Island Village"*, meine vergesse-nen Medikamente holen. Kaum aus der Bucht von Tonnsai heraus, sind wir unverhofft mitten in beträchtlichem Seegang. Das Boot fliegt und knallt nur so. Ich lasse los, gebe mich hin und lasse die Gedanken schweifen.

Natürlich ist dieser Trip listig inszeniert, so daß ich Luhn bei der Arbeit im Restaurant antreffen müßte. Aber statt seiner begrüßen mich Manager und Rezeptions-Mädchen selig und wie einen alten Freund. Ich lasse den debilen *room boy* antanzen und honoriere seine sorgsame Tuben-Ehrlichkeit. Dann bestelle ich Drink und Langusten-Cocktail und hoffe auf Luhn. Er ist nicht da. Nur einer, dann ein zweiter Kellner, der besonders hübsch ist und mich so herzlich begrüßt wie nie zuvor. Von Luhn ist nichts zu sehen. Ich bauë

noch auf seine übliche Zurückhaltung beim Arbeiten und schicke ein Stoß-
gebet zum Himmel, daß er noch in der Küche herumbummeln möge.

Sofort erscheint er. Sofort bemerkt er mich auf meinem inszenatorisch exponierten Platze schon von Weitem. Sofort winkt er und zieht sich dann in die
Hintergründe des riesigen Speisesaales zurück, wo ich ihn mit einer Serviët-
te sein Gesicht abwischen und die Haare richten sehe. Dann erst präsentiert
er sich mir in jener betörend linkischen Mischung aus Freude und Schüchternheit, die sich wieder hinter seinem schiefmundig *coolen* Hanseaten-Lä-
cheln verschanzt.

So steht er denn aufgebaut wie ein Schüler vor mir, fragt mich brav und in-
szenierungsgerecht, wo ich jetzt wohne und wie lange ich dort noch bleibe.
Die andern Kellner versammeln sich neugierig und wohl ahnungslos. Luhn
und ich lawieren uns durch, geben uns versteckte Informationen.

In den kurzen zeugenlosen Momenten sage ich ihm, daß er mich besuchen
soll. Aber er arbeite doch. *Afternoon will do.* Das macht ihn nachdenklich.

Ich spiele den Trumpf aus und lasse ihn die Rechnung holen. Ich bezahle
mit einem 500-Baht-Schein und "vergesse" das reichliche Wechselgeld ein-
zustecken. Leider macht mich der hübsche erfreute Kellner darauf aufmerksam. Also teile ich, hoffentlich nur mit Luhn.

Unter allgemeinem Rufen und Winken gehe ich als vielgeliebter Freund. Ich
bin so beschwingt, daß ich den gefährlich verstärkten Seegang der Rückfahrt kaum bemerke.

Auf dem Fußweg vom Pier nach "Hause" präsentieren sich mir ein Hahnen-
schrei, ein Lotosfeld, das mich an den Orinoko erinnert, und ein Gockel, der
gravitätisch meinen Weg überquert. Jedes Überqueren eines Weges hat für
mich unabweisbar Symbolkraft.

"Zu Hause" hat Bao inzwischen mein Zimmer geputzt und kräftig umge-
räumt. Jetzt bringt er (ungebügelte) Wäsche, die er mir unbedingt selbst in
den Schrank hängen will. Zu spät verstehe ich, daß er im allzu engen Zimmer dabei eine körperliche Berührung provozieren will. Seinen Wechselbä-
dern aus fast geringschätziger Gleichgültigkeit und erotischer Anmache bin
ich noch nicht gewachsen.

Ich verabrede mich mit Bao am Pier von Tonnsai und lasse mich von ihm zu einem ausdrücklich männlichen Masseur führen. Diese unübliche Bitte um einen massierenden Mann wird problem- und kommentarlos toleriert.

Von diesem Masseur nun werde ich dann eine Stunde lang nach allen Regeln der klassischen Thai-Massage gedehnt, gestreckt, entzerrt und knakkend eingerenkt: für zehn Mark – einschließlich perfekter Chiropraktik. Dabei ist dieser Mann, ein *circa* 37jähriger Chinese, überdies von einem *cool* virilen und baßstimmigen Macho-Charme, wie er Leonardo vibrieren und ausrasten ließe. Sein hemmungslos intimer Umgang mit unseren beiden Körpern kennt kaum ein Tabu, ist aber so unerotisch wie das Lausen unter Affen. Auch wenn er auf meinem Arsch sitzt, meine Zehe in seine Arschspalte schiebt, meine Hand gegen sein schlaffes Genital drückt, meins zwischen seinen Händen quasi einrahmt. Der schicke junge Franzose neben mir hat in all seiner Arroganz unübersehbar eine Erektion.

Denn das Ganze findet in einer asozialen Slum-Wohnung auf den Betten und auf der Bettwäsche einer vielköpfigen Familië statt, in der auch die Frauën massieren. Die andern führen dabei ungehindert ihren Alltag weiter. Eine kocht, eine andere ißt, die Oma schläft auf einer Bank, ein Kind quängelt, Besuch kommt und geht, Passanten werden angesprochen. Dabei wird in Zeitlupe pausenlos weitergeknetet und demonstrativ gelangweilt weg- oder hinausgeschaut. Mit einer Hand massiert mein Kneter oftmals parallel sich selbst. Er fragt mich auch, ob ich nicht früher schon mal auf der Insel war.

Diese Wohnung besteht aus einem einzigen Raum zwischen Wellblechwänden. Man liegt zwischen unglaublichen Siebensachen, in einem schmutzigen Chaos, einer anderen Welt. Ich glaube zu träumen. Ich bin glücklich. Hier erfüllt sich der Sinn des Verreisens: totaler Ausbruch.

Aber die Massage hat zweifellos hohe Qualität. Stark entspannt schwebe ich "nach Hause", lasse mir von Bao einen Ananas-Pfannkuchen machen und eile dann abermals ins Dorf: das Ticket für den Rückflug abholen und beim neuën Freunde Alih einkehren, der heute nervös und von Existenzängsten gebeutelt scheint. Meine Reservation in seinem *Go Lann Tah* und meine *oversea calls* erreichen ihn kaum.

Nachts sitze ich allein vor meinem Landhaus bei hoher Flut im Liegestuhl
am Meer und atme den Äonenrhythmus.

Ao Lohdalamm auf Go Pih Pih, 12. Dezember 1993

480.
Baos Bruder taucht strahlend auf: ein sechzehnjähriger pummeliger Buddha,
stetig lächelnd. *"What's your name?"* – *"Gay."* – Wie nett.

Die netten jungen Nachbarn aus Italiën und Schweden reisen ab. Prompt
ziehen ältere deutsche Spießer ein. Sie parfümiert sich hier. Aber vielleicht
auch nur gegen seinen Zigarrengestank.

Ich fliehe ins Meer. Bei günstig vormittäglicher *high tide* bin ich der einzige
Schwimmer in der ganzen Bucht, überhaupt der einzige Mensch.

Später, bei abermaligem Schnorchel-Exerzieren, spricht mich ein süßer
langhaariger Thai im Wasser an: bekennender Buddhist mit umgehängtem
Jade-Buddha. Er empfiehlt Schnorchel-Plätze, bietet Rabatt beim *Paragliding* an, für das er tags über arbeite. Abends bediene er im Restaurant. In
welchem? Im *"Lunah"*. Wie er heiße? "Yohn." – *"See you later."*

Ist das alles zu glauben? Natürlich denke ich an meinen Yan, aber auch an
Ioniën, an Schlegels "Ion", an Luhn. Alles bezieht sich, verweist aufeinander, hängt zusammen.

Ein Riesenschmetterling flattert mich direkt an. Überhaupt komme ich hier
bei Tieren am besten an: Schmetterling, Fisch, der unendlich vertrauënsvol-
le kleine Kater, der mich später allerorten wiedererkennt, der große Hund,
der sich mir auf diskreteste Weise am Strande zugesellt, ohne zu betteln.

Liegestuhlfluchten vor den deutschen Debattanten.

Nachmittägliches Warten auf Luhn: natürlich vergebens. Ich hätte ihm natürlich die Erstattung der Bootsfahrten anbieten müssen ...

Früh ins Dorf: Raimond anrufen. Er ist nicht da. Also ins *"Lunah"* essen
gehen: zu Yon. Der ist nicht da.

Ich esse im *"Oasis"*, um meine hungernde Seele mit etwas Kultivierterem zu päppeln. Das also ist mein erster Haifisch: etwas trocken und ohne speziëllen Geschmack, eher fad.

Dann kompensiere ich mein sehr unbefriedigtes Bedürfnis nach Freundlichkeit durch Einkäufe bei netten Verkäufern: die haben nichts. Schließlich kaufe ich Hose, Hemd und Kokos-Plätzchen bei ganz unnetten Verkäufern.

Irgendwas muß passieren.

Vor dem *"Lunah"* lockt mich jetzt Yon zum Essen wie einen alten Freund: zu spät.

"Zu Hause" dann feiërabendlicher *talk* mit Bao: er fragt nach Beruf und Einkommen. Schildert die eigene Armut. Habe morgen (fiktiven?) Geburtstag. Erzählt von Geldgeschenken anderer deutscher Touristen. Ich kann es ihm nicht verübeln. Er ist Gold wert und wird hier ausgenutzt. Geld bestimmt daher sein Leben: Geld, nicht Sex.

Die Tide ist übervoll, überschwemmt die Wege. Nächtlicher *swim*.

Aber: die Alternative zum Alleinreisen ist das übliche Zusammenreisen, das ich ringsum beobachte: die programmierte Langeweile, jede Überraschung ausklammernd. Die Paare schweigen sich tot. Die Männer sind die Frauën leid und deren Opfer. Die Frauën haben den Männern eingeredet, daß sie sie brauchen. Alle bereuën es inzwischen. Bei Homo-Pärchen ist es weniger extrem, aber auch sehr langweilig. Sie haben das Unverhoffte, das Abenteuërliche aus ihrem Leben verbannt.

Ao Lohdalamm auf Go Pih Pih, 13. Dezember 1993

481.
Das berühmte Lächeln der Thais ist mehr als eine Lach-Nuance. Es ist ein Aufleuchten der Seele, die sofort sichtbar wird. Daher ist das Wort Aufleuchten mit seinem latenten *crescendo*, seinem prozessualen Werden fehl am Platze. Es ist wie ein Aufblitzen, eine Explosion, unverhofft spontan: hervorgerufen durch Komik oder Freude oder Verlegenheit oder Anmache, auch durch Übermut, Spieltrieb oder Güte – ein breites Spektrum mit vielen

Nuancen. Aber immer das sofortige Durchlassen des Verborgensten ins Gesicht.

482.
Hühnchen, wohl auch Hähnchen heißt hier *gai*. Sind Hahnenschreïe also *gay cries*?

483.
Bao macht durch einen miesen kleinen Industriekuchen auf seinen Geburtstag aufmerksam. Ich singe ihm ein Geburtstagsständchen, wie ich es hasse, und halte ihn dabei an den Händen, umarme ihn dann – was immer Mohammed dazu sagen mag. Wie schon vorausgeahnt, verspreche ich mich aber beim Singen und mache aus Bao einen Mao – er merkt und überhört das mit Thai-Toleranz.

484.
Das Wasser trägt hier den Schwimmer wie angeblich nur im *Toten Meer.* Ohne *"Toten Mann"* zu spielen, trägt es einen, endlos, ohne jede Schwimmbewegung, ohne Atemtricks. Dabei schmeckt es nicht extrem salzig.

485.
Korrektur des früheren Tagebuchs: die Fischschwärme reagieren keineswegs sozialsynchron. Das sieht nur so aus. Jeder einzelne Fisch reagiert mit individuëller Flucht in Richtung offene See. Diese Oriëntierung ist jedem einzelnen eingeboren. Dabei ahnt er nichts von der resultativen Synchronizität. Das Tempo des Reaktionsvermögens ist freilich bei allen gleich ausgebildet. Aber wenn sie bei Ebbe in einem kleinen Wassertümpel oder -trichter zurückbleiben, also eingeschlossen sind und der scheinbar synchrone Fluchtversuch Richtung Ozean unweigerlich mißlingt, ist alle Synchronizität am Ende. Jedes einzelne Fischchen flüchtet jetzt panisch und kopflos in alle nur möglichen Richtungen innerhalb des Trichters. Totales Chaos bricht aus. Wie in einem Atomkern (?). Geflitze kreuz und quer, jedes anders.

486.

Aber das Macho-Getuë der westlichen Hetero-Männer ist auch zu dämlich. Sie erfüllen den Zwang einer aufgenötigten Rolle, bedienen eine Erwartung der Frauën und können schon gar nicht mehr anders. Die Dämlichkeit stößt ihnen gar nicht auf. Sie genießen sich sogar dabei.

487.

Hahnenschreië sind hier viel weniger trompetenhaft, weniger diskant: sonorer, gutturaler, baritonaler – viriler? Gesättigter? Befriedigter? Ausgelasteter? Erschöpfter? Jedenfalls viel weniger sehnsüchtig. *Carpe diem* und *basta.*

488.

Immer wieder diese Augenblicksbezogenheit der Thais. Übermorgen, aber schon *tomorrow* ist Utopia, Irgendwann, Nie. Nur das Jetzt zählt: *you want to go* ist immer einzig und allein *you want to go now.*

Ebenso irreal ist alles Vergangene. Vorbei ist vorbei ist vorbei. Nie eine Rückfrage. Yon empfiehlt mir im *"Lunah"* über alle Maßen einen knackigprallen roten Fisch. Hinterher keinerlei Frage, ob er mir geschmeckt hat. Sondern nur *see you, where you go?*

Als Anreißer ist Yon papagallohaft. Aber schon das Wort Buddha krempelt ihn um, macht ihn sanft, sensibel, zart und ernst.

489.

Der mittägliche Versuch, zum *Long Beach* zu wandern, scheitert an Entfernung und jäher Hitze. Immerhin führt er zur Schule unsagbaren *Loi-Kratohng*-Gedenkens. Aber der so entscheidende Schulhof: eine Baustelle. Unsere Tanzfläche: im Umbau, voller Baumaterialiën, anarchisch. Vorbei ist vorbei ist vorbei.

490.

Im *"Lunah"* umarmen sich die Schenken in bedienungsfreiën Momenten
zwischen den Tischen der Gäste. Einer, fast der wichtigste, ist ein demon-
strativer *ladyboy* mit schulterlangem, weiblich gepflegtem Haar, zwei riesigen schaukelnden Ohrringen, reichlich Fingerschmuck und tuckiger Unnahbarkeit. Ein Star.

491.

Die lustigen Burschen im unzulänglich lustlos geführten Kleider-*Shop* reagieren mit parodistischer Ekstase auf mein neuës *outfit* von der Konkurrenz.
Film-Pantomime, Applaus, Geschrei – aber ohne jeden Konkurrenzneid.
Fragen zwar nach der Quelle, die sie als *"lady shop"* bezeichnen und mit
entsprechend femininer Komödiantik illustrieren. Vor allem der süße Jüng-
ste mit dem *Rasta-look*: ein frecher Engel.

Aber ihre Unfähigkeit zum Konkurrenzkampf ist noch eine Chance für das
hiesige Scheitern der importierten Marktwirtschaft ...

492.

Die Krabben mit ihrer beschämend hochkarätigen Sehfähigkeit leben auf
permanent fluchtbereitem *Quivive*. Vor wem eigentlich? Vor Vögeln, an-
schleichenden Katzen – und vor Krabben und deren Kannibalismus. Krabben fressen Krabben. Freilich gibt es Tausende von Arten, die sich offenbar
nicht solidarisch fühlen, sondern rassistisch verfolgen und vernichten.

493.

Ebbe ist nicht Ebbe, Flut nicht Flut. Da aber der Mond insofern wohl doch
der Mond sein müßte, ist sicher noch mehr im Spiel. Allzu individuëll vari-
iert jede Ebbe, jede Flut. Jemand atmet da mal flacher, mal tiefer. Dieser
Ein- und Ausatmende hat unverkennbar Stimmungen, Tagesformen, Lau-
nen, Konditionen.

494.

Die unübersehbare Lust der jungen Thai-Männer an sinnlicher Körpernähe
und Berührung ist so evident, daß sie wohl leider auf strikte Prüderie und
Mangel an ausgelebter Erotik zurückzuführen ist: ein Ersatz, eine Kompen-
sation. Aber die erotisch aufgeladene Atmosphäre in jenen Männerheimen
der Slums, wo sich die jungen Kerle halbnackt, aber vermutlich niemals
ganz nackt auf engstem Raume über- und untereinander ballen ...

Oder in den Billardhallen ...

Daneben das völlig Unerotische der ausgelutschten *farangs* mit ihrer käsi-
gen Haut.

495.

Die nicht mehr steigerbare Schönheit der Mönchsgewänder vor dem Türkis
der *Lohdalamm Bay* ...

496.

Die Unlust zu Ortsveränderung, Unternehmung, Sportlichkeit angesichts der
paradiesischen Vollkommenheit unter der Kasuarine meines *Pahk klohng*.

497.

Kurz vor Tagesende ins Terrarium, wo früher die *Gift Bungalows* waren.
Die Anlage ist so beachtlich wie sündhaft: Schildkröten, Chamäleone, Leguane, Warane, Kröten, vor allem aber die erstaunlichsten, die berühmte-
sten, die exotischsten Schlangen. Die hellgrünen, rotschwänzigen, spindel-
dürren, aufgeregt wachen, hochsensiblen, aber auch die schläfrig verknäul-
ten, die träge resignierten. Eine Python wird mit einem verschreckten Küken
gefüttert, das gar nicht flüchtet, während sie sich erigiert, aber fast reglos
anschleicht, ohne zuzubeißen. Sie scheint nicht hungrig. Aber angeblich
stört sie das Licht. *Sie esse nur nachts.* Mir gegenüber öffnet sie ihren
Schlund plötzlich weit und hält ihn mir lange so sperrangeloffen mit all
seinen rosaweichen und schwarz-linigen Innereiën entgegen: eine Drohge-
bärde? Oder pures Gähnen aus Langeweile? Aber von den Wärtern stimu-

liert, faßt sie schließlich unbemerkbar schnell zu, verschlingt sich dann mit dem gedrosselten Küken, das noch lange im Würgegriff weiterpiept.

Sündhaft? Wohl kaum. Das Küken wird zugunsten anderer Tiere in der Wildnis geopfert. Unter dem Strich bleibt es sich gleich.

498.
Auf dem Rückweg die unike Sonnenuntergangsstimmung der einsamen Lohdalamm-Bucht wie seit Jahrmillionen. Das Licht der Sonne hinter den Dschungelbergen weißlich wie in schwedischem Mittsommer. Ein paar letzte *Tschao Gos* beim Schneckenbuddeln wie im Akkord ...

Andere schauën deutscher Strandgymnastik zu, ziemlich fassungslos belustigt. Strahlen mich dann unendlich freundschaftlich an: *"Halloh"*. Als ich mit *"Sawatdih kapp"* antworte, leuchtet ihr Strahlen noch weiter auf, und einer beschämt mich mit völlig unironisch höflichem *"thank you"*.

499.
Nachts bade ich wieder: aber erstmalig unter funkelndem Sternenhimmel, inmitten funkelnden Planktons und mit sprudelnden Thermaleffekten: Blasengekiller und -geblubber körperaufwärts.

Ao Lohdalamm auf Go Pih Pih, 14. Dezember 1993

500.
Also, der sechzehnjährige Bruder ist Baos Vetter, heißt ausdrücklich nicht Gay – was Bao als Gefahr durchschaut und zu meiden trachtet – , sondern Geh oder Gäh und überzieht mich mit einem Netzwerk von Foppereiën: heute so sehr, wie sich nur neckt, was sich liebt. Er kommt mir auch mit einem strahlenden Zutrauën entgegen, läßt sich zu Füßen meines Liegestuhls im Sande nieder, stammelt mir englische Texte vor und taucht mit mir in wechselseitig thai-englischen Sprachunterricht ein; fragt natürlich auch nach Kindern (*"son"*) und Frau (*"sister"*), behauptet, eine Freundin zu haben, so infantil er auch scheint mit all seinem Speck eines Zehnjährigen und seiner noch ganz präpubertären Kindlichkeit. Seine Seele ist rein, intakt, integer:

ohne Arg und ohne Weh. Seine Kontaktsuche unübersehbar, sehr anrührend: Hatem und Saki, Knabe Lenker, der kleine Paulus. Seine abendliche
Verabschiedung mit weichen mädchenhaften Tönen von unbeschreiblich
verlockender Süße.

Derlei legt auch der eloquente Terrariënwärter an den Tag, dessen Englisch
vollkommen undechiffrierbar, aber voll von unbeschreiblich weichen, zar-
ten, kleinen Katzentönen ist, die anrühren und drollig, sehr feminin sind.
Aber was soll das heißen: feminin?

501
Die erotisch-verliebte Gefährdung durch Bao gibt sich, weicht freundschaft-
lich-zartem, auch burschikos frotzelndem Alltag. Eine Art Brüderlichkeit.
Trotzdem führt er sich mir bei seinem öffentlichen Schlauch- und Hosendu-
schen nicht ganz unexhibitionistisch vor und schenkt er mir eine kostbare
Muschel aus der Andamanensee.

502.
Malaysische Weltuntergangswolken und Wetterleuchten drohen und foppen
mit Regen.

Ich lasse mich von Bao bekochen, wage mich erst *post cenam* ins recht einsame Dorf. Vor dem *"Lunah"* stürzen sich Yon und sein ebenso ungehemm-
ter Kollege auf mich. Yon will seine Buddha-Kette gegen meine tauschen,
ich reduziere auf die Anhänger, er zögert. Die andern reden dazwischen.
Plötzlich stimmt er zu: ich gebe ihm Kok Choy's Jade-Lotos aus Singapur
und bekomme dafür seinen Jade-Buddha, den er aus einer nordthailändi-
schen Buddha-Stadt zu haben behauptet und den er für unerwerbbar, für
auch dort nicht käuflich erklärt. Warum gibt er ihn mir gegen mein minder
kostbares Lotosblatt? Ich vermute, aus buddhistischem Verhalten: umso
kostbarer. Anderntags am Strande trägt er meinen Anhänger, ich seinen, er
spielt unsere Verbindung herunter, fragt aber wieder nach meiner Kette.
"Next year".

503.

Mit seinem neuërworbenen Buddha über schwarzem *muscle-shirt* und aller-
knappsten Jeans-Shorts ernte ich bei meinen lustigen *Rasta*-Modisten die
anerkennendsten Pfiffe, in einer Mischung aus Applaus und Tunten- oder
Greisenverspottung.

504.

Die Sexualität dieser süßen Insel-Burschen bleibt ein Rätsel. Gibt es sie?
Wann? Mit wem? Wo?

505.

"Zu Hause" erwartet mich vor dem Anwesen ein einsamer Raucher am
Strande und leuchtet mich mit einer Taschenlampe an. In diesem Augenblick bricht die Sintflut aus. Trotzdem stürze ich ihm nach, weil dieser
leuchtende Raucher mein Luhn sein könnte. Aber er ist weg: von der Sintflut weggespült, in Regenfluten aufgelöst ...

Ich suche ihn vergeblich, aber mit einem treuherzig mitarbeitenden Such-
hund, der mir aus seinem Unterschlupf vor meiner Zimmertür getrost in den
wahnsinnigen Regen folgt.

506.

Kaum läßt der Regen nach, umgeistert mich ein einsames Einzel-Glüh-
würmchen und foppt mich thailändisch durch stetes An- und Ausschalten.

507.

Sind die chronisch werdenden Verdauungsbeschwerden weniger eine Darm-
trägheit als vielmehr die eklatante Verminderung von Ballaststoffen: ein
verbesserter Stoffwechsel, ein Mangel an Unverdaulichem? Resultat gesün-
derer Ernährung mit all dem Reis und Kokos und Curry und den scharfen
Gewürzen?

Ao Lohdalamm auf Go Pih Pih, 15. Dezember 1993

508.

Nun habe ich doch schon einmal das Resochin vergessen: Signal für mein hiesiges Eintauchen, den Verlust meiner westlichen Realität mit ihren Maßgaben.

509.

Bao fragt nach meinem Beruf. Daß ich für das Fernsehen arbeite, veranlaßt ihn zur Frage: *"Neuë oder gebrauchte?"*

510.

Die allabendliche Werbe-Promenade des kaum frequentierten, weil hier wohl doch deplacierten Kabaretts *"Casablanca"* durch den ganzen Ort ist in all seiner aufgetakelten Glamour-Eleganz mit Abendkleidern, Glitzerkram und vollem *make up* umso bizarrer, wenn die *circa* zehn aufgedonnerten *Show-Stars*, die vermutlich doch keine Transen sind, mit ihren hochhackigen Pumps nach dem Regen im lehmig aufgeweichten Matsch und Modder der zweieinhalb Geschäftsstraßen entlangstolzieren: hin noch als geschlossene Profi-Gruppe, zurück nur noch einzeln oder zu zweit, weil festgequatscht, abgelenkt, schnell privat geworden, Formverlust total.

Vor ihrem Laden zünden sie dann Knallfrösche und kreischen.

511.

Im Liegestuhl unter Mangrove und "Ananasartigen" beobachte ich zwei *circa* fünfjährige Thai-Knaben, die aus den hochgestellten Liegestühlen meines Hauses jeweils die beiden entscheidenden Haltestöcke stehlen, blitzschnell und versiert: vielleicht als Brennholz. Ich denunziere sie bei Mahd und Geh, sie werden erwischt und um ihre Beute erleichtert. Aber weder werden sie beschimpft oder angeschrieën noch etwa geschlagen. Ein paar ruhige Thai-Worte, und die Sache ist erledigt. Der pädagogische Effekt? Hier und jetzt: die Stöcke sind gerettet, die kleinen Diebe weg. Was will man im Augenblick mehr? Nur das zählt.

512.

Hier haben schon die urigsten Exemplare Qualitäten, die es im Westen nur bei den kultiviertesten gibt: totale Toleranz, totale Geduld, totale Heiterkeit, totale Hinnahme, auch Hingabe, dann Einheit mit Natur oder All.

Das läßt uns, irrtümlich, auf eine hohe Entwicklungsstufe rückschließen. Das Gegenteil ist der Fall und löst daher, zeitweise, Enttäuschung aus. All das ist hier die allgemeine Basis, das Primäre, auch Primitive. Damit fängt es an.

Frage: Ist das ein Ergebnis von Buddhismus oder das Diesseits unserer Naturentfremdung?

Folge: Wie mögen hier erst die höher Entwickelten, die Kultivierten sein? Wo stecken die überhaupt?

513.

Bao und Geh schenken mir unverhofft ein paar *Jeans-Shorts*, vermutlich von europäischen Hotelgästen zurückgelassene, die sie gleichwohl sicher auch selbst tragen könnten. Aber sie bestehen auf dem Geschenk an mich: als Freundschaftsgeste? Oder aus Abneigung gegen derlei kurze und enge, anatomiebetonte Kleidung? Bao bezieht sich auch darauf, daß ich ja so kurze Hosen zu tragen liebe: eine asiatisch verblümte Rüge meiner sehr viel kürzeren, sehr viel engeren *Shorts*? Eine Abwehr meines Blickfangs? Jedenfalls seine Bestätigung.

514.

Bei einbrechender Dämmerung kommt Geh zu mir ins Watt gerannt: foppt mich, provoziert mich, jagt mich, fängt mich, faßt mich, läßt sich jagen, sich fangen. Was wir nicht sagen, geschweige tun können, spielen wir also ...

515.

Im Hause spitzt sich derweilen eine Krise zwischen Bah und Bao zu: der gemeinsame kleine Sohn, Harry, 2, sei krank, müsse morgen nach Krabih zum

Arzt. Bah soll ihn bringen; die verlangt, daß Bao mitfährt. Beide sind sehr belastet und argumentieren: es ist ernst, aber kein lautes, kein gereiztes Wort, kein nervöser Ton. Bao gibt schließlich nach, verabschiedet sich für mindestens zwei Tage, er müsse auch nach seinem Vater sehen. Ich möge die andern Gäste informieren ...

Bis spät in die Nacht sitzt er noch, vermächtnisartig, über der Abrechnung. Mir schwant, es steckt mehr dahinter, zumal Bah schwanger ist. Ich fühle oder projiziere, daß es sich um Abtreibung handelt. Wohl darum ist die sonst so lethargische, so träge und willenlose Bah unverhofft energisch und unnachgiebig.

516.
Vor dem *"Lunah"* empfängt mich Yon mit seinem transparenten Blatterngesicht und einem *Lamento* nach meiner Kette: *"Next year, I know: next year."*

Wenigstens esse ich bei ihm, freilich nicht ohne mich über den lahmen *Service* von vorgestern zu beschweren. Prompt übergibt mich Yon protektionistisch der kellnernden Transi-Tunte, die englisch kann, zuerst schüchtern, dann zutraulich, schließlich fast aufdringlich ist. Freilich stimuliere ich sie durch Komplimente für die ausgefallene weibliche Kostümierung. Die Fingernägel sind heute lila lackiert, aber wieder werden keine Brüste vorgetäuscht. Dafür wird aber die Stimme hochgefistelt und nur im hörbaren Dialog mit den Schenkenkollegen in ihrer gequetschten Rauhheit belassen. Sie heiße Äh, sagt und notiert sie mir, sei aus Krabih, aber gehe nicht gern zum Strande (klar: in welcher Kleidung, welcher Entblößung auch?).

Ich bin schüchtern mit einem so ungewohnten Geschöpfe.

Als ich später noch einmal passiere, verläßt sie das *"Lunah"* und spielt den kichernden Kollegen vor, daß sie mit mir mitgehe.

Ao Lohdalamm auf Go Pih Pih, 16. Dezember 1993

517.
Es gibt hier auch den traditionellen *Wai* nicht mehr. Nur *"thank you very much"*.

518.

Mein nächstes Sujet sollte sehr klein sein. Eine Bagatelle – wenn auch mit Nabokowscher Akkuratesse geschrieben, seïen es 1375 Seiten.

Vielleicht eine Person wie diesen Geh: der ist nämlich zwar wach, gewitzt, aufmerksam, bewußt, aber total unschuldig – insofern auch Spiegelbildlichkeiten, insofern (sei es erträumte, ersehnte) Autobiografie. Unsere Fixierung aufeinander als irrationale Wahlverwandtschaft (unter Einbezug Sawaangs) oder als konträre Komplementierung. Was mag ihn an mir so reizen? Denn kein anderer *farang* interessiert ihn. Ist es für ihn eine Ähnlichkeit oder das Fremde, das Exotische, das Unerreichbare? Liegt hierin die latente Spannung, das Aufregende, das kriminalistisch Peripetische einer solchen Erzählung?

Meine Kapazität läge wohl kaum in Nabokows Wahrnehmung und Wiedergabe von Landschaft und Natur, sondern von Interhumana, Schwingungen, sympathetischen Wellen, Physiognomischem, Tönen ...

Gehs süße Weichheit bei *"Bye-bye"* oder *"Sleep well"* gewährt Schutz und Geborgenheit des Fötus, ist Urglück, Heimat, vor und nach diesem Leben: etwas, worüber unsereins weder in Tönen noch sonst irgendwie verfügt. Er synchronisiert es überdies mit der absolut grenzenlosen Güte seines *jimm* (Lächelns).

Die Reichweite unserer Gefühle füreinander ist durch die Sprachgrenzen sowohl gefesselt als auch unberührt und geht mühelos sehr weit: eben ins volle Vertrauen, die volle Zutraulichkeit (*vide* Rudi Schwerdtfegers Verbindung von Zutraulichkeit und Reinheit!). Dabei ist sie ohne die übliche Prise oder gar Basis von Eros oder Sex, seinerseits noch zu früh, meinerseits aus Typgründen oder auch wegen seiner Kindlichkeit. Freilich: die Makellosigkeit seiner gelblichen Haut; sein fettes Ärschchen; auch der ernste Blick im Gespräch mit seinem *Boss* oder andern *farang*: ohne jedes Lächeln, ohne den für mich reservierten Charme ...

Übrigens: er und sie alle wissen um ihr weltberühmtes *jimm* und verlieren es dennoch nicht.

Während ich das schreibe, ist er zu meinen Füßen kraftvoll träumerisch mit der Wäsche von Hotel, Familië, Gästen, mir und sich selbst beschäftigt: in einer großen Plastikschüssel und mit Wasserschlauch, Handbürste und Füssetrampeln. Ich observiere, studiere und genieße die Zartheit seiner unberührten Brust, seines Kinderbäuchleins, seiner zupackenden Unterarme.

Als Geste der Freundschaft, der Zuwendung, der Sympathie, der Liebe schlägt er mir vor, mein weißes T-shirt blau zu färben: *"sky colour"*. Kann man das ablehnen, verweigern, ausschlagen, unerwidert lassen? Nein, das kann man nicht. Er zeigt es mir noch einmal weiß, fünf Sekunden später ist es blaß-, gut: ist es himmelblau, und er liefert mir diverse unnachahmliche Thai-Wörter hinzu.

Sein Lieblingswort scheint mein Name zu sein (auch ein Symptom für Sympathie?), mit Akzent auf beiden Silben, oft auch tonlos nur mit Lippenbewegung gesprochen und von mir belustigend erwidert, weil sein Name sich nur in der parodistischen Übertreibung des E dazu eignet.

Wenn ich wiederkehre, sitzt er auf meinem Stammplatz. Dann foppt, provoziert, testet, prüft und beglückt er mich mit der anschließend, nach meiner Zustimmung als verspielte und belachte Rhetorik entlarvten Frage: *"Can you help me?"*

519.
Wie sehr diese Thais nicht sekundenlang *Dritte Welt* sind: weil sie in jedem Augenblick ihre Identität, ihre Selbstachtung, ihre Würde bewahren. Gar nicht einmal bewußt; viel tiefer: animalisch.

520.
Wie es den lebensgefährlichen Druck von Übervater oder -mutter gibt, ist vielleicht auch das Glück solcher Abwesenheit ein schmerzhaftes Manko: keinen prägend starken Vater, keine prägend starke Mutter zu haben. Das macht zwar unabhängig, frei und selbständig-stark, aber man ist wurzellos, hafenlos, maßstab-, oriëntierungs-, emotionslos, ohne Geborgenheit im Gefühl, ohne Fähigkeit zum schmerzhaften Verlust.

521.

Heute zeigt uns der Monsun, daß er sich von keinem Touristenkalender gängeln läßt. Irgendwann in der Nacht überfällt er uns und schüttet dann stunden-, stundenlang ohne Unterlaß und bei Weltuntergangsdüsternis. Die Regenwolken hängen tief an den Berghängen ringsum und erstrecken sich bis an alle Horizonte.

Alles Menschenleben scheint weggewischt. Da gibt es nur Hingabe, Unterwerfung unter Canaima. Meditationsstimmung breitet sich aus: Einkehr. Denn die Außenwelt entzieht sich, ist abgeschnitten, aufgelöst, *mai mih.* Wieder lernt man Ruhe, Geduld, Unterordnung, Hinnahme. Sich fügen. Ganz ruhig werden.

In diesen Sintflutregen hinein reisen Bah und Bao ab. Außerdem ist das Gas alle. Der Konsum reduziert sich auf Getränke. Wann und wo wird man je wieder essen können? Egal. Es wird auch ohne gehen.

Einsamkeit herrscht. Und Ruhe.

Die meisten schlafen.

Nur Geh und ich sind da und aufeinander angewiesen. Er friert. Will er gewärmt werden? Er benutzt mein Klo. Will er, daß ich nachkomme? Seine Fixierung auf mich nimmt zu, indem ich sein Robinson bin.

Ich habe außerdem noch Nabokow: welche Seligkeit, den in solcher Ruhe und Konzentration lesen zu können! Eine Seligkeit! Er ist ein Skalde des Individuëllen, ein Panegyriker des Uniken, insofern wohl ein letzter Nachfahre, aber als solcher ein Vollender mit letztmalig neuën Augen.

Mit dem üblichen Lesetempo ist er nicht zu erobern. Er gibt, feydeauesk und unentrinnbar, ein sonderlich langsames *timing* vor, das der einzige Zugang ist. Wer sich dem verweigert, dem verweigert er sich. Genial. Dabei so witzig. Seine Schilderung eines allgemeinen Lachkrampfes während einer dilettantischen Autorenlesung ist nicht ohne eigenen Lachkrampf zu lesen.

522.

Der Regen, die Meditationen indessen, das stundenlange Schweigen nahe beieinander entspannt und versöhnt mit dem näherrückend distanzierten deutschen Nachbarspaar. Das sensible Einfügen in die allgemeine Atmosphäre fördert die eigene Toleranz und läßt mich auch ihr Parfum, seinen Zigarrengestank ertragen. Der Regen macht auch duldsamer. Nur das Backgammon enthemmt sie über Gebühr.

523.

Einmal stelle ich mich dem Regen aggressiv. Nur in Badehose eile ich strandab und -auf, sehe ein Rudel alter Japanerinnen mit uniformen gelben Plastikhüten baden und gefilmt werden und fliehe dann selbst vor dem gnadenlos kühlen Regen in den heimelig warmen Ozean, der mich mit mütterlichem Fruchtwasser vor diesem Monsun beschützt.

Als abends der Regen Insel und Menschheit freigibt, zeigt er kurzfristig sogar einen kleinen neuën Mond, auf seinem Rücken schaukelnd: zu Yons nun auch Yans Lunah.

Ich spüre Mr. Neng auf, einen 29jährigen Masseur, der extrem unfreundlich ist und nur passabel knetet. Aber er ist in all seiner Muffigkeit so hübsch, seine Hände sind von so herber Virilität, daß ich dennoch schmelze.

Wieder ist das *ambiente* slumhaft. Über mir an der Decke fängt eine Plastiktüte den durchtropfenden Regen auf. Aber daneben observiert mich ein gnädiger Gecko. Und rings an den Wänden Königsfamilië und Schattentheater. Dazu ein ungemein kontaktfreudiges Kind von *circa* zwei Jahren, das abwechselnd mitmassiert und mit mir knutscht, sich gefühlvollst an mich kuschelt. Der Vater läßt das wort- und humorlos geschehen. Die Mutter kocht zuerst geruchsstark, dann verpaßt sie mir eine Gesichtsmassage, *die stark verjünge*. Leider weiß ich nicht, wie alt ich vorher aussah.

524.

Die Lust der jungen Thais an mimischem, pantomimischem oder sonstig komödiantischem Schabernack oder Unfug ist unstillbar.

525.

Alle kopflos, vernunftwidrig mitgenommenen Kleidungsstücke erweisen sich hier als die sinnvollsten, nötigsten, heimeligst geliebten. Das Unterbewußte hat das zweifellos gewußt. Warum bloß kann man sich dem nicht sehr viel mehr überlassen?

526.

Das vorausgeahnte *dolce far niente*, so untypisch es für mich ist, kennzeichnet in der Tat diesen Aufenthalt. Die venezolanischen, auch die vorigen thailändischen Aktivitäten undenkbar. An den *Long Beach*, nach *Bamboo Island* oder *Pih Pih Lee* zu fahren, kostet unaufbringbare Überwindung.

Wohl die Reaktion auf drei Jahre *"Hahnenschreie"*.

Ao Lohdalamm auf Go Pih Pih, 17. Dezember 1993

527.

Also, die Hahnenschreië finden hier zwischen vier und fünf Uhr früh statt, in klassischer Sequenz, fast pausenlos, aber offenbar in inselbedingt großer Nähe und entsprechend weniger sehnsüchtig. Offenbar kennen und sehen sich diese Hähne, sind wohlvertraut miteinander und schreiën das eher affirmativ, eher bekennend als sehnend in die Welt hinaus und in mein halbwaches Ohr: ohne Distanz, ohne Fernweh, dicht beieinander, wie aus einem Männerheim, einem Hahnenghetto, wo die Gemeinschaft ihre Norm ist und wo sie einander haben – in Sätte, genüßlich, leicht heiser und ohne den letzten Fanfarenton der Fermate.

So schreiën hier die Insel-Hähne auf Thai.

528.

Auffallend ist auch hier wieder die klassische Dreiërstruktur der Heteros. Wie der schwule Mann einzeln reist, tut es der Hetero fast obligat mit Frau und deren Freundin oder Schwester. Eigentlich wollen die Frauën unter sich sein. Der Mann ist gut zum Bezahlen, zum Organisieren, Repräsentieren, als Schutzschild und in Gottes Namen zum gelegentlichen Stochern. Die schöne Gemeinsamkeit aber findet unter den beiden Frauën statt, und der dumme Gockel sonnt sich verblendet in seiner barmherzigen Mildtätigkeit einem vermeintlich armen Anhängsel gegenüber, das in Wahrheit aber den Ausschlag gibt und der starhafte Sinngeber ist.

Es gibt freilich auch die (sehr viel seltenere) Umkehrung: ein Hetero-Pärchen mit Freund, wohl kaum je mit Bruder. Da inszeniert sich die Frau in der Rolle der doppelt Begehrten, herrscht über beide, und die beiden Hähne rivalisieren und leiden.

Die beiden Freundinnen hingegen rivalisieren weder noch leiden sie: sie herrschen und genießen und verkleben sich.

529.

Am Strande fragt Yon, der sich jetzt auch Yong (Yang?) zu nennen scheint, was ich in Bezug auf meine Kette eigentlich mit *"next year"* meine. Er hat recht: immerhin ist *"next year"* schon in 14 Tagen. Ob ich denn nicht wenigstens einmal Wasser-Ski fahren wolle? Ich schlage stattdessen eine Bootsfahrt mit ihm und seinen Freunden vor. Begeisterte Zustimmung. Aber wohin? Überall hin. Ganztägig. Abgemacht? Abgemacht.

530.

Nachmittags vorsorgliche Erkundung von Restaurant und Ausblick-Bungalows des benachbarten *Viewpoint Resort*. Verwahrloste Traum-Bungalows, mitten im Dschungel, schon halb zugewachsen, überwuchert. Schlampladen.

Halber Weg schon zum *Viewpoint* seligen Angedenkens an Sawaang.

531.

Bao ist wieder da. Mit ihm ein dentalbetonter Zöpfling namens Dix aus der Rezeption des Nachbarhotels: 19jährig, gewitzt, lachbereit und primitiv – sehr kontaktfreudig. Was will er? Jedenfalls Kontakt. Natürlich das obligate Gespräch über Ehefrau, *girl friend et ceteras*. Warum er keine Freundin habe? Vokabelsuche. Dann: *"I young boy"*. – *"You are a young boy? ... Or you want a young boy? ... Or you have a young boy?"*

"Yes."

Helf' Er ihm!

532.

Bei der Watt-Wanderung treffe ich den wieder umwerfend zutraulichen Ui:
mit einem Freunde, der als Beleuchter im Transi-Kabarett *"Casablanca"* arbeitet. Auch Ui war dort, bevor er kürzlich ins *"Charlie"* überwechselte.
Aber auch dort nun seïen im Personal zwei *"ladyboys"*. Ui hat eine Herzlichkeit, die wärmt.

533.

Aber der verfrüht zurückgekehrte Bao schenkt mir zunächst Plätzchen aus
Krabih, dann fragt er mich drucksend, ob ich ihm sofort 3.000 Baht leihen
könne, 200 DM, für einen andern Arzt, der seinen Sohn nur nach Vorkasse
behandele. Ich halte es für das Abtreibungshonorar und helfe. Prompt legt er
mir eine schöne Thai-Mütze mit weißen Elefanten aufs Bett und überfüllt
mein Essen mit frischen Krabben aus Krabih.

Ao Lohdalamm auf Go Pih Pih, 18. Dezember 1993

534.

Ein elegischer Tag endet dramatisch. Bei Sonnenuntergang im Liegestuhl
am Watt erschreckt und unterhält mich der kontaktfreudig-debile Dix, auch
mit maskuliner Pornografie.

Als ich dann nackt auf dem Bett liege und in den *Spartacus*-Büchern über
dieses Thailand und seine Okkasionen blättere, kommt Bao, wie bei mir üblich, ohne anzuklopfen herein. Er erschrickt und retiriert. Ich rufe ihn herein, er kommt. Ich bedecke mich züchtig mit dem *Spartacus*-Buch, das er
sofort als solches erkennt und mir vom Genital nimmt. Ob es keine Bilder
enthalte? Ob er es kurz mitnehmen könne? Schnell bringt er es zurück und
schnappt sich das andere. Mit kurzen, versierten Info-Blicken.

Alarm.

535.

Als ich essen gehe, lädt Hotel-Besitzer Mahd gerade Baumaterialiën für die nächsten Bungalows ab. Ich gerate in Panik wegen des Januars.

536.

Schlagartig depressiv, will ich heute niemanden sehen. Prompt treffe ich im Dorf den süßen, wieder hocherfreuten Ui, der mit einem Freunde Billard spielen geht. Seine Herzlichkeit hilft weiterleben.

537.

Nach europäischem Thai-Essen bei den Franzosen suche ich endlich Miss Noi auf, um nach Sawaang zu forschen. Aber sie hat heute frei.

538.

Ich schleiche mich blicklos und unsichtbar an den *"Funny Tours"* vorbei und werde heiter und gesellig von Alih angesprochen. Er referiert ausführlich über die unlauteren Praktiken seines englischen Konkurrenten, der ihn in seiner korrupten Unangreifbarkeit sehr belastet. *"See you tomorrow."*

539.

Ich schleiche mich blicklos und unsichtbar am *"Lunah"* vorbei und werde von jemandem verfolgt, der sich hinter mir versteckt. Ich bin auf Yon(g) gefaßt, aber es ist Äh, die Tunte. Heute komplett als Mann, auch mit unverstellter Stimme. Bla-bla-bla. Aber morgen komme er gewiß an den Strand, gleich nach Dienstschluß um drei. *"See you on the beach".*

540.

Auf dem Heimwege ruft mich Ui in eine Billigstkneipe, wo er gerade mit seinem Freunde gegessen hat. Er bietet mir mit Sawaangs Herzlichkeit einen Stuhl an und will mich zu einem Kaffee einladen. Ich lade die beiden zu einer Coca ein und palavere. Dieser Ui ist süß. Lieb. Gütig. Warm. Aber ein Kind.

541.

Erwärmt gehe ich "nach Hause", wo Bao feminin schulterfrei einem betäubenden Blütenduft auflauërt und zu frösteln behauptet. Nachträge zum Darlehen: das sei keine Masche, ein erster und letzter Notfall. Ich sei sein Vater, da er keinen mehr habe. Er fragt nach mehr so vermeintlichen Knabenbüchern, läßt sich die beiden noch einmal zeigen. Im Gegenzug schwört er, daß die neuën Bungalows erst nach meiner Abreise gebaut werden. Er bietet auch seine Vermittlung nach *Go Lann Tah* an. Mein Lob für seinen Vetter Geh, den er jetzt zu seinem Neffen erklärt, gefällt ihm nicht allzu sehr.

Ao Lohdalamm auf Go Pih Pih, 19. Dezember 1993

542.

Acht Kilometer Fußmarsch = Lohdalamm je zweimal rauf und runter.

Dabei treffe ich auf Yon(g). Er bietet sich an, mich nach *Go Lann Tah* zu begleiten. Ich bin ausweichend erfreut. Ist er zu allen Konsequenzen bereit? Ich denke an ein hiesiges *try out avant.*

543.

Bah kommt zurück. Seither herrscht dicke Luft im *Pahk klohng*. Ist die Abtreibung mißlungen? Zu spät? Die Krise gärt leise fort, steigert sich. Bao schneidet mich fast, erledigt demonstrativ alle Pflichten, aber ohne jeden Kontakt.

Auch Geh ist plötzlich reserviert. Pfeift Bao ihn wegen meiner *Spartacus*-Bücher vorsorglich zurück?

544.

Yon(g)s wegen zögere ich die Strandverabredung mit Äh hinaus, gehe recht spät. Er ist nicht (mehr) da.

545.

Am späten Nachmittag führt nun also dieser Geh mich zum *Top View*, der früher *Mountain View* hieß und wo die Sache mit Sawaang ihren unvergeßlich süßen Anfang nahm.

Aber schon der Aufstieg hat sich verändert. Oben ist jetzt gar ein Kiosk mit Restauration in einem gepflegten Blumengarten. Nur der Ausblick ist unverändert sensationell. Auch der Fotofelsen liegt noch so da wie damals – trotz ganzer Touristenhorden seither.

Geh ist spendabel, gastlich, fantasievoll verspielt, voller Schabernack, voller Freundschaft, voller unaussprechbarer Sympathie. In seiner chinesischen Pfannkuchenhaftigkeit erinnert er mich, wenn er ernst und konzentriert, gar (über Baos Schikanen) wütend ist, an den jungen Mao tse Tung.

Aber in seiner frühen Pummeligkeit auch an den Buddha.

546.

Bao gibt mir ein Drittel des geliehenen Geldes zurück.

Anschließend bricht er jeden Kontakt ab, bis an den Rand der Unverschämtheit.

547.

Aber als er Kokosnüsse von einer Palme herunterschlägt, spricht mich ein liebenswürdiger Schweizer mit langer *Pih-Pih*-Erfahrung an: mit einer Thai-Frau verheiratet, die den ganzen Thai-Charme jetzt in deutscher Sprache entfaltet.

548.

Um die Atmosphäre zu lockern, lasse ich mich von Bao bekochen und mache (trotz reicher Dosierung) alles nur noch ärger.

549.

Miss Noi im *"Kabanah"* wird spektakulär für mich herbeigebeten, kann sich weder an Mih noch an Duang, wohl aber aufleuchtend an Sawaang erinnern, von dem sie nur weiß, daß er jetzt im fernen Puhgett arbeite ...

Ao Lohdalamm auf Go Pih Pih, 20. Dezember 1993

550.
Frühes Aufstehen gegen sechs, um die wilden Affen aus den Bergen kommen zu sehen.

Aber sie kommen nicht. Oder ich bin zu spät.

Die Bucht am frühen Morgen, im Licht der jungen Sonne. Die Palmen am Steilhang in ihrem Licht.

551.
Beim Frühstück und fortan steigert sich die irrationale Krise mit Bao. Er ist muksch. Entweder er ist eifersüchtig wegen Gehs. Oder Bah ist eifersüchtig meinetwegen und macht heimlich Szenen. Oder er liebt mich. Oder er hat umwerfende Existenzprobleme.

Oder er ist eine launische Tucke, die sich gehen läßt.

552.
Ich fahre endlich nach *Long Beach* zum Schnorcheln.

Abstruse Verstrickung ins Anlanden von japanischen und sonstigen Touristenbooten mit Verladung zu Glasbodenbooten, ratenweise und nach Megafon-Ansagen.

Die ganze Korallenbank unentwegt von knatternden *Longtail*-Booten zerpflügt: Schnorcheln sinnlos?

Aber nur wenige Meter vom Strand und allen Motoren und Japanern zum Trotz: unstörbare Fischvölker in allen Größen und Farben, mit Designs, die jeden Designer zur Resignation zwingen sollten.

Mich stören Boote und Touristen beim Schnorcheln mehr als die Fische.

553.

Diese Japaner sind völlig deformiert, desensibilisiert, degeneriert, denaturiert, aber auch unzivilisiert und kulturlos. Die leibhaftige Fehlentwicklung, zumal neben den scheinbar artverwandten Thais.

554.

Geh beweist Charakter und unterwandert die dicke Luft durch liebwerte Signale der Sympathie, wie Bao sie verweigert. Wider dessen Verbot benutzt er auch wieder mein Klo, will auch mit mir ins Dorf essen gehen. Ich will ihn "groß" ausführen. Bao unterbindet das.

555.

Dem jogging-geschwächten Dix hält Geh an meinem Liegestuhl eine ununterbrochen längere Rede (oder Erzählung), und ich höre erstmalig Thai in so makelloser Kontinuität – freilich ohne die vielzitierten Tonhöhen. Aber den scheinbar druckreif unkorrigierten Redefluß – eines Sechzehnjährigen.

556.

Vor dem *"Lunah"* treffe ich Yon(g). Großes Hallo. Erörterung der morgigen Exkursion. Schamlose Preistreiberei, zumal seitens des Boots-"Besitzers" Alec/x, eines kindlichen Zwerges mit erschreckend kaltem, charmelosem Gesicht. Sie nötigen mich zum Essen. Äh bedient mich in Jungs-Kluft, die andern setzen sich dazu, laden sich zum Bier ein: großes Buhei.

Von alledem animiert, spreche ich anschließend endlich den vermeintlichen Sajann an: er ist es tatsächlich, weiß auch, wo Sawaang steckt: im nahen Krabih, bei einem Freunde, dessen Telefonnummer er besitze, aber nicht bei sich habe. Er selbst arbeite jetzt im *"Crazy House"*, der einzigen Disco vor Ort.

Eben dorthin entführt mich dann mit gnomenhaften Winken der neuë Alec/x. Yon(g) ist schon dort, mit offenem Haar und auf vollen Touren, mit betörendem Charme, massiert mich *"everywhere"*. Natürlich muß ich ihre

Biere bezahlen, aber Yon(g) flirtet und spielt. Alec kuschelt schamlos mit mir. Ein südafrikanischer Nazi stört da wenig, die netten Thai-Schweizer kommen zu kurz.

Yon(g) und Alec tanzen und singen zur *live music*. Yon(g) von begabter Körperlichkeit und einem Charme, dem ich verfalle.

Ao Lohdalamm auf Go Pih Pih, 21. Dezember 1993

557.

Morgens zehn vor neun steht Yong in meinem Zimmer, legt sich auf mein Bett. Draußen wartet Äh. Sie holen mich zur Tour ab.

Yong malt mir das einzige Wort in den Sand, das er mit "englischen" Buchstaben zu schreiben weiß, seinen Namen: YOAD. Ich beginne eine phonetische Nähe der Thai-Buchstaben D und N zu ahnen.

Alec wartet schon mit dem *speed boat* vor Lohdalamm. Äh und ich steigen ein, Yoad und Alec gehen einkaufen und Sprit besorgen.

Übergangs- und schamlos geraten Äh und ich in ein körperliches Handgemenge. Alec kommt und geht; nichts stört, ist sonderlich bemerkenswert, alles natürlich-normal.

Endlich Start. Yoad chauffiert souverän. Aus dem verspielten Kinde wird ein konzentrierter Mann in der Auseinandersetzung mit dem aufmüpfigen Meer. Überfahrt nach Bambú. Landung, Strandplatz, wir vier allein auf der Insel, Grill, kulinarische Opulenz mit Huhn, Fisch, Krebs, *seafood,* Reis, Früchten. Man ißt mit der Hand.

Mit einem Pärchen aus Korea kommt unverhofft ihrer aller Chef angefahren. Allgemeine Heiterkeit und Gastlichkeit auf meine Kosten. Der Chef verweist mich lachend auf Ähs Androgynität und ihren/seinen illegalen Urlaub. Alles lacht und ist heiter.

Dann fahren die andern ab.

Wir vier bleiben allein. Yoad zieht sich nackt aus. Ich auch. Die andern beiden nicht. Aber mit Äh knutsche ich beim Schnorcheln im Wasser, checke seine Potenzen. Yoad zeigt mir einen Stein an seinem Genital. Ich fasse ihn an, taste ihn ab. Meine Anatomie wird erörtert. Alec kuschelt sich hautsüchtig an mich. Für Äh kein Problem. Äh ist auch für Alec kein Problem.

Spannungslose Sinnlichkeit als Naturzustand.

Äh wird als *"Mr. Äh"* gehänselt, er ist mit untuntiger Selbstironie unglaublich weich und passiv und hingegossen. Die Willigkeit in Person. Grinsend.

Aufbruch nach *Pih Pih Lee*. Wilde Überfahrt, an *"Island Village"* und meinem treulosen Luhn vorbei. Knutschversuche mit Äh scheitern am Seegang.

Pih Pih Lee wieder mit dem Märchenfjord und dem Traumstrand, voller Boote und Touristen, aber bei zunehmend schlechtem Wetter, Sandsturm.

Die Stimmung baut ab.

Aber ich treffe hier Sajann, der sich jetzt an unsere seinerzeitigen Fotos erinnert und inzwischen weiß, daß Sawaang im *"Ao Naang Villah"* arbeite. In Krabih wohne er bei Nokk, dem unvergeßlichen Gitarristen von damals.

Yoad entwickelt jetzt die Idee eines gemeinsamen Reitstalls für angeblich 25 000 Baht (= circa 1.700 DM), später dazu *Cowboy Bar*.

Rückfahrt mit der migränigen Äh unter den hochgebirgsragenden Lee-Felsen vorbei, zunehmend stürmisch.

Ende in *Tonn Sai*.

558.
Pahk klohng: Bao weiß alles, er wäre gern mitgefahren, auch Geh, auch er hätte ein *speed boat* beschaffen können *et cetera*. Ich: nach zwei Tagen Schweigen *et cetera*? Canossa-Gang. Das Eis ist gebrochen. Er sei so überlastet gewesen. Gute Stimmung, Freundschaft, ich lasse mich bekochen, er überschlägt sich, organisiert *Go Lann Tah* zu meinen (und seinen?) Gunsten um.

559.
Vor dem *"Lunah"* großer Bahnhof. Ich bezahle den schamlos geldgierigen Alec. Yoad ist erschöpft, Äh eine Sphinx. Der Chef, der Namm oder Damm

heißt, setzt sich zu mir, entwickelt seine Philosophie des ignorierten Reichtums und der Besonderheit seines Ladens wie auch seiner Mitarbeiter. Alec und Yoad setzen sich, im Dienst, dazu, trinken mit ihrem Chef mein Bier.

Al Lohdalamm auf Go Pih Pih, 22. Dezember 1993

560.
Verregneter Vormittag. Vergeblich suche ich Yoad am Strand, um die versprochene Massage einzutreiben.

Mittags ins Dorf, um zu telefonieren: Nokk ist nicht da.

Nachmittags herumgespielt: mit Geh, mit Bao. In der Dämmerung mit Geh und Bao geschwommen. Bao lockt mich (erstmalig) ins Wasser, läßt sich da auch anfassen, aber bleibt ganz passiv, neutral. Na, dann nicht.

Abends am *"Lunah"* großer Bahnhof vom Chef, der definitiv Damm heißt und für mich zu kochen verspricht, vom kleinen Alec, der Whisky schnorren und mir eine *speed boat tour* zu seiner Heimatinsel *Go Jao* andrehen will, und von Yoad, den ich nach der versprochenen Massage frage: *"Heute abend."*

Als ich esse, setzen sie sich zu mir, Yoad auf meinen Stuhl, Äh bedient und karessiert mich, die Touristen ringsum gucken. Yoad mahnt die Reitpferde an. Plötzlich ist er sehr ernst. Er müsse aus seiner jetzigen Situation heraus, die wirklich mies ist. *"It's my life!"* (ohne F). Dabei sitzt ihm die Seele, wie immer, ganz vorn im Gesicht. Es wird auch ernsthaft über Geld gesprochen, auch über meine finanzïelle Situation. Trotzdem werde ich weiter gemolken, aber sensibler und mit Rücksichten. In die Disco nehmen wir jetzt den Whisky aus einem Laden mit, wo er viel billiger ist; die Disco steuërt nur Soda, Eis und Cola hinzu.

Also wieder *"Crazy House"*. Yoad und Alec wieder als komisches Tanz-Duo. Dann der schöne, intellektuëlle und schwule Koreaner. Die Sache mit dessen Jacke und Alec. Aber alles leise und ruhig, ohne Aufsehen, ohne Vorwürfe. Jedenfalls werden unsere Getränke nicht nur jedem Passanten angeboten, sondern jetzt auch einfach "Freunden" überlassen. Denn wir gehen. Oder werden gegangen?

Auf Schleichwegen zu *"Charlie's"* Bar. Da ist nichts los. Also zur Weihnachts-Party im benachbart neu eröffneten *"Princess"*. Dort ist auch nichts los, aber die *Live*-Musik spielt noch. Yoad macht Ramba-Zamba. Ein Pirat. Eine Persönlichkeit. Ein König. Ein freiër, ein anarchischer Mensch. Er tut und läßt, was er will. Sein durchgehaltenes, vielleicht ironisches Applaus-Solo. Er powert. Er ist kühn. Er ist selbstbewußt. Alle fliegen auf ihn.

Der kleine Alec daneben ein perfekter Komiker in der todernsten Stilisierung seiner Zwergenhaftigkeit.

Ein australisches Hetero-Pärchen wird von den beiden animiert. Wir tanzen zu fünft, aber allein.

Als hier Feiërabend ist, gehen wir kommentarlos zu mir ins *Pahk klohng*. Unterwegs werde ich von den beiden Angesäuselten bestürmt, statt nach *Go Lann Tah* lieber mit ihnen beiden sofort nach *Go Samui* zu fahren. (Nach Lamai? Zu den Waranen? Ins *"Blue Lagoon's"*? Wahnsinn.)

Sie werden immer inständiger, freilich nicht ganz ohne Selbstparodie.

In meinem Hotelzimmer kommt Yoad sofort auf eine Übernachtung zu dritt zu sprechen und ändert mehrfach die Platzordnung. Schließlich legt er mich in ihre Mitte.

Dann beginnt er mit der versprochenen Massage. Alec zieht sich indessen nackt aus und geht duschen. Yoad unterbricht die Massage und schickt mich zu Alec unter die Dusche. Alec erschrickt zu Tode. Ich beruhige ihn. Da kommt der nackte Yoad hinzu. Wir duschen alle drei. Abtrocknen. Dann massiert Yoad mich weiter. Ich liege nackt auf dem Bauch. Er sitzt nackt auf meinem Arsch und knetet. Alec liegt (im Höschen) neben mir. Yoad legt meine rechte Hand auf Alec's Gemächte. Mit meiner linken packe ich Yoads Gemächte über mir. Yoad knetet dabei weiter.

Dann muß er (schon wieder) pinkeln und geht ins Bad.

Als Alec und ich allein sind, küsse ich ihn kurzer Hand, aber langen Atems. Er läßt es willig, aber erfahrungslos und passiv geschehen.

Dann massiert auch er mir ein Weilchen den Rücken. Ich bin darauf gefaßt, daß der zurückgekehrte Yoad inzwischen was klaut. *"Yoad, what do you do?"* – *"Smoke."* Wirklich scheint später nichts zu fehlen.

Yoad dreht mich auf den Rücken und massiert mir den Bauch. Er schickt Alec auf die Terrasse hinaus, unterbricht die Massage und sagt, *er sei mein Sohn: was anderes könne er mir nicht sein, sorry. Ob er denn* farang ladies *möge? Nein, Thai-Mädchen.* Der große Pirat und Anmacher wohl eher impotent oder schwer gestört. *Mit Alec sei das was anderes, der sei dafür zu haben.*

Er ruft ihn wieder herein. Er massiert mich zu Ende und zieht sich dann an, um zu gehen. Als ich vom Klo zurückkomme, will auch Alec gehen: weil er Angst hat, mit mir allein? Weil er Angst vor Sex hat, von dem er wenig weiß? Weil sie merken, daß aus *Go Samui* nichts wird?

Sie gehen. Kurz danach ist Yoad noch einmal da, seine Zigaretten holen. Kurzer Abschied auf ernster Gefühlsbasis, fast wortlos.

Als er geht, sehe ich Bao durch die Büsche huschen. Denn natürlich waren meine Gäste, zwischen zwölf und ein Uhr nachts, sehr laut.

Schlaftablette.

Go Lann Tah Jai, 23. Dezember 1993

561.
Morgens erwähne ich ihren Lärm und Besuch mit keinem Wort. Bao auch nicht.

Ich gehe noch einmal, bei regnichtem Wetter, Lohdalamm entlang. Yoad ist nicht da.

Ich packe. Geh beobachtet mich genau, weiß bald am besten, wo alles steckt, hilft mir, staubt ein bißchen ab (den roten Thai-Hut), aber lehnt auch ab. Geplänkel, Geblödel mit Geh und Bao.

Als ich bezahle, kommt Mahd, der scheuë Besitzer, hinzu und zwirbelt plötzlich eine meiner Titten, vor allen andern. Wahrscheinlich weiß er schon von meinem nächtlichen Besuch. Später sage ich zu Bao: "*Heute nacht* war *ich noisy.*" Bao, pseudo-naïv: "*Wieso?*"

Auch das ist Thai.

Thai ist auch Yoads ganzes Verhalten. Längst weiß er, daß ich auf ihn am schärfsten bin. Nicht eine Sekunde nutzt er das stricherhaft aus, trotz seiner Pferdesehnsucht. Er heizt mich auch nie an, hält sich bei aller Verve, aller Anmache auch sensibel zurück und schiebt mir Äh und Alec zu. Alles diskretest, beiläufig, aber souverän. Auch sein Interruptus bei der Massage war aller Ehren wert. Ein Slum-Kind.

Aber viel davon ist wirklich einfach Thai. Die Thais sind tatsächlich frei bis ins Anarchische. Jeder ist wirklich gleichberechtigt, auch der Ärmste, und tut und läßt, was er will. Aber mit Fingerspitzen und Würde. Was alle Völker wollen, haben und sind sie.

Und verkaufen es jetzt für Dollarschecks. Eine Katastrophe.

562.
Mittags zum Pier, mit Bao und Geh.

Vor meinen *Rasta*-Modisten mit den *"broken hearts"*, die mir *"good-bye"* nachrufen, ist plötzlich Yoad neben mir, mit kleinem Gesicht, ängstlichen Augen, ohne alle Bravour und Dreistigkeit. Wieder die Seele im Gesicht: *"You come back?"*

563.
Die Überfahrt zur Insel *Go Lann Tah* bei strömendem Regen, rauher See und verhangenem Himmel. Über den "nahen" Philippinen soll ein Taifun gewütet haben.

Zwischen lauter Hetero-Touristen sitze nur ich neben einem jungen Thai. Die Touristen tropfen voll, wir beide nicht.

Ankunft im prähistorischen *Go Lann Tah*. Der *Minitruck* zum Hotel ist so überfüllt, daß ich auf der offenen Hinterklappe sitze, das *Check in* im Hotel bedrückend. Aber Baos Empfehlung bei Zäo, der hiesigen Geschäftsführerin, funktioniert bestens. Ich werde herzlich empfangen wie ein alter Freund.

Der Bungalow ist dennoch arg. Freilich für 21 Mark.

Der Strand ist riesig, *circa* zwanzig Kilometer lang, aber mit Auto- und Motorradpiste: ein Horror, zu großen Teilen überdies wild.

Die Hotels sind denkbar dämlich gebaut.

Der berühmte Sonnenuntergang findet heute nicht statt.

Beim *Dinner* nur Heteros und Familiën, überwiegend weibliche Bedienung. Die mir die Karte reicht, setzt sich so lange an meinen Tisch. Das Essen ist gut und kostet *circa* 3, 20 DM, mit Nachspeise dann fünf Mark. Auch Zäo setzt sich zu mir und konversiert freundschaftlich.

564.
Am Strande zündet ein alter Fischer vor Einbruch der Dämmerung in einer halben Kokosnußschale Räucherstäbchen an: *Wodù? Macumba?*

Go Lann Tah Jai, 24. Dezember 1993

565.
Die Frühstückskarte wird mir mit *"Merry Christmas"* überreicht. Das hat man nun von der islamischen Enklave. Aus den Lautsprechern singen amerikanische Schnulzensänger *"Stille Nacht"*, *"Jingle Bells"* und dergleichen mehr.

Ich beginne mit Woody Allen und bin gleich so fleißig weggetreten, daß ich anschließend meinen Bungalow-Schlüssel im Bungalow einschließe.

566.
Nach dem schlechten Lunch wandere ich strandauf und -ab, kann das Muschelsammeln nicht unterlassen.

Dann schwimme ich als fast einziger in der riesigen Bucht.

Die Leute telefonieren "Fröhliche Weihnachten" nach Deutschland.

567.

Auch in diesem kargen Bungalow *A 8* flitzt ein verschreckter Gecko herum
und tröstet.

568.

Abends zur *"Christmas Party"* auf dieser vermeintlich islamischen Fischer-
insel herrscht ein solcher Andrang, daß für mich kein Platz zum Essen
bleibt.

Ich ziehe über den Strand von Restaurant zu Restaurant. Entweder es
herrscht ein ähnlicher Trubel oder trostlose Leere. Ich komme mir vor wie
Maria und Josef, als sie vergeblich eine Herberge suchten. Nur ein streunen-
der Hund schließt sich mir unaufdringlich an und folgt mir über den finsteren, vernieselten Riesenstrand. Wie Ochs und Esel. Nun wollte ich kein
Weihnachten, nun habe ich es auch nicht. Ich bin quasi obdachlos.

Schließlich lande ich in einem leeren großen Schuppen zu Füßen eines
künstlichen und kitschig dekorierten Weihnachtsbaums mit Watte als
Schnee. Dort haben sie nicht einmal *gai* zum Curry. Dafür geben sie mir so
viel erstklassigen *prawn-kung,* als sei das billiges *fast food.*

Anschließend noch ein bißchen bei der *Christmas Party* in meinem *"Lann
Tah Villah"* gekiebitzt: tanzende Thaikinder, schwedische Teenies mit Luft-
ballons an den Füßen.

569.

Das hiesige Mißbehagen äußert sich prompt in doppeltem *herpes labialis*
und einer bombastischen Lippeninfektion.

Auch die Haut wird unrein.

570.

Heute nacht ein Horrortraum: in Formentera versinkt nicht nur die ganze Insel, sondern auch alles Land ringsum in einem gigantischen Wasserschlund
von kosmischen Katastrophendimensionen [Vorahnung jenes Tsunami 2004
auch im hiesigen *Go Lann tah?*]. Ich entrinne in letzter Sekunde, rette aber

nur die Haut. Karin separat *dito*. Abenteuёrlich flüchten wir Richtung Norddeutschland, das Desaster immer auf den Fersen. In Salzburg, das aber eigentlich Straßburg ist, werde ich plötzlich wegen eines angeblichen Versicherungsbetruges, von dem ich nichts weiß, von meinem Autoversicherer in Handschellen gelegt. Es ist unmöglich, dieser verblendeten Engstirnigkeit klarzumachen, was uns alle für eine Katastrophe bedroht. Die Versicherungssache klärt sich auf, ich werde freigelassen und wache auf.

In meinem Klo begrüßt mich eine Kakerlake.

Fröhliche Weihnachten.

Go Lann Tah Jai, 25. Dezember 1993

571.

Strahlend blauёr Himmel. Also Strandläufe, Muschelsammeln, Schwimmen mit Haifischängsten; diesmal werde ich leicht in die Brustwarze gebissen: sicher von angstlosen kleinen Fischchen, die gern Säugetiere wären. Jeder in diesem Universum will ja sein, was er nicht ist.

Nachmittags Woody Allen, dann kleiner Ausbruch ins Hinterland, auf roter Landstraße – genauso wie wo nochmal? Auf *Sri Lanka*? *Go Samui*?

Nach dem *Dinner* Bar-Inspektionen. So also sieht der Mond überm *Indischen Ozean* aus.

Auf meiner Terrasse ein Einsiedler-Krebs und ein Gecko.

Go Lann Tah Jai, 26. Dezember 1993

572.

Strahlend blauёr Himmel. An der spitzen Landzunge zwischen den beiden nördlichsten Buchten stehen, wie aus einer andern Welt, zwei Männer in Dchellabah und Fes: also Moslems, aber mit vollem Thai-Lächeln. Sind sie nun importierte Araber oder verkleidete Thais?

573.

Also, bei Ebbe graben sich alle (oder viele) Krabben Löcher in den Watt-
sand, um bei Flut dann in diesen Fallen ihre Delikatessen zu fangen.

Dieses Ausbuddeln der Löcher differenziert die Krabben. Manche fahren
wie ein Bagger ganze Fuhren heraus, die sich dann neben dem Loch zu
amorphen Haufen auftürmen. Andere quetschen wie Regenwürmer durch-
passierte oder haschierte Würste heraus. Wieder andere bilden kleine Sand-
kügelchen, die sie in gleicher Größe und präzise abgezirkelt in Kreisform
um ihre Grube legen.

Aber viele bauën aus diesen kleinen Kügelchen wahre Kraftfelder, indem
sie sie im Kreise, aber zugleich in Strahlenform auslegen. Davon sind oft
Hunderte nebeneinander, ohne den Rest eines Zwischenraumes. Das sieht
dann aus wie ein magisches Kraftfeld.

574.

Wieder gute zehn Seiten Woody Allen. Bis mir zu heiß wird.

575.

Auf meiner Terrasse hat sich ein kleiner Welpe etabliert, nachdem sich
schon beim Frühstück eine Hündin neben mir zum Morgenschläfchen nie-
derließ.

576.

Dann wandere ich die rote Landstraße südwärts bis zum idyllischen, aber
simplen *Palm Beach Resort* an riesigem einsamem Strande. Hier haben die
Hütten Hängematten. Aber man sollte hier als Paar oder Gruppe kommen.
Es ist der Arsch der Welt. Freilich sehr verführerisch.

577.

Auf dem Rückweg ruïniert eine Straßenwalze plötzlich die Straße und
macht sie fast unpassierbar. Unaufgefordert heißt mich ein Motorradfahrer
aufsitzen und schaukelt mich zu meinem Hotel.

578.

Mein Hotel hat am Strande ein *Saan Pra Puum*, so ein buddhistisches Geisterhäuschen, das den Geistern zur Verfügung gestellt wird, weil sie das Gelände bewohnt haben, bevor das jetzige Haus gebaut wurde.

Heute bekommen sie einen Teller mit *Fruit Salad*, also gemischtem und geschnittenem Obst, samt Plastiksticker und ein Glas Wasser zum Verzehr.

579.

Was mir Thai zu sein scheint:

1) das ungebrochene, unentfremdete Einssein mit der Natur;

2) das ungebrochene Selbstbewußtsein; der absolute Mangel an Minderwertigkeitsgefühlen;

3) die totale Toleranz: was ist, ist; ohne Wertung, Kritik, Stellungnahme, ohne Beeinflussungen;

4) Lachlust als Lebenshaltung;

5) Freiheit nicht als Problem, sondern als Lebensgefühl und selbstverständliche Voraussetzung für alles andre, leicht die Grenze zum Anarchischen verwischend;

6) Arbeit als hilfreiches Spiel, als verspieltes Helfen, unorganisiert: jeder tut freiwillig das, was gerade gebraucht wird; Arbeit nie als Fron, als Zwang, als verhaßte Gegenwelt zum Leben; Arbeit als weitere Gelegenheit zum Vergnügen des *sanuk* und zu den Annehmlichkeiten des *sabaai*, mit Muße und Spielereiën durchsetzt;

7) permanente allseitige Körperlichkeit und Sinnenfreude erübrigen die westlichen Sex-Probleme, weil das ganze soziale Leben immer und permanent erotisch ist: zwei, auch drei sitzen lieber auf einem einzigen Stuhl als auf zweiën oder gar dreiën;

8) der Mangel an grammatischen Tempora im Volkscharakter, in der Nationalpsyche begründet: kein Gefühl für übermorgen und vorgestern, kaum für gestern und morgen; der Augenblick ist Trumpf; das Leben findet jetzt statt;

9) Oberflächlichkeit, die nicht billig, nicht unsensibel ist, eher praktisch-realistisch: der Mangel an westlicher "Tiefe" als Vorzug;

10) vermutlich eine gewisse Stimmungsabhängigkeit, die nie unterdrückt wird und sich leicht als Launenhaftigkeit äußert – weit verbreitet;

11) totale Unbürgerlichkeit, Unspießigkeit inmitten des Spannungsfeldes zwischen Primitivität und Sensitivität;

12) totaler Mangel an Sentimentalität, Gefühligkeit, Kitsch – aber wohl auch an Wärme;

13) untrügliche Sensoriën für Würde, Diskretion, Respekt, Distanz – bei anderen wie bei sich selbst, aber nicht als Problem und Thema, sondern als selbstverständliche und nie diskutierte Grundvoraussetzung, wohl auch weitgehend unbewußt;

14) allgemein ein verblüffendes Personengedächtnis, was auf Aufmerksamkeit und Konzentration schließen läßt;

15) mittlerweile leider ein starker Bezug zum Geld; die Korrumpierung von Nr. 1 bis 14 eben dadurch wird noch nicht erkannt; freilich: die Unkäuflichkeit von Land und Wirtschaft durch westliches Geld; Wahrung der *splendid isolation* (Visa, Devisenbestimmungen).

580.
Abends kleiner Strandbar-Bummel, landet im *"Watering Hole"*, wo ich mich für eine Moskitospirale zu meinen Füßen mit spontanem *wai* bedanke und als Buddhist rubriziert werden soll. Der Barkeeper empfiehlt mir buddhistische Meditationen, auch für Europäer, in einem Kloster bei Tschajah, nördlich von *Suraat Tanih*. Ich lese darüber nach, auch über die quasi prähistorisch indonesischen Relikte dieser Stadt.

Go Lann Tah Jai, 27. Dezember 1993

581.
Zu Fuß die rote Landstraße nach *Bahn Salah Daan*, ein genuïn armseliges Fischerdorf mit ein paar Läden und Restaurants, gar einer *Crêperie and tea*

room. Ich kaufe unbegabte Ansichtskarten, Kokosplätzchen und finde dann zwei junge Brüder, die batiken und Gitarre spielen: zwei musische Talente aus diesem fast prähistorischen Fischersperma. Ihre T-shirts sind arg und dreckig, aber die Farben der Korallenmotive so reizvoll, daß ich eins kaufe. Der eine Bruder will 250, der andere 200 Baht, wir einigen uns auf 150, aber er kann keine 50 herausgeben: *so what, fratelli!*

Rückweg am Strand: menschenleer, wild und bildschön.

582.
Nach dem Schwimmen kann jener alte Masseur mit der fettlosen Jünglingsfigur, mit dem ich schon seit Tagen flirte, plötzlich meine Gedanken lesen und weiß im Voraus, daß eben jetzt die Stunde meiner Massage geschlagen hat.

Eine gute Thai-Massage auf dem Hotelrasen und unter wogenden Kasuarinen-Gipfeln in *circa* zwanzig Metern Höhe. Der Masseur mit seinem arg strapazierten, keineswegs jünglingshaften, sondern von langem hartem Leben gezeichneten, verbrauchten, ausgelaugten und fast schwarzen Gesicht erlaubt sich mehrere kecke Griffe und sieht wohl auch hierbei voraus, daß ich selbige genieße.

Er fragt mich nach meinem Alter und gibt sich selbst als 52jährig aus. Ich halte das für möglich. Da ist man hier vergreist.

Als ich gehe: *"Tomorrow again."*

Seither winkt er mir dauernd zu.

583.
Nachmittags wieder Woody Allen, fast problemlos. In vier Tagen steht roh schon ein Fünftel.

584.
Die Geister im *Saan Pra Puum* meines Hotels bekommen heute eine ganze Ananas *à la nature* und ein Glas Wasser.

585.

Im so moslemisch verschrieënen *Bahn Salah Daan* heute morgen, von dessen neunzigprozentigem Mohammedanertum die ganze touristische Literatur lamentiert, steht vor fast jedem Haus so ein buddhistisches Geisterhäuschen.

Aber abends kurz nach Sonnenuntergang höre ich von woher auch immer einen betenden Imam singen.

Go Lann Tah Jai, 28. Dezember 1993

586.

Der Imam singt auch heute früh ohne Rücksicht auf christliche oder sonstige Schläfer seine überlaute Litanei. Aber um sieben Uhr früh liegt auch im Geisterhäuschen bereits eine Bananenstaude neben einem Glas Wasser.

587.

Großer Bootsausflug mit schwedisch-deutscher Familië im *Longtail*boot: vom Pier in *Bahn Salah Daan* durch die Mangroven-Idylle zwischen *Lann Tah Jai* und *Lann Tah Noi*, dann, bei zunehmendem Seegang, nach *Go Ngai*, wo vom Boot aus geschnorchelt werden kann, dann weiter nach *Go Muk*, wo man durch einen lichtlosen Wassertunnel unter dem Inselfelsen hindurch zu einem Strande auf der andern Seite schwimmen kann und wo wir auf einem idyllischen kleinen Strande picknicken.

Auf dem Rückweg besteigt man an der Südspitze von *Lann Tah Jai* den Leuchtturm des Nationalparks und hat einen frappierenden Blick über den Archipel von *Lann Tah* mit seinen *circa* fünfzig Inseln, aber auch bis zu meinem *Go Pih Pih* und weit über die Andamanensee.

Hiernach eine schier endlose Rückfahrt an der Westküste von *Lann Tah Jai* mit seinen unzählbaren menschenleeren Traumstränden entlang.

Als im Westen die Sonne sich just anschickt, als knallroter Ballon unterzugehen, steht im Osten genau gegenüber und im selben Abstand über dem

Horizont der weiße Vollmond. Unike Konstellation – von einem ganztägigen Traumwetter favorisiert.

588.
Unsere beiden Kapitäne sind Meo und Bao (III.). Sie sind ebenso primitiv – Fischerjungen aus *Lann Tah* und des Englischen fast völlig unkundig – wie süß und mir gegenüber nach einigen wenig ergiebigen Konversationsversuchen beim Lunch auf *Go Muk* zunehmend zutraulich und liebevoll. Meo führt mich in *Go Muk* in eine winzige Felsnische, wo es nichts zu sehen gibt. Ist das eine Aufforderung? Prompt kommt der ebenso junge Kapitän eines anderen Ausflugsbootes dazwischen. Oder hinzu? Sicher kennen und teilen sie ihre Tricks.

Aber ich habe mir auch gerade die Zehen verstaucht.

Auf der Rückfahrt sitzt Bao III. neben mir, und es ergibt sich so, daß wir so dicht aneinander sitzen, daß wir totalen Körperkontakt haben. *Circa* zwei ganze variationenlose Stunden lang alle Schwankungen des Bootes aneinandergelehnt mitmachen. Ohne sexuëlle Bedeutung. Nur weil es angenehmer ist als allein zu sitzen. Dabei schauën wir uns nicht einmal an und lösen uns dann auch undramatisch beiläufig. Aber der schwedische Schwiegersohn, ein ebenso knackig-sportlicher wie tumber und verkrampfter Elektriker aus göteborgischem Hinterlande, beäugt unser Miteinander mißtrauisch wie Ragnarök persönlich. Vorher nie je ein Blick zu mir, nun plötzlich andauërnd. Dabei ist er jung verheiratet und bedient das alte Klischee des galanten Kavaliers.

Aber als wir am Leuchtturm des Nationalparks einen schwierig steinigen Ausstieg, vom Leuchtturm abwärts einen schwierig lotrechten Leiterabstieg und dann einen schwierig steinigen Abhang bewältigen müssen, nimmt dieser dritte Bao mich unglaublich zärtlich und hilfreich am Arm und in den Arm und führt mich wie eine Braut. Ragnarök glupscht.

Ich verabschiede mich von Bao und Meo mit einem *wai*, der starke Anerkennung und Resonanz findet. Ragnarök glupscht.

Go Lann Tah Jai, 29. Dezember 1993:

589.

Versuch, Zäo zur Recherche nach Sawaang zu stimulieren. Sie kapriziert sich in einer Mischung aus Krankheit, Dummheit und Staralllüren. Angeblich sei er nicht im verheißenen *"Ao Naang Villah"*, aber den zweiten erforderlichen Anruf unterläßt sie einfach.

590.
Packen.

Dieser Ort ist landschaftlich reizvoll, aber ohne Stigma, ohne Mysterium, ohne reizvolle Menschen. Eine billige Massenabfertigung, lieblos, spannungslos, unerotisch. Weder *sanuk* noch *sabaai*. *Suai* ist nur der Platz.

591.
Der 28jährige Barkeeper im *"Watering Hole"*:

"Yes: Thai people look very young. But are not."

592.
Eigentlich ist er der einzige freundliche Mensch hier. Und auch nur halb.

593.
Im Geisterhäuschen sind heute morgen die Bananen weg. Was Neuës gibt es heute nicht. Nur das Glas Wasser steht noch da.

Dafür höre ich den Imam jetzt auch tags über tremolieren.

Ao Lohdalamm auf Go Pih Pih, 30. Dezember 1993

594.
Die Geister rächen sich an mir für ihre schlechte Ernährung:

Beim morgendlichen Packen verschwindet auf rätselhafte Weise mein Gepäckschloß;

auf der Überfahrt von *Go Lann Tah* nach *Go Pih Pih* wird eine Naht meiner irresistiblen Himalaya-Tasche aufgerissen;

und bei der Ankunft in *Go Pih Pih* ist Gepäckträger Bao nicht am Pier.

595.
Aber die guten Geister halten deutlich dagegen:

beim Transport vom *"Lann Tah Villah"* zum Pier von *Bahn Salah Daan* steht auf dem *Minitruck* unverhofft jener zärtliche Bao III. neben mir und ist wieder von sanftem Liebreiz; kurz ruhen sich auch unsere Hände auf der Hinterklappe aneinander aus;

und auf dem Schiff ist die ganze Überfahrt im Buggischt, vielleicht nur für mich, ein privater kleiner Regen- oder Martins-Bogen zu sehen.

596.
Das stereotype und bisweilen schwachsinnige *"Where you go?"* der Thais erklärt sich aus dem buddhistisch bedingten *"Bai nai?"*, das unsere Frage nach dem derzeitigen Ergehen ersetzt. Denn zu sagen, daß es einem gut gehe, könnte die bösen Geister zum Gegenbeweis provozieren. Die Frage, wohin die Reise gehe oder wohin des Weges, beantwortet man hier stereotyp mit *"Bai tiao"*: spazierengehen / rumlaufen / nur so herumstreichen. So erfährt auch kein übelwollender Geist, wohin man gerade geht.

597.
Go Pih Pih ist entsetzlich voll. Italiënische Horden, auch als meine Zimmernachbarn, lassen Schweden, Japaner und Deutsche sprunghaft im Kurse steigen. Das Volk Michelangelos wie Puccinis, die Bevölkerung von Ravenna und Bologna, die Kirchenbauër und Kneipensänger: hier sind sie wie einbrechende, wie überfallende Vandalen, Barbaren, Hunnen, Hottentotten, *biquingos*. *"Wie wilde Tiere"* würde die wilden Tiere beleidigen.

Das totale Defizit an Sensibilität. Der totale Mangel an jedweder Kultur. Die Absenz von jeglicher Reflexion.

Nachdem die Italiëner gegessen haben, reinigen die Thais kommentarlos
den ganzen Raum.

Auch ihre mussolineske Herrschaftsattitüde, das demonstrative Herrenmen-
schentum, wie es Monopol der Deutschen zu sein schien, ist in asiatischem
ambiente umso deplacierter und im Augenblick des politischen und moralischen Zusammenbruchs dieses Volkes umso makabrer. Aber es erklärt diesen Zusammenbruch. Ich beginne, Leonardos Emigration zu verstehen.

Aber die Wochen in Rom waren ziviler. Also doch die Nähe des Vatikans?
Oder die Disziplin der Großstädter? Aber diese Asiënreisenden werden
nicht alle aus den Abruzzen stammen. Auch ihre rücksichtslose Schamlo-
sigkeit spricht eher für demoralisierte Großstädter.

598.
Pommes frites heißen hier, auf Thai, *fen fai (= french fried).*

599.
Auf Lehren oder Hilfen des Lebens gespannt, fliehe ich bei musterhaftem
Abendrot ins überfüllte Dorf.

Im *"Grand Bleu"*: kein Platz *à cause des réservations.* Also doch ins *"Lunah".* Yoad gibt mir viele freundschaftlich herzliche Arschtritte mit dem
Knie, Alec macht Faxen, Damm begrüßt mich wie seinen Stargast, und Äh
balanciert zwischen Enthaltung und Avancen.

Yoad setzt mir ein ausgerechnet italiënisches Paar aus Genua an den Tisch:
und es ist entzückend! Na, also! Herzlichste englisch-italiënische Konversation. Animierend.

Bei den *Rasta*-Modisten, die hauptsächlich schlechten Schmuck verkaufen
und das auch wissen, herzliche Begrüßung mit Geständnis von Herzenspro-
blemen (*"broken hearts"*): der ältere sucht eine (Thai-) Frau, der jüngere
(süße *Rasta*) gesteht, leicht verlegen, Männer zu bevorzugen. Ich sitze neben ihm auf der Bodenmatte zwischen Touristenfüßen, er sei 22, sehe aber
aus wie 19, weil er so viel lache. *Lachen sei der Sinn des Lebens. Das* Rasta

sei kein Rasta, *sondern wachsen gelassen, ohne je zu kämmen.* Er (wie vorher schon Äh) verabredet sich mit mir für heute abend im *"Crazy House"*.

Aber ich gehe "nach Hause".

Am *"Pavillion"* spricht mich ein älterer Thai an: ob ich schon mal hier gewesen sei (eine Masche?). Lange freundschaftliche Konversation mit diesem Stellvertretenden Geschäftsführer, auch über seinen vehementen Chinesenhaß.

Das Leben hat mein bedürftiges Herz zu wärmen gewußt.

600.
Aber *a casa* viel *trouble* mit den italiënisch brüllenden Nachbarn.

Ich, schließlich: *"Madonna mia! Silenzio!"*

Eine Sie: *"Ma sono le undici, non è mezzanotte!"*

Ich: *"Si, è vero - ma parlate piano!"*

Schweigen.

601.
Gegen vier Uhr früh ziehen hemmungslos brüllende Franzosen durchs Land.

Dann Hahnenschreië, zum Trost.

Ao Lohdalamm auf Go Pih Pih, 31. Dezember 1993

602.
Alle Thai-Männer spucken. Warum bloß? Die Frauën rülpsen. Die Ernährung?

603.
Der schlimme Zustand alter Thai-Frauën ist freilich verdächtig. Ihre, auch der Jüngeren, Stimmen unerträglich schrill und keifig. Ihr Aussehen: ruïnös, ruïniert.

Das Keifig-Schrille der Stimmen scheint sogar forciert, "kultiviert" zu werden.

604.
Der Applaus der Slum-Kinder für meine Reinigungen des Strandes von Glas-Scherben.

605.
Woody Allen.

Nabokov.

Schwimmen.

Alles *full:* das Meer, der Strand, alle Hotels. Die Insel ist ausverkauft.

606.
Die hochentwickelte Wahrnehmung der Umwelt zum Beispiel auch durch die Kleintiere des Watts – kleinste Krebse, jene schwarzen Felsenasseln, winzige Fische, mikroskopische Ameisen, die einen Köder oder unsereinen auf beachtliche Entfernungen registrieren – im Vergleich etwa zu solchen Italiënern, die fast nichts mehr um sich her zur Kenntnis zu nehmen in der Lage sind. Symptome für den Niedergang unsrer Speziës. So kann sie nicht lange überleben. Der Sieg des Proletariats als Fanal der Katastrophe. Auf sowas wäre Marx nie verfallen, in seinem *campanilismo.* Den Rest besorgt nun der Kapitalismus. Daß zwei solche Kehrseiten ein und derselben falschen Münze zu einer totalen Abwertung führen müssen, hätte eigentlich einigen Geistern *a priori* klar sein müssen. Hat es die gegeben? Goethe?

607.
Baos Weihnachtstombola, zu der ich wohl als einziger ein Los kaufe, soll nun heute um 20 Uhr im Freundes- und Familiënkreise als Silvester-*"Party"* stattfinden.

Aber nachdem er mich deliziös mit Thai-Curry und süßsaurer Krabbensuppe bekocht hat, fängt Bao um acht mit Geh das Tagespensum an Wäsche zu waschen an: in zwei großen Plastikschüsseln im Garten, mit kaltem Wasser, Bürste und Treteln. Er ist besonders vital und lustig bei der Sache. Da wir um neun im *"Cabaret"* sein wollen, scheint die Silvester-*"Party"* abermals verschoben zu werden.

Aber plötzlich findet sie dann doch statt. Jede der *circa* zehn Personen zieht ein Los, jede bekommt ein dekorativ verschnürtes Paket, dessen schöne Verpackung gierig und gleichgültig aufgerissen wird. Ich gewinne ein Affenpaar. Die meisten gewinnen ein Affenpaar. Einige auch ein Handtuch. Aber das genügt, um eine ganz euphorische Heiterkeit und ein unbändiges Gekichere und Gegackere ausbrechen zu lassen. Dann gehen die einen wortlos weg, die andern machen sich ins Kabarett auf, aber nicht auf direktem Wege am Strand entlang, sondern als Karawane auf dem Umweg durchs ganze Dorf.

Am sogenannten *"Casablanca"*, direkt neben Sawaangs damaligem Domizil, angelangt, beziehen wir zu sechst die erste Reihe der Empore: Ba, Bao, Geh, eine Freundin des Hauses, deren fünfjähriger Sohn und ich.

Das Kabarett ist eine Transvestiten-Show. Eine Gruppe von zwei Jungs und *circa* zehn Mädchen, die aber alle Jungs sind, tanzen eine Serië diskrepanter Choreografieën und zu weiblichem *playback*-Gesang. Eine Mischung aus Folklore und Imitation von amerikanischer Scheiße, von sinnlos maschineller Präzision und ohne Einstieg, auch zu leerer Routine erstarrt im Laufe von neun Monaten *ensuite* vor meist leerem Haus oder applauslosen Touristen.

Aber die Vertauschung oder Vermischung der Geschlechter unterscheidet sich von westlichem Transvestismus. Die Kategorie des *ladyboy* scheint hier eine Tradition und eine naturgegebene Verbreitung zu haben, die nichts Pervertierendes, nichts Schrilles, nichts Provozierend-Aufregendes, aber auch nichts Komisches hat. Es gibt hier wohl so viele mädchenhafte Knaben, das Volk ist noch so naturhaft (vgl. Schamanenvölker, Indianer, Berdaschen), daß solche Wesen nicht zwanghaft maskulinisiert werden. Die "Weiblichkeit" ihrer Bewegungen, wohl auch ihrer Psyche ist kein Imitat, sondern Naturell, hängt wohl auch mit *Show*-Talent und Bühneneignung zusammen.

Die einzigen beiden unverkleideten Jungs sind extrem unbegabt und unkörperlich.

Nur einer sticht aus allen andern hervor. Er täuscht keine eigene Weiblichkeit vor, sondern verrät seine private Männlichkeit und tanzt zwar (solistisch) Frauën, die er aber parodiert, entlarvt, karikiert, kritisiert. Er tanzt
weibliche Zerrbilder, auf Kothurnen, mit gräßlich monströsen Hängebusen,
mit schrecklichen Frisuren, verschmierter Schminke und Zahnlücken: eine
Koloratursängerin (Valeska Gert?), eine mannstolle Hexe, derlei. Er ist der
einzig Begabte, ein guter Charaktertänzer, mit Lust an Häßlichkeit, an Persi-
flage, mit Humor und Komik und starkem Engagement. Das Publikum
ziemlich ratlos vor seinen gnadenlos grotesken Überzeichnungen von Weiblichkeit.

Mitten in der Vorstellung kommen Yoad und Alec herein, entdecken mich,
setzen sich zu mir, Körperkontakte.

Nach der Vorstellung ziehen Yoad, Alec und ich zum Touristenschwof ins
"Princess", dann, auf Schleichwegen zwischen Bungalows und Nissenhüt-
ten, ins *"Crazy House"*: schreckliche Überfüllung. Yoad und Alec, beide
schon recht betrunken, gesellen sich zu andern Freunden.

Ich ziehe allein durchs mitternächtliche Dorf, wohl just um den Jahreswech-
sel, dessen genauër Zeitpunkt hier unklar bleibt. Ein Teil der Geschäfte ist
noch offen, andere zu, ein Reisebüro erteilt noch Touristenberatung, ich halte – vergeblich – Ausschau nach Äh und trotte zum *Café Apollo*, wo aggressiv getanzt wird.

Yoad und Alec tauchen auf wie Plisch und Plum, sehr betrunken, rügen
meinen verräterischen Abgang, zerren mich ins Apollo, Yoad, deutlich auf
Weibersuche und an die korpulente Chefin der Cabaret-Bar attachiert, tanzt
sofort, Alec plötzlich nicht: warum nicht? Aus Eifersucht auf die Cabaret-
Frau?

Auch die *ladyboys* aus dem Cabaret sind alle hier. Auch mein Travestie-
Star. Ich gehe zu ihm hin und sage ihm *"You are number one in the show"*.
Vor Freude steht er auf wie ein Schuljunge und bedankt sich. Ich zurück
zum introvertierten Alec an den Tisch. Aber der belobigte Tänzer hält Augenkontakt, fordert mich dann zum Tanz auf, tanzt gleich mit Körperkontakt, setzt sich zu mir, ist scheu beim Getränkebestellen, tanzt wieder mit

mir, fängt an zu fummeln, zu massieren und zu knutschen, von Mann zu Mann, mitten in einer heterosexuëllen Touristen-Disco – was wir beide gar nicht mehr registrieren. Wir benehmen uns wie in einer westlichen Schwulen-Bar oder noch hemmungsloser. Am Tisch dann Küssereiën, endlos. Wir gehen. Silvesterliche Abschiedsküsse jetzt auch mit Alec und Yoad.

Zu meinem Tänzer also in dessen Slum-Behausung mitten im Dorf. Eine Palme wächst mitten durchs Zimmer und sieht aus wie ein Elefantenfuß. Mein Tänzer heißt Kempod (?), kann kaum englisch, ist nicht sehr hübsch, aber scharf. Doch kaum bin ich ausgezogen, will er Geld. Wieviel? 700 Baht (= *circa* 50 DM). Ich zögere. 500 Baht (= 35 DM), dann sofort 100 Baht (= 7 DM). Ich sage ihm, daß er sich nicht für sieben Mark anbieten sollte. Er sagt, er gehe morgen nach Bangkok zurück und habe überhaupt kein Geld, auch für seine arme, einsame Mutter nicht.

Da er sich schon in der Disco als versierter Masseur erwiesen hat, schlage ich ihm vor, mich jetzt zu massieren, was ich regulär bezahlen werde, bevor ich dann gehe. *Okay? Okay.* Er massiert ein Bein. Dann das andere. Dringt bis zu meiner Erektion vor. Hört auf zu massieren, fällt auf mich drauf, haucht: *"I want to make love with you"*. Ich widerstehe nicht länger, *on verra*. Er scheint sehr beglückt, preist mein *"warm heart"*. Sagt, er sei *partout* kein *ladyboy*, sondern *boy* und *gay*. Große sexuëlle Erfahrung, zweifellos.

Als ich gehen will, ist er leicht überrascht, hat wohl mit Übernachtung gerechnet. Als ich dennoch das Portemonnaie zücke, schlägt er vor, die Abreise nach Bangkok um einen Tag zu verschieben, damit wir uns morgen noch einmal treffen können. *Okay.* Ich stecke das Portemonnaie wieder weg. Er fragt nach einem *tip* für die Massage. Geldnot oder -gier muß riesig sein. Ich zücke das Portemonnaie und überzahle die zehn Minuten mit 200 Baht (= 14 DM). Er zögert. Ich tuë 30 Baht hinzu (= 2 DM). Jetzt ist er zufrieden.

Er begleitet mich zum Strand. Verabschiedung auf morgen nachmittag.

Im Hotel noch lange Störungen, auch durch die internen Turbulenzen der Italiëner, dann durch den besonders früh und besonders laut aufstehenden Bao:

"Happy New Year".

Ao Lohdalamm auf Go Pih Pih, 1. Januar 1994

608.

Strand*walk*, Schwimmen, Abreise der Italiëner ersehnen, Nabokow lesen, Woody Allen, Strand*walk*, Schwimmen.

Nachmittags nach Kempod Ausschau halten. Strand*walk*.

Auf dem Rückwege treffe ich Kempod mit "Kollegin". Freudige Überraschung, Verlegenheit, Sprachschwierigkeiten, *"see you"*. Von Treffen kein Wort. Auch kein Signal. Ich vermute "lauter Lügen". *On verra.*

Konversation mit den *Rasta*-Modisten, zwei Brüdern, die über Geldlosigkeit klagen und mir zuliebe eine sexy Tanznummer auf die Straße legen.

Ich treffe auch die netten Genuësen weder, die dann im *"Grand Bleu"* an meinem Tisch landen. Lange italiënisch-englische Gespräche über alles. Angenehm. Einladung nach Genua. Verlockend.

Ao Lohdalamm auf Go Pih Pih, 2. Januar 1994

609.
Bei all der sexuëllen Egalisierung (*ladyboys, fän et cetera*) ist die generelle geschlechtliche Differenzierung der Thai-Grammatik auffallend. Frauën haben hier eine andere Grammatik als Männer. Die Sprache ist zutiefst durchpolarisiert.

610.
Das Treibenlassen im Meer als "Toter Mann" löst jeweils automatisch eine Sequenz von seligen Seufzern aus, ununterdrückbar.

611.
Wo mehrere Thais zusammen sind, gibt es unweigerlich Lachsalven.

612.

Es gibt kaum Brillenträger unter den Thais (im Gegensatz zu Chinesen und Japanern).

613.

Wie dieser sechzehnjährige Geh Schritt für Schritt seine Kindlichkeit, auch einen Teil seines Charmes, seiner Güte verliert – in dieser Umgebung von Maloche und Geldgier.

614.

Wie sich die (älteren) Westler am Strande von allen Kleidungsstücken, schwer aber von Schuhen und Strümpfen trennen können, die ihnen ihren Halt zu garantieren scheinen.

615.

Das zu laute Sprechen der meisten *farang* beruht auf mangelnder Sensibilität, mangelndem Raumgefühl, falscher Einschätzung von Entfernungen, mangelhafter Wahrnehmung der Umgebung, aber auch auf Verwechslung von Konversation mit Exhibition, von Austausch mit Selbstdarstellung, von Gespräch mit theatralischer Darbietung.

616.

Bao sagt, so einen Menschen wie mich habe er noch nie erlebt, gebe es jedenfalls auf *Go Pih Pih* kein zweites Mal. Das ist vermutlich als Kompliment gemeint.

617.

Im *Cabaret*, das sich (nach dem transsexuëllen Paradiese?) *"Casablanca"* nennt, fällt mir die außergewöhnliche und unverwechselbare Anmut thailändischer Musik auf, die sich von anderer asiatischer Musik durch ihre schier endlosen Gebundenheiten, ihr verführerisch lockendes, ungemein ausgewogenes, in sich ruhendes *legato* unterscheidet, eine melodiöse Endlosschleife.

618.

Wie Bah in ihrer stolzen Lässigkeit, die linke Hand auf die Hüfte gestützt,
einhändig den Boden fegt.

619.

Bao besteht auf meiner Anwesenheit, wenn er seine abendliche Buchfüh-
rung macht. Ein passierender Latein-Amerikaner aus *São Paulo* beißt sich
fest: US-Macho, aber kommunikationsfroh, wohl an Bao interessiert.

Ich täusche Schlafengehen vor und schleppe mich ins *"Crazy House"*: Ra-
sta-Brüder, Alec, Sajann, Yoad – alle sind sie da und mit sich oder andern
beschäftigt. Oder besoffen. Alec macht Yoad auf mich aufmerksam, der
kommt gleich zu mir, sehr betrunken, er werde heute 25, stellt mir seine be-
brillte Freundin vor.

Das war's dann. Äh ist nicht da.

Hiesige Begegnungen haben nur einen Anfang und eine Aufbauphase, dann
stagnieren sie, nicht ausbaufähig. Abfinden. Keine Enttäuschungen. Auf
Neuës warten.

620.

Bei Woody Allen gibt es den schönen Ausdruck *to schlepp in*, den das weniger jüdische Collins-Lexikon unterschlägt.

621.

Den Augenblick besser nutzen und höher einschätzen lernen. Die Geschichte mit Luhn zum Beispiel nicht gebührend gewürdigt, weil für allzu leicht
wiederholbar gehalten. Geschenke als Geschenke begreifen lernen.

Ao Lohdalamm auf Go Pih Pih, 3. Januar 1994

622.
Halber Tag Woody Allen.

Nachmittags beim Strand*walk* Mr. Äh mit zwei *"Lunah"*-Kollegen getroffen. Etwa an jener *Loy-Kratohng*-Stelle mit Sawaang. Gemeinsames Schwimmen, Plantschen, Strandspielen. Mr. Bonn und ich werden im Sande verbuddelt. Als ich mit Äh im Wasser knutsche, fährt ein *Longtail boat* vorbei. Äh's Kollegen machen ihn darauf aufmerksam, daß im Boot seine Familië sitze. Ihn tangiert das überhaupt nicht. Auch die Anwesenheit der Kollegen, die mich leicht frustriert, macht ihm nichts aus. Die beiden stören sich auch an nichts. Es ist ihnen wohl egal. Oder so üblich?

Äh verspricht, mich heute nacht zu besuchen.

Als ich wenige Stunden später bei ihm mein Abendessen bestelle, trägt er pompöse Ohrringe und ist sphinxhaft reserviert. Ich werde auch mitten im Essen umgesetzt. *"Lunah"*-Chef Damm schildert mir seinen lebensgefährlichen Elektroschock.

Anruf bei Nokk scheitert.

Äh kommt nicht. Allerdings schlafe ich auch schon vorher ein.

Ao Lohdalamm auf Go Pih Pih, 4. Januar 1994:

623.
Die so reservierten neuën Zimmernachbarn, die den italiënischen Pöbel ersetzen, sind zwar wohltuënd kultiviert und dezent, vermutlich Norweger, aber im Gegensatz zu ihren jüngeren, vitaleren und heißblütig primitiveren Vorgängern kopulieren sie laut durch die Wand hindurch wie noch keiner zuvor.

Halber Tag Woody Allen.

Nach Strand*walk* und *swim* bei großer Hitze ins Dorf zum Telefonieren; endlich Nokk: Sawaang sei in *Ao Naang*, Name des Hotels absolut unverständlich (= *Beacherrad*?).

Also *Ao Naang* organisieren. Alih ist unhöflich und lügt. Mein immer freundschaftlicher werdendes Reisebüro an der Pierecke hilft etwas weiter.

Auf dem Heimweg lockt mich der Chinesenrassist zu einem Drink ins *"Pavillion"*. Ein netter kleiner Kellner erzählt mir sein 24jähriges Leben.

Mahd im *Pahk klohng* macht plötzlich eine charmante kleine Anspielung auf mein Tanzen im silvesterlichen *Apollo*. Spricht sich das herum? Wird es verurteilt? Oder werde ich paranoïd?

Ao Lohdalamm auf Go Pih Pih, 5. Januar 1994

624.

Goethes EDuard wird schon mit dem ersten Satz als Baron *"im besten Mannesalter"* eingeführt, der *"frisch erhaltene Pfropfreiser auf junge Stämme"* bringt, anschließend *"die Gerätschaften in das Futteral"* legt und das ganze erste Kapitel darum kämpft, seine Ehe um einen männlichen Freund ergänzen, bereichern zu können. Ihr fehle einzig der Freund. Erst der würde *"sein ganzes Dasein gleichsam abschließen"*. Überdies haben beide Freunde *"den hübschen lakonischen Namen"* Otto: sind identisch (von hinten wie vorne). Der eine sei auch *"ein zweites Ich"* des andern. Sie ziehen sogar zusammen.

625.

Ganztägig von Lärmdämonen verfolgt. Aufenthaltsschwierigkeiten. Signale zur Abreise? Zum Ortswechsel?

626.

Heute nacht ein Horrortraum: ich bin KZ-Häftling.

627.

Kakerlaken jetzt auch hier im Bad. Oder bloß braune große Käfer?

628.

Mahd spielt mir pantomimisch meine Knutscherei mit Kempod in der Silvesternacht vor. Offenbar beschäftigt sie ihn.

629.

Es ist so gut wie unmöglich, mit einem Thai ein ernstes Gespräch zu führen. Alles mündet sofort in Blödelei, Gelächter und Spiel. Freilich wird damit auch abgelenkt und verschleiërt.

Besonders deutliches Beispiel ist Mahd, hinter dessen chinesischen Witzen nie greifbar, auch nur ahnbar ist, was er denkt oder will oder findet.

630.

Bei Goethe befremdet bisweilen doch die Humorlosigkeit. Das Unspielerische. Er kann ungemein belehrend und deutsch sein.

631.

Die Norweger tauën auf. (Wachkopuliert?)

632.

Bei der allabendlichen *promotion*-Parade der *Cabaret-Stars* durch Straßen und Lokale ist Kempod wieder dabei. Die ganze Bangkok- und Mutter-Story eine Lüge zum Geldmachen. Oder: die Koïnzidenz und Identität von *Show-Business* und Prostitution. Schauspieler als Huren, Huren als Schauspieler.

Ao Naang, 6. Januar 1994

633.
Epiphanias.

Als ich morgens in meinem Zimmer resochinhalber nach meiner Wasserflasche greife, habe ich einen jungen Gecko in der Hand: wenn dieser Auftakt nicht Glück bedeutet ...

Aber Glück schenkt sich nicht immer. Heute muß es erkämpft werden – gegen die Dämonen der Mißgunst, des Neides.

Schon das einstündige Warten auf meine Reissuppe gefährdet fast die Abfahrt. Aber auf dem Schiff nach Krabih habe ich einen etwa 15jährigen Thai-Nachbarn, der den Körperkontakt mit mir zuerst unbewußt sucht, dann bewußt meidet.

In Krabih wird die Suche nach *Toyaiman Tours* durch falsche Informationen in *Pih Pih* erschwert. Mehrfaches Fragen, teils resultatlos; Irrgang durch die unkenntlich vergrößerte, veränderte Stadt.

Im *"Toyaiman"* (= kleiner Skorpion) schließlich ist der gesuchte Nokk nicht anwesend. Als er endlich kommt, erinnert er sich meiner nicht, ist dann aber so süß und ungewöhnlich sensibel und wach wie damals vor fünf Jahren. Also, das unverstehbare Hotel "Beacherrad" heißt in Wahrheit *"Beach Terrace"*, und Sawaang hatte einen schweren Motorradunfall.

Nokk ist sehr hilfreich.

Zunächst aber noch ins *Immigration Office*: dort generöse Ablehnung einer Visumverlängerung um die Geringfügigkeit von zwei Tagen.

Dann hilft Nokk mir weiter, nicht ohne zu erwähnen, daß er – in all seiner wohlkomplimentierten Schönheit – durchaus *"single"* sei. Als er mich in den *Songtäo*, landesüblichen Minibus, nach *Ao Naang* setzt, sagt er verheißungsvoll *"See you"*.

634.
Das *"Beach Terrace"*, wo ich eigentlich nur etwas essen und so nach dem hoffentlich kellnernden Sawaang Ausschau halten will, scheint gar kein Restaurant zu haben. Unumgänglich stehe ich jäh in der Rezeption und miete mich also kostspielig ein. Aber der Blick aus meinem Fenster, über gigantisch greifbare Palmenzweige, geht auf Meer und Felskulisse und ist absolut traumhaft.

Das Restaurant schließlich liegt also jenseits eines langen Hofes am Strande: als eben *"Beach Terrace"*.

Aber da ist kein Sawaang.

Die Entschuldigungen des Kellners für den zunächst mißglückten Ananas-Pfannkuchen nehme ich zum willkommenen Anlaß, nach *"Sawang"* zu fragen.

Der Kellner kennt hier keinen Sawang.

Erst als ich, erläuternd, *Go Pih Pih* erwähne, fällt der Groschen: "Ach, Sawaang!" (Denn ihre 26 Vokale und 44 Konsonanten haben das Ohr der Thais so differenziert, daß ein verzerrter Vokal genügt, um sie ein Wort oder einen Namen gar nicht wiedererkennen zu lassen.)

Sawaang also, der habe gerade frei, stehe hier aber so ab fünf oder sechs Uhr nachmittags hinter der Bar.

Also *sight seeing* von Strand und Ort *Ao Naang*.

Um halb sechs an der Bar: kein Sawaang.

Um sechs nicht.

Um halb sieben kommt der befragte Mittagsschenke: Sawaang gehe es nicht gut, er schlafe und komme heute nicht mehr. Aber er führt mich in seine Unterkunft, schon im selben Gebäude wie mein eigenes palmenumrauschtes Logis, nur in einem argen Kellerverschlag hinter Geröll und Bauschutt. Klopfen. Er will nicht kommen. *Ein farang verlange nach ihm.* Er lehnt ab. *Ein alter Freund von früher.*

...

Schließlich erscheint er, mit umgewickeltem Handtuch, sonst nackt und bloß mit seiner vergleichslos besonderen Haut und Körperlichkeit: er steht leibhaftig vor mir, Sawaang.

Und erkennt mich sofort, leuchtet auf und freut sich: wir umarmen uns unumgänglich und zum ersten Mal. Der Lotse trollt sich diskret.

Kurzer *small talk* im Kellervorraum: über seinen Unfall, er zeigt die Narben am Bein; über meine wochenlange Suchaktion und die sabotierenden Dämonen. Dabei sieht er mich schon mit Augen an, daß mir die Tränen kommen: mit dieser außerirdischen Geduld und Höflichkeit und ernsten Anmut.

Ich lade ihn zum Essen ein. Er will nicht, ich insistiere.

Wenig später sitzen wir also endlich zusammen auf seiner *Beach-Terrasse* unter Mangroven und Sternenhimmel. Er setzt sich mit deutschem *"Guten Abend"*, entfaltet eloquentes Englisch und offenbart alsbald vertrauënsvoll, wie sehr er seine frühere Aura, sein Charisma, sein Stigma inzwischen um entsprechendes Bewußtsein erweitert hat. Seine Intelligenz ist beachtlich, seine Poësie nicht minder. Er ist ein Thai ohne Oberflächlichkeit, ohne Profanität. Er reflektiert, stark metaphysisch, weiß um das alles und hält es nicht für ausgeschlossen, eines Tages zu schreiben.

Er erinnert sich auch nicht minder als ich an alle Details vor fünf Jahren, hat auch meinen damaligen Brief bekommen, weiß noch Einzelheiten daraus und erklärt die ausgebliebene Beantwortung. Ich lade ihn zum Essen, dann zum Whisky-Trinken ein, um ihn weitestmöglich zu öffnen und zu enthemmen. Bei jedem Anstoßen sagt er *"Prost"*. Ich revanchiere mich mit meinem Thai-Vokabular und möchte allzugern wissen, ob er sich noch meines Namens erinnert. Aber examinatorisch zu fragen, wäre allzu plump und eitel. Abwarten.

Ihm geht es wohl ähnlich. Denn als ich ihm vorführe, wie ich Bao meinen täglichen Verzehr auf Thai aufliste, fügt er in dieser seiner Sprache plötzlich hinzu: *"Und mein Name ist Mohritt"*.

So hat er eine Umsetzung gefunden. Ein Künstler.

Ohnehin umfängt er mich in einem magischen Raum.

Er ist ein Heiliger, ein Engel, ein Buddha. Sawaang heißt *"Der Erleuchtete"*.

Er weiß ungemein viel, checkt auch meine Kapazitäten.

"Easy is difficult" – Kontrollblick. Dann, ermuntert und ermutigt: *"Difficult is easy"*. Das steigert sich bald über *"Same is not same"* und *"Not same is same"*, über *"Crazy is not crazy"* und *"Not crazy is crazy"* bis hin zu seinem zentralen *"Sure is unsure"*. Und: *"Unsure is sure"*.

Ergänzt um die Erwärmung für den Thai-Schriftsteller Lung und dessen komplex-ambiguose Schreibweise, die alles in seiner Relativität und Widersprüchlichkeit zeige und darstelle.

Zum Beispiel: *"Ein gutes Buch braucht Licht. Wenn ich kein Licht für das Lesen des guten Buches habe, ist das Buch nicht gut, sondern schlecht."*

Auch viel über Sonne und Mond als Signale der Relativität. Ich erzähle vom simultanen Sonnenuntergang und Vollmond-Aufgang über *Go Lann Tah*; er: *"Und in der Mitte dazwischen hatte man zwei Schatten."*

Ein Poët, ein Philosoph, ein Erleuchteter, der, ohne Eitelkeit und Koketterie, um seine Besonderheit weiß: *"Maybe I am crazy"*. Aber: *"Everybody is crazy. All people crazy."* Jedoch: *"Why not?"* Ein Leitmotiv fortan, als generelle Lebenshaltung: *"Why not?"*

Und homerisches Gelächter hinfort nach jedem der vielen, allfällig placierten *"Why not?"*

Aber ist das nur die diabolische Philosophie eines freiën Geistes, oder lacht da auch der Kenner Puhgetts und der dortigen Filiale jener gleichnamigen Kette von Schwulenlokalen: *"Why not?"* – homerisches Gelächter.

Dabei verändert sich sein Gesicht unentwegt und bis zur Unkenntlichkeit.

Dann wieder dieses Lachen, dieser Blick, der mir die Tränen in die Augen schießen läßt.

Ich bin sehr glücklich und sage ihm das. Er erwidert es und verschleiërt sein Geständnis durch die Mitteilung, alle Menschen zu lieben.

Viel auch über das Verhältnis seiner Ideeën zu den Ideeën anderer. Vom Ideeënhaben scheint er besessen, hat wohl auch einige über seine Zukunft, die nicht endlos aus Kellnern bestehen solle. Er denkt an Selbständigsein, gar an Schreiben, an Mönchtum: an Immateriëlles.

Ich erzähle von meinem Buch und dem Kapitel über ihn. Er scheint wenig überrascht. Nach einigen Rückfragen behauptet er, der Erfolg meines Buches stehe schon fest. Wenn auch vielleicht erst nach meinem Tode. Aber das sagt er so, daß man ihm glaubt. Er ist zutiefst glaubwürdig, weil zutiefst wahrhaftig, zutiefst in sich ruhend, zutiefst authentisch.

Ich bin außer mir.

Als ich ihn an unser *Loy Kratohng* vor fünf Jahren in *Go Pih Pih* und an Gottes Weigerung erinnere, uns ein Wiedersehen zu gewähren, das ich nun aber doch ertrotzt oder erkämpft habe, sagt er, nicht ohne Ironie: *"Dann kannst du mehr als Gott".*

635.

Sawaang erzählt von seinem lebensgefährlichen Unfall auf meiner heutigen
Strecke zwischen Krabih und *Ao Naang*, der um ein Haar hätte tödlich aus-
gehen können, und ist liebenswürdig genug, seine Rettung damit in Verbindung zu bringen, daß ich in jenem Augenblick an ihn gedacht haben mag.

Er erzählt auch von der Kalamität der erforderlichen Blutübertragung seiner
Blutgruppe AB und daß jetzt auch Blut von diesem liebenswerten Nokk in
ihm sei und sein Leben habe retten helfen. Auch eine Form von Identität.
Offenbar behagt es ihm, Blut von diesem Nokk in sich zu haben.

Unser heutiges Wiedersehen ist für Sawaang nach fünf Monaten der erste
Tag ohne Krücke.

636.

Er behauptet, in den fünf Jahren seit *Go Pih Pih* gewachsen zu sein. Jedenfalls ist er schlanker. Und innerlich erheblich gewachsen.

637.

Er lebt asketisch, ißt kaum.

638.

Anders als die Schmarotzer auf *Go Pih Pih* versucht er andauërnd, mich einzuladen. Dabei arbeitet er für einen Hungerlohn.

639.

Seine demütigende Unterbringung ist ihm recht: *"Okay for me"*. Ein Diogé-
nes.

640.

Seine Darlegung, lieber zehn Prozent hundertprozentig als neunzig Prozent

zehnprozentig zu tun: mit souveränem Tempo im Umgang mit den fremd-
sprachigen Prozentsätzen. Oder hat er genau das Gegenteil gesagt?

Zum präzisen Zuhören bin ich viel zu beseligt.

641.

Als ich, befragt, verkürze: in meinem Buch habe ich über "mein Leben" geschrieben – da leuchtet er auf.

Später sagt er, er werde erst schreiben, wenn er genug angesammelt habe,
um auch über sein Leben schreiben zu können. Freilich sei sein Leben dann
nur stellvertretend für "ein Leben".

642.

Aber als wir später noch im Kreise seiner trivialeren, gleichwohl liebwert
warmherzigen Kollegen sitzen, kann er auch ganz banal sein, glatt und vordergründig, auch stark und praktisch. Er gesteht, seinem Chef gegenüber
bisweilen auch die Interessen seiner Kollegen zu vertreten und in Kauf zu
nehmen, daß er sich dabei unbeliebt macht. Buddha als Betriebsrat.

643.

Aber er erwähnt auch sein zähes Missionieren. Jeden Tag eine winzige Do-
sis. Dann halten die andern es nicht für ganz so *"crazy"*. Oder sie merken es
gar nicht. Aber sie müssen diese Dinge erfahren: daß *sure unsure* sei, *unsure sure* undsoweiter. Da gebe es kein Pardon.

644.

Einer seiner Freunde heißt Batt und ist auch auf englisch treuherzig mitteil-
sam. Er bittet mich, ihm zu einer *farang*-Frau zu verhelfen. Darauf sei er
scharf: schon im Gedanken an die bildschön gemischten Kinder.

Derlei überhört Sawaang souverän. (Oder degoutiert?)

645.

Als ich mich tief in der Nacht verabschiede, sagt er auf deutsch *"Gute Nacht. Schlafen Sie gut."*

Das gelingt mir nicht. Viel zu aufgeregt. Und als ich in meinem Zimmer den Fenstervorhang schließe, schrecke ich ein Gecko-Baby auf: ist es, als glückbringender Talisman, dasselbe von heute morgen?

Denn der Tag ist tief beglückend. Ein Epiphaniën-Epiphanias.

Kein *Noctamid* dabei. Also suggeriere ich mir meine totale Zufriedenheit und wunschlose Glückseligkeit: so schlafe ich ein paar Stunden ...

Ao Naang, 7. Januar 1994

646.

Die morgendliche Verabredung scheitert zunächst an Sawaangs Verschlafen. Mit großer Rücksicht trommle ich ihn schließlich brutal aus seinem Kabuff. Es fällt ihm schwer.

Endlich sitzen wir – er ungefrühstückt und im dunkelblauen *muscle shirt* mit verkrempelten Trägern über gelblicher Haut – miteinander allein im *Songtäo,* der uns *circa* fünf Kilometer weiter, hinter *Pra Naang* mit seinen *Rai Leh*s vorbei, zu jenem *"Dawn of Happiness"* seines kanadischen Freundes Tom bringt. Der ist zwar leider auf Tour, aber Sawaang zeigt mir die ökologisch und traditionell strikte Anlage und bucht mich dort für vierzehn Tage ein. Einiges mißbehagt mir zwar, aber ich bin völlig willens, mich allem zu fügen, was Sawaang für mich als gut erachtet. *Dieser Platz sei unik, würde auch so viel über Thailand und Thais vermitteln wie kein andrer sonst.*

Nach anhaltend verschlafener Schweigsamkeit findet Sawaang allmählich seine Sprache wieder, aber jene unvergleichlich leise, völlig drucklose, fast bei sich bleibende Sprache quasi einer Daunenfeder, mit der er jene altbekannte und ebenso faszinierende wie einschüchternde Aura der Unnahbarkeit, der Unerreichbarkeit, Undurchdringlichkeit, der Immunität und Integrität um sich her errichtet. Fast ist er transzendental, fast hebt er ab.

Aber er verheißt, wenn ich hier bin, hier vielleicht gleichfalls Feriën zu machen.

Ich bin absolut wehrlos und buche mich hier ein, in diesem *"Dawn of Happiness"*.

Sawaangs Begegnung mit diesem Tom ist ebenso alt wie unsre, auch in *Pih Pih* beginnend und auch nicht ganz eindeutig. Der ledige Tom lade ihn ein, bei ihm zu wohnen, auch zur Geburtstags-*Party*. Aber er wolle selbst mit Tom nicht zusammenarbeiten, sondern sein eigener Herr sein. Seinen eigenen Geburtstag am 16. April feiëre er immer nur, indem er zu seinem *Schlafenden Buddha* im Dschungel, dann zu seinem Vater gehe und sich jeweils mit Geschenken für seine Geburt bedanke. Beschämend zeigt er mir so die Lösung eigener Geburtstagsprobleme: nicht auf Akklamation und Zuwendung warten, sondern sie an diesem Tage lieber selbst gezielt geben. Natürlich! Konnte ich das nicht selbst finden? Nein, auch dafür brauche ich Sawaang.

Ab drei Uhr nachmittags muß er heute arbeiten (*"oder schon früher, falls ein Kollege plötzlich weggeht"*) und bis elf. Also warte ich den Tag ab, einem gemeinsamen Abend entgegen, nehme auf meinem teuren Balkon in palmenumrauschter Höhe der Kokosnüsse nach fünf thailändischen Wochen nunmehr endlich mein erstes reguläres Sonnenbad, lese, schreibe, bin voller Heiterkeit, wandle durch dieses *Ao Naang*, das sich auf Sawaang reimt, und lasse mir am späten Nachmittag von Sawaang einen Kokos-Cocktail mixen, sitze auf seiner *beach terrace* vor dem märchenhaften *sunset*-Panorama mit den vorgelagerten Inseln *Go Podah et ceteris*.

Mein Verabredungsvorschlag für 23 Uhr paßt ihm nicht: er habe zwei Nächte kaum geschlafen und viel getrunken. Na, gut: auf ein Bier!

Als ich um 23 Uhr zu diesem Bier erscheine, ist seine Bar geschlossen, er selbst verschwunden.

Ein Keulenschlag. Mühsam muß ich mich zu einer Auslegung überreden, die seine reduzierte Gesundheit, Mißverständnisse, Zufälle und überblickloses Gottvertrauën, auch meine baldige Wiederkehr bemüht. Aber zwischenzeitlich denke ich auch an Resignation und Stornierung der Buchung bei seinem Tom.

Im Dämonenkrieg steht es nunmehr 1 : 1. So leicht geben die also nicht auf. Oder straft Gott jetzt die Eigenmächtigkeit des Opponenten?

Ao Naang, 8. Januar 1994

647.

Zur morgendlichen Abfahrt der Fähre von *Ao Naang* nach *Go Pih Pih* erscheint Sawaang mitnichten. Er ist wohl auch ein notorischer Morgenschläfer, dämmert mir in Erinnerung seiner starken Verspätung schon bei unserem allerersten *viewpoint date* vor fünf Jahren.

Fährenstation im überaus pittoresken *Rai Leh West* von *Pra Naang Cape*. Dann an *Go Podah* und all den bizarren Kalkstein-Signalen dieses Meeres und dieser Landschaft, auch an *Go Bai* (= *Bamboo Island*) vorüber.

In *Pih Pih* Woody Allen.

Im Liegestuhl weit draußen im Watt: sich vom einflutenden Wasser langsam landeinwärts treiben lassen.

Kurz vor Sonnenuntergang unverhofft eine echte *cruising*-Situation in diesem sonst so keusch scheinenden Lohdalamm: mit Witt, 24, jenem "Stricher" aus Pattajah, den sich ein dickbäuchiger deutscher Macker für zehn Urlaubstage gemietet hat.

Schon lange haben wir dezenten Augenkontakt, gelegentliches scheuës Lächeln, vages Flirten *via* Weitsprungtraining oder Schmetterlingsjagden. Immer bewundere und respektiere ich seine korrekte Disziplin und Loyalität gegenüber seinem Brötchengeber, der ihn gern öffentlich karessiert und damit kompromittiert.

Heute nun aber promenieren wir plötzlich gleichzeitig neben- und vor- oder hintereinander her, ich am Strand, er oberhalb: mit Blicken, Lächeln, Umdrehen, Überholen, Stehenbleiben, Zigarette und allen klassischen *cruising*-Signalen. Als ich schließlich direkt auf ihn zugehe, platzt mir schon fast die Badehose. Natürlich sieht er das. Kurzer Dialog. Minimales Englisch. *Ob ich* gay *sei; welchen Typ und ob ich auch* boys *mag.* Letzteres fragt er wiederholt, wie um ganz sicher zu gehen. .

Nach einigem Überlegen und Absichern bestellt er mich zu halb acht an den Strand vor meinem *Pahk klohng*. Da kommt es sofort zu erstem Körperkontakt, zu ersten Küssen. Dann lotse ich ihn schamlos unverhohlen und vor aller Belegschaft in mein Zimmer. Dort Trübung einzig durch seine Nervosität vor eventuëllen Spionen. *Aber sein Mäzen, vor dessen Bauch ihn ekele, befriedige ihn nie. Morgen habe er es geschafft: sie reisen ab.*

Obwohl ich die Sprache auf Geld bringe, verlangt er keins, delektiert sich freilich unübersehbar auch selbst. Ich biete auch nichts an. Sein knackig dunkelbrauner Körper ist süß. Er versteht dieses Handwerk und fragt nach *"kiem"*. Und wie das Ganze entstand, ist es schnell vorbei.

Anschließend gehe ich zum Essen ins Dorf, diniere im *"Grand Bleu"*, treffe dann vor dem *"Lunah"* den wiedergenesenen Yoad, dem ich nachträglich ein textiles Geburtstagsgeschenk anbiete. Sofort läßt er seine Arbeit wortlos im Stich und geht umschlungen mit mir *shopping*. Wir landen bei Dann und Denn, den süßen *Rasta*-Brüdern, und nach endlosem Feilschen zuerst um 3,50 DM, dann noch um 1,40 DM erstehe ich ihm eine lustig bunte Latzhose für 35 Mark. Wir landen in der Bar des *"Casablanca"*, wo ich auch auf Ui und Kempod treffe. Kempod ist aufgeschlossen und betont kontaktfreudig, also vermutlich geldbedürftig: *er sei erst gestern aus Bangkok zurückgekommen!*

Mit einem Japaner und dem sehr lustigen, sehr verrückten, flüssig japanisch sauïgelnden Yoad lange an der Bar. Unsre mysteriöse Brüderlichkeit, auch zum Beispiel in Bezug auf meine Silvesternacht mit Kempod, nach deren Verlauf und Qualität er sich erkundigt wie nach einem Zeitungskauf oder Gemüse-Curry.

Ich erfahre, daß englisches *"yes"* dem Thai-Wort für *kopulieren* ähnelt.

Yoad betont auch die Exzeptionalität seines Buddha-Tausches: den dürfe ich nie, nie verschenken! Außerdem sei er handgemacht.

Dann ins *Pahk klohng* zurück und noch lange allein am nächtlichen Meer gesessen.

Was ist eigentlich los in meinem Leben? Keine Ahnung.

Ao Lohdalamm auf Go Pih Pih, 9. Januar 1994

648.
Frühes Erwachen durch Betrieb der neuërworbenen Waschmaschine ab sechs Uhr.

Genutzt für morgendlichen Aufstieg zum *Viewpoint*. Langes Sitzen.

Später höre ich, daß es dort oben auch Warane gebe.

Kaum sitze ich dann über Woody Allen, erscheint der gestrige Witt ganz tollkühn auf meiner Terrasse, setzt sich neben mich, parliert ein paar Takte (sein Besitzer sei schwimmen!) und zeigt mit dem Kopf flugs fragend nach meiner Zimmertür. Das schmeichelt natürlich ungemein. Ohne Geld mag es ihn auch mehr beglücken: er wird als Person, als Liebhaber gewürdigt und gleichgestellt, ist keine Ware mehr. Und die Abreise? Erst heute nachmittag.

Also *dacapo*, wieder mit Befürchtung von Zaungästen, diesmal aber mit mehr Wahrnehmung seiner Schönheit.

Kurz danach sitzt dieser gewitzte Witt mit seinem müde geschwommenen Freiër vor meinem Zimmer bei einem Drink, und ich bin perfide genug, in aller Nähe vorbeizustreichen und keinen einzigen Blick zu riskieren. Köstlich.

Nachmittags Abrechnung mit Bao und Erkundung von Möglichkeit, einen Bungalow zu kaufen. Bao greift zu, will 400.000 Baht. Aber Kauf wohl weniger erwünscht oder möglich als vielmehr Beteiligung. Die noch geschuldeten 2.000 Baht gibt er mir zurück. Ich weiß, wie schwer ihm das fällt, und stunde ihm die Hälfte abermals.

Dann wieder Liegestuhl auf dem Ebbwatt, in der Sonne badend und vor der Flut weichend. Wie schnell sie kommt, wenn sie schließlich kommt! Und wie der Liegestuhl im Sande zu versinken droht, wenn sie ihn umspült!

Ao Lohdalamm auf Go Pih Pih, 10. Januar 1994

649.
Die neuë Waschmaschine weckt gegen halb sieben. Frühes Aufstehen, Gartenfrühstück, endloses Träumen.

Dann ins Dorf: Bei Denn zuerst Sarong (*How much? 150. And for me? 100*), dann T-shirt und Sonnencrème (*How much? 280. Everywhere 250. Okay.*).

Beiläufig, mitten im spanischen Albern mit Donn, fragt Denn, ob ich nicht auch für ihn mal Zeit habe. *Ob er denn für mich mal Zeit habe?* Natürlich: heute abend im *"Crazy House"*.

Hinter dem *"Lunah"* kommt Äh mir aus der Küche nachgelaufen: *warum ich nie mehr zu sehen sei, auch am Strande nicht?* Als ich gerade von *Ao Naang* berichte, steht Batt, Sawaangs *farang*geiler Freund von dort, plötzlich vor mir. Ich benutze ihn flugs als Boten für Sawaang: *am 14. komme ich.* Äh wird freundlich abgehängt: wer zu spät kommt ...

650.
Auch noch abends im Dorf; Yoad, Alec und Damm, die mich zu angeblich stark verbilligtem *Seafood*-Essen im *"Lunah"* überreden, wo ich Äh fotografiere, für Yoad und Alec überteuerte Pizza und Bier bestelle.

Mit Yoad ein rares Vieraugengespräch über Spiel und Ernst, über Ehe und Sex, über meine Familië und seine Pferde: über Letztere spreche er nicht mehr, weil er es schon allzu oft getan; die Rolle sei an mir, zumal nach seiner sexuëllen Absage. Schöne Sensibilität eines fast Asozialen, der im *"Lunah"* 50 Baht am Tage verdient (= 3,50 DM), am Strande vormittags *circa* dasselbe. Trotzdem verspricht er, mich im angekündigten Falle von Geldnot mit Bett und Essen zu versorgen; nächstes Jahr wohne ich ganz bei ihm – was es gar nicht gibt, dieses *"bei ihm"*: eine Schimäre.

Nach dem Essen ins *"Crazy House"*, wo der verabredete Denn nicht zu sehen ist. Im *"Apollo"* mit dem introvertierten Yoad, mit Alec, dann mit einem fremden Riesen-Thai tanzend. *À la recherche du* Denn zurück ins *"Crazy House"*. Er ist jetzt da, aber demonstrativ abweisend. Dafür ist auch Äh da, der mir meine kolportierte Episode mit Kempod vorhält, aber mich heute eindeutig nicht auszulassen gedenkt. Ich merke, daß Denn mich mehr interessiert. Yoad verpißt sich, dann auch der ebenso stille Alec.

Äh kommt dann wie selbstverständlich mit zu mir. Als wir tief in der Nacht eintreffen, sitzt natürlich der schlaflose Bao auf der erleuchteten Terrasse.

Also, Äh ist wirklich ein Mann. Trotzdem bin ich mit einer Frau zusammen. Ich wollte halt auch diese Farbe kennen. Im übrigen ist er durch meine Anatomie überfordert: es wird nichts, trotz großer Anstrengungen, an die ich aber nicht hundertprozentig glaube.

Stattdessen erzählt er eine Schauërstory über ausgerechnet morgen fällige Schulden und will dreitausend Baht (= 210 DM). Ich streike. Schließlich erschleicht er sich fünfhundert Baht (= 35 DM) und geht. Immerhin ist er zwanzig, ein Original, von erstaunlich mutiger Selbstverwirklichung, ohne Vater aufgewachsen und für einen Hungerlohn in Stress und Fron. Und lieb. Ganz klug und voller Humor.

Ao Lohdalamm auf Go Pih Pih, 11. Januar 1994

651.
Bao wird fotografiert und ziert sich ein bißchen. Ich kriege heraus, daß er mit anderem Namen Yan heißt: als Abkürzung von Sayann. *"Oi Yan"* wird er immer gerufen = he, Yan?

Mit diesem neuën Yan also und mit Mahd ein gemeinsames Gespräch über den Erwerb von *shares* an den projektierten neuën Bungalows. Mahd will 400.000 Baht (= 28.000 DM), ich will jährlich ein Flugticket für *circa* 30.000 Baht (= 2.000 DM) und freiën Aufenthalt bis zu drei Monaten. Mahd sagt *okay*.

Zur Besprechung weiterer Details sind sie nie mehr bereit, veralbern alles oder entziehen sich. Einmal sagt Bao: *"Natürlich kriegst du auch noch Geld zurück"*, ein andermal: *"Mahd will nicht reden, sondern handeln"*. Für ihn zeichnen sich *farangs* dadurch aus, daß sie viel reden und nichts tun. Ähnliche Gespräche haben wohl schon öfter zu nichts geführt. Ich biete den 1. April als Stichtag für meine Entscheidung.

Nachmittags erscheint plötzlich Yoad auf meiner Terrasse mit einem Präsent: Schnecken oder Muscheln, die man nicht kochen dürfe. Er sitzt lange bei mir, schneidet sich mit einem Taschenmesser die Zehennägel und reaktiviert dann beiläufig den Plan seiner *Cowboy-Bar*, die just hier, auf dem Gelände von *Pahk klohng* entstehen soll. Sein Partner habe ein *speed boat* und treibe Geld auf; wenn Yoad 50 % (= 50.000 Baht = 3.500 DM) einbringe, werde er als Partner beteiligt, sonst nur als Angestellter: seine Lebenschance. Ich warne vor *cowboy* und rate zu Thai, aber die Kombination mit Reitpferden scheint beschlossene Sache.

Abends zum Fotoladen. Ich lerne den süßen Mr. Yong schätzen, der sehr lieb ist, singt und tätschelt.

Danach mit Yoad und Alec in die *Cabaret*-Bar. Themen sind dort: die *Cowboy-Bar*, Pferde und unsre morgige Fahrt nach *Go Jao*.

Go Jao Noi, 12. Januar 1994

652.
Morgens um neun im *"Lunah"* den wortlosen Yoad abgeholt, zum Lohdalamm, wo Rakscha aus Nairobi, die indisch-englische Chefin des *"Casablanca"*, mit ihrem dreijährigen chinesischen Vishan wartet.

Wir fahren zuerst (eine Stunde lang) nach *Lao Bi Leh* auf *Go Hong*, einer südseehaften Strandidylle ohne Menschen, aber mit einem reizbaren, aggressiven, auch schreiënden Kampfhahn. Dort Gespräche mit der erstaunlichen Rakscha. *Lunch* im einzigen Strandlokal.

Weiterfahrt (*circa* fünfzehn Minuten lang) nach *Go Jao Noi*, Alec's Heimat. Umrundung der Insel und Durchquerung der südlichen *Pang Ngah Bay* mit ihren Hunderten von bizarren Inseln und Felsen. Eins der sieben Weltwunder. Ein Traum, bei reglos glatter türkisfarbener See. Zickzack-Kurs zu diversen Fischern um Fische, Krabben, *Kang* (kleine Langustenart), dann gegenüber in eine bizarre Höhle, die ich im Schein von Yoads improvisierter Fackel erklimme, indes Alec Feuer macht und das *seafood* grillt. Zweiter *Lunch*.

Dann Rücküberquerung der Bay bis in den Hafen von *Go Jao Noi*s Inselhauptstadt, die tief im Inselinneren über einen flußartigen Meeresarm zu erreichen ist. Mangrovenlandschaft bei Ebbe. Das Dorf steht bei Flut im Wasser, bei Ebbe im Modder mit einzangigen Winkerkrabben und bebeinten Fischchen, die wohl Schlammspringer heißen.

Ausstieg aus unserm Boot über acht bis zehn Fischerkähne. Dann per Motorrad-"Rikscha" (Beiwagen) ins andere Hotel. Ich beziehe den Bungalow

22, Yoad duscht sehr ungeniert und freundschaftlich bei mir, ich deponiere mein ganzes restliches Bargeld (*circa* 1000 Baht = 70 DM) bei ihm.

Nach Etablierung von Mutter und Kind im Nachbarbungalow und anspielungsreichem Rätselraten über die mögliche Unterbringung von Yoad und Alec essen wir mit Alec's Bruder und vielen Freunden ein opulentes, vielgängiges Mahl mit rohen Krebsen, gegrillten Krebsen, frittierten Krebsen, Reis, *Yao Tom* (Suppe) und gegrilltem Huhn, das für uns eigens geschlachtet wird. Dazu Bier und Whisky in großen Mengen. Auch sonstwas. Auch ein Polizist sitzt mächtig mit am Tisch.

Ich diskutiere interessant und vielseitig mit Rakscha. Das Mahl zieht sich vor der Strandkulisse der *Pang-Ngah*-Bizarrerie, dann unter Sternenhimmel über Stunden hin. Bezahlt wird von meinen tausend Baht.

Einer der Kellner, eine unverkennbare chinesische kleine Schwuchtel, ist sehr aufmerksam, höflich und kontaktbedürftig. Yoad empfiehlt sie mir sofort. Mit stereotypen Anfragen macht sie sich an mich, mit ihren Existenzproblemen an Yoad heran. Wir besorgen dem Jungen eine Stelle in Rakschas Bar.

Dann eröffnet er seine erotische Attacke auf mich, sitzt bald neben mir, redet, streichelt, fummelt unter dem Tisch, greift mir zwischen die Beine. Während ich mit Rakscha philosophiere und mit meiner Rechten auf Nachbar Yoads verführerischer Haut unter meinem ausgeliehenen schwarzen *muscle shirt* spiele, holt dieser Bube, ein 22jähriger Buhn, mein Geheimstes aus der Badehose. Er fragt auch unumwunden, ob er die Nacht bei mir verbringen könne. Ich winde mich noch. Aber als ich aufs Klo muß, zeigt er mir nicht nur lotsenhaft den Weg, sondern zerrt mich auch hemmungslos in eine Kabine, wo wir es uns rechtschaffen besorgen.

Als ich an den Eßtisch zurückkehre, kommt Yoad gerade von Rakscha zurück, der er es inzwischen in ihrem Bungalow besorgt hat.

Alec ist hellwach und aufgeregt, registriert sofort, was im Klo geschah, und weigert sich, nun noch in meinem Bungalow zu schlafen.

Endlich wird die Tafel aufgehoben. Zu viert gehen wir in meinen Bungalow: Yoad, Alec, Buhn und ich. Resultat: Buhn bleibt, Yoad und Alec gehen zu Rakscha. Aber andern Morgens sehe ich Alec allein auf Rakschas Terrasse schlafen.

Dieser Buhn ist dann inzwischen das Süßeste und Erotomanischste, was mir je vorgekommen ist: ein ausgehungerter Onanist, unersättlich, fantasievoll, total tabulos, lieb in jedem, auch im Sinne asiatischer Höflichkeit, vor Begeisterung laut lachend und jauchzend, jubelnd, jäh auch brutal werdend, aber sofort *"sorry"*, auch *"God bless you"* und immer wieder *"I love you"*. Gleich eingangs steckt er mir zwei billige Ringe an die Finger und verheißt, mir die Gurgel durchzuschneiden, falls ich sie beim Wiedersehen nicht mehr habe. *Ihn habe sofort bei meiner Ankunft der Schlag getroffen, ich aber habe ihn nicht einmal bemerkt.*

Tatsache ist, daß ich mich all dieser Süßigkeit nicht angemessen erfreuën kann. Ich befinde mich auf einer extrem beeindruckenden Natur-Exkursion und bin auf derlei weder aus noch gefaßt. Dann ist er auch eigentlich gar nicht mein Typ, überdies durch Alkohol, vielleicht auch mit einer Prise Debilität allzu schwatzhaft, indem er tausendmal wiederholt, bei meiner Wiederkehr nach *Go Pih Pih* für mich aufkommen und dann mit mir nach Tschiangmai zu seinen Eltern fahren zu wollen, die wohl das Ein und Alles dieses Einzelkindes sind. Jedenfalls ist er außer sich vor Glück, daß ich nicht, wie geschätzt, dreißig, sondern schon vierzig, also genauso alt wie seine Eltern bin, deren Namen er sich vorige Woche klitzeklein unter dem Kinn habe in die Haut tätowieren lassen: *guck mal!*

Überdies mag ich vielleicht auch nicht, daß ich, ohne jede Spannung einer Anbahnung, ohne eigene Bemühung auserkoren und okkupiert werde. Jedenfalls genieße ich diesen Glücksfall nicht gebührend, erzwinge schließlich gar Nachtruhe, die Buhn nach *circa* zwei Stunden wieder um jubelnder *dacapi* willen abbricht. Das geht dann so bis in den glutroten Sonnenaufgang hinter den *Pang-Ngah*-Silhouetten ...

Ao Lohdalamm auf Go Pih Pih, 13. Januar 1994

653.
Buhn holt mir in aller Herrgottsfrühe noch ein Foto, läßt sich meine Adresse aufschreiben und eilt dann zur Arbeit.

Ich dämmere im Fensterbett dem Morgen entgegen.

Ohne zu klopfen, kommt Yoad herein, entblößt sich und geht scheißen: hinter halbhoher Wand, schamlos, familiär und zutraulich.

Alec kommt mit einem wildfremden Mann herein und schickt mich unter die Dusche. Der fremde Mann guckt hin und weg.

Im Motorrad-Beiwagen kutschiert Alec uns quer durch die morgendliche Insel ins Dorf, wo es so authentisch zugeht wie vor Jahrhunderten. Wir frühstücken miserabel und ekelerregend, aber authentisch. Dann besteigen wir unser Boot, die Jungs recht wortlos, Rakscha von einem Alptraum belastet.

Rückfahrt wieder bis *Lao Bi Leh* auf *Go Hong*: Kaffeepause, schweigsam und sinnlos. Ich nutze sie, um die erfahrene Geschäftsfrau Rakscha um ihre Meinung zu meinen geschäftlichen Entreprisen zu befragen. Sie warnt vor der absoluten Unehrlichkeit der Thais, vor ihrer Undurchsichtigkeit, Unzuverlässigkeit und vor der Mafia der Insel.

Zügige Rückfahrt nach *Go Pih Pih*.

Nachmittags tauchen ein bildhübscher und ein hübscher Thai-Junge im *Pahk klohng* auf, um Kundschaft für ihr *speed boat* anzuheuérn: Bao (IV.) und Behn, beide zwanzig, beide baumlang, beide aus dem soëben frequentierten *Go Jao*, aber *Jai*. Sympathie und Englischkenntnisse ergeben ein langes, besonders angenehmes Gespräch. Dieser Bao von auffallender Intelligenz.

Abends üppige Henkersmahlzeit mit Bao (II.) und Mahd im Garten. Kein Wort vom Anteilkaufen.

Ins Dorf, um die Exkursion nachzubereiten. Alec ertrotzt sich von mir einen Türkisring für 400 Baht (= 28 DM). Yoad beichtet, daß Alec ihm seine Geldtasche mit seinen gesamten Ersparnissen von 5000 Baht am Pier von *Go Jao* habe liegen lassen: weg. Morgens und tags über kein Wort davon.

In der *Cabaret*-Bar will Alec von Rakscha und mir noch große Summen für die gestrige Tour, bekommt aber keinen Baht mehr. Seine Geldgier schlägt Kabolz.

Ao Nam Mao, 14. Januar 1994

654.

Frühes Aufstehen, Packen, ins Dorf, Dahindämmern, Schwitzen.

Bao will Verschiebung der Abreise um einen Tag erzwingen.

Mittags zu Yoad an den Strand, Bekanntschaft mit Meh oder Mäh, seinem *Cowboy-Compagnon.* Angebot eines Schuldscheins *in spe*, das ich annehme. Zur Polizei, wo Yoad unterschreibt, von mir fiktive 50.000 Baht (= 3.500 DM) erhalten zu haben, die er sich mir in fünf Jahren zurückzuzahlen verpflichtet. Ich unterschreibe blindlings und kann nur kontrollieren, daß es sich tatsächlich um diesen Betrag handelt. Unsere Szene bei den Bullen, bei der ich mir die Zehen verbrenne, erregt das Aufsehen auch der gestrigen Bao IV. und Behn, die zufällig (?) des Weges kommen: ein Hinweis auf bessere Partner?

Aber wenn Yoad jetzt nicht lügt, was ich nicht glaube, beschämt mich sein blindes Vertrauën, zu dem ich nicht fähig scheine.

Im *Pahk klohng* schließt Bao meine Jacke ein, um meinen Verbleib oder meine Wiederkehr zu erzwingen.

Mit Geh (und Emm) zum Pier.

Überfahrt nach *Ao Naang.* Schwierige Anlandung mit Gepäck und Hochwasser. Plötzlich Batt.

Taxi zum *"Dawn of Happiness".* Erfreute Begrüßung durch Noi, wohltuende Ruhe, wohltuënde Naturmaterialiën, Sarong im Zimmer, betörender Garten, blühende Streliziën, Lotos, gutes Essen zwischen zutraulichen Kellnern.

So fragt mich Kellner Tamm, 25 und mit langen Haaren über melancholisch verhangenem Gesicht, ob ich allein reise, ob ich hier wohne (Ich: *Ja, Zimmer 12*), er sei nur mit Männern befreundet, Frauën beachten ihn gar nicht. Ich: *"Wo Sie doch so schön sind!"*

Abends allein im Liegestuhl an leerem Strande unter Sternen.

Nacht unter meinem ersten Moskitonetz wie in Abrahams Schoß.

Ao Nam Mao, 15. Januar 1994

655.
Beim Frühstück erzählt der schöne Tamm mir sein Leben.

Kellner Tschang, angeblich Vize-Chef und eigentlicher Animator des Hauses, ist schon leicht eifersüchtig. Ich lasse mich von ihm in einer der *Lounge-Pagoden* massieren. Die andern Kellner sitzen dabei ringsum in Hängematten und auf Bastmatten, spielen Gitarre und singen. Alles wie ein Traum. Nur die Massage nicht. Auch zu teuër.

Ich bin fast der einzige Gast.

Zum *Lunch* wollen sie mich weder bedienen noch bekochen, der 18jährige Gài (!) winkt mich wortlos an ihren Tisch, serviert mir ungeordert Gemüsespaghetti samt Trinkwasser und Nachschlag. Diverse Blickwechsel mit Tamm.

Wanderung zum nahen *Ssussaan Hoi* – 75 Millionen Jahre alter Austernfriedhof. Es gelingt mir freventlich und sträflich, ein versteinertes Stück abzubrechen.

Ich bin der einzige *farang* oder der einzige Mensch am kilometerlangen Strande dieses *Ao Nam Mao*, das also älter ist als 75 Millionen Jahre.

Zikadenexzesse.

Seestern-Schwärme bei Ebbe im Watt.

Einzelne Glühwürmchen.

Hahnenschreië.

Ao Nam Mao, 16. Januar 1994

656.
Projekt: "Hahnenschreie" *à tout prix* placieren; draufsetzen: Buch über Thai-Amouren, verpackt in Hommage auf Thai *life-style*, Mentalität, Charakter, Garten Eden *et cetera*.

Das Wiedersehen mit Sawaang beseligt mich mehr als die optimale Nacht mit Buhn. Alterserscheinung? Spiritualisierung?

Insofern die Sex-Geschichten einbauën in solchen (buddhistischen) Rahmen.

657.

"Dawn of happiness" ist nicht nur *dawn. Songtäo* nach *Ao Naang,* zu Sawaang: der schläft.

Kollege Doi, sehr freundschaftlich, bietet abendliches Holen aus *Nam Mao* und Bringen nach *Nam Mao* an.

Überfahrt nach *Rai Leh West. Happy nose:* schlafwandlerische Erkundung dieses Kaps, Überquerung nach *Rai Leh East*; Hochflut mit Mangrovenlandschaft im Wasser.

Plötzlich stehe ich vor jenem Duang von 1988. Er weiß sofort Bescheid, korrigiert den geschätzten Zeitabstand sofort von vier auf fünf Jahre, glückliches Lachen über mein "Duang". Er ist inzwischen Mönch, dann Soldat gewesen. Jetzt habe er keine Zeit, müsse mit *farang* im *longtail boat* irgendwohin. Verabredung für morgen: *same place, same time.*

Schlafwandlerisches Aufspüren des Bergtunnels zum fernen dritten Strande von *Pra Naang* mit Grotte/Höhle der Fruchtbarkeitsgöttin und geopferten Fischer-Phalloi an animistischem Altar [siehe auch den Umschlag dieses Buches!]. Auf dem Rückwege kleine Nische der Fruchtbarkeitsgöttin mit geopfertem Phallos-Stein. Kleptomanische Versuchung. Aber Einbruch einer Affenherde in die Hotelanlage und Abzug der Affen über mein Wellblechdach.

Lunch in *Rai Leh West* mit Kellner-Thai-Palaver.

Rückfahrt nach *Ao Naang.*

Sawaang: heiter, erfreut, unbelastet, offen, freundschaftlich. Sitze *circa* zwei Stunden an seiner Bar: reales, handfestes Geplauder, trotz seiner jenseitig schwarzblitzenden Augen. An jenem Abend der Enttäuschung sei er durchaus noch da, noch im Inneren der geschlossenen Bar gewesen, hat dort offenbar mich für den Unzuverlässigen gehalten, aber ohne Kränkung. Kein Thai scheint je beleidigt zu sein: was nicht ist, ist nicht. Was ist, ist. Aber so relativiert sich auch diese Perspektive.

Verabredungen für morgen, für seinen freitäglichen *holiday*.

Rückfahrt nach *Nam Mao*. Seestern-Invasion. *Dinner* mit Eigentümer Tom. Scheinbar extrem hetero, extrem selbstzufrieden. Hält Sawaang auch für eine ungewöhnliche Rarität.

Tamm schlägt mir beim Essen gemeinsamen Barbesuch vor, könne mir auch Thai-Frauën besorgen. Ich zögere, aber lasse mich auf den Barbesuch ein. Unterwegs informiere ich Tamm über Jünglingspräferenzen. Er reagiert flexibel indifferent.

Wir landen in der benachbarten Nuttenkneipe mit Animierbetrieb und häßlichen Mädchen, die sich zu uns setzen und pausenlos nachschütten. Auch der 18jährige Gài und Koch Deng, 20, kommen hinzu. Offenbar informiert Tamm die beiden. Denn als wir gehen, begleiten mich alle drei zu meinem Bungalow, schließen ihn auf und stehen dann mit erwartungsvoll fragenden Augen vor mir. *It's my turn.* Ich bin überrumpelt und überfordert, schlage daher erst noch mal eine Whiskyrunde in der *Lounge Pagode* vor. Gài massiert, Tamm unterhält mich, zeitweise kommt der verheiratete Eh mit seinen verdächtigen Schweiz-Erfahrungen hinzu (von einem vormaligen Gast dort für drei Wochen eingeladen). Eh geht wieder. Tamm fragt mich, welchen von den dreiën ich heute nacht haben wolle. Er schlägt Deng vor. Ich bevorzuge aber ihn selbst. Er informiert die andern. Keinerlei Problem. Nach beendetem Whisky gehen sie. Tamm eröffnet mir, morgen ein Geburtstagsgeschenk für seine Mutter kaufen zu wollen und 500 Baht (= 35 DM) zu brauchen ... Na, *okay*.

Mein erster Sex im Schoße eines Moskitonetzes. Der sehr hübsche, sehr dunkelhäutige, langhaarige und chinesischäugige Tamm hat auf der Brust einen tätowierten Drachen und ist sehr intensiv und fast hastig. *"Langsam, langsam!"* Sehr viel mehr als eine honorierte Pflichtübung. *Sanuk.*

Dawn of happiness.

658.
Die totale Formlosigkeit der Thais mag buddhistisch sein: nichts ist verboten, also auch nichts geboten. Die Grenze zwischen Freiheit und Anarchie permanent fließend.

659.

Hahnenschreië ganztägig auch hier *inclusive* Sehnsuchtsfermate und ferner
Antwort. Eben Festland und kein insuläres Ghetto.

660.

Das artifiziëlle Jonglieren mit *angritt*, dem hiesigen Englisch: keine unre-
gelmäßigen Vergangenheitsformen benützen. Alles im Präsens sagen – gutes *"cosa"*-Training.

Ao Nam Mao, 17. Januar 1994

661.

Morgens ist hier das *dawn* nicht nur voll von *happiness*, sondern auch von
laziness. Ich träume, ich schwimme, ich treibe dahin.

Beim Frühstück sind alle Jungs wie immer, als sei gestern abend nichts geschehen. Aber sie sitzen bei mir am Tisch wie bei Ihresgleichen. Tamm lehrt
mich Thai.

Um halb zwölf breche ich mit Tamm und Gài im *Longtail*-Boot nach *Rai
Leh* zu Duang auf. Ich warte dort *circa* eine Stunde, er kommt nicht. Ich gehe noch einmal den imposanten Tropfsteinhöhlenweg zum *Haat Pra Naang*,
auch wieder zu den Fischer-Phalloi, und zurück, jeweils durch die Affenherde hindurch und zu jenem gestrigen *Lunch*-Lokal mit dem palavernden
Kellner. Er heißt Jack, vertrauënsselig und -erweckend, erstaunlich eloquent
in *angritt*. Er bietet sich als Berater und Ansprechpartner in geschäftlichen
Angelegenheiten an und warnt vor der Affäre *Pahk klohng*. Wir tauschen
Adressen aus. Er ist 24.

Dann fahre ich zu Sawaang nach *Ao Naang*. Wir plauschen wieder zwei
Stunden lang an seiner Bar, auch über Thai-Geschichte, über Währungswirt-
schaft, über seine Zukunft, sein Grundstück in Nord-Thailand, seine (flachen) Geschäftsideeën, seinen bevorstehenden freiën Tag. Seine differenzie-
rende Intelligenz, seine wachen Augen, seine Behutsamkeit, sein latenter

Starrsinn, immer wieder sein Lachen, das sich von allem Thai-Lächeln unterscheidet, weil es kein Lächeln ist, sondern eine Explosion.

Songtäo nach *Nam Mao*, meine duschenden Freunde winken mir zu, ich schwimme, das leere Watt füllt sich mit Flut.

662.
Ein Gecko nun also auf dem Baldachin meines Moskitonetzes. Erste Nacht unter solcher Protektion.

663.
Zuvor beim *Dinner* fragt Tamm, wie ich über ihn denke: er liebe mich, sei aber von Eh und Tom angewiesen, nicht mehr in meinen Bungalow zu kommen.

Dann wieder Tom's kaum verständlich kanadisch-amerikanischen Monologe, dann mit ihm und zwei Holländerinnen in sein Traumhaus, das er auch vermiete. Er heißt Thom Henley, ist ein namhafter, mehrfach preisgekrönter ökologischer Schriftsteller und Umweltpionier speziëll im Erhalt von Regenwäldern und plant ein hochrangiges Dschungel-Resort im *Kao Sokk*, gibt mir seinen Prospekt zu lesen.

Ao Nam Mao, 18. Januar 1994
664.
Am späten Vormittag also wieder nach *Rai Leh*, aber Duang kommt wieder nicht.

Auch Batt finde ich nicht, dafür wirft mir in *Ao Naang* ein *Longtail*-Schiffer eine Kußhand zu und empfiehlt mir lauthals und lachend die sexuëllen Qualitäten meines derzeitigen Gondoliëre: *"Very good. Very big."*

In *Rai Leh* sehe ich einen dunkelblauën Star und schmiede mit dem Schenken Jack wieder Geschäftspläne. Er wirkt seriös, hat aber wenig Charme und will sich am falschen Platz etablieren.

Zurück nach *Ao Naang*, ins *Beach Terrace*. Sawaang ist noch nicht da, aber sein netter Kollege Doi. Schließlich erscheint auch er, mit Krücke und gegeltem Haar, er richtet seine Bar ein, wir reden wenig.

Ich fahre nach *Nam Mao*, schwimme und fahre zurück nach *Ao Naang*, um Batt aufzulauern. Ich erwische ihn über den Kapitän der *"Ao Naang Princess"*, des Fährschiffes nach *Pih Pih*, der es dann selbst übernimmt, die dortigen Erledigungen für mich auszuführen.

Das Abendbrot im *"Dawn of Happiness"* als überteuertes "Gala-Buffet" zu Ehren der beiden Geburtstagskinder Tschang und Eh, von Thom liebevoll zelebriert. Gespräche auch mit einem hochkarätigen intellektuellen Thai, einem Wirtschaftsjournalisten und Übersetzer, der von Gott und Untergöttern der *sea gypsies* und deren (verlorener) nordmalaysischer Sprache berichtet, sowie mit einer australischen Engländerin, die Anteile an diesem *Resort* besitzt.

Tamm kommt in meinen Bungalow – Nr. 12, *"Hermit Crab"* – und will Geld für die erbetenen Fotos, die zugesagten *Jeans*, eine Sonnenbrille für die entzündeten Augen. Er ist ein armes Schwein, er bekommt es. Morgen will er nach Krabih. Das Geld für die Mutter habe er in *Ao Naang* per Boten nach Bangkok geschickt: sicher eine Lüge.

Kao Sokk, 19. Januar 1994

665.
Abreise nach *Kao Sokk*: mit Thom, Deng und einem Hetero-Pärchen aus Neuseeland.

Stationen in Krabih, in *Ao Lykk* mit seinem Naturpark, in Pahnomm zum späten *Lunch*, an der Fischzucht eines Mönchsklosters und in Dengs Elternhaus: Kokosgaben, Monsterhähne, lustige Mutter, ausgebrannter Vater; Deng verheißt mir mit blitzenden Augen für heute abend eine Massage.

Verspätete Ankunft in *Kao Sokk*, Thom's nächstem Projekt, einem Regenwald-Hotel am Rande des gleichnamigen Nationalparks. *Sunset*-Wanderung durch das liebliche Tal bis zum Haupteingang des Nationalparks, bis zum *Bamboo Resort*. *Dinner* mit Thom's *Crew*. Deng bietet mir blitzend eine

Übernachtung *"in my room"* an: was immer das heißen mag, und massiert mir schon beim Essen recht verheißungsvoll die Schultern.

Thom berichtet, Deng sei seit einem Monat verheiratet. Als ich das nicht glauben will: *diese schwulen Jungs haben es in Thailand zwar besonders leicht, aber auch besonders schwer. Die Familië akzeptiere ihr Schwulsein problemlos unter der Bedingung, daß sie heiraten.* Thom nennt Parallelfälle aus seinem *staff*, auch den hübschen netten Eh mit seiner Scha und dem Kinde. Meinen Tamm läßt er auffällig taktvoll unerwähnt, spricht aber über das ganze Thema von Schwulem zu Schwulem. Ich sehe auch, wo seine amüsierten Augen hinschweifen.

Als ich zu meinem Bungalow aufbreche, begleitet mich Deng. Aber die unsensiblen Neuseeländer schließen sich mit ihrer Taschenlampe an, die in dieser Dschungelnacht tatsächlich unverzichtbar ist. Deng mißdeutet das und verkrümelt sich.

Schlechter Schlaf, mit Pille, in arger Behausung. Aber im Zimmer ein Gekko, im Bad ein Frosch.

Tausende von Fröschen quaken stundenlang lauthals. Plötzlich, tief in der Nacht, verstummen sie alle.

Ao Nam Mao, 20. Januar 1994:

666.
Die Neuseeländer wecken mich um sechs. Nach einer Tasse Kaffee brechen wir drei unter Thom's Führung in den Dschungel auf: vierstündige Wanderung bergauf und -ab, mit und ohne Weg, über und durch Flüsse, viëtkongartig, aber ohne die verheißenen Tiere: nur eine Schlange, eine schwarze Riesenspinne mit Goldkopf (wie in *Go Samui*), Vogel- und Affenrufe. Thom behauptet, einen Hirsch zu sehen. Aber das Dschungelerlebnis mit seinem dominierenden Bambusbestand und den imposanten *strangle-figs* (oder Würgefeigen) ebenso beglückend wie erschreckend. Es vermittelt die Ohnmacht aller menschlichen Vernichtungsversuche.

Nach Rückkehr und *brunch* ein zweistündiges *tubing*: sich im Autoreifen flußabwärts treiben lassen – erst komisch, dann beseligend in der Friedlichkeit und Idylle der wechselnden Bambus-, Kalkstein- und Regenwaldlandschaft, Aufgaben stellend an den diversen Stromschnellen und sonstigen Untiefen, da der Wasserstand oftmals zu niedrig. Als letzter einsteigend, bleibe ich weit hinter den vier andern zurück, genieße das lange, werde zum Schluß leicht klaustrophobisch in totalem Oriëntierungs- und Ortsverlust.

Rückkehr im wartenden *landrover*.

Gegen halb fünf Aufbruch mit dem unliebenswürdigen Mih und der verschüchterten Noi. Zweistündige Rückfahrt nach *Nam Mao*. Heimkehr. Begrüßung, auch durch Tamm, der mich beim *Dinner* ignoriert, anschließend in meine Krabbeneremitage kommt und um kleine Geschenke bittet: er sei froh, daß ich wieder da bin. Kurze Umarmung.

Als ich ins Bett will, klopfen und rufen zwei angetrunkene ältere Damen nach mir und laden mich zu einem Drink: jene englische Australiërin und die holländische Matrone. In ihrer Tafelrunde dann auch noch die Tochter der Matrone und ein schwuler australischer Filmregisseur mit seinem Freunde. Viel Esprit und Gelächter.

Anschließend noch ein Glas Whisky mit Gài und Tamm, der, angetrunken, jetzt gar um eine Gitarre bittet.

Gài und Tamm begleiten mich verdächtig zu meinem Bungalow, aber der aufkreuzende Eh verschreckt sie: vermutlich in dienstlichem Auftrag.

Ao Nam Mao, 21. Januar 1994

667.
Warten auf Sawaang.

Schwimmen. *Diario*. Wäsche.

Lunch.

Woody Allen.

Warten auf Sawaang.

Was nun?

Plötzlich steht Sawaang vor meiner Einsiedelei. Neben ihm sein langwüchsiger Bruder, 22: Hmuh (= das Schweinchen), der ihn chauffiert und heute noch zum Vater, nahe des *Schlafenden Buddha*, bringen soll.

Im Restaurant bei Singha-Bier dennoch ganz schönes Gespräch. Sawaang ist der einzige Thai, mit dem man sich unterhalten kann. Auch sein Humor ist ganz atypisch: weniger spontan und oberflächlich, aber kaustisch, mit funkelnder Vorbereitung in den abgrundschwarzen und exterrestrischen Güte-Augen. Immer wieder auch das Akzeptieren, das sich Bescheiden, das Genügsame: *"Okay for me"*. Offenbar leidet er unter seinen Denkzwängen. *"Too much thinking"*.

Auch Bruder Hmuh ist wach und intelligent, aber profaner, ohne jenen Zauber, diese Anmut, das Charisma des älteren Bruders, aber auch städtischer, arbeitet in *Krabih Town*, im Umfelde des schönen Nokk.

Zeitweilig setzt sich Noi zu uns, zeitweilig auch der kurzgeschnittene Tamm, der Sawaang informiert, wie sehr ich ihn erwartet habe.

Als die Gebrüder gehen, begleite ich sie zu ihrem Motorrad, registriere beim Wegfahren wieder Sawaangs Tendenz zu viriler Stiernackigkeit.

Nächsten Freitag zum *Dinner* mit Thom und mir werde er wohl wahrscheinlich kommen: *"Sure not sure"*, Lachen. *"Sure, see you tomorrow."*

Na, mal sehen: die Ernüchterung des Alltags – die gehört wohl immer organisch dazu. Sonst ist es Kitsch.

Schwimmen.

Eine Riesen-Spinne über meinem Kopfkissen. Tamm entfernt sie mir.

Ich geselle mich zur gestrigen Gesellschaft: dem sensiblen und kultivierten David Morgan, diesem australischen Dokumentarfilmer mit spirituëllen Neigungen, dessen eurasischem, chinesisch-malaysisch-holländischem Freunde Tony und jener englischen Australiërin Anne-Mary, wohl einer Lehrerin. Leider wird noch eine basedowäugige und leicht schwerhörige Kanadiërin hinzugeködert, die das Gespräch bald dominiert und ungut amerikanisiert. Sie referiert Preise. Ich beschließe, die morgige Mangroven-Tour in solcher Gesellschaft lieber nicht mitzumachen. Wie mir diese Welt immer fremder wird! Lieber Yoad und Tamm!

Allzufrüher Abend. Strand*walk* bei Halbmond. Lange allein im Liegestuhl
am Strande. Feuër und Musik der Thais.

668.

Wie sich die westliche Prominenz hier mit Verkrampfung gegen den Verlust
ihrer Bedeutung wehrt und sie durch Arroganz und schlechtes Benehmen
vergeblich zu retten versucht: die vier Modemacher aus Paris. Oder der
Weißbärtige mit seiner nervösen Frau, die ihrer leisen Schweizer Nachbarin
das Radiospielen verbietet; aber es ist die Musik im Restaurant. Also unterbricht die Nervöse ihre Siësta und stiefelt ins Restaurant. Sofort wird dort
die Musik abgeschaltet. Aber kaum liegt die Nervöse wieder in ihrem Siës-
ta-Bett, erscheint Tschang vor ihrem Bungalow und verkündet lauthals die
bestellte Massage. *"Four o'clock"* protestiert die Nervöse. *"Okay"*, kontert
Tschang; *"maybe no time"*. Also erscheint der weißbärtige Gemahl der Nervösen, grüßt nicht, spricht nicht, kämpft, vergeblich, um seine Bedeutung.
Auch noch während der Massage. Der massierende Tschang unterhält sich
lauthals in Thai mit dem noch lauthalsigeren Gài, sie ignorieren demonstrativ ihn und die Nervosität der Siësta-Gemahlin.

669.

Thom's Lobpreis der thailändischen Toleranz wird durch seine eigenen into-
lerant autoritären Anordnungen relativiert: Tamm's Haarlänge, sein Sex mit
mir. Oder lügt Tamm auch hierin? Schiebt er Thom bloß vor seine eigene
Unlust? Aber Ehns Kontrollen?

Festzuhalten ist die allgemeine chronische Verlogenheit der Thais.

Ao Nam Mao, 22. Januar 1994

670.

David Morgan, von Mangroventour zurück, fordert mich auf, mit ihm und
seinem Tony, mit Anne-Mary und den Holländerinnen nach *Ao Naang* zum
Abendessen zu fahren. Ich tuë es, nutze es auch für Verabredungen mit Sawaang. Er ist besonders heiter, aufgeschlossen und konstruktiv, will mir
günstigen Bungalow doch lieber vor Ort in *Ao Naang* besorgen.

Hervorragendes Essen im *Krabih Resort* in heiterer, freundschaftlicher, wenngleich doch allzu farangiger Gesellschaft. Die Herzlichkeit von Yahd und Batt, die kein Geld für ihren Botendienst in *Go Pih* Pih akzeptieren wollen, gar von Sawaang ist mir teurer. Ich kann das *farang*-Gerede über Preise und Essen nicht mehr ab.

Nächtliches Gespräch in der *Pagodah* mit Schweizer Freaks über ihre diversen Buddha-Erlebnisse in diesem Lande.

Nachts erleuchtungsartige Erkenntnis über meinen Irrtum bezüglich des Wochentages meiner Abreise: einer Katastrophe entgangen.

Ao Nam Mao, 23. Januar 1994

671.
Ao Naang: Sawaang ist nicht da – *"sleeping"*. Dann kommt er: gegelt, gepudert und verschlafen. Er versucht, mir ein billiges Hotel in *Ao Naang* zu besorgen. Da es mißlingt, buche ich mich im klassischen *"Gift's"* ein.

Dinner mit der sehr zutraulichen Anne-Mary, die verräterische Fragen nach meiner Bindungsbereitschaft stellt und verdächtige Komplimente für mein Aussehen und mein Englisch (*"gentle and soft"*) zur Hand hat.

Zu später Stunde stoße ich am nächtlichen Strande auf die männliche *crew* samt französischen Modisten und schweizerischen Freaks, die mich gegen innere Widerstände der andern in ihre Rauchrunde einbeziehen. Diese Schweizer sind erstaunlich: er ist vierzig, ein extrem freakiger Bauarbeiter ohne jede Bildung, aber von extremer Begeisterungsfähigkeit, religiösen Bereitschaften, zutraulich, positiv, offen, total unspießig. In Deutschland wohl kaum möglich.

Ao Naang, 24. Januar 1994

672.
Wecken durch Imam-Gesang gegen fünf: welche Freiheit, so laut in die Dunkelheit hineinzusingen!

Tamm bietet sich überraschend an, mich nach *Ao Naang* zu transportieren.
Auf überladenem *motor-byke* und unter Hahnenschreiën bei der Ortseinfahrt
Ao Naang fährt er mich also in *Gift's* überraschend ruhigen, urwüchsigen,
durch ehrwürdiges Alter vergammelten Bungalow am Fuße eines Affenfel-
sen. Ich lade Tamm zu einem Bier ein, er erbittet deutsche Adresse und Te-
lefonnummer, macht mir schriftlich englische Liebeserklärungen, erheischt
Erwiderung und verspricht, noch vor meiner Abreise mit einem georderten
Foto in meinen Bungalow zu kommen. Wenn diese chinesisch-indianische
Schönheit, dieses Lachen nicht wären!

Ich treffe mich zum *Lunch* mit Anne-Mary, die mich, wohl aus Aufmerksamkeit oder Neugier, just auf Sawaangs *Beach Terrace* erwartet. Eine
leicht schmerzliche Enttäuschung über meine Zurückhaltung kann sie bei
aller Disziplin nicht ganz kaschieren.

After lunch Siësta mit Kuchen und *"Bangkok Post"*: Barrault ist gestorben.

Spätes *Dinner* im *Krabih Resort*, auf dem Hinweg Verabredung mit Sawaang. Um halb elf bei ihm: *"Waiting for you"* – Herzhüpfen!

Zunächst Männer-Barrunde mit Neckermanns Reiseleiter Wolfgang, der Sawaangs wegen eifersüchtig auf mich ist und jeden meiner Blicke belauërt.
Schließlich sind Sawaang und ich allein. Er gesteht, wie er sich jeweils über
mein Kommen freuë. Ich frage ihn, wie er mich und meine Freundschaft
verstehe. Er macht mir die allerschönsten, beseligendsten, intimsten Ge-
ständnisse, nennt mich später seinen zweiten Vater als Signal für Nähe und
Verbundenheit, beschreibt seine warmherzigen Gefühle, seine Freude über
mich: erstmalig, aber ungehemmt frei und offen.

Er erklärt mir auch die vier Stufen des *wai* und wehrt sich lange, von mir
mit der zweiten (= Gleichstellung) bedacht zu werden. Frauën gar werden
von Männern prinzipiëll mit der ersten Stufe bedacht: Unterordnung.

Schließlich wechseln wir zum Biertisch seiner Kolleg(inn)en oberhalb des
Strandes über, und Sawaang, vom Alkohol wieder unvergleichlich beflügelt
und potenziert, übertrifft alles Bisherige an Vitalität, Komik und Intelligenz.
Er dominiert die Runde mühelos durch bilingualen Redefluß, immensen
Witz, der im Sprachlichen und im Abstrusen seine Wurzeln hat und sich
blitzschnell ins Komödiantische, Pantomomisch-Onomatopoëtische, gar ins
Schauspielerische steigert, seine souveräne geistige Brillianz und eine virtu-

ose Persönlichkeit bestätigt, deren Radius enorm ist. Leitmotive bleiben *"Why not?* und *"Sure unsure"*, mit denen er die schwach belichtete Kollegenrunde überrollt und mit mir in permanenter geistiger und emotionaler Konspiration fraternisiert. Alles Spirituëll-Introvertierte weicht einer explosiven Potenz, die das absurd Bizarre spielerisch mit banal Vulgärem vermischt. Beispiel: seine Nummer über männlich und weiblich differente Fürze.

Über Stunden ist er der unermüdlich funkelnde, schillernde, verzaubernde Star dieses Kreises. Die andern sitzen offenen Mundes da und trauën ihren Augen und Ohren nicht, weil meine Kapazität ihn offenbar zu solchen ungewohnten und ungeahnten Höhen provoziert. Zeitweise steigert ihn noch das Auftauchen eines eunuchenhaften *ladyman* mit zwei Begleitern, für den Sawaang den unerklärbaren Namen *Däo-Däo* erfunden hat. Leichte Spannungen durch dessen aggressive Witzeleiën.

Ein zentrales Motiv ist für Sawaang den ganzen Abend über seine eigene *"craziness"*.

Als die Kollegengruppe schlafen geht, bleiben wir noch lange miteinander allein in dieser verzauberten Mond- und Sternennacht auf der Luxusterrasse am Meer und unter den Mangrovenästen, die Realität löst sich auf, ich fliege. Nur durch diesen Menschen bin ich *stoned*. Sofort ist er selbst wieder nüchtern, still, konzentriert und unglaublich offen und ehrlich. Wir sprechen über sein Leben, seine Herkunft, seine Familië, seine Chancen und seine Chancenlosigkeit, seine Zukunft, seine Entscheidungen, seine *"craziness"*, also seine Besonderheit.

Zum Thema *"craziness"* bemüht er unverhofft den großen Edison, der so lange für *crazy* gehalten worden sei, bis er der Menschheit das elektrische Licht schenkte: die artverwandten Zusammenhänge von Außenseitertum und Genialität. Auf das ausführlich dargelegte Beispiel Edison's läßt er jäh in stichwortartiger Aufzählung eine Serië europäischer Genies folgen, die alle von ihren Zeitgenossen für *crazy* gehalten worden seïen.

So genau und sehnsüchtig weiß er um seine Auserlesenheit. (Und daß ihn seine Umwelt für *crazy* hält.)

All das wird immer wieder von Formulierungen der Freude über unsere Nähe unterbrochen.

Er hat auch jedes unserer jetzigen und früheren Gespräche detailliert im Kopf.

In tiefer Nacht zaubert er aus der Hotelküche zwei Platten mit warmem Essen auf den Tisch.

Alles ist ein Märchen, ich schwimme in Glück.

Und: unsere Liebesgeständnisse sind ohne jede Scheu oder Scham, vielleicht weil sie so jenseits aller körperlichen oder sexuëllen "Niederungen" bleiben. Das muß nicht einmal erwähnt oder ausgegrenzt werden, so klar ist das im Sinne einer sehr viel angehobeneren Ebene.

Trotz aller Sprachbegrenzungen ist die Verständigung enorm. Er begreift, spürt, ahnt alles, ist nie überrascht, weil er das Meiste schon im Voraus weiß.

Er spricht gern in Bildern, in kleinen Geschichten, in Beispielen: so über sein vielseitiges, aber jeweils geringes Wissen: *"I know everything"* – aber vom aufgesagten Alphabet als potentiëllem Gesamtvolumen könne er jeweils nur ABC oder AB oder auch nur A.

Ich spreche über seine bisweiligen Rückzüge in Unnahbarkeit, Unerreichbarkeit und leise Distanz. Er weiß genau, wovon ich spreche, und sagt: *"You can always touch me"*.

Er überrascht durch das nüchterne Geständnis, nicht auf Gottes Hilfe zu warten. Er müsse und wolle sich selbst helfen. Gott könne dann ja nach Belieben auch noch helfen: *"up to him"*.

Und so weiter, und so weiter, endlos.

Aber immer wieder die Verdammung seiner Denkzwänge.

Ein emotionaler Höhepunkt meines Lebens?

Ich überrasche ihn lediglich durch mein Geständnis, von ihm zu lernen.

Um meinen Widerspruch zu provozieren, kokettiert er bisweilen mit der besserwissenden Unterstellung, lediglich Material für mein nächstes Buch zu sein. [Wirklich ist er es später in vielen Büchern.]

Er führt auch aus, daß in den unterschiedlichen Kulturen nur die Systeme differieren, Aufgabenstellung und Ziele seiën aber überall dieselben.

Woher weiß dieser "Kellner" all das? Er ist ein Wunder, ein Himmelsgeschöpf.

Wir trennen uns endlich, aus "Vernunft", wohl gegen vier Uhr morgens.

Meine Bungalow-Anlage ist unbeleuchtet und so dunkel, daß ich meine Hütte nicht finde, obwohl ich mehrfach unmittelbar vor ihr gestanden haben muß. Ich resigniere und will den Rest der warmen und milden Nacht am Strande verbringen. Der ist mir dann aber doch zu feucht, und ich kehre an unsern verlassenen Whisky-Tisch zurück, klinge über den Resten unserer Sitzung nach und aus, bis die Sonne den Strand erhellt und ich, zwischen fünf und sechs, einen ausführlichen Strandspaziergang mache.

Ich schlafe dann, unruhig, von halb sieben bis elf.

673.
Wie erschreckend in solcher Umgebung die Europäer, zumal die Deutschen sind: unoffen, verschlagen, lauërnden Blickes, unsicher, hinterhältig, unliebenswürdig, plump, grob, unsensibel, beschränkt, tolpatschig, engstirnig, ahnungslos, unhöflich, unfreundlich, humorlos, häßlich, unehrlich, verschlossenen Gesichtes, mürrisch, unheiter, lustlos, verbissen, verkniffen, verkrampft, verbittert, freudlos, belastet ... Arme, hilflose Fehlentwicklungen oder Mißgeburten, lebensuntüchtig, mit dem Stigma des Scheiterns behaftet, zu keinerlei Anpassung mehr fähig, unbegabt, unselbständig, verknöchert, verbiestert. Ihnen ist nicht zu helfen. Eine aufgegebene Speziës, ihrem segensreichen Untergang tumb entgegenstolpernd.

674.
Wie aber auch ich die Differenzierung der Thai-Töne nicht einmal zu hören vermag; am Beispiel des Wortes *"jung"* (= Mücke).

Ao Naang, 25. Januar 1994

675.

Punkt elf wache ich auf. Gegen zwölf wecke ich Sawaang in seinem Keller-verschlag. Per *Songtäo* fahren wir nach Saithai, in sein Heimatdorf.

Zuerst besichtigen wir da den *Sleeping* oder *Reclining Buddha* am Fuße ei-nes ragenden Kalksteinberges. An dessen zweitem Altar entzündet Sawaang Räucherstäbchen für sich und mich, wir knieën nieder und beten mit Gottes-*wai* und Räucherstäbchen in den Händen.

Da es Mittagszeit ist, sind wir die einzigen Menschen: die Touristen sind weg, die Mönche schlafen. Wir fragen, aber verheimlichen einander, um was wir da gebetet haben. Abends frage ich den Gottes-Skeptiker Sawaang (*"I never see Him"*), zu wem er denn vor seinem Buddha bete: *"To myself"*.

Anschließend Klosterneubau, Bestattungs- und Verbrennungsgebäude, Ur-nenplatz. Jeder Buddhist bestimme vor seinem Tode *ad libitum* den Platz für seine Urne. [P. S.: Sechs Jahre später schon wird es sein eigener sein.]

Sawaang führt mich zu seinem Elternhaus. *Ich sei (außer Nokk) der erste Mensch, den er dahin mitnehme.* Ein abgelegener Platz Natur. Fern von Straße und andern Häusern, andern Menschen, zwischen Palmen und Bana-nen, an einem Flüßchen: ein simples, armseliges, viereckig einräumiges Haus aus Palmenzweigen. Eher eine Stallung. Es ist verschlossen. Der Va-ter, ein gebrochener Mann, der vom Architekturstudenten über den Verwal-tungsangestellten zum geschiedenen und vereinsamten Arbeiter in einer Kautschukplantage abgesunken ist und den kennenzulernen ich erbeten ha-be, ist nicht da. Die geschiedene Mutter ist seit zehn Jahren Nonne, inzwi-schen in Bangkok. Das Haus, ohne die sonst üblichen Nebengebäude, Vor- oder Anbauten, ist verschlossen. Der Platz ist unglaublich friedlich und ent-rückt. Ich begreife Sawaangs Ruhe und Introversion, ahne die Gründe für seine Stabilität. Der Platz ist unterstes Ende des sozialen Gefüges, aber tief in die Natur eingebettet und dem *Schlafenden Buddha* benachbart. Ruhe. Ungetrübtheit. Konzentration. Meditation. Mystik. Selbstbegegnung.

Sawaang, noch immer sehr unfallgezeichnet, klettert schmerzverzerrt an ei-ner Palme hoch, pflückt und öffnet zwei junge Kokosnüsse von einem Baum, den er als Kind selbst gepflanzt hat. Wir trinken sie, fast zeremoniëll. Er wiederholt, daß noch nie jemand mit ihm hier war. Ich sage, wie ich den Platz empfinde. Er begreift sofort meine Verbindung des Platzes mit seiner

Person. Er gesteht, bei jeder Rückkehr starke Wärmegefühle zu haben. Wir sind uns sehr nahe.

Im benachbarten Kramladen warten wir auf den *Songtäo*. Wortlose Rückfahrt, hastige Verabschiedung: er muß zur Arbeit.

Zur *heure bleue* erneut bei Sawaang. Er macht mir eine *Piña Colada*, ich lerne seinen Chef kennen, esse aus politischen Gründen in dessen Restaurant.

Anschließend zu Batt und Yahd vom Fährschiff *"Ao Naang Princess"*: warmherzige Freundschaftlichkeit, Palaver, Adressenaustausch, Foto!

Nach zehn auf einen Drink zu Sawaang: aus dem Drink wird wieder eine Whisky-Nacht, zuerst als Trio mit einem Leitenden Angestellten in Sawaangs Hotel, der sieben Jahre lang Mönch war und im ganzen Lande Buddhismus gepredigt oder gelehrt hat: vor Menschenmassen. Er heißt ungefähr Löhn und ist ein eloquenter Mann mit klarem Gesicht und festen Augen. Eigens für mich und meine Fragen repetiert er buddhistische Zentralthesen, vor allem das betörende *"up to you"*, das jedem Menschen seine individuëlle Freiheit beläßt. Alles ist *"up to you"*. Niemand sonst gebietet. Auch kein Dogma. Dann die drei Maßgaben für jede Lebenssituation: *"Don't worry"*, *"Take it easy"* und *"Be happy"*. Schließlich die zentralen Fragestellungen vor jeglicher Entscheidung: *"What?"* und *"How?"*.

Dies und mehr in zahllose simpel-populäre Beispiele und Geschichten verpackt, die Sawaang temperamentvoll ergänzt oder ausbaut. Die übrige Gesellschaft schweigt, wir drei empfinden eine starke und sympathische Harmonie, haben das Gefühl einer Einheit. Ausführlich erörtern die beiden auch die Priorität von Freundschaft vor Familië.

Erst später im Bett wird mir bewußt, daß Sawaang dem Prediger unentwegt *contra* gibt, Gegenthesen aufstellt, widerspricht und sich selbst polemisch verleugnet, nur um die allzu paraten und sicher allzu oft wiederholten Lehrmeinungen des Mönchs durch improvisierte Anti-Situationen in Frage zu stellen. Umso mehr flüchtet der Lehrer in den Schutz seiner Routine und monologisiert, während Sawaang immer heiterer, immer lachlustiger und immer renitenter wird. Lange beharrt er so auf seinem Beispiel eines undefinierbaren Gegenstandes am Horizont, den in einem Trio (wie dem unseren) der eine für einen Vogel, der andere für einen Fisch, der dritte für eine Insel halte, ohne daß je jemand die Wahrheit erfährt, weil der Horizont mit diesem Gegenstande immer gleichbleibend zurückweiche. Aber unterwegs, *"on the road"*, finde inzwischen das Leben statt und man begegne leibhaftigen Fischen, Vögeln und Inseln. Ich vermute, daß Sawaang damit die betonierten Lehrmeinungen relativieren will.

Einzig für mich und gleichsam hinter dem Rücken des Mönchs macht er auch wieder blitzschnelle Anspielungen auf *sure = unsure, crazy = not crazy, not crazy = crazy* und *same = not same, not same = same*.

Diese ganze Auseinandersetzung findet aber in Form eines Konsenses, harmonischer gegenseitiger Bestätigungen und so friedlich statt, daß ich sie erst viel später als okkulten Dissens begreife. Aber auch diese Gesprächskultur ist wohl Buddhismus.

Die Einladung des Predigers, in der weiter entfernten Unterkunft der Angestellten weiterzureden, schlage ich aus Müdigkeit, Sawaang unter Hinweis auf meine baldige Abreise aus: da sei es wie mit Freunden und Familië.

Wir bleiben allein zurück, reden über Gott und die Welt, mit übernächtigten Gehirnen, auch wieder über Sawaangs Familië und seine vermeintliche *craziness*, die ihn offenbar sehr beschäftigt. Seine dialektische Lust und Begabung treibt wieder alkoholisch stimulierte Blüten. Aber sein richtiger Vater könne ich eben doch nicht sein. Will ich ja auch wahrhaftig nicht. Wir tauschen unsere Adressen und Telefon-Nummern im Gefühl verbindlicher Unverlierbarkeit aus, er kündigt Telefonate an.

Wir einigen uns unfeiërlich, aber nicht ganz a-rituëll auf eine Brüderlichkeit, die ihn zu meinem *nohng tschaai,* mich zu seinem *pih tschaai,* zu *Kleinem* und *Großem Bruder*, mache. Als wir darauf anstoßen und uns so anreden, berührt es uns beide überraschend tief: als ein nie Gehabtes.

Als ich ihm ein kleines Geldgeschenk vorankündige, wehrt er es mit der Begründung ab, erst einmal selbst um derlei kämpfen und sich nicht unterstützen lassen zu wollen.

676.

Sawaangs Fangfrage, wen ich mehr möge: Sonne oder Mond, beantwortet er selbst, homerisch lachend, mit dem Erweis ihrer Unbeantwortbarkeit, da es die beiden nie gleichzeitig zu sehen gebe – also stelle sich die Alternative gar nicht. Der latente Hinweis auf Inkommensurables.

677.

Mein vorgestern hingeworfener und scheinbar überhörter Hinweis auf die Unbeantwortbarkeit auch der leitmotivischen Frage *"Why not?"* wird heute von Sawaang aufgegriffen und ausführlich bestätigt. Überhaupt ist mir sein Verweisen auf vorherige, gar frühere Gespräche und Details eine Lust und sehr verwandt. Er weiß auch immer, an welchem Ort oder Platz etwas gesagt und gehört wurde.

678.

Meine beiläufig hingestreute Anspielung auf Sawaangs sexuëlle Rätsel- oder Sphinxhaftigkeit wird vom mönchischen Buddha-Lehrer hellhörig aufgenommen und vielsagend belacht. Aber: *up to him.*

Sawaang scheint Bemerkung und Gelächter zu überhören.

679.

Die bisweilen, auch mitternächtlich noch, vorbeistreifenden *farang* sind so äonenweit von alledem entfernt in ihrer aussichtslos untergehenden Verfangenheit in Christentum, Puritanismus, Victorianismus, Wilhelminismus, Faschismus, Marxismus, Bier und Kapitalismus, daß man sie nur übersehen kann. Sie sind vertan.

680.

Hier schreibt man zur Zeit das Jahr 2537. In der Tat ist man hier weit voraus. Sawaang ist 2513 geboren. In der Provinz *Nohng Kaai*, an der laotischen Grenze. Am 16. April. *Nohng kaai* heißt in meiner (falschen!) Übersetzung *Kleiner Bruder Ei.*

Sawaang hat auch mit exotisch lateinischen Buchstaben eine deutlich ausgeprägte moderne Handschrift.

681.

Als es um den eingeschlagenen Weg geht, verweist der Ex-Mönch darauf,
daß man von der benachbarten *Corner Bar* zum Pier, von da zum *Last Café*
gehen könne, dann aber, angesichts der rigorosen Felswand, den Rückweg
antreten müsse. Sawaang sofort, leuchtend: *"Ich würde nie zurückgehen.
Vom Last Café würde ich weiter nach Rai Leh fahren." – "Und wenn kein
longtail boat da ist?" – "Dann warte ich, bis eins kommt. Oder ich nehme
ein anderes. Oder ich schwimme eben."*

Purer Protest, denn er ist sonst ein überzeugter Vertreter des *"mittleren Weges"*.

Oder als der Lehrer davon spricht, man springe nur, wenn man sich vorher
hinlänglich abgesichert hat: *"Ich springe immer, auch ohne Sicherheit."*

Klares Veto gegen geistige Behäbigkeit.

682.

Sawaangs blitzschnelle, aber nicht einmal aus- oder zu Ende gesprochene
Rückfragen, ob ich jeweils verstehe: nur ein Blick in mein Gesicht genügt
ihm, um davon hinlänglich überzeugt zu sein. Das Glück über solche Resonanz, über solches Zusammenspiel.

683.

Die unübersehbare schauspielerische Begabung, die jede Situation in seinem Gesicht entstehen läßt, noch bevor er sie verbalisiert.

684.

Seine fast skeptische Vorsicht in Bezug auf vorherige oder spätere Leben.
Er ist ganz auf das jetzige konzentriert, leugnet andere zwar nicht, aber
rechnet – buddhistisch? – zunächst nur mit diesem.

685.

Als wir uns aus Müdigkeit nur noch wiederholen, trennen wir uns als neuë Brüder.

Der Heimweg über den hellen Strand von *Ao Naang* im Fast-Vollmond, der mich heute auch meinen Bungalow finden läßt.

Das kleine pfiffige Faktotum bei *"Gift's"* ist wohl eine Art Contergan-Kind. Statt zweier Hände hat es nur zwei Scheren nach Art der hierzulande dominierenden Krabben mitbekommen.

Er heiße Fantah.

Ao Naang, 26. Januar 1994

686.

Strand*walk*, Sonnenbaden, Schwimmen vor *"Last Café"* unter *limestone*-Felsen: plötzliches Frösteln. Die nahende Kälte Europas?

Gegen zehn zu Sawaang. Dieser letzte Abend mißlingt sozusagen, weil wir bis tief in die Nacht keinen Augenblick allein, sondern nur in unguter Gesellschaft, lange mit einer maßlos herrschsüchtigen Frau, dann auch mit dem benachbarten Tuntenklüngel zusammen sind. Sawaang durchschaut die Situation natürlich und jongliert meisterhaft zwischen den Fronten, quatscht mit denen, unterhält sich mit mir.

Trotzdem frage ich ihn zwischenhinein, was es mit ihm und einer/m *fän* (Geliebten) auf sich habe. Er behauptet, eine Frau im Auge zu haben, die aber nichts von ihm wissen wolle. Wo denn? Er verrät es nicht, weicht aus. Ich glaube, er lügt. Er sagt auch, Heiraten sei für ihn schwer vorstellbar, weil die meisten Frauën pausenlos reden, ohne was zu sagen.

Sawaang hat keinen Bartwuchs.

Auf seinen Namen angesprochen, ergänzt der Ex-Mönch Löhn, manche nennen ihn nur Waang. Sawaang: *"Das mag ich gar nicht."* – *"Warum nicht?"* – *"Na, rechts ein Bein und links ein Bein, mitten dazwischen ("in betaween"): das ist waang. Nicht gut!"*

"Na, Moment mal: wieso nicht gut? Sehr gut. Stell dir vor, du hättest keinen."

Sawaang: *"Ja, brauchbar. Aber der gehört nicht zu mir. Das bin nicht ich."*

Ich: *"Oder grade das bist du."*

Der Abschied ist sehr herzlich und verheißungsvoll. Er wolle versuchen, mich morgen vor der Abreise noch zu sehen.

Der Betriebskuli und -trottel Lollih, der mich bisher (aus Schüchternheit) übersehen hat, begleitet mich jäh ein Stück.

Vollmond über *Ao Naang*.

Bangkok, 27. Januar 1994

687.
Abreise aus *Ao Naang*. In letzter Sekunde kommt Batt mit seinem versprochenen Foto. Auch er stammt aus Saithai.

Landsmann Sawaang kommt nicht.

Mit Mary Yeates im *Songtäo*, an Saithai und seinem "schlafenden" Buddha vorbei, nach Krabih, von dort im Minibus nach *Puhgett Airport*.

Flug nach Bangkok. Platznummer: 14 A – dieselbe wie auf dem Herflug.

Hilfloser Taxifahrer. Einquartierung im *"Suriwong Tower Inn"*, 17. Etage, mit zweifachem Blick über *Bangkok City* – Breitwandeffekt wie in *"Kooyanisqatsi"*. Aber horizontlos: Dunst, Smog.

Zur Sauna *"Babylon"* mit einem Taxifahrer, der es lange nicht findet oder nicht finden will, um die Fahrt zu verlängern. Zu späte Ankunft: der Höhepunkt ist überschritten. Nur eine einzige Begegnung. Aber ich büchse oft auch aus. Warum? Wegen Sawaangs? Ich weiß es nicht.

Bangkok, 28. Januar 1994

688.
Gegen Mittag im *Tuk Tuk* zum *Wat Rajanatda* und zum Amulettmarkt. Lan-

ges Inspizieren und Vergleichen. Neun *kliks*, zwei Yang-Yin-Anhänger und zwei Buddhas als Mitbringsel für die europäischen Freunde.

Der Hotel-Manager fragt mich, wie es mir gestern im *"Babylon"* gefallen habe: sei das nicht *"a nice place"*? So gibt er mir zu verstehen, daß er es kennt. Er fragt auch, ob ich heute wieder hingehe. *"Nein." Wo denn dann hin? "Zu Freunden."*

Gleich anschließend unverzüglich ins also verleugnete *"Babylon"*.

Bangkok, 29. Januar 1994

689.
National Museum.

Floh- und Wochenmarkt hinter der Universität.

Sukumvit, Heimatgefühle: drei Kimonos.

Otoko-Sauna. Zwei Wasserbecken, in deren einem ich vergewaltigt werden soll. Auch Stricher. Pseudo-Massagen. Abgebrochen:

ins *"Babylon"*. Warteliste an der Kasse. Viele Begegnungen – aber ohne rechte Lust. Warum wohl?

Bangkok, 30. Januar 1994

690.
Hotel-Tag mit Woody Allen.

Am späteren Nachmittag *Tanon Surawong* raufgelatscht. Sonntags-"Stille". Auch so verwestlicht diese Stadt bereits.

Dann ins *"Babylon"*. Erotisch lustlos, genieße ich die Club-Situation und den Dachgarten. Mehrere Anmachen lasse ich abblitzen. Warum? Sawaang hat recht, daß der *waang* ein unergründliches Eigenleben führt.

Glutrot steigt der Mond aus den Hochhäusern auf und warnt diese Stadt vor ihrer Fehlentwicklung.

Bangkok, 31. Januar 1994

691.
Sechs Uhr auf wegen *river cruising*.

Aber es ist inzwischen ge*cancelled* und gegen ein ähnliches im Hause
"Oriental" ausgetauscht worden. Zwei Hotelfrauën begleiten mich in diese
legendäre Herberge, die sie selbst nunmehr erstmalig betreten können. Auch
ich darf *circa* eine halbe Stunde lang ihre exklusive Eleganz genießen.

Dann vier Stunden flußaufwärts auf ihrem großen hauseigenen Schiffe, *inclusive* eines erstklassigen *Lunch* mit hübschen Schenken.

Dann per Bus nach *Bang Pah-Inn*, einer Sommerresidenz der thailändischen
Könige: sympathisch-geschmackvolle Dezenz. Von da aus nach Ajuttajah,
der alten thailändischen Königsstadt, seit einem burmesischen Überfall im
18. Jahrhundert eine sehenswerte Riesenruïne.

Dann noch in ein Kloster mit unzählbaren gelbgeschärpten Buddhas.

Die Rückfahrt durch *circa* zweistündigen *rush hour*-Stau in Bangkok eine
arge Geduldsprobe.

Check out mit dem lauthals vor allem Personal geäußerten Bekenntnis des
Hotelmanagers Pompt, in Deutschland seinen *boy friend* zu haben. Zugleich
die Aufforderung an mich, doch wiederzukommen und über ihn persönlich
zu buchen. Dabei läßt er lange seine beiden Hände auf meinen liegen: Fraternitätsbekundung, liebenswert.

Zum Essen ins *"Babylon"*. Sauna und Dampfraum zu strapaziös, zum *dark
room* keine Lust. Eine abschließende Pflicht- und Abschiedsrunde läßt mich
einem Lekk in die Hände fallen, der mich packt, nicht mehr losläßt, in eine
Kabine abschleppt und dort mit asiatischen Liebesdiensten hinlänglich stimuliert. Will auch die Nacht bei mir im Hotel verbringen.

Um zehn verabschiede ich mich von ihm, um elf bin ich auf dem Flugplatz.
Umständlich langwieriges *check in* durch die *China Airlines*; generös höfliche thailändische Polizei schenkt mir das Visum für mein *overstay*.

Amsterdam, 1. Februar 1994

692.

Verspäteter Abflug, verspätete Ankunft in Amsterdam. Aber ich verschlummere bereits den Start und habe auch sonst keine Schlafschwierigkeiten mehr: gleichfalls ein Fazit dieses irrealen Aufenthalts.

Am heutigen 1. Februar beginnt in Thailand offiziёll die *hot season*. Am selben Tage sehe ich den ersten Schnee auf einem Gebirge, das durch die Wolken stößt und das ich, just erwachend, schon für die Alpen halte. Aber es ist türkisch. (Elbrus?/Ararat?) Dann Schwarzes Meer – verschneiter Balkan – Alpen – quer über Deutschland, ohne aussteigen zu können.

Ich verpasse den Anschluß-Flug nach Hamburg und schreibe diese letzten Eintragungen bei vierstündigem Warten im Flughafen Amsterdam: Parallele dieses letzten Reisekapitels zum letzten Kapitel der "Hahnenschreie".

693.
Zahlenmystik dieser Reise:

Flug Hamburg-Amsterdam: Platzkarte 19 A
Flug Amsterdam-Bangkok: Platzkarte 34 A
Hotel Monthien in Bangkok: Zimmer Nr. 617 (Quersumme 14)
Flug Bangkok-Puhgett: Platzkarte 14 A
Hotel Charlie Resort: Bungalow Nr. A 8
Paak klohng: Zimmer Nr. 1
Hotel Lann Tah Villah: Bungalow Nr. A 8 (= *Charlie's*)
Paak klohng: Zimmer Nr. 1
Hotel Beach Terrace in *Ao Naang*: Zimmer Nr. 307 (Quersumme 1)
Hotel in *Go Jao Noi*: Bungalow Nr. 22
Hotel "Dawn of Happiness" in *Nam Mao*: Bungalow Nr. 12
Hotel "Gift's" in *Ao Naang*: Bungalow P
Flug Puhgett-Bangkok: Platzkarte 14 A (= Hinflug)
Hotel *Suriwong Tower Inn* in Bangkok: Zimmer Nr. 1704 (Quersumme 12)
Abflug Flughafen Bangkok: Gate 34 (siehe Herflug)
Flug Bangkok-Amsterdam: Platzkarte 37 A
Abflug Flughafen Amsterdam: Gate D 9
Flug Amsterdam-Hamburg: Platzkarte 19 D (siehe Hinflug).

Flug Frankfurt am Main – Bangkok, 20. April 1994

694.
Ab Frankfurt viel philippinisches Proletariat auf dem Wege nach Manila.
Aber neben meinem 33K schon ein adrettes Thai-Jüngferchen. Der beinbe-
günstigte Vorzugsplatz am Notausgang hat etliche Nachteile, die Lufthansa
hat sie auch.

Patohng auf Puhgett, 21. April 1994

695.
Kurz nach acht Uhr *local time* Landung in Bangkok, *circa* eine Stunde
Schlangestehen an der Paßkontrolle, Gratis-"Limousine" zum *Domestic Air-
port*, mein Weiterflug ist noch am Boden, läßt aber keinen Spätling mehr an
Bord. 16 Uhr Weiterflug nach Puhgett: Platz Nr. 7A.

Dort Weiterfahrt nach Krabih unmöglich. Übernachtung im *"Patohng Beach
Bungalow"* Nr. A 1 in Patohng.

Strand*walk* bei theatralischem *sunset.* Organisation der morgigen Weiterreise beißt sich in *circa* acht Reisebüros gleichermaßen fest, zeilauf, zeilab:
viele Male.

Der kleine Gefühlsaustausch mit dem bettelnden hübschen Schwerbehinder-
ten.

Aus der Klimaanlage von 1A regnet es auf den Fernseher.

Ao Naang, 22. April 1994

696.
Im *Tuk-Tuk* nach *Puhgett Town* zum Busbahnhof. Großer Fortschritt in
sechs Jahren, Modernisierung der Busse mit *Air Con*, TV, Coca-Cola und
Platznummer: 12. Drei Stunden Fahrt bis Krabih Busbahnhof.

Dort macht mir ein süßer Ui die Hotelreservation in *Ao Naang* und dreht
mir ein praktisches Direkt-Taxi an, das von seinem Chef, dem Mr. T von
"Travel Tours and Book's", chauffiert wird. Gemeinsamkeiten in *Go Pih
Pih.*

Circa 13.30 Uhr endlich im *"Ao Naang Villah"*. *Lunch*-Flirt mit Joh, einem koketten Kellner und *Lady-Boy* aus Sawaangs *Nohng Kaai*.

Suche nach *"Green's Bar"*. Erst Kapitän Yahd als alter Freund zeigt mir den rechten Weg. *"Green's Bar"* liegt meinem intuïtiven *"Ao Naang Villah"* genau gegenüber, nur eine Straßenbreite entfernt.

Sawaang kommt mir entgegen.

Dinner in *"Green's Bar"*. Flauë Stimmung bei laufendem TV.

Sawaangs (und Pett's) Bar. Spezifischer Geruch; diverse andere Gäste. Schließlich Offenbarung. Der Kristall hat einen Drogensprung. Hammergefühl.

Nach 2 Uhr ins Hotel. Exzesse von Fröschen und anderen Rätseltieren, Tropenlärm.

Ao Naang, 23. April 1994

697.
Beim Frühstück der enttäuscht reservierte Joh: wo ich denn gestern abend war?

Den ganzen Tag am Bungalow vergeblich auf den verabredeten Sawaang gewartet.

698.
Buchidee: Nabokows Schilderungen raffinierter Schmetterlingstäuschungen (*"Die Gabe"*) um andere solche Beispiele und Geschichten zu einem großen Gottesbeweis ergänzen und von dem aus auf andere göttliche Intentionen hochrechnen. Numinose Intentionalität allerorten. Sie wahrnehmen und als Ratgeber, Hinweise, Wegweiser, Tröstungen benutzen.

699.
Gegen *sunset* Strandpromenade. Just da natürlich steht Sawaang vor meinem leeren Bungalow.

Das klärt sich auf, als ich nach dem Abendessen bei sintflutartigem Gewitterregen im Hotel-Restaurant Joh's abermalige Avancen ausschlage und mit den Geburtstagsgeschenken zu Sawaang in *"Green's Bar"* gehe: Erklärung, Entschuldigungen und anrührende Ehrlichkeit.

Überraschend wohlerzogene Entschuldigungen auch des eunuchenhaften *Däo-Däo* für verspätetes Wiedererkennen.

Spiel, Jokus und Konversation mit dem präoperativen Domm. Dabei wird mein verstecktes Päckchen entdeckt und erfragt, Sawaangs verheimlichter Geburtstag offenbart. Allgemeine Gratulation und meine Bescherung. Überraschung, Freude, Glück, Rührung und Tränen in den schwarzen Schlitzen. Wohl die erste Beschenkung solchen Ausmaßes in seinem ganzen Leben.

Später erkläre ich ihm die Dringlichkeit unseres Gesprächs, das dann sofort an *separate table* stattfindet. Ohne jedes *Lamento* eröffnet es seine ganze Lebensmisere und die bisherige totale Chancenlosigkeit, die auch den gestrigen Kristallsprung erkläre. Mühelos bekomme ich sein Versprechen auf rigorose Enthaltung fortan.

Mein Wunsch nach hiesigem Heim macht ihn ratlos, dann bietet er mir das Haus seines Vaters und ein Bett in seiner Bar *in spe* an.

Spätere Störung durch eine aufdringliche Linda aus Rimini, der Sawaang erklärt, daß Ameisen ihre Eier transportieren, bevor es Regen gibt, und daß eine stinkende Käfergattung vor einem nahenden Sturm nicht mehr geradeaus, sondern in Zickzack oder Schlangenlinien läuft: Materiäliën für das neuë Gottesbuch? Auch sein Wissen um Frösche und deren diverse Laute.

Ohne sein Zutun schäme ich mich für jegliches geschäftliche Denken. Er sitzt in Kadirs neuëm schwarzem "Sawaang"-Hemd da und strahlt nur Unschuld aus. Ich komme mir wie ein Raffke vor. Dann kommt er zu mir ins Klo zu gemeinsamem Pinkeln. Eine Premiere.

Nach dem Effekt meiner Besuche für seine Umwelt befragt, sagt er, daß das keinen was angeht und keinen kümmert; *jeder akzeptiere das*. Ich: *"Alle?"* – Er: *"Alle. Das ist hier Freiheit."*

Trennung gegen halb vier Uhr morgens. Schlaftablette.

Ao Naang, 24. April 1994

700.

Beim Frühstück buhlt Joh halb reserviert, halb nachdrücklich um abendliches Videogucken.

Dann langes Rechnen und Taktieren. Entwerfen von Strategieën, Reisen und Diskussionen mit Sawaang.

Lunch bei *"Green's"* mit Sawaang am Tisch: Erörterung meiner Hamburger Thai-Materialiën, Adressen-Schreiben, Übergabe des nicht abgeschickten Briefes. Ich bin akzeptiert und eingemeindet wie ein Familiënmitglied. Alles setzt sich zutraulich-ungeniert hinzu.

Inspektion der billigen Green-Bungalows. Mücken-Attacke.

Inspektion des Bargeländes *in spe*.

Zu Batt: sehr freundschaftlich. Erste Fotos.

Dinner im *"Ao Naang Villah"*: Joh's Anmache bleibt aus. Oder wartet er jetzt auf meine? Kontaktversuche mit Tiramuht, seinem viel attraktiveren Fohlen-Kollegen, der europäïsch aussieht, kaum englisch kann und mit mir morgen nach Krabih in den Supermarkt will: zum Ausnehmen? Oder auf den Markt? Was bedeutet das? Er ist nicht eben unschwul.

Nach zehn in *Green's Bar*. Gut frequentiert. Die Anbiederung des kiffenden alten australischen Geschäftsmanns unangenehm, das Anstrahlen der Thais beglückend. Später Hallenser mit vielfacher asiatischer Erfahrung: *"In diesem Lande stimmt einfach alles."*

Sawaang neutral und *busy*, aber von strahlendem Charme zu *everybody*. In dieser Bar ist er ein Star. Pett spielt die Rolle der *Nummer zwei* mit neidloser Anmut. Sawaangs *"Why-not?"-shirt* ein verblüffender Erfolg bei allen. Sie nennen ihn *"Mr. Why not"*. Allen stellt er mich als seinen *Großen Bruder* vor: Alibi oder Stolz?

Als Barmann ist Sawaang Spitze. Von extremer Aufmerksamkeit in Bezug auf Eis, Aschenbecher, Feuёrgeben, Musik, Gespräche, Fürsorge, Nachschütten, Säubern, Anstoßen *et cetera*. Ohne Nötigungen, bester Service, mit betörender Anmut, herzlichem Liebreiz. Immer wieder die Güte in seinem Ausdruck.

Magische Kontakte zwischen uns. Ich denke an ein Glas Wasser, da bringt er es schon unaufgefordert. Ich denke an Aufbruch, schon reicht er mir die Hand: *"Schlafen Sie gut: gute Nacht"*. Als ich ihn (*"für Kadir"*) in seinem *Why-not*-Hemd fotografieren zu dürfen bitte, nimmt er den Fotoapparat, gibt ihn Pett, verläßt die Bar, setzt sich zu mir, nimmt mich in den Arm und inszeniert so aussagestark das erste Foto. Was ich kaum zu denken wage, tut er sofort. *"Was der eine denkt und sagt, tut der andere auch"* (Goethe).

Mir wird klar: das Leben eines Barmanns ähnelt dem eines Schauspielers, der *ensuite* spielt: langes Schlafen bis gegen Mittag; dann schon gleich Einrichten der Bar für den Abend; den Nachmittag verbummeln, ohne noch was Rechtes zu unternehmen: weil es schon nicht mehr lohnt; der vorausgeworfene Schatten der Vorstellung. Die Öffnung der Bar dann (bei Sawaang) ohne feste Uhrzeit, wie das Eintreffen beim Maskenbildner, in gleitendem Übergang, nach Bedarf und Nachfrage, er ist parat; Abend und Nacht sind dann wie eine Vorstellung, die er gestaltet, trägt und verantwortet. Er ist der Mittelpunkt der ganzen *Show*, ihr Star. Nach zwei Uhr dann (oder wann immer der letzte Gast weg ist), kann er noch nicht schlafen: wohl zu aufgedreht; er sieht noch fern, er liest noch: jede Nacht, was eben zur Hand ist, gern in einer englischen Enzyklopädie, bis die Vögel zu singen anfangen.

701.

Wegen Mücken und Malaria entscheide ich mich gegen Sawaangs Bungalow. Aber auch aus Gefühl für Distanz, aus Angst vor Inflationierung, Eingemeindung durch die andern. Der Kristallsprung kommt mir mit seinen Gefährdungen erst sehr viel später in den Sinn.

Ao Naang, 25. April 1994

702.

Lunch bei Sawaang. Anschließend mein verabredeter Vortrag über finanzielle, berufliche und bürgerliche Situation im fernen Europa. Er lauscht wie ein artiges Kind. Keinerlei Zwischen- oder Rückfrage.

Dann unterbreite ich meinen Plan einer vertraglich vereinbarten Verzinsung und komme mir dabei wie ein Schurke vor. Er ist mit allem einverstanden, wiewohl er diese Gedankengänge für ziemlich exotisch erklärt. Aber sicher seiën sie gut so, in ihrer Trennung von Freundschaft und Geschäft ...

Er trägt das *Greenpeace-Shirt*: "NO TIME TO WASTE".

Später kommt sein Kollege Kaao hinzu: Witzeleiën über Sex, Prostitution und Sprachprobleme.

Ich bringe den ersten Film zum Entwickeln und treffe einen weiteren abenteuerlich-strizzihaften, zutraulichen und verrucht schönen Bao (= V.).

Zur Bar-*Séance* mit eigenem Whisky. Sawaang fragt mich ziemlich gezielt, wer Ché Guevara sei, und begreift meine vage Erklärung mühelos.

Stundenlanger Frust, weil Sawaang mit einem holländischen Macho und Kiffer, der mit mir um die Vormacht kämpfen will, endlos Backgammon spielt.

Pett ist introvertiert. Die Stimmung fad, bis das profane holländische Pärchen sich trollt. Mit der Dänin, dann mit Gài und dessen wohl schwulem und sehr kontaktfreudigem Freunde aus *Suraat Tanih*, dem Motorradverleiher von *vis-à-vis*, ein sehr heiterer, liebevoller, unterschwellig schwuler und freundschaftlicher Ausklang mit viel Gelächter, *Wais* und Sympathieerklärungen ...

Erst gegen drei bei abrahamitischem Tropenlärm in meinen obligaten Tiefschlaf gesunken.

Ao Naang, 26. April 1994

703.
Mit Sawaang ein Motorrad, jenes Todesvehikel, gemietet und gen Saithai losgebraust. Es ist lila. Ich frage, wie diese Farbe auf Thai, Sawaang, wie sie auf englisch heiße; *auf deutsch heiße sie lila.* Das findet er sehr schön und wiederholt es: *"Rira".*

Auf diesem Rira also halte ich mich an seinen kleinen Brüsten fest, die Zeigefinger auf den winzigen Brustwarzen, umklammere seine Schenkel mit meinen und presse seinen Arsch gegen meinen Unterleib. Bei gelegentlichen Wortwechseln beuge ich mich vor, und Wange liegt fast an Wange.

Unser erster langer, spürbar akzeptierter, gutgeheißener, wenngleich dezent unerwiderter Körperkontakt.

Wie bei allen unseren wichtigen *dates* fängt es bald heftig zu regnen an.

In Saithai sind der gesuchte Masseur wie auch Sawaangs Vater ausgeflogen. Also zu Hmuh, seinem Bruder, der jetzt zwei Kinder hat. Die benachbarte Köhlerei besichtigt.

Dann zum *Reclining Buddha*, wo wir zwei Mönche begrüßen. Der eine, ur-alt und mager wie Ghandi, beschenkt uns mit Früchten. Sawaang entzündet wieder die Räucherstäbchen, wir knieën damit wieder vor dem Buddha-Al-tar nieder und beten mit *Wai*. Dann, noch knieënd, fragt Sawaang wieder, was ich erbeten habe. *"Segen für deine Bar und unsere Freundschaft. Und du?" – "Gutes für dich."*

Wir setzen uns zum alten Mönch und essen seine Früchte. Sawaang bittet den Mönch, mir ein *saisinn*, jenes talismanische Armband zu flechten. Der Mönch tut es sofort. Sawaang trägt seit seinem Unfall keins mehr. Will auch jetzt keins. Die Irritation über diesen unbegriffen unbegreiflichen Unfall sitzt zu tief und dauert an.

Eine junge Katze hat auffallendes Vertrauën zu mir. Sawaang verweist auf den Frieden der hiesigen Hunde und Katzen: alle Urfeindschaft sei auf die-sem Gelände aufgehoben, dessen Magie noch bei strömendem Regen deut-lich zu spüren ist.

Bruder Hmuh kommt angeknattert. Sawaang bemerkt, daß die Hunde ihn heftig ankläffen und bei uns ruhig blieben. Freilich fährt Hmuh auch, anders als wir, indiskret nah an den Buddha heran. Er betet kurz.

Der Mönch segnet das georderte Armband, indem er es an die Lippen hält und abtaucht. Sein Gesicht ist bei geschlossenen Augen völlig versunken und jenseitig. Die Lippen bewegen sich leicht.

Lange Pause. Dann hält der Mönch plötzlich Sawaang und mir je ein Arm-band hin. Ungefragt hat er unter der Hand ein gleiches auch für Sawaang gemacht. Er korrigiert meine falsche (linke, weibliche) Hand, erhebt sich und geht mürrisch vonhinnen.

Hmuh befestigt mein Armband am rechten (männlichen) Handgelenk. Sawaang und ich reichen uns wortlos, aber wissend die gleichermaßen gesegneten Hände. Es sieht aus wie Eheringe. Keiner sagt das, aber beide wissen es. Oder alle wissen es. Der Bruder als Trauzeuge.

Dann fahren wir selbdritt durch abermaligen Regen zum Vaterhause der beiden. Der Vater ist nicht da. Wir fahren zu der Kautschukplantage, auf der er arbeitet. Während Hmuh ihn im endlosen Walde suchen geht, fordert Sawaang mich zum gemeinsamen Pinkeln auf. Leider kneife ich, aus Kompliziertheit, aber voller Sehnsucht. Er pißt mir was vor, mitten im Kautschukwalde seines Vaters und Bruder Hmuh entgegen. Dann erklärt er mir die Kautschukgewinnung, die Wegerodung, seine hiesige Kinderarbeit.

Erst kommt Hmuh zurück und kündigt den Vater an. Der erscheint dann: ein verhärmtes Männlein, scheu, aber leuchtenden Auges, sensiblen, verletzten Gesichtes. Meinen Dank für diese beiden Söhne weigert Sawaang sich zu übersetzen. So bleibt es bei *Wais*, Lächeln und schüchternem Schweigen.

Auf die Eheschließung folgt so der Einbezug in die männliche Familië, zu Vater und Bruder.

Dann fährt mich Sawaang zu seinem Wundermasseur, der aber nicht da ist. Hmuh verschwindet wort- und grußlos: Funktion erfüllt? Oder ab nun stete Zugehörigkeit? *Hmuh* heißt auf Thai *das Schwein* und erinnert mich an Horaz und dessen Selbstbezichtigung als Schweinchen.

Auf dem Rückweg (an Nokks modernem Elternhaus vorbei) machen wir einen "Umweg" nach *Ssussaan Hoi*. Sawaang und ich stehen da allein auf dem 75 Millionen Jahre alten Muschelriff und sind ebenso alt. Das ist wohl unsre Hochzeitsreise.

Mit einem Fuß verletze ich mir den andern: starke Blutung und Schmerzen.

Das Horoskop in der *"Bangkok Post"* verheißt mir heute *"symbols of love"* sowie *"focus on personal environment"* und *"completion of longterm negotiations"*.

Green's Bar. Domm ist für einen Tag aus dem Hospital zurück. Allgemeine Fotobetrachtung. Domm findet Sawaang auf manchem Bilde weiblich. Batt und Yahd kommen, um zu sagen, daß sie nicht kommen: islamische Alkoholprobleme. Aber sie bleiben eine ganze Weile. Mit Yahd der Traum einer gemeinsamen Thailand-Tour.

Dann eine Weile zu dritt mit Sawaang und Pett. Plötzlich zeige ich meinen *Klik*: Sawaang sieht aus, als wäre ich von bösen Dämonen in Skorpions- und Vogelspinnengestalt befallen. Oder wie Jessye Norman in *"Ariadne"*, als sie den Tod zu sehen glaubt. Existenz-Schreck in riesig aufgerissenen Augen wie noch nie. Ich solle das wegschmeißen, auch Pett möge das gar nicht. Sowas könne man nur tragen, wenn man es geschenkt bekomme. Gekauft, sei es sehr schlecht. Er holt mit einem *Wai* eine kleine Buddha-Schildkröte hervor, von der seine Mutter geträumt hat, daß sie sie in einer unbekannten Höhle finden werde, was dann so auch geschah. Dann zeigt er mir einen foliënartigen Talisman mit Himmelsrichtungen, astrologischen Zeichen und geheimnisvollen Texten, den ihm ein Mönch und Mitpatiënt im Krankenhaus geschenkt hat. Den will er mir geben, falls ich den *Klik* ablege. Das tuë ich, aber ich nehme ihm sein Glücksgeschenk nicht weg, was er sofort als richtig akzeptiert. (Oder fühlt er sich abgelehnt, zurückgestoßen?)

Er schenkt mir dann zwei Paßfotos von sich: eins vom schönen und erotischen Siebzehnjährigen, eins vom erloschenen, glanzlosen Arbeitslosen im letzten Februar, als er resultatlos Bewerbungen losschickte: beide sind von bestürzender Trauër.

Als Sawaang mir ein Bonbon anbietet, halte ich es aus Quatsch für ein Kondom. Gelächter. Dann erzählt Sawaang, er habe noch nie ein Kondom benutzt, weil es beeinträchtige. Ob ich Kondome benutze? Ob sie nicht sehr beeinträchtigen? Ich verweise auf die AIDS-Gefahren. Er ist informiert und warnt den neunzehnjährigen Pett vor jahrelangem Siechtum für zehn Minuten Vergnügen.

Ab und zu weiß Sawaang auch heute wieder im Voraus, was ich mich gerade zu sagen anschicke.

Pett, der uns beiden jäh seine Verliebtheit in eine gestern eingetroffene häßliche Dänin und seine hilflose Schüchternheit gesteht, erbittet, in seinem Brüderlichkeitsgefühl, ein Foto unseres Trios. *Ladyboy Däo-Däo* macht es.

Dann Sawaangs dienstbeflissener, schuldbewußter Rückfall in den Kristallsprung. Alarm!

Sawaang bringt mir Backgammon bei und ist ein glänzender Lehrer. Er erklärt nicht, er macht. Von Schritt zu Schritt. Instinktiv. Jener schöne verruchte Bao (V.) schaut zu, ist aber reserviert, trotzdem betont höflich und wohlerzogen.

Um zwei Uhr nachts kommt noch ein Trio: eine englische Tunte, die mir Komplimente für mein Englisch (*"remarkably good for a German"*) macht und sich mit einer häßlichen ältlichen Italiënerin küßt, und ein türkisch-australischer Barbesitzer von *vis-à-vis*, der meine Idee eines thailändischen Lebensrestes realisiert – freilich in einer Thai-Ehe und mit einer Eigentumswohnung am Bosporus.

Die für morgen geplante Reise nach *Go Pih Pih* mit Sawaang scheitert am Veto seines Chefs. Wir verschieben.

Ao Naang, 27. April 1994

704.
Das vormittäglich rituëlle Tagebuchschreiben steigert sich mehr und mehr zu einem meditativen Rausch, zu einer kreativen Ekstase, die mich an *Go Samui* erinnert und allzu stark an Sawaang gebunden sein mag.

Diese eine Woche in *Ao Naang* ist schon wie ein Äon. Mein Hamburger Domizil in *Sankt Pauli* hat sich aufgelöst. Mein ganzes bisheriges Leben verdämmert in weitester Ferne. Ich bin dabei, diesem Buddha im Sinne eines Jüngers "nachzufolgen". Er lehrt mich, aus Erleuchtungen keine anmassende und autistisch verblendete, orthodox und dogmatisch verbogene oder beschränkte Theorie, Lehre, Mission zu machen, sondern sie im profanen Alltag eines Barkeepers zu realisieren und praktizieren. Weltverbesserung *hic et nunc*, ohne Ideologie, ohne Einbindungen, ohne Organisation. Aber auch ohne Applaus. Ohne Popularität. Sich in der anonymen Bescheidung erfüllen. In der Gestaltung einer unbedeutenden kleinen Barnacht mit unsensiblen *farang* und primitiven Thais. Viele übersehen diesen Guru, der keiner sein will, manche spüren ihn, einige sind irritiert, einige lieben ihn. Manche sehr.

705.

Irgendwie kommt die Rede auf Fußball. Ich frage Sawaang, ob er gern Fußball sehe. *"Ja, sehr." – "So. Aha."* (Enttäuschung. Verarbeitung: Generationenproblem, Zeitgeist *et cetera*.) – *"Weil beim Fußball nur ein Ball getreten wird, beim Thai-Boxen Menschen."*

706.

Die Ekstase erstreckt sich bis weit in den Nachmittag. Zur *heure bleue* bei Sawaang in der Bar: Fruchtcocktail. Wegen unserer Reise zu fragen, hat er wegen schlechter Cheflaune lieber unterlassen.

Ich frage ihn nach Immobiliënmaklern. Er schlägt plötzlich zu, entwickelt Initiative und Ideeën zur Grundstückssuche. Erste Aktivität spontan *vis-à-vis* beim Taucher-Laden, wo der guruhaft Leuchtende sich minutenlang anpaßt und zum plumpen, primitiven Bauernburschen mit grober Haut assimiliert.

Nach dem *Dinner* in *Green's Bar* (mit derben und deutlich illustrierenden Beschneidungswitzen zu Gàis bevorstehender Muslim-Hochzeit) ein langer Abend mit später Gelegenheit, Sawaangs dienstlich angeordneten Kristallsprung unter vier Augen zu besprechen. Auch über die hiesige Unüblichkeit von Umarmungen wie meiner damals in *Beach Terrace*. Man verfremde hier derlei lieber mit Arschtritten.

Lebensbeichte eines deutschen Alkoholikers, 33, aus der Schwäbischen Alb.

Der Türke, der Australiër, der verruchte Bao (V.). Der immer süße Pett, den Sawaang *"Lann"* nennt: Enkel, Kleiner – *"very pretty"*.

Ao Naang, 28. April 1994

707.

Tief in den Schlaf trommelt ein Dauërregen und überredet mich, den vereinbarten Termin mit Sawaang zu verschwitzen. Als ich um zehn zum Frühstück erscheine, ist es zehn vor eins.

Der kleine Joh schätzt mich auf 46; alt sei man erst mit sechzig. Auch er übrigens ohne Bartwuchs: 28!

Kurz nach zwei bin ich dann, statt gegen elf, bei Sawaang, der mir erst einen halben Tag später erzählt, daß er gegen eins nach mir schauën kam. Jetzt ist er in die allgemeine Arbeit an einem neuën Palmenstamm-Zaun verwickelt. Er befreit sich daraus, wir suchen *circa* eine Stunde nach geeignetem Miet-Motorrad, Pechsträhne, allzu spät zuckeln wir gen Krabih zum süßen Nokk.

Unterwegs halten wir an dessen Elternhause, fragen seine ebenso süßen Eltern nach Immobiliën. Dann weiter zu Bruder Hmuh, dieselbe Konsultation, zumal mit der Schwiegermutter. Warten und Aufpassen wird anempfohlen und angeboten.

Vor dem *Reclining Buddha* den aufleuchtenden Hochzeitsmönch von vorgestern passiert und mit den Augen gegrüßt. Bei jedem Passieren des hiesigen Buddha hupt Sawaang dreimal: ritualisiert.

Weiter zu Sawaangs Vater: nicht da. Suche bei der Verwandtschaft. Hmuh kommt. Der Vater kommt. Wieder die Immobiliënberatung. Der Vater unheiter, aber von großer Ruhe und anscheinend hilfsbereit.

Einladung zum gemeinsamen Abendbrot: auf dem Fußboden, mit der Hand, aus diversen Schüsseln, mit immenser Gastlichkeit, Liebenswürdigkeit, Aufmerksamkeit. Wir sind sechs Männer, drei *boys*, ein kleiner Junge und nur eine Frau, die mich als ihren Nachbarn *in spe* schon jetzt zu vielen weiteren Mahlzeiten einlädt.

Der Vater berichtet, wie ihm mein Anruf bei Sawaang auf Umwegen als Gerücht zugetragen wurde. Ich spüre, wie er mich heimlich kritisch beobachtet. Auch mein Alter wird angefragt, meine Aufforderung, es zu erraten, aber höflich übergangen. Der Vater, *Kunn Kempah*, schätzt sein eigenes Alter auf 55.

Sehr liebenswürdige Eingemeindung in eine Art von *slum*. Sawaang inmitten wie eine engelhafte Sumpfblüte.

Rückfahrt durch die Dunkelheit mit bewegendem Körperkontakt. Der unumgängliche Schenkeldruck wie eine Glückszange.

Bewegter Zwischenabschied vor dem Hotel.

Ratlosigkeit vor den nahenden Geschäfts-Entscheidungen. Sawaang weicht der Mitverantwortung als gleichberechtigter Partner aus: aus Höflichkeit und Respekt, aber wohl auch aus mangelnder Übung in derlei.

Abends in *Green's Bar*. Sawaang wird lange durch den holländischen Kiffer-Macho okkupiert, der ihn zur eigenen Selbstdarstellung instrumentalisiert und mich überdies fatal an Fiete Schütter erinnert. Erst nach Mitternacht ist die Luft rein und die Atmosphäre herzlich.

Ao Naang, 29. April 1994

708.

Morgens halb zehn Sawaang, wie vereinbart, aus dem Schlaf geholt. Motorradfahrt an seiner Unfallstelle vorbei nach Krabih. Einkauf von Zeitschrift und Feigen für Domm, den wir nach seiner Hüftoperation im Krankenhaus besuchen. Eine Krankenschwester rügt mich für mein Foto des Patiënten.

Vorher und nachher in jenes schicksalhafte *Toyaiman*, um den süßen Nokk, Sawaangs Blutspender, wiederzusehen und nach Immobiliën zu befragen: aber er schläft.

Nach dem *Lunch* im heißen und lauten Hexenkessel von Krabih wird noch Tee für unsern Kuppelmönch gekauft.

Dann fahren wir, wieder an Sawaangs Unfalls- und glückhafter Überlebensstelle vorbei, zu seinem Vater, um, wie vereinbart, Immobiliënpreise zu erfragen: aber der Vater ist zu Sawaangs Schwester nach Trang gefahren – ein Korb für mich? Eine Distanzierung? Wußte er gestern abend noch nichts von dieser Reise?

Wir fahren zum Buddha, um unserm Bruder Lorenzo den Tee zu bringen: aber auch er ist nicht da – bei einem Sterbenden. Wir beten wieder zusammen vor unserm Buddha, dann fotografieren wir uns gegenseitig vor und mit ihm.

Anschließend fahren wir in die Wald-"Sauna": Hochstand für Einzelbehandlungen zwischen Kartoffelsäcken mit Kräuterdämpfen aus einem Teerfaß unterhalb, hiernach harte Massage eines Waldgurus auf einer Art Boxring inmitten kakelnder Familië. Bezahlung freiwillig. Wiederholungen anempfohlen. Kritik an meinem vernachlässigten Körper *coram* Sawaang: durchstehen!

Zurück in *Ao Naang*, Zaungast bei Sawaangs Unterhaltung mit einem seiner *Beach-Terrace*-Chefs: Bar-Projekt in Puhgett.

Trouble mit dem Betrugsversuch des Motorradverleihers.

Schlafsucht infolge der sehr anstrengenden Massage.

Nicht zu *Green's Bar*.

Ao Naang, 30. April 1994

709.
Lunch in *Green's Bar*. Sawaang beim Wäschewaschen.

Blick in sein offenstehendes Zimmer. Aus seinem Bett hinter einem Vorhang ragt ein nackter Fuß hervor. Männer- und Frauënfüße sind hier bisweilen schwer unterscheidbar.

Dann Vier-Augen-Gespräch. Er ist belastet, beruflich wohl kritisiert, angeblich aber nicht meinetwegen. Wir diskutieren *promise* und *procedere*. Er ist weniger devot, angenehm. Er entwickelt die Idee, mir demnächst einen Jahresrabatt für einen Bungalow neben seiner Bar *in spe* auszuhandeln. Von da aus dann Aktivitäten und Entscheidungen wegen Landkaufs, Hausbau *et cetera*.

710.
Vor Tagen irgendwann fragte er, ob ich auch oft dem Getratsche (*"gossip"*) der Umwelt ausgesetzt sei. So fragt wohl nur, wer es selbst ist. *"Dagegen kann man sich nicht wehren."* Er: *"Nur indem man nicht so ist. Selbst mit dem Aufhören anfängt. Ich tratsche über niemanden. Nie ein Wort."* Und tut es wohl wirklich nicht.

711.

Das Horoskop der *"Bangkok Post"* empfiehlt mir heute *"to be 'in touch' with one in foreign land"*. Alles klar. *Why not?*

Ao Lohdalamm auf Go Pih Pih, 1. Mai 1994:

712.

Wider Erwarten steht Sawaang schon kurz vor acht blitzblank und reisefertig vor meiner Tür. Unser Aufbruch nach *Go Pih Pih*, unserm Schicksalsort, wird beflügelt von seinem unverhofften Urlaub auch über Nacht.

Überfahrt auf überfüllter *"Ao Naang Princess"* ohne Yahd, den Kapitän, und bei gefährlicher Regendrohung.

Sawaangs propere Zehen: Urfüße, unverkrüppelt.

Anlandung just vor *"Kabanah's"*. Gleich treffen wir Geh, Donn und Äh.

Im *Paak klohng* großer Bahnhof durch Däng und Mahd. Bao (II.) ist nicht da.

Kalte *gossip*-Dusche für Sawaang, den manche wohl für meinen Stricher halten. Nicht ganz leicht für ihn. Dafür bekommt er ein eigenes Zimmer, obwohl er der gemeinsamen Übernachtung schon zugestimmt hatte.

Wir spazieren unser Lohdalamm entlang zum alten *"Gift's"*, dann zum Pier von Tonnsai, durchs Dorf, flirten mit Denn, kontakten Alih und alte Freunde Sawaangs, suchen Sajann, unsern Agenten, im *"Crazy House"* auf, gehen dann "nach Hause", philosophieren auf der einsamen Veranda, sind uns auch darüber einig, daß jeder und alles ein Stück Gott sei. Ich schreibe ihm meine ersten Thai-Buchstaben auf.

Dann gehen wir essen ins *"Grand Bleu"*, wo er Bett trifft: von jenem Irrweg durch den Dschungel vor fünf Jahren.

Dann ins *"Crazy House"* zu Sajann. An der Bar wird die Whisky-Nacht mit *seng tip* so lang wie lustig. Sawaang gerät auf seine unnachahmliche Weise schnell außer Rand und Band. Ist einfallsreich, vergnügt, ein Goldstück, eilt von Tisch zu Tisch. Gutes Gefühl auch mit dem gehemmten Sajann. Tatsächlich brauche ich keinen einzigen Baht zu bezahlen. Beim Aufbruch deutliches Anschmiegen des *Barboys*.

Um zwei schleppe ich Sawaang nach Hause ab. Am nächtlichen Lohdalamm-Strand vor dem *"Pavillion"* zwingt er mich in einen Liegestuhl, legt sich in den Sand daneben und beichtet in riesig emotionalem und explosivem Redeschwall, daß er die Bar mit Domm, derentwegen ich diesmal überhaupt nur gekommen bin, gar nicht zu machen gedenke: die Aussichten seien zu gering. Er werde vielleicht ein Angebot von Thom Henley nach *Kaao Sokk* annehmen. Er ist erleichtert über dieses Geständnis und betont immer wieder sein Glücksgefühl.

Ich lerne, daß es Kulturen gibt, in denen Wahrhaftigkeit und Wahrheit von anderen Prioritäten überlagert werden: hier unübersehbar von dem übergeordneten Bemühen, den andern nicht zu verletzen oder zu enttäuschen, sich selbst nicht als unwürdig bloßzustellen, das eigene Gesicht nicht zu verlieren. Derlei wiegt hier mehr als Ehrlichkeit.

Wir wanken nach Hause. Noch kurz auf seinem Bett gesessen. Warum nur kurz? Aus Redlichkeit. Aber im Rausch ist sogar kurzes Umarmen angesagt.

Aber irgendwann an diesem 1. Mai auf *Go Pih Pih* frage ich ihn unterwegs nach seinem *girl friend* ("fän"): nein; der Fuß in seinem Bett gehörte zu Pett. Sex habe er nur mit Nutten in Krabih, und seit dem Unfall gehe nichts mehr, mit diesem Bein. Ich frage beiläufig nach *boys*: nein, das habe er noch nie versucht. Ist wohl definitiv außerhalb jeden Reizes.

Inzwischen ist es mir sogar recht so. Es hat schon zu sehr abgehoben. Ginge wohl auch gar nicht mehr.

713.
Zwischendurch verweist er in Kadirs rotem *Unsure*-Hemd darauf, daß *unsure* in manchen Fällen tatsächlich hundertprozentig *unsure*, *sure* hundertprozentig *sure* sei und weiter gar nichts – eine ernst gemeinte Versicherung.

Ao Lohdalamm auf Go Pih Pih, 2. Mai 1994

714.

Paak klohng ohne Bao verhält sich extrem ungastlich. Nicht einmal Kaffee gibt es. Sawaang taucht schon um 11 Uhr auf, wenngleich angeschlagen, und macht mir in der Küche eigenmächtig wenigstens einen Beuteltee.

Dann will er sich plötzlich ans Pier verpissen und "Freunde treffen": Rücksicht? Langeweile? Schlechtes Gewissen? Provokation? Ein Test? (Nicht eben unbekannt, derlei.)

Ich halte ihn fest und setze das Berufs- und Geldgespräch fort, warne vor dem Job bei Thom Henley. Er ist bereit, sich meiner Entscheidung zu fügen.

Auf Nachfragen behauptet er jetzt, daß Freund Domm ihn einen Tag vor dem Abgang ins Krankenhaus aus dem Barprojekt ausgeschlossen habe.

Ich mache deutlich, daß es dann jetzt auch kein Geschäftsgeld gebe, trotzdem aber ein Konto für Parallel- oder Notfälle eingerichtet werden sollte. Er verhält sich indifferent und ist von nun an bis zur Abreise vergleichsweise mißgestimmt. Oder belastet. Oder enttäuscht? Oder in Existenznot? Oder nur müde und verkatert? Mit seinen Magenbeschwerden? Oder nur unbeherrscht *à la Thai*? Oder gelangweilt?

Immer unklarer werdend. Immer glanzloser. Immer a-charismatischer. Immer verschlossener. Ein komplizierter Mensch. Die schwarzen Augen jetzt lichtbraun: kein gutes Zeichen.

Langes Sitzen in der alten *"Kabanah"*-Bar, seinem zwischenzeitlichen Arbeitsplatz am *Ao-Naang*-Pier. Bahnhofssituation. Ab und zu noch ein sinnloses Foto. Die Fähre läßt prinzessinnenhaft auf sich warten. Endlich kommt sie: diesmal mit Yahd, ihrem Kapitän. Kurzer Abschied, kein Winken, kein Zurückblicken. An Bord versenkt er sich sofort manisch in seine Zeitung.

Rückkehr ins *Paak klohng*. Beim langen Schwimmen in brühwarmer Suppe der Gedanke, sämtliche Thai-Projekte abzubrechen.

Da kommt Bao (II.) zurück. Ist herzlich und kommt schnell zur geschäftlichen Sache. Neuer Vorschlag: kein Anteilkaufen, sondern Darlehen, das zurückgezahlt wird. Statt Zinsen lebenslängliches Wohnrecht. Längere Diskussion der Vertrags- und Zahlungsmodalitäten, Geld-Demo, beiläufiger Handschlag mit Mahd, der aber Flecken im Gesicht und flackernde Augen hat. Beschwörung von Vertraulichkeit.

Abends nach Buhn Ausschau gehalten, aber das *"Casablanca"* ist zu.

Ao Lohdalamm auf Go Pih Pih, 3. Mai 1994

715.
Freundschaftlicher Frühstücks-Bao, der Aufenthaltsverlängerung um einen Tag zu erwirken versteht: kleine Pause vielleicht auch gut und diplomatisch für Sawaang.

Schwimmen in warmer Brühe, große Hitze, Gammeln. Immer wieder Äh, aber da ist der Strom raus. Yoad fehlt der Insel, sein Vertreter macht sich vif heran. Sonst sind alle gelähmt, unlustig zum Kontakten: Nachsaison.

Spätnachmittags mit Bao und naïvem Holländerpärchen 444 neuë Stufen zum *viewpoint*, dann *circa* zehn Minuten weiter aufwärts zum absoluten Aussichtspunkt über das ganze *Pih Pih* und die gesamte Bucht von Puhgett, über *Go Jao* und das seitenverkehrte *Ao Naang* bis Krabih und weiter nach *Go Lann Tah*. Ein Weltplatz. *Bellezza purissima*. Dieser Platz gehört meinem Mahd, der hier einen zweiten *viewpoint* auszubauën und einen Bungalow für *sunrise-* und *sunset*-Beobachter oder Schreiber wie mich hinzusetzen plant. Ein Traum mit praktischen Problemen (Aufstieg, Ernährung, Gepäck).

Bao pflückt Chili-Blätter, große Fotoserië. Zurück zum alten *viewpoint, sunset,* Einbezug durch junge Thais in ihr Gruppenfoto. Herzerwärmend.

Abstieg im Dunkeln.

Dinner im *"Grand Bleu"*, manche fragen nach Sawaang. Dann ins frühabendlich leere *"Crazy House"* mit dem anschmiegsamen *Barboy*. Sajann ignoriert mich brüskierend. Nach zwei Gläsern *seng tip* ins *Paak klohng*.

Der lesende Bao kommt aus seinem Zelt, um mit mir zu sprechen. Wir liegen am nächtlichen Strande im Sand, er gesteht seine und Mahds schlafstörende Unruhe und Ängste wegen Unsicherheiten mit mir und meiner Knete. Ausführliche, unnötig komplizierte Klärungen, Beschwichtigungen, Versicherungen. Mahd taucht aus der Nacht auf, pißt wortlos neben uns und geht.

Spät ins Bett. Langer Kassensturz.

Ao Naang, 4. Mai 1994

716.
Bao versucht, abermalige Aufenthaltsverlängerung um einen Tag zu erwirken. Eindeutig eifersüchtig auf Sawaang. Macht mir Komplimente. Ich bleibe hart.

Vielfaches Aufschieben unserer schriftlichen Fixierungen, die er aber frühmorgens schon vorformuliert hat. Sein rätselhaftes Schwanken zwischen
Geheimniskrämerei und Indiskretion, zwischen Mißtrauën und Vertrauëns-
ethos. Offenbar ist ihrer beider Angst vor mir größer als meine vor ihnen.
Mahd ist wohl naïver und primitiver als vermutet. Oder eine Rolle? Na, mal
sehen.

Bao bringt mich zum Schiff. Der freundschaftliche Yahd, den ich in seiner
Kapitänskabine besuche und fotografiere.

Sonnig pittoreske Überfahrt nach *Ao Naang* wie eine Heimkehr. Rückkehr
auch ins *Ao Naang Villah*, wo meine 72 georderten Abzüge vom hiesigen
Fotoladen abgeliefert und vom Hotel in gutem Glauben beglichen wurden:
amazing, berührend.

Süßer Rezeptionist, der aber die elektronische Fernbedienung der Klimaanlage nicht zu erklären vermag: ein überzüchtetes Mysterium.

Gegen zehn in *Green's Bar*. Gerade rechne ich damit, daß Sawaang inzwischen gekündigt und auf Nimmerwiedersehen verschwunden ist: da werde
ich, noch auf der Straße, von hoch oben angesprochen – Sawaang an der
Rampe: er glaube seit gestern, ich sei direkt von *Pih Pih* nach Puhgett und
abgereist. Also synchrone Verlustängste. Wie beglückend.

Umso herzlicheres Wiedersehen. Sawaang ist besonders heiter und gut
drauf, vielleicht auch glückhaft erleichtert. Auch habe er den wiedergekehr-
ten Domm über seinen Austritt aus dem Bar-Projekt informiert. (Wieso
denn das? Unklar verzettelte Antwort unter Verwertung meiner Trennung
von Freundschaft und Geschäft.) Jedenfalls wolle er Freund Domm wie
auch mich als *pìh tschaai* nicht durch Geldgeschäfte verlieren oder gefähr-
den. Aber hartnäckig befragt, bestätigt er meinen Verdacht, schon kurz vor

meiner Ankunft aus dem Projekt ausgebootet worden zu sein. Das erklärt vieles.

Übrigens werde er wohl bald auch in *Green's Bar* kündigen, weil er mit seinem (angeblich unvereinbarten, unausgezahlten) Lohn bei schlechter *low-season*-Situation den Chef nicht belasten wolle. Er werde wieder nach Saithai zurückkehren, könne mit Muskelkraft überall, auch wieder in Kautschukplantagen arbeiten. Oder ist er bereits gekündigt und läßt mich das auf diese indirekte Weise wissen?

Ich beginne, alle seine Unwahrheiten und Vernebelungen als Wahrung des eigenen Gesichtes und als meine Bewahrung vor Verletzungen zu verstehen. Deutsche Wahrhaftigkeitspriorität wird so auf die Probe gestellt.

Er ist ungemein heiter, vital, gesprächsfreudig, aktiv und liebevoll, voller Beteuërungen und Zuwendungen, wieder ganz der betörende Außerirdische. Erst dieser Besuch habe ihm meine Bedeutung für ihn ganz erschlossen. Erklärt (leider unverständlich) unsere Beziehung mit gemeinsamen Eltern trotz verschiedener Eltern.

Ich sehe, diagnostiziert er, unglücklich aus: warum? Er selbst sei seit dem nächtlichen Strande von *Pih Pih* nur noch glücklich, weil er sich vom Geschäftsdenken befreië und zu sich selbst zurückkehre.

Jetzt gelte es zu warten. Alles sei ein immer wiederkehrendes Kreisgeschehen, das man an sich vorbeiziehen sieht, bis das Angemessene für einen erscheine.

Wenn ich so weit sei, Thai lesen zu können, werde er für mich schreiben. Sonst gebe es ja keinen Leser für ihn. Aber ein Projekt sei schon jetzt vorhanden: die futuristische Erkundung menschlichen Untergangs parallel zur jetzigen der Sauriër.

Ich selbst denke an den Stoff eines chamäleonesken Barmannes mit Sawaang als wertkonservativem Modell, dem es um Bewahrung vor dem Untergang und Erhalt des Erprobten geht: *"To keep, keep, keep"* beschwört er mit unasiatischer Emphase.

Der liebe Fantah aus dem hiesigen *"Gift's"* taucht mit seinen Krabbenhänden auf, begrüßt mich freundschaftlich beim Namen und partizipiert unverhohlen am hierorts obligaten Kristallsprung.

Eine Gruppe vermeintlicher Fußballer im gleichen Sportdress wird von Sawaang als seine "Brüder" aus Saithai begrüßt: lauter junge Polizisten. Zusammenhänge mit dem Kristallsprung? Jedenfalls nicht erkennbar.

Aber ein hübscher junger Thai namens Tschaai erscheint und bittet mich unerfindlich, aber unwiderstehlich an seinen Tisch zu Freund Dschai und Kellner Gài. Warum bloß? Zumal er, aber sie alle sind des Englischen gänzlich unkundig; nach Whisky-Bekundungen bricht jedes Gespräch notgedrungen ab, ich werde unweigerlich zum Zaungast, Tschaai wendet sich Schmusereien mit seiner Geliebten aus der hiesigen Küche zu. Aber bezahlen lassen sie mich auch nicht. Werde ich so von der Polizistenbar weggelockt? Oder ist es pure Nettigkeit wie bei den Fotojungs auf dem *viewpoint*? Rätsel.

Mit spätem *Maekong*kopf ins neuë *Air-con*-Bett.

717.
Der schöne Thai-Brauch, statt *Nein* lieber *"Nicht ja"* zu sagen: *mâi tschai, mâi ao* . Dieselbe Behutsamkeit, auf der Grenze zur schonenden Vernebelung.

718.
Ich bitte Sawaang um Entschuldigung, weil ich ihn in *Pih Pih* als meinen Eskort in den Verdacht gebracht habe, Stricher zu sein. Er: das sei *okay*; dem Klatsch könne man sowieso nicht entrinnen; also muß man ihnen was zu tratschen geben, dann seïen sie glücklich: glücklichmachen selbst hier als Devise.

Ao Naang, 5. Mai 1994
719.
Zum *Dinner* ins Thai-überfüllte *Krabih Resort*, wo der Krönungstag des Königs mit läppischen Kindertanzereïen begangen wird.

Gegen zehn ins *Green's*, Knipsereïen mit dem neuën Verehrer Tschaai, der mir öffentlich Liebeserklärungen macht, und dessen Freunden Joh und Oh.

Langes, sehr bewegendes Bar-Gespräch mit Sawaang, über dessen plötzlich
wiederaufgetauchte Mutter und die unvernarbten Wunden des Dreizehnjäh-
rigen, der in der Familië seinerzeit die Mutterrolle übernehmen mußte. Er
skizziert die unvergleichlichen Schwierigkeiten einer Ehetrennung für eine
Thai-Familië. Teils verschlägt es ihm heute noch die Sprache. Aber er weiß,
daß man an derlei wächst. Viele seiner Qualitäten, sage ich, mögen sich so
erklären. Wahrscheinlich müssen auch seine körperlichen und erotischen
Besonderheiten und Abstinenzen mit diesem Mutterverlust verbunden werden. Vielleicht auch manche andere Erlesenheit. Aber sicher auch seine
Schwierigkeit oder Unfähigkeit oder tiefe Unlust, eine Freundin zu finden.
Der Schock sitzt wohl zu tief.

Episode eines französischen Macho mit kriminellem Einschlag und zwielichtigen Anbiederungen drogistischer und sonstiger Art. Ich werde zum
Schlangenaal und irritiere ihn ziemlich.

"Lann" Pett überrascht durch gut beobachtete und imitierte Eigenheiten
meiner Körpersprache im Umgang mit Sawaang: der Zeitlupenboxer, auch
meines Mitschnalzens bei mancher Musik – freilich lachend und mir ins Gesicht, ohne Häme.

Bis zwei Uhr durchgehalten.

Ao Naang, 6. Mai 1994

720.
Bei strömendstem Tropenregen nach Krabih aufgebrochen. Mahd und Bao
in Sonntagskleidung vom *"Seabreeze"*-Schiff abgeholt. Schweißgebadet zur
Thai Farmers' Bank. Die Thai-Banker, alle in weißen Hemden, mit Krawatten und grausamen Talmi-Ringen an den Händen, sitzen in einer Tiefkühl-
truhe an uralten Rechenmaschinen und haben keine Ahnung. In der Ecke
stehen zwei unbenutzte Computer. Quittungen werden per Hand auf Rück-
seiten geschrieben. Kontoeröffnung und Überweisungs-Wunsch lösen Rie-
senprobleme aus, die schließlich spielerisch unbürokratisch und halb illegal
verwegen gelöst werden. Endlich hat Mahd meine 300.000 Baht in seinem
Sparbuch und ist zufrieden. Aber schon während der heikelsten Phase werde
ich von Mahd und Bao unentwegt heimlich gekitzelt: wohl zur Entspan-
nung. Dann habe zu guter Letzt auch ich mein Sparbuch weg.

Nach der Prozedur laden mich Mahd und Bao zum *Lunch* ein, und wir signieren die vagen Verträge in Englisch und Thai.

Dann bringen sie mich zur *Sohngtäo*-Station, und der *deal* ist gelaufen.

In *Ao Naang* versuche ich, Sawaang auf morgen umzubestellen, er akzeptiert natürlich, kommt aber trotzdem schon heute zu mir in den Bungalow: sein erster Besuch bei mir, nun schon ohne Scheu. Er übersetzt Baos Papier und hält es für zu *"weak"*. Bald liegt er auf dem zweiten Bett, gegenseitige Komplimente. Ich lasse mir brüderliches *pìh tschaai* und *nôhng tschaai* aufschreiben. Er erzählt mir die Anekdote vom Buddha und dem fingerlüsternen Kriegsmann, der den langsam gehenden Buddha nicht einholen kann. *"Hör auf damit!"* (*"Stop it!"*) schreit er den Buddha an. Der erwidert, er habe schon mit allem aufgehört, warum der andere nicht endlich aufhöre (*stoppe*). Ich: *"Und dann?"* Dann werde der Krieger ein Schüler/Jünger Buddhas und folge ihm nach.

Diese Geschichte liebt er über alles. Mit dem Doppelsinn des Aufhörens.

Er gesteht mir auch, schon seit Jahren zu schreiben. Habe aber noch nie jemandem was gezeigt. Überhaupt verschweige er die persönlichsten Dinge. So viel wie mir habe er noch keinem offenbart. Außer dem Spiegel. Er führe Spiegelgespräche. Empfiehlt sie sehr.

Immer wieder, leitmotivisch, die Versicherung seines Wunsches, *never to worry me*. Ich gestehe, daß mich die Bar-Geschichte schon geworriet habe, aber als sein *pìh tschaai* würde ich alles akzeptieren. Warum er aber von seinem Domm ausmanövriert worden sei? *Weil Geschäft die Freundschaft gefährde, die aber wichtiger sei.* Das riecht nach Wahrung der Würde, der Fassade. Die Niederlage nicht nach außen tragen.

Wir reden auch wieder über den dienstlichen Kristallsprung. Er gesteht den Reiz der Gefahr, akzeptiert aber *pìh tschaai*s Ratschläge und Warnungen. Über das Ausscheiden aus *Green's Bar*. Über die dortigen Aufgaben. Über Korruption und Armut im Wechselverhältnis, zumal der Polizei. Erpressungs- und Bestechungspraxis als Basis des gesellschaftlichen Lebens.

Und immer wieder über *craziness*.

Als er zur Arbeit muß, liegt eine körperliche Spannung in der Luft. Berührungen. Andeutung von Umarmung.

Er bedankt sich für alles, ich erwidere. Er lädt mich zum Abendessen ein, übernimmt Auswahl, Bestellung, Bedienung an der Bar wie auch Auswahl und Bezahlung der Getränke. Wir beginnen zu dritt (mit Pett) mit französischem Champagner (*"Veuve du ?"*), den Sawaang zum ersten Male trinkt, dann folgen köstliche Cocktails und immer wieder die feurig-intimen *B 52* zu dritt. Köstliches *Dinner* mit *Green Curry* und Gemüsemix: *aroi maak*.

Ich verheiße, ihm nach ein paar Jahren zu erklären, was alles ich ihm zu verdanken habe. *"Maybe I know already."*

Wieder über das Verhältnis von *nôhng tschaai* und *pìh tschaai*, der zum Jüngeren nie von sich aus einen *wai* machen, den er nur erwidern dürfe. Mein Versuch, die europäischen Bemühungen um *égalité* und *fraternité* zu erklären. Er weiß darum, beharrt aber auf den Stufungen und Nuancen des Respekts. Mit dem Finger auf der Wunde der demokratischen Quantenidee.

Aus der Überschwänglichkeit dieses Tages bezieht er ein starkes Gesundungsgefühl seines versehrten Beines. Utopieën gemeinsamer Reisen durch Thailand, nach Laos, durch Europa. Sehr starkes Wohlgefühl, Glücksgefühl, Liebesgefühl, bei beiden. Er leuchtet wie selten.

Daneben der leidende, gezeichnete, zutiefst hoffnungsgestörte Domm, der vermutlich eifersüchtig bedrückte und immer reserviertere, aber korrekt und komisch bleibende Pett, der kluge und weltgewandt profane Kaao, der unterbelichtete, benachteiligte und umso liebenswürdigere kleine Gài, der von seinen Gehaltskämpfen berichtet, bei denen es um existentiëlle 70 bis 100 DM geht.

721.
Auf meine Versuche, ihn zum Kondom zu überreden, berichtet Sawaang, wie er eine Prostituïerte bis zu drei Monaten beobachte und in Gesprächen teste, bevor er sich mit ihr einlasse.

Flug Puhgett - Bangkok, 7. Mai 1994
722.
Sawaang kommt drei Stunden verspätet, packt mich dann aufs Motorrad,

setzt sich zwischen meine klammernden Schenkel und bringt mich nach Sai-thai ins Haus seines Bruders, wo gerade seine heikle Mutter zu Besuch ist. Ich soll sie sehen. Oder sie mich? Sie ist sichtlich nervös vor dieser Begeg-nung.

Sie hat das Gesicht Sawaangs, aber ohne dessen Wärme: die Augen sind hart, kalt, verletzt, enttäuscht, humorlos, ungütig, ehrgeizig. Aber sie ist städtischer als der Vater, moderner. Erst scheu, pirscht sie sich dann als Handleserin heran, preist meine Handliniën und deren stetig aufsteigende Verheißung im Gegensatz zu den Händen ihres verächtlich behandelten Sohnes. Ob ich linkshändig schreibe? Mit der Linken könne ich das alles noch besser. Überschwängliches schon beim ersten Anblick der Rechten.

Dann gemeinsames Essen von Schweinefleisch. Das beliebte Thema: zu *spi-cy* für den *farang*? Nein, ich mache alles richtig: Pluspunkte. Auch Hmuh's Frau und deren Eltern goutieren mich allmählich. Nach dem Essen bringt Hmuh's Schwiegermutter ihre Buddha-Kollektion auf den Tisch. Gemeinsa-mes Betrachten der Amulette und allgemeines Palavern. Ich darf mir eins aussuchen. Als ich eine alte kleine Figur aus vermutlich Holz auswähle, ist Sawaang verblüfft über die Sicherheit meines Blickes: sie ist die beste in der Sammlung, über hundert Jahre alt.

Sawaangs Mutter schenkt mir plötzlich einen orangefarbenen *saisinn*, den Sawaang mir zum anderen, gemeinsamen am rechten Handgelenk befestigt.

Dann fahren wir noch einmal zum Masseur mit der Waldsauna, deren erster europäischer Kliënt ich bin. Massage; Solo-Sauna, halbstündig. Großes phi-losophisches Palaver des Knetenden: jeder habe seinen Gott in sich. Sa-waangs anhaltendes stummes Nicken.

Beim Abschied schenkt auch dieser massierende Moslem mir und Sawaang je einen veritabel buddhistischen *saisinn*: Islam *à la Thai*.

Dann fährt mich Sawaang ins Hotel, wo ich meine Abreise einleite. Sa-waang bietet mir plötzlich jene kleine schwarze Schildkröte an, die seine Mutter vor Jahr und Tag richtig in jener unbekannten Höhle gefunden hat, von der sie das zuvor geträumt hat. Ich lehne dieses Geschenk ab. Kränkt ihn das? Er ist sofort einverstanden und sagt: *"Next time"*.

Dann geht er.

Um fünf werde ich von Mr. T mit seinem Taxi abgeholt. Auch Witt, sein älterer Bruder, fährt mit, der mir finanziëlle Beteiligung an ihren Geschäften vorschlägt. Ein *cleverer* Bursche aus *Go Pih Pih*, bei dem jetzt Äh arbeitet und der auch Sawaang kennt, auf dem letzten Teil unserer Fahrt schließlich nicht ganz unverdächtigen Körperkontakt sucht. Sicher ist er durch Äh informiert. Ich bleibe neutral. Zwei und eine halbe Stunde bis zum Flughafen Puhgett.

Der regulär siebzigminütige Flug nach Bangkok dauërt heute vier Stunden, weil wir über Bangkok in arges Gewitter geraten, fast abstürzen, durchstarten müssen und für anderthalb Stunden südlich von Pattajah auf jenem Militärflughafen Utapao zwischenlanden, von dem aus die amerikanische *Air Force* seinerzeit mit ihrer Bombenfracht nach Viëtnam zu starten pflegte.

Hamburg, 8. Mai 1994

723.
Um halb ein Uhr nachts schließlich in Bangkok, wo die Straßen hoch unter Wasser stehen.

Trouble und Remmidemmi mit der *Lufthansa* wegen der doppelt verkauften Sitzplätze.

Mit dreieinhalbstündiger Verspätung schließlich um vier Uhr früh in stark überfülltem Jumbo abgeflogen. Zwölf Stunden Flug bis Frankfurt. Dort zweieinhalbstündiges Warten auf ausgetauschten *Airbus*. 15 Uhr MEZ in Hamburg: nach 27stündiger Reise von Haus zu Haus.

Hier Flieder- und Kastaniënblüte, tropische Temperaturen: Hochsommer ...

Fotos der meisterwähnten Thais dieses Buches finden sich im Zweiten Bande von *Nach oben offen. Reflexe*

sowie in *Liebesbrief an fremden König* von Moritz Pirol.

Personenregister

Die Zahlen beziehen sich nicht auf die Seiten, sondern auf die Numerierung der einzelnen Notiz;

Zahlen in Klammern besagen, daß die betreffende Person nur indirekt, ohne Nennung ihres Namens erwähnt wird.

Breuer, Siegfried - *deutsch-österreichischer Schauspieler: 14.*

Büchner, Georg - *deutscher Schriftsteller: 99.*

Buonarroti, Michelangelo - *italiënischer Künstler: 80.*

Bush, George - *US-amerikanischer Politiker: 259.*

Busse, Walter G. - *deutscher Journalist: 267*

Byron, George Gordon Noel Lord - *englischer Schriftsteller: 73.*

Caleita, Maria - *deutsche Schauspielerin: 431.*

Capra, Fritjof - *US-amerikanischer Publizist: 322.*

Carrière, Matthieu - *deutscher Schauspieler: 467.*

Caspar, Horst - *deutscher Schauspieler: 117.*

Cebotari, Maria (= Cebutaru, Maria) - *russisch-österreichische Opernsängerin: 117.*

Cellini, Benvenuto - *italiënischer Bildhauer: 80.*

Cione, Lorenzo di → Ghiberti, Lorenzo

Cohen, Morris → Brandes, Georg

Collande, Gisela von - *deutsche Schauspielerin: 117.*

Cornieles, José Luis - *venezolanischer Unternehmer: 392.*

Cyrano de Bergerac, Savinien de (= Cyrano, Hector-Savinien) - *französischer Schriftsteller: 115. - 117. - 132.*

Dante → Alighieri, Dante

Dee, Georgette - *deutsche Chansonnette: 460.*

Degener, Marc - *deutscher Schauspieler: 456.*

Dießl, Gustav - *deutscher Schauspieler: 117.*

Dietrich von Bern → Theoderich der Große

Dietrich, Marlene - *deutsch-amerikanische Schauspielerin: 445.*

Domingo, Plácido - *spanischer Opernsänger: 409.*

Dotzel, Wilfried - *deutscher Fernsehregisseur: 419. - 426. - 457. - 469.*

Drese, Claus Helmut - *deutscher Theaterdirektor: 427.*

Dürrenmatt, Friedrich - *schweizerischer Schriftsteller: 41.*

Dumont, Eugen - *deutscher Schauspieler: 14.*

Duncan, Ronald - *englischer Schriftsteller: 116.*

Duse, Eleonora - *italiënische Schauspielerin: 388.*

Ebert, Friedrich - *deutscher Politiker: 141. - 142. - 144.*

Eckermann, Johann Peter - *deutscher Publizist: 27.*

Ehre, Ida - *österreichische Schauspielerin: 233. - 430. - 446.*

Eichendorff, Joseph Freiherr von - *deutscher Schriftsteller: 96.*

Eliot, Thomas Stearns - *amerikanisch-englischer Schriftsteller: 116.*

Emrich, Wilhelm - *deutscher Literaturwissenschaftler: 32. - 128.*

Engels, Friedrich - *deutscher Philosoph: 144.*

Euripídes - *griechischer Dramatiker: 27.*

Felmy, Hansjörg - *deutscher Schauspieler:* 431.

Feydeau, Georges - *französischer Schriftsteller:* 246. - 259. - 521.

Fichte, Hubert - *deutscher Schriftsteller:* 401.

Fischer-Dieskau, Dietrich - *deutscher Opernsänger:* 117.

Flesch, Günther - *deutscher Schauspieler:* 226.

Flimm, Jürgen - *deutscher Regisseur:* 235.

Flörsheim, Karel Kalman - *niederländischer Regisseur:* 450.

Freud, Sigmund - *österreichischer Psychologe:* 29.

Friedenthal, Richard - *deutscher Schriftsteller:* 152.

Friesel, Uwe - *deutscher Schriftsteller:* 213.

Frisch, Max - *schweizerischer Schriftsteller:* 37. - (226.)

Fry, Christopher - *englischer Schriftsteller:* 116.

Galla Placidia - *römische Kaisertochter, gotische Königin:* 73.

Gallegos, Rómulo - *venezolanischer Schriftsteller:* 374.

Galuzzi, Tarquinio - *italiënischer Literat:* 27.

Gandersheim, Hrotsvitha von - *deutsche Schriftstellerin:* 27.

Gandhi, Mohandas Karamchand (= Gandhi, Mahatma) - *indischer Politiker:* 322.

Garbo, Greta (= Gustafsson, Greta) - *schwedische Schauspielerin:* 77.

Garde, Henry - *deutscher Maler:* 8.

Gaze, Heino - *deutscher Komponist:* 230.

Geller, Uri – *israëlischer Bühnenmagiër:* 398 - 398a.

Genscher, Hans-Dietrich - *deutscher Politiker:* 464.

Gert, Valeska - *deutsche Kabarettistin:* 607.

Ghiberti, Lorenzo (= Cione, Lorenzo di) - *italiënischer Bildhauer:* 80.

Giordano, Ralph - *deutscher Publizist:* 245. - 260. - 270. - 336.

Giotto di Bondone - *italiënischer Maler:* 80. - 82. - 98.

Giraudoux, Jean - *französischer Schriftsteller:* 185.

Giudicelli, Christian - *französischer Schriftsteller:* 261. - 388.

Glückselig, Joana Maria → Gorvin, Joana Maria

Gobert, Boy - *deutscher Schauspieler:* 188. - 454.

Goethe, Johann Wolfgang - *deutscher Schriftsteller:* 27. - 53. - 119. - 152. - 375. - (400.) - 424. - 441. - 442. - 624. - 630.

Gogol, Nikolai Wassiljewitsch - *russischer Schriftsteller:* 246. - 441.

Goldyga, Martin - *deutscher Kunsthändler:* 8.

Gommy → Kravina, Herta

Gorvin, Joana Maria (= Glückselig, Joana Maria) - *deutsche Schauspielerin:* 117. - 444. - 647.

Gottschalk, Joachim - *deutscher Schauspieler:* 117.

Gottsched, Johann Christoph - *deutscher Schriftsteller:* 27.

Grabbe, Christian Dietrich - *deutscher Schriftsteller:* 99.

Griem, Helmut - *deutscher Schauspieler:* 467.

Grillparzer, Franz - *österreichischer Schriftsteller:* 99.

Griscom, Chris - *US-amerikanische Publizistin:* 397.

Gründgens, Gustaf - *deutscher Schauspieler:* 61. - 115.

Gustafsson, Greta → Garbo, Greta

Halatsch, Frank - *deutscher Schauspieler:* 77.

Hardenberg, Karl August Reichsfreiherr von - *preußischer Politiker:* 71.

Hardt, Karin - *deutsche Schauspielerin:* 412.

Hartmann, Malte - *deutscher Verleger:* 267.

Hauptmann, Gerhart - *deutscher Schriftsteller:* 26. - 27. - 70.

Hausmann, Manfred - *deutscher Schriftsteller:* 9.

Hebbel, Friedrich - *deutscher Schriftsteller:* 129.

Heine, Heinrich - *deutscher Schriftsteller:* 53.

Heinemann, Gustav - *deutscher Politiker:* 143.

Heinsius, Daniel - *niederländischer Philologe:* 27.

Held, Martin - *deutscher Schauspieler:* 117.

Henn, Walter - *deutscher Regisseur:* 117.

Henniger, Rolf - *deutscher Schauspieler:* 117.

Heyme, Hansgünther - *deutscher Regisseur:* 424.

Hilpert, Heinz - *deutscher Regisseur:* 14.

Hitler, Adolf - *österreichischer Politiker:* 217. - 260.

Hollinghurst, Alan - *englischer Schriftsteller:* 477.

Honecker, Erich - *deutscher Politiker:* 384.

Horváth, Ödön von - *ungarisch-österreichischer Schriftsteller:* 117.

Ibsen, Henrik - *norwegischer Schriftsteller:* 116.

Illia, Arturo - *argentinischer Politiker:* 120.

Ionesco, Eugène - *rumänisch-französischer Schriftsteller:* 398. - 401.

Isidor von Madrid - *spanischer Heiliger:* 392.

Jesus von Nazareth - *legendärer jüdischer Religionsstifter:* 73.

Johannes Paul II. (= Wojtyla, Karol) - *polnischer Papst:* 191.

Joyce, James - *irischer Schriftsteller:* 79. - 401.

Jugo, Jenny - *deutsche Schauspielerin:* 412.

Justinian I. - *byzantinischer Kaiser:* 73.

Kafka, Franz - *tschechisch-deutscher Schriftsteller:* 32. - 79.

Kammer, Klaus - *deutscher Schauspieler:* 115. - 117.

Kandinskij, Wassilij - *russischer Maler:* 24.

Karajan, Herbert von - *österreichischer Dirigent:* 30.

Käutner, Helmut - *deutscher Regisseur:* 42. - 43.

Kennedy, John F. - *US-amerikanischer Politiker:* 113. - 117.

Kennedy, Robert - *US-amerikanischer Politiker: 117.*

Kerkeling, Hape (= Kerkeling, Hans-Peter) - *deutscher Komiker: 465.*

Kleist, Heinrich von - *deutscher Schriftsteller: (89.) - 98. - 459.*

Kölbel, Wolfgang - *deutscher Dramaturg: 268.*

Kohl, Helmut - *deutscher Politiker: 236.*

Kollek, Peter - *deutscher Schauspieler: 425.*

Kravina, Herta (= Gommy) - *österreichische Schauspielerin: 31. - 426.*

Kreppel, Herbert - *österreichischer Regisseur: 427.*

Kroetz, Franz Xaver - *deutscher Schriftsteller: 213.*

Lafontaine, Oskar - *deutscher Politiker: 443.*

Lamprecht, Günter - *deutscher Schauspieler: 467.*

Lasker-Schüler, Else - *deutsche Schriftstellerin: 144.*

Lehmann, Birgit - *deutsche Psychologin: 418.*

Lehmann, Heinz - *deutscher Fernsehproduzent: 418.*

Lessing, Gotthold Ephraim - *deutscher Schriftsteller: 14. - 27.*

Lietzau, Hans - *deutscher Regisseur: 38. - 40.*

Lindtberg, Leopold - *schweizerischer Regisseur: 231.*

Lohenstein, Daniel Casper von (= Casper, Daniel) - *deutscher Schriftsteller: 27.*

Lugalzaggisi - *sumerischer König: 133.*

Lundegård, Axel - *dänischer Schriftsteller: 16.*

Luttitz, Bernhard-von, Marie-Luise → Bernhard-von Luttitz, Marie-Luise

Mally, Wolfgang – *deutscher Bildhauer und Maler: (174.)*

Mann, Thomas - *deutscher Schriftsteller: 53. - (76.) - 80. - 441. - (477.) - (516.)*

Matte, Alexander - *deutscher Neurologe: 434.*

May, Karl - *deutscher Schriftsteller: 374. - 375. - 383. - 397.*

Mayen, Gerd - *deutscher Schauspieler: 412.*

Meichsner, Dieter - *deutscher Fernsehredakteur: 428. - 440.*

Meier, Otto - *deutscher Töpfer: 12.*

Meinertzhagen, Josef - *deutscher Schauspieler: 412.*

Meisel, Kurt - *österreichischer Schauspieler: 456.*

Menot Petit - *französischer Schriftsteller: 25.*

Metlitzky, Holger → Praunheim, Rosa von

Mey, Christian - *deutscher Schauspieler: 437.*

Meysel, Inge - *deutsche Schauspielerin: 229.*

Michelangelo → Buonarroti, Michelangelo

Mira, Brigitte - *deutsche Schauspielerin: 267.*

Modersohn, Otto - *deutscher Maler: 6.*

Modersohn-Becker, Paula - *deutsche Malerin: 3. - 6. - 8.*

Molière (= Poquelin, Jean-Baptiste) - *französischer Schriftsteller: 41. - 44. - 51. - (130.)*

Schultze, Norbert - *deutscher Komponist: 230.*

Seiberling, Felix - *deutscher Arzt: 183.*

Shakespeare, William - *englischer Schriftsteller: (27.) - 42. - 43. - (101.) - 116.*

Shaw, George Bernard - *irischer Schriftsteller: 116.*

Soto, Jesús - *venezolanischer Künstler: 392.*

Stadler-Euler, Maja - *deutsche Juristin und Kommunalpolitikerin: 420.*

Steiner, Rudolf - *ungarisch-schweizerischer Antroposoph: 250.*

Stelzer, Hannes - *deutscher Schauspieler: 117.*

Sternheim, Carl - *deutscher Schriftsteller: 130.*

Strauß, Johann - *österreichischer Komponist: 279.*

Strindberg, August - *schwedischer Schriftsteller: 27. - 99.*

Szondi, Péter - *ungarisch-deutscher Literaturwissenschaftler: 27.*

Tegnér, Esaias - *schwedischer Schriftsteller: 17.*

Theoderich der Große (= Dietrich von Bern) - *westgotischer König: 73.*

Theodora - *byzantinische Kaiserin: 73.*

Trebitsch, Markus - *deutscher Fernsehproduzent: 227. - 442.*

Tukur, Ulrich - *deutscher Schauspieler: 451.*

Uecker, Günther - *deutscher Maler und Objektkünstler: 174.*

Urukagina - *sumerischer König: 133.*

Vogel, Peter - *österreichischer Schauspieler: 169.*

Vogeler, Heinrich - *deutscher Maler: 3.*

Vogeler, Martha - *deutsche Malerin: 3.*

Voscherau, Henning - *deutscher Politiker: 455.*

Weisgerber, Antje - *deutsche Schauspielerin: 117.*

Weizsäcker, Carl Friedrich Freiherr von - *deutscher Physiker: 434.*

Wenck, Klaus - *deutscher Oriëntalist: 332.*

Wessely, Rudolf - *österreichischer Schauspieler: 431.*

Westhoff, Clara - *deutsche Bildhauerin: 6.*

Wild, Gisela - *deutsche Juristin und Kommunalpolitikerin: 231.*

Williams, Tennessee (= Williams, Thomas Lanier) - *US-amerikanischer Schriftsteller: 351. - 367. - 401.*

Wilson, Bob - *US-amerikanischer Bühnenkünstler: 312.*

Wohlschlegel, Ruth - *deutsche Schauspielerin: 458.*

Wojtyla, Karol → Johannes Paul II.

Wysocki, Gisela von - *deutsche Schriftstellerin: 245. - 267.*

Zech, Paul - *deutscher Schriftsteller: 144.*

Die Deutsche Nationalbibliothek verzeichnet diese Publikation
in der Deutschen Nationalbibliografie;
detaillierte bibliografische Daten
sind im Internet über <http://dnb.ddb.de> abrufbar.

Hersteller: Books on Demand GmbH, Norderstedt
<ORPHEUS UND SÖHNE> Verlag Hamburg 2010
ISBN 978-3-938647-03-5

Moritz Pirol **Nach oben offen. Reflexe**

Band 2: Dezember 1994 bis Mai 1996 (ISBN 978-3-938647-04-2 – lieferbar)

Band 3: Mai 1996 bis Juni 1998 (ISBN 978-3-938647-05-9 – lieferbar)

Band 4: Juni 1998 bis Juni 1999 (ISBN 978-3- 00-013099-1 – lieferbar)

Band 5: Juni 1999 bis Februar 2001 (ISBN 978-3-938647-06-6 – lieferbar)

Band 6: April 2001 bis Dezember 2005 (ISBN 978-3-938647-07-3 – lieferbar)

Band 7: ab Dezember 2005 (ISBN 978-3-938647-08-0 – voraussichtlich 2011)

WEITERE WERKE VON MORITZ PIROL

HAHNENSCHREIE
Neufassung 2008 – Zwei Bände
ISBN 978-3-938647-15-8 + 978-3-938647-16-5

LIEBESBRIEF AN FREMDEN KÖNIG
ODER GANZ ANDRE MÄNNER
66 Männerporträts aus Thailand – ISBN 978-3-938647-14-1

STERNGUCKER
ODER DAS IDYLL EINES OBDACHLOSEN
Prosanetze
auf den Spuren von Schelmenroman und Schillerlegende
Drei Bände – ISBN 978-3-938647-00-0 + ... 01-9 + ... 02-8

HALALÍ
Zwanzig Porträts – Zwei Bände
ISBN 978-3-938647-17-2 + 978-3-938647-18-9